MARTIN SCHUSTE]

Die Stellung des Ausländers im deutschen und italienischen Aufenthaltsrecht

Schriften zum Internationalen Recht

Band 3

Die Stellung des Ausländers im deutschen und italienischen Aufenthaltsrecht

Von

Dr. Martin Schuster

DUNCKER & HUMBLOT / BERLIN

Gedruckt 1976 bei Buchdruckerei A. Sayffaerth - E. L. Krohn, Berlin 61
Printed in Germany

ISBN 3 428 03599 2

Inhaltsverzeichnis

Abkürzungsverzeichnis

a. A.	=	anderer Ansicht
ABl.	=	Amtsblatt
ABl.Eur.Gem.	=	Amtsblatt der Europäischen Gemeinschaften
Ad.plen.	=	Adunanza plenaria
AE	=	Aufenthaltserlaubnis
AEVO	=	Arbeitserlaubnisverordnung
AG	=	Amtsgericht; Ausführungsgesetz
Allg.	=	Allgemeine(s)
amm.	=	amministrativo
Amtl.Begr.	=	Amtliche Begründung
ANBA	=	Amtliche Nachrichten der Bundesanstalt für Arbeit
AO	=	Abgabenordnung
APVO	=	Ausländerpolizeiverordnung
Arch.öfftl.Recht	=	Archiv des öffentlichen Rechts
AufenthaltsG/EWG	=	Gesetz über Einreise und Aufenthalt von Staatsangehörigen der Mitgliedstaaten der EWG
AuslG	=	Ausländergesetz
AWD	=	Außenwirtschaftsdienst des Betriebsberaters
AZR	=	Ausländerzentralregister
Bad.-Württ.	=	Baden-Württemberg
BArbbl.	=	Bundesarbeitsblatt
BayObLG	=	Bayerisches Oberstes Landesgericht
BayVBl.	=	Bayerische Verwaltungsblätter
BB	=	Der Betriebsberater
Beschl.	=	Beschluß
BfA	=	Bundesanstalt für Arbeit
BGBl.	=	Bundesgesetzblatt
BGH	=	Bundesgerichtshof
BK	=	Bonner Kommentar zum Grundgesetz (Loseblattsammlung)
BMA	=	Bundesminister des Äußeren
BMI	=	Bundesminister des Innern
BRD	=	Bundesrepublik Deutschland
BStMdI	=	Bayerisches Staatsministerium des Innern
BVerfG	=	Bundesverfassungsgericht
BVerfGE	=	Entscheidungssammlung des BVerfG
BVerwG	=	Bundesverwaltungsgericht
BVerwGE	=	Entscheidungssammlung des BVerwG
C.E.E.	=	Comunità Economica Europea
c. p.	=	codice penale
DöV	=	Die öffentliche Verwaltung
D.P.R.	=	Decreto del Presidente della Repubblica
DVAuslG	=	Verordnung zur Durchführung des Ausländergesetzes
DVBl.	=	Deutsches Verwaltungsblatt
ed.	=	edizione
ENA	=	Europäisches Niederlassungsabkommen
EWG	=	Europäische Wirtschaftsgemeinschaft
EWGV	=	Vertrag zur Gründung der EWG

FEVG	=	Gesetz über das gerichtliche Verfahren bei Freiheitsentziehungen
Geb.VAuslG	=	Gebührenverordnung zum AuslG
Gems.ABl.	=	Gemeinsames Amtsblatt des Landes Baden-Württemberg
GewA	=	Gewerbearchiv
GewO	=	Gewerbeordnung
GG	=	Grundgesetz
GMBl.	=	Gemeinsames Ministerialblatt der Bundesministerien
G.U.	=	Gazzetta ufficiale
H.	=	Heft
HAG	=	Gesetz über die Rechtsstellung heimatloser Ausländer im Bundesgebiet
Hess.	=	Hessen
h. Lit.	=	herrschende Literatur
h. M.	=	herrschende Meinung
i. d. F.	=	in der Fassung
i. d. R.	=	in der Regel
Inst.	=	Institut
intern.	=	internazionale
i. S.	=	im Sinne
i. V. m.	=	in Verbindung mit
Ital.Verf.	=	Italienische Verfassung
JIR	=	Jahrbuch für internationales Recht
JÖR	=	Jahrbuch des öffentlichen Rechts der Gegenwart
JR	=	Juristische Rundschau
JuS	=	Juristische Schulung
JZ	=	Juristenzeitung
KG	=	Kammergericht
Komm.	=	Kommentar
Lav.	=	Lavoro
LG	=	Landgericht
MABl.	=	Ministerialamtsblatt der bayerischen inneren Verwaltung
MBl.	=	Ministerialblatt
MdI	=	Minister des Innern
MDR	=	Monatsschrift für Deutsches Recht
Min.	=	Minister
MRK	=	Konvention zum Schutze der Menschenrechte und Grundfreiheiten
m. w. N.	=	mit weiteren Nachweisen
N. (n.)	=	numero
Nds.	=	Niedersachsen
NF	=	Neue Folge
NJW	=	Neue Juristische Wochenschrift
Nr.	=	Nummer
NRW (NW)	=	Nordrhein-Westfalen
OLG	=	Oberlandesgericht
OVG	=	Oberverwaltungsgericht
P.S.	=	Pubblica sicurezza
RdA	=	Recht der Arbeit
RdErl.	=	Runderlaß
Rdnr.	=	Randnummer
Rdschr.	=	Rundschreiben
Reg.	=	Regolamento
Riv.	=	Rivista

Rspr.	= Rechtsprechung
Sez.	= Sezione
StAnz. (StAZ)	= Staatsanzeiger
StGB	= Strafgesetzbuch
Stud.Pol.	= Studentische Politik
T.U.P.S.	= Testo unico di pubblica sicurezza
UN	= United Nations — Vereinte Nationen
VA	= Verwaltungsakt
VereinsG	= Vereinsgesetz
Verw.Arch.	= Verwaltungsarchiv
VG	= Verwaltungsgericht
VGH	= Verwaltungsgerichtshof
Vol.	= volume — Band
VRspr.	= Verwaltungsrechtsprechung in Deutschland
VVDStRL	= Veröffentlichungen der Vereinigung der Deutschen Staatsrechtslehrer
VwGO	= Verwaltungsgerichtsordnung
Vwv.	= Verwaltungsvorschrift
VwVG	= Verwaltungsvollstreckungsgesetz
ZaöRV (R)	= Zeitschrift für ausländisches öffentliches Recht und Völkerrecht
ZRP	= Zeitschrift für Rechtspolitik

A. Einleitung

Das Aufenthaltsrecht ist Teil des allgemeinen Fremdenrechts. Während das allgemeine Fremdenrecht den Komplex rechtlicher Bestimmungen bildet, die die Rechtsstellung des Ausländers im Staate regeln[1], hat das Aufenthaltsrecht die Einreise, den Aufenthalt und die Ausweisung des Fremden zum Gegenstand. Diese Rechtsfragen sind für die Stellung des Ausländers im Gaststaat von fundamentaler Bedeutung; denn selbst wenn in weitem Umfang Inländerbehandlung gewährt wird, ist diese für den Ausländer wertlos, wenn über das Aufenthaltsrecht jederzeit der Aufenthalt ausgeschlossen werden kann. Auch faktisch hat das Aufenthaltsrecht größte Relevanz: Die Zahl der Ausländer in der BRD dürfte im Jahre 1974 etwa 4 Millionen erreichen[2]. Im Vergleich dazu ist die Zahl der ausländischen Personen in Italien verschwindend klein[3]. Dennoch erweist sich eine vergleichende Untersuchung als sinnvoll, da grundsätzlich gezeigt werden soll, wie trotz des unterschiedlichen Gewichts des Ausländerzustroms zwei verschiedene Staaten das Recht des Aufenthalts regeln.

Besonderer Wert wurde dabei auf die Verwaltungspraxis in beiden Ländern gelegt, die unter Auswertung der Antworten von örtlichen Ausländerbehörden, der Landesinnenministerien, des Bundesinnenministeriums und des Ministero dell' Interno auf einem vom Verf. ausgearbeiteten Fragebogen erfolgte[4].

---

1 Dahm, Völkerrecht, Bd. I, S. 496; v. Frisch, Fremdenrecht, Wörterbuch des Völkerrechts und der Diplomatie, Hrsg. Hatschek / Strupp, 1924, Bd. I, S. 330 ff.; weitere Nachweise bei: Friederichsen, Diss., Göttingen 1967, S. 14.

2 Nach Mitteilung des Ausländerzentralregisters in Köln betrug die Gesamtzahl der registrierten Ausländer am 30. 9. 1972 3 449 623 Personen, davon 748 080 EWG-Staatsangehörige; zu neueren Daten vgl. FAZ v. 28. 1. 1975, S. 1.

Ausführlich zur Bedeutung des AuslG s. Schüler, Die Ermessensentscheidung ..., Berlin 1974, S. 19 ff.

3 Nach Falchi (Le régime définitif de la libre circulation et l'immigration des pays tiers, Droit social 1971, Europe Sociale 1971, S. 16 ff. - 19) lebten im Jahre 1970 ca. 37 000 ausländische *Arbeitnehmer*, davon ca. 12 000 EWG-Staatsangehörige, in Italien. — Vgl. aber Caponera, Gli stranieri in Italia, Milano 1957, S. 3 f., der neben dem Millionenheer ausländischer Touristen einen verstärkten Zustrom Fremder nach Italien konstatiert, die sich dort länger aufhalten wollen.

4 Vgl. dazu Teil C. Unerörtert bleiben die Spezialbereiche der politischen Betätigung des Fremden und das Asylrecht.

B. Das Aufenthaltsrecht nach allgemeinem Völkerrecht und die nationalen aufenthaltsrechtlichen Regelungen

I. Grundzüge des völkerrechtlichen Aufenthaltsrechts

1. Die Regelung der Einreise und des Aufenthalts von Ausländern im Völkervertrags- und Völkergewohnheitsrecht

a) Der Grundsatz

Gegenstand der folgenden Darstellung ist zunächst, ob das Völkervertrags- und das Völkergewohnheitsrecht ein Recht des Fremden auf Einreise und Aufenthalt begründen.

Art. 13 I der Universal Declaration of Human Rights von 1948 bestimmt: "Everyone has the right to freedom of movement and residence within the borders of each State." Die allgemeine Menschenrechtserklärung richtet nur eine Empfehlung an die Adresse der Staaten. Sie ist nicht unmittelbar verbindliches Völkerrecht. Mangels Normcharakters können daraus Menschenrechte nicht begründet werden[1]. Zudem postuliert Art. 13 I lediglich das Freizügigkeitsrecht innerhalb (within) eines Staates, nicht aber das Recht „to enter a foreign country"[2].

Ebensowenig folgt aus dem Menschenrechtspakt der Vereinten Nationen über staatsbürgerliche und politische Rechte vom 19. 12. 1966[3] ein allgemeines Zuzugsrecht für Ausländer. Wie sich schon aus Art. 2 I des Paktes ergibt, enthält die Konvention lediglich eine Verpflichtung an die Gesetzgebungsorgane der Staaten: "Each State Party ... *undertakes to respect* and ensure ... the rights recognized in the present Covenant ...[4]." Außerdem regelt der Menschenrechtspakt von 1966 lediglich das Recht der Freizügigkeit *innerhalb* des Territoriums eines

---

[1] O'Connell, International Law, 2. Aufl., Bd. II, S. 747; Verdross, Völkerrecht, 1964, S. 565; Dahm, Völkerrecht, Bd. I, S. 429 f. m. w. N. Ebenso: Merten, Der Inhalt des Freizügigkeitsrechts, Berlin 1970, S. 82 m. w. N.

Aus der internationalen Rechtsprechung: vgl. Oberster Gerichtshof von Eire, ILR 1951, C. 109. Zur dtn. Rspr.: Tomuschat, ZaöRV 1968, S. 131 m. w. N.

[2] Vgl. UN Doc E/CONF 60/SYM IV/3/ADD. 2/Corr. 1 vom 24. 10. 1973 — United Nations Standards concerning the relationship between human rights and various population questions, S. 9, Nr. 27.

[3] BGBl. 1973, II, Nr. 60 vom 20. 11. 1973, S. 1533 ff.

[4] Vgl. auch Brownlie, S. 556.

Staates. Art. 12 I normiert: "Everyone lawfully *within* the territory of a State shall, *within that territory,* have the right to liberty of movement and freedom to choose his residence." In Art. 12 IV heißt es: "No one shall be arbitrarily deprived of the right to enter his *own* country." Wäre für jedermann ein Zuzugsrecht in irgendeinen ausländischen Staat durch Art. 12 I garantiert, so wäre die ausdrückliche Privilegierung des Rechts auf Einreise von Staatsangehörigen in ihren Heimatstaat (Abs. IV) überflüssig. Nach Art. 9 I des Internationalen Paktes über staatsbürgerliche und politische Rechte steht jedem Individuum das Recht „to liberty and security of person" zu. Aber „this right refers only to physical security, or security in respect of one's liberty"[5]. Ein völkerrechtlich verbindliches allgemeines Einreiserecht des Fremden kann deshalb aus der Konvention nicht hergeleitet werden.

Die Europäische Menschenrechtskonvention[6] verpflichtet die vertragschließenden Parteien, allen ihrer Herrschaftsgewalt unterstehenden Personen die in der Konvention niedergelegten Rechte und Freiheiten zu gewähren. Zu diesen Rechten zählt die internationale Freizügigkeit nicht[7]. Demgegenüber bestimmt das Protokoll Nr. 4 zur Konvention zum Schutze der Menschenrechte und Grundfreiheiten v. 16. 9. 1963[8], daß jedermann, der sich rechtmäßig im Hoheitsgebiet eines Staates aufhält, das Recht hat, sich dort frei zu bewegen und seinen Wohnsitz zu wählen (Art. 2 I). Auch die durch Art. 2 I ZP Nr. 4 MRK garantierten Rechte verleihen aber dem Fremden kein Zuzugsrecht, da das Recht „to liberty of movement and the freedom to choose his residence" nur „within the territory" des Gaststaates gilt. Dies folgt auch aus Art. 3 ZP, der die Einreise- und Ausweisungsfreiheit auf die Staatsangehörigen begrenzt. Aus den Völker*verträgen,* die auf weltweite Geltung angelegt sind, läßt sich demnach kein Recht des Fremden auf Einreise und Aufenthalt herleiten.

Im Völkergewohnheitsrecht lassen sich historisch zwei einander widersprechende Tendenzen im Hinblick auf den Zuzug von Fremden ausmachen. Auf der einen Seite steht der Grundsatz der unbeschränkten Souveränität der Staaten. Danach soll ein Staat den Fremden gegenüber niemals auf seine Abweisungshoheit etwa zugunsten eines anderen Staates verzichten können, denn dadurch verlöre er einen Teil seiner Staatseigenschaft. Auf der anderen Seite bringen es die wirtschaftlichen Verhältnisse der gegenseitigen Abhängigkeit der Staaten mit sich, daß

---

[5] Higgins, in: International Affairs 1973, S. 350.

[6] BGBl. 1954, II, S. 14. Im folgenden: MRK.

[7] Vgl. die Entscheidungen der Kommission, Annuaire de la Convention européenne des Droits de l'Homme: Bd. I, S. 211 (Nr. 172/56); Bd. II, S. 355 (Nr. 434/58); Bd. X, S. 529 (Nr. 3325/67). Guradze, Die Europäische MRK ..., Berlin/Frankfurt 1968, S. 56. Vgl. auch BVerwG E 3, 236.

[8] BGBl. 1968, II, S. 423 ff.

der Staat auf den Zuzug von Fremden in hohem Maße angewiesen ist[9]. Die Entscheidung, ob die Zulassung Fremder im freien Ermessen der Staaten liegt oder ob die Staaten den Zuzug zu gewähren verpflichtet sind, hängt davon ab, welchem Prinzip (Souveränität oder Interdependenz) größeres Gewicht eingeräumt wird.

Vittoria[10] folgerte aus einem Recht auf wechselseitigen Handelsverkehr die Pflicht der Staaten zur Gewährung internationaler Freizügigkeit. Wolff und Vattel[11] betonten demgegenüber das Prinzip der Souveränität, um dergestalt eine Überwachung der Einreise und des Aufenthalts der Ausländer zu ermöglichen: Diese Kontrollbefugnis wird jedoch primär mit dem Selbstverteidigungsrecht der Staaten begründet, so daß völkerrechtlich den Staaten kein Recht zu willkürlicher Abweisung zusteht. Der zunehmende wechselseitige Handelsverkehr seit Beginn der liberalen Epoche im 19. Jahrhundert führt in der Lehre wiederum zu einer verstärkten Tendenz, eine völkerrechtliche Verpflichtung zur Zulassung Fremder aus der Interdependenz zu begründen. Diese Auffassung findet insbesondere auf dem europäischen Kontinent breitere Zustimmung[12]. Dagegen bleibt vor allem die angloamerikanische Lehre, möglicherweise unter dem Einfluß der „splendid isolation", zurückhaltender und stellt unter Betonung der Souveränität den Grundsatz heraus, daß der Staat vermöge seiner Gebietshoheit Herr in seinem Hause sei[13]. Diese widerstreitenden Tendenzen finden sich auch in den völkerrechtlich unverbindlichen Lösungen und Thesen des Institut de droit international. 1888 heißt es in Art. 1 eines Konventionsentwurfes über die Ausweisung von Ausländern: „En principe, tout Etat souverain peut régler l'admission des étrangers de la manière qu'il juge convenable[14]." Auch bei der Konferenz von Genf, 1892, bleibt das Institut bei der Grundregel der territorialen Souveränität. Willkürliche

---

[9] Hatschek, Völkerrecht, 1923, S. 219; Fauchille, Bd. I 1, 1922, S. 889 ff.; Basdevant, Théorie générale de la condition de l'étranger, in: Répertoire de Droit International, Bd. VIII, 1930, Paris, Nr. 98 ff.

[10] Nachweis bei O'Connell, S. 695.

[11] Nachweis bei O'Connell, ebd.

[12] Contuzzi, in: Digesto Italiano, Vol. X, Torino 1895 - 1898, S. 1017; Fiore, Le Droit International codifié ..., Paris 1911, Nr. 633, S. 344; Heffter, Das europäische Völkerrecht der Gegenwart, 6. Ausg., Berlin 1873, S. 66 f.; v. Liszt, Völkerrecht, 1915, S. 112; ähnlich Woolsey, Introduction to the Study of International Law, New York 1878, 5. Aufl., S. 87 ff. Derselben Auffassung sind: Bluntschli, Poezle, Mohl, v. Ullmann, Pillet, de Lapradelle (Nachweise bei Fauchille, S. 890).

[13] So: Phillimore, Oppenheim, Hall, Westlake, Moore und Hershey — vgl. die Belege bei Fauchille, S. 890. Ebenso Bonfils, Manuel de Droit International Public, 6. Aufl., Paris 1912, S. 274 ff. m. w. N.

[14] Project de Déclaration internationale relative au droit d'expulsion des étrangers. Resolutions ..., session de Lausanne 1888, in: Annuaire de l'Institut de Droit International 1885 - 1891, Neuauflage 1928, Bruxelles, S. 811 f. (812).

Ausschließungen von Ausländern sollen aber völkerrechtswidrig sein: „L'humanité et la justice obligent les Etats à ne l'exercer qu'en respectant, dans la mesure compatible avec leur propre sécurité, le droit et la liberté des étrangers qui veulent pénétrer sur le territoire[15]." Dagegen zeigt sich das Institut in dem Entwurf einer Konvention über die Immigration von Ausländern (1897) wesentlich liberaler. Dort wird in Art. 1 vorgeschlagen: „Les Etats contractants reconnaissent la liberté d'immigrer aux individus isolés ou en masse, sans distinction de nationalité. Cette liberté ne pourra être restreinte que dans les limites rigoureuses des nécessités d'ordre social ou politique[16]." Die gescheiterte internationale Fremdenrechtskonferenz des Völkerbundes von 1930 dagegen hielt die Normierung eines Rechts auf internationale Freizügigkeit für verfrüht[17]. Vielmehr ging die völkerrechtlich unverbindliche Diskussionsgrundlage zum Konventionsentwurf der Internationalen Fremdenrechtskonferenz des Völkerbundes von dem Recht der Staaten zur Regelung des Zuzugs von Fremden aus: "Each of the High Contracting Parties remains free to regulate the admission of foreigners to the territory and to make this admission subject to conditions limiting the duration, or the rights of foreigners to travel, sojourn, settle, choose their place of residence, and move from place to place[18]."

In der modernen Welt sind die Menschen beweglich geworden. Reisen in das Ausland sind nichts Ungewöhnliches mehr. Die Industrialisierung und wirtschaftliche Verflechtung der Staaten bringen es mit sich, daß die berufliche Betätigung von Ausländern in der Fremde immer häufiger wird. Das ökonomische Nord-Süd-Gefälle führt zur Wanderbewegung von Millionen von Menschen. Politische und soziale Umwälzungen der Kriegs- und Nachkriegszeit entwurzelten große Menschenmassen und trugen zu Bevölkerungsverschiebungen bei. Diese tatsächliche Entwicklung führt zwar nicht zur Begründung von Völkergewohnheitsrecht, könnte aber im modernen Völkerrecht eine Tendenz zur Stärkung der aufenthaltsrechtlichen Stellung des Fremden vermuten lassen. Anknüpfungspunkt könnte das in der liberalen Epoche des 19. Jahrhunderts verfochtene Recht auf wechselseitigen Handelsverkehr[19] sein. Aber es ist, wie dargelegt, zweifelhaft, ob das Völkerrecht jemals ein verbindliches Grundrecht auf internationalen Verkehr kannte.

---

[15] Règles internationales sur l'admission et l'expulsion des étrangers proposées par l'Institut de droit international ..., session de Genève 1892, in: Annuaire de l'Institut de Droit International 1892 - 1896, Neuauflage 1928, S. 219.

[16] Résolution votée en séance du ler septembre 1897: De l'Emigration au point de vue juridique international, session de Copenhague, in: Annuaire de l'Institut de Droit International 1897 - 1904, Neuauflage 1928, S. 233.

[17] Vgl. die Nachweise bei O'Connell, S. 696 und Verdross, S. 361.

[18] Proceedings of the Conference, L.O.N. Doc. C.I.T.E. 62, 1930, II, 5, 419.

[19] Heffter, S. 66 f.; Fiore, S. 344; weitere Nachweise s. o. Anm. 12.

Gegen ein solches Recht spricht auch, daß die Staaten noch besondere Handels- und Niederlassungsverträge geschlossen haben[20].

Die UN-Declaration on principles of international law concerning friendly relations and co-operation among States in accordance with the Charter of the United Nations vom 24. 10. 1970[21] normiert „the duty of States to co-operate with one another“. Läßt sich aus dieser Pflicht zur Zusammenarbeit ein Recht auf internationale Freizügigkeit ableiten? Der Deklaration kommt nach westlicher Meinung keine völkerrechtlich verbindliche Rechtskraft zu[22]. Art. 38 IGH-Statut nennt in seinen Bestimmungen über die Völkerrechtsquellen die Beschlüsse der Generalversammlung der Vereinten Nationen nicht. „The duty to co-operate“ muß im Zusammenhang mit dem Prinzip der souveränen Gleichheit der Staaten ausgelegt werden[23]. In der Deklaration wird neben der Pflicht zur Zusammenarbeit ausdrücklich im Rahmen des Prinzips der souveränen Gleichheit die territoriale Integrität und politische Unabhängigkeit der Staaten geschützt. Die Prinzipien der Souveränität und der Zusammenarbeit zwischen den Staaten stehen gleichrangig nebeneinander. Letztlich setzt der Begriff der „co-operation“ nicht die internationale Freizügigkeit voraus. Aus der Pflicht der Staaten zur Zusammenarbeit läßt sich somit ein Recht auf freien Zuzug der Fremden nicht begründen.

Dieses Ergebnis entspricht der Entwicklung des Völkerrechts in der Nachkriegsära. Viele nach 1945 unabhängig gewordene junge Staaten in Afrika und Asien sind sorgsam auf die Wahrung ihrer nationalen Souveränität bedacht[24]. Die Souveränitätsbetonung ermöglicht es den Staaten, ihre Homogenität und staatlich-historische Identität aufrechtzuerhalten bzw. zu finden. Die Gefahr des „brain-drain“, der Abwanderung der Intelligenz aus der Dritten Welt in die höherentwickelten Industrieländer, nötigt zahlreiche unterentwickelte Staaten dazu, einem völkerrechtlichen Recht auf internationale Freizügigkeit entgegenzuwirken. Schwierige innerstaatliche Probleme früherer Wanderungsbewegungen, z. B. das Negerproblem in den USA, das indische Problem in Ceylon und Südafrika, das chinesische Problem in Indonesien, sind den Staaten erst in neuerer Zeit voll bewußt geworden. Letzt-

---

20 So: Hatschek, S. 220.

21 Resolution 2625 (XXV), in: American Journal of International Law 1971, S. 243 ff.

22 Verdross, ZaöRV 1966 (26), S. 690 f. (692); O'Connell, Bd. I, S. 313 - 315; weitere Nachweise zum Problem der Bindungswirkung von Resolutionen der Vereinten Nationen bei: Dohna, Grundprinzipien des Völkerrechts über die freundschaftlichen Beziehungen ..., 1973, S. 244 ff.

23 Vgl. General Part, 2.: "In their interpretation and application the above principles are interrelated and each principle should be construed in the context of the other principles.“ Dazu Whinney, A. J. 1966, S. 1 ff.

24 Tomuschat, in: Ansay / Gessner, S. 93.

lich hat die nach 1945 „systematisch betriebene Liberalisierungspolitik“[25] von Staatengemeinschaften vor allem in Europa (EWG, Europarat) zu einer Abkehr vom Multilateralismus der internationalen Freizügigkeit geführt. Nach dem heutigen Völkergewohnheitsrecht besitzt der Ausländer demnach kein Recht auf Einreise und Aufenthalt. Vielmehr steht die Entscheidung über den Zuzug von Fremden grundsätzlich im Ermessen des Gaststaates[26].

b) Grenzen des freien Ermessens der Staaten bei der Regelung der Einreise und des Aufenthalts nach allgemeinem Völkerrecht

Das freie Ermessen der Staaten zur Zulassung Fremder ist aber gleichwohl nach allgemeinem Völkerrecht nicht unbeschränkt. Wieweit diese Grenzen reichen, ist umstritten:

Nach allgemeinem Völkerrecht schuldet jeder Staat den Ausländern bestimmte Mindestrechte, die unter allen Umständen gewährt werden müssen (sog. „minimum standard“)[27]. Danach steht jedem Fremden ein Mindestmaß an Rechten zu, an die der innerstaatliche Gesetzgeber gebunden ist. Diese umfassen insbesondere: Die Anerkennung des Fremden als Rechtspersönlichkeit, die grundsätzliche Achtung der von Ausländern erworbenen Privatrechte, den Schutz von Leben, Freiheit, Eigentum und Ehre des Fremden sowie den Zugang zu den Gerichten[28].

---

[25] Grabitz, Europäisches Bürgerrecht ..., 1970, S. 14.

[26] Verdross, S. 371; O'Connell, S. 696; Dahm, S. 498; Berber, Fremdenrecht, in: EvStL, S. 575; Quadri, S. 626 f. m. w. N.; Monaco, Diritto internazionale pubblico, 2. Aufl., 1971, S. 473; Arbeitsgemeinschaft für Völkerrecht ... (DDR), S. 318; Biscottini, L'ammissione ed il soggiorno ..., in: Scritti Orlando, Bd. I, 1957, S. 149 ff. (160).

Daran anschließend: Higgins, The right in international law ..., International Affairs, Vol. 49, July, 1973, S. 344; Mazziotti, Etude sur l'adaptation ..., in: La liberté d'établissement ..., Milano 1970, S. 6; ders., La libre circulation des travailleurs ..., Italie, Milano 1974, S. 5; Sinha, New nations and the law of nations, Leyden 1967, S. 97.

Aus der internationalen Rechtsprechung: US ex. rel. Knauff v. Shaughnessy (1950), 388, US 537. Ebenso früher: Privy Council in Musgrave v. Chun Teeong Toy, (1891) A.C., 272; House of Lords in Johnstone v. Pedlar (1921), 2 A.C., 262; High Court of Kenya, ILR 1951, C. 80; Chae Chan Ping v. U.S., Supreme Court (1888), in: Swift, International Law, 1969, S. 327; Fong Yue Ting v. U.S., Supreme Court (1893), in: Swift, S. 332.

Aus der deutschen Rechtsprechung: BayVGH, BayVBl. 1970, S. 368; OVG Münster, OVGE 13, 141 und 16, 300 f.; OVG Koblenz, DöV 1966, S. 208. Weitere Rechtsprechungsnachweise bei Münch, ZaöRV 1959/60, Bd. 20, S. 220.

Zur Staatenpraxis in England und den USA: vgl. O'Connell, S. 696/697.

[27] Borchard, The diplomatic protection ..., 1915, S. 39; Verdross, S. 362 f.; Brownlie, S. 510 ff.; Dahm, S. 506 ff.; Berber, S. 381 m. w. N.; Oppenheim — Lauterpacht, S. 687 ff.; Roth, The minimum standard ..., 1949, S. 129. — Vergleiche auch die Nachweise aus der Rechtsprechung des StIG bei Verdross, S. 363, Anm. 1; zur Staatenpraxis siehe Berber, S. 381; aus der dtn. Rspr. vgl. OVG Berlin, DVBl. 1972, S. 280.

[28] Verdross, S. 364 ff.; O'Connell, S. 697 ff.; Dahm, S. 506 ff.; Berber, S. 381 f.; Oppenheim / Lauterpacht, S. 687 ff.

Diese Aufzählung zeigt, daß es beim minimum standard vor allem um eine völkerrechtliche Sicherung der Rechtsstellung des Fremden *während* seines Aufenthalts im ausländischen Gaststaat geht. Erst in zweiter Linie folgen daraus völkergewohnheitsrechtliche Beschränkungen der Regelungsbefugnis der Staaten im Hinblick auf den *Zuzug* von Ausländern.

Nach allgemeinem Völkerrecht ist anerkannt, daß der Gaststaat bei der Entscheidung über die Einreise von Ausländern nicht willkürlich handeln darf[29]. Das Willkürverbot ist aber schon dann nicht verletzt, wenn ein sachlicher Grund für die Ungleichbehandlung besteht. Völkerrechtlich ist unbestritten, daß die Fernhaltung von Ausländern aus arbeitsmarkt- oder bevölkerungspolitischen Gesichtspunkten sowie aus Gründen der Gefahrenabwehr keinen Mißbrauch der staatlichen Hoheitsgewalt darstellt[30]. Dasselbe gilt, wenn ein Gaststaat die Zulassung Fremder von der Gegenseitigkeit abhängig macht.

Fraglich erscheint hingegen, ob Diskriminierungen aus Gründen der Rasse, des Geschlechts, der Religion oder der Hautfarbe beim Zuzug Fremder völkerrechtlich erlaubt sind. Die Charta der Vereinten Nationen enthält eine Vielzahl von Verweisungen auf „human rights and fundamental freedoms for all without distinctions as to race, sex, language or religion" (vgl. Art. 1 III, 13 I, 55, 56, 62 II und 76). Das Prinzip der Nicht-Diskriminierung kommt in der Praxis der Organe der UN und in dem noch nicht in Kraft getretenen UN-Pakt über bürgerliche und politische Rechte (Art. 2 I, 26) und in der EMRK (Art. 14) zum Ausdruck[31]. Das Internationale Übereinkommen zur Beseitigung jeder Form von Rassendiskriminierung vom 7. 3. 1966[32] begründet als Völkervertragsrecht für die *Vertragsparteien* ein diesbezügliches Verbot. In fast jedem Artikel der Konvention finden sich jedoch Worte wie: Die Vertragsparteien verpflichten sich, unternehmen, treffen Maßnahmen, erlassen Gesetze, erklären, erlauben oder verbieten. Es fehlt in der Diskriminierungskonvention eine allgemeine Klausel, welche die unmittelbare Anwendung ihrer Normen durch die nationalen Behörden oder Gerichte anordnet. Vielmehr obliegt es den Staaten, den Bestimmungen der Konvention volle Wirkung zu verleihen[33]. Für die Begründung von *Völkergewohnheitsrecht* hat die Diskriminierungskonvention nur die Bedeutung eines Indizes. Angesichts der teilweise gegensätzlichen Staatenpraxis (Südafrika) erscheint es zweifelhaft, ob

---

[29] Verdross, S. 362 m. w. N.; Dahm, S. 500 m. w. N.; Leibholz, ZaöRV 1, 1 (1929), S. 96, Nr. 54.

[30] Guggenheim, Lehrbuch des Völkerrechts, Bd. I, 1948, S. 318 f.

[31] Dazu Brownlie, S. 578.

[32] BGBl. 1969 II, S. 962 - 980.

[33] Partsch, Rassendiskriminierung, Die UN-Konvention ..., 1971, S. 7.

diese Schranke der völkerrechtlich garantierten Ermessensfreiheit der Staaten beim Zuzug Fremder ein tatsächlich geltendes Völkergewohnheitsrechtsprinzip darstellt[34]. Denn unbestritten gilt, daß das Diskriminierungsverbot keine Anwendung findet auf Unterscheidungen, Ausschließungen, Beschränkungen oder Bevorzugungen, die ein Staat zwischen eigenen und fremden Staatsangehörigen macht (vgl. Art. 1 II der Diskriminierungskonvention)[35]. Verbietet somit das allgemeine Völkerrecht nicht die „distinctions made by a State between citizens and non-citizens", so stellt die Staatsangehörigkeit ein zulässiges Differenzierungskriterium für die innerstaatliche Regelung des Zuzugs von Ausländern dar. Eine allgemeine völkerrechtliche Pflicht der Staaten zur Gleichbehandlung von Fremden und Staatsangehörigen bei der Einreise besteht nicht[36].

Ob das allgemeine Völkerrecht die totale Abriegelung verbietet, wie vielfach behauptet wird[37], erscheint zweifelhaft. Dieses angebliche Verbot des generellen Ausschlusses der Fremden vom Zuzug hat einen handelspolitischen Hintergrund: Während des Liberalismus im 19. Jahrhundert wurde insbesondere von der kontinentaleuropäischen Lehre das Recht auf gegenseitigen Handelsverkehr postuliert. Daraus wurde gefolgert, der gänzliche Ausschluß von Ausländern sei nur aus besonderen Gründen und als ein vorübergehender Zustand völkerrechtlich zulässig[38]. Andererseits wurde auch zu jener Zeit vor allem durch das angelsächsische Schrifttum dieses Recht geleugnet[39]. Mit der Staatenpraxis läßt sich eine Pflicht zur Teilnahme am internationalen Verkehr nicht belegen. Dafür spricht, daß die Staaten zahlreiche Handels- und Niederlassungsverträge abgeschlossen haben, in denen gerade über die Einreise von Fremden besondere, sonst überflüssige, Regelungen getroffen werden. Beispiele totaler Abriegelung gab und gibt es auch heute noch (Volksrepublik China, früher: Japan). Ob eine völkerrechtlich verbindliche Pflicht zur Teilnahme am internationalen Verkehr auf

---

[34] Vgl. die Nachweise bei Dahm, S. 498 f.; Tomuschat, ZaöRV 1968 (Bd. 28), S. 117; a. A. Sinha, S. 97.

[35] Vgl. auch UN Doc. E/CONF. 60/SYM. IV/3/Add. 2/Corr. 1 vom 24. 10. 1973, S. 16, Nr. 53.

[36] Verdross, S. 362 f., 371 f.; Dahm, S. 497 f., 520 ff.; Doehring, Die staatsrechtliche Stellung der Ausländer ..., VVDStRL 1974, H. 32, S. 15; Maury / Lagarde, Etranger, in: Dalloz, Bd. I, Nr. 12, S. 768 m. w. N. — Hiervon geht auch die Staatenpraxis aus: vgl. die Nachweise bei O'Connell, S. 700.

[37] Dahm, S. 499; Kimminich, BK, Art. 74 Nr. 4, Rdnr. 9; Monaco, Manuale di Diritto Internazionale Pubblico, 2. Aufl., 1971, S. 473; Schnitzer, in: Strupp / Schlochauer, 1960, Bd. I, S. 566; Sibert, Traité ..., Bd. I, 1951, S. 575 f.

[38] Vgl. Heffter, Contuzzi, Fiore — Nachweise Anm. 12; ebenso: Bluntschli, Das moderne Völkerrecht ..., 1868, S. 25/220; v. Liszt, Völkerrecht, 1915, S. 72 f.

[39] Borchard, § 19 m. w. N. Ebenso: Phillimore, Hall, Westlake — Nachweise Anm. 13.

Grund der Declaration concerning friendly relations and co-operation besteht, erscheint fraglich, da nach dieser Erklärung das Prinzip der Zusammenarbeit mit dem Grundsatz der Souveränität, territorialen Integrität und Unabhängigkeit der Staaten korreliert. Indiz für das völkerrechtliche Verbot der totalen Abriegelung ist auf der anderen Seite die Tatsache, daß manche Staaten die Ausreisefreiheit als Menschenrecht anerkennen. Denn die Verwirklichung dieser Ausreisefreiheit setzt voraus, daß der Ausreisende prinzipiell in ein anderes Land einreisen darf. Die Ausreisefreiheit wird aber von zahlreichen Staaten, insbesondere des Ostblocks, nicht als verbindliches Völkerrecht angesehen. Das Verbot totaler Abriegelung stellt deshalb wohl noch keinen tatsächlich geltenden Völkergewohnheitsrechtssatz dar[40]. Insoweit bestehen keine Beschränkungen der Ermessensfreiheit der Staaten bei der Regelung der Einreise von Fremden[41].

Läßt der Gaststaat den Zuzug von Fremden zu, so können völker*vertrags*rechtliche Pflichten seine Regelungsfreiheit einschränken. Art. 8 MRK bestimmt für die Vertragsparteien in Europa den Schutz von Ehe und Familie. Das führt zu Begrenzungen der Ermessensfreiheit der Staaten im Hinblick auf die Zulassung von Fremden. Bei der ausländerbehördlichen Entscheidung über den Zuzug des Ausländers sind der Ehe- und Familienschutz mit den Interessen des Staates an der Fernhaltung abzuwägen[42]. Dies gilt nicht nur für die Staatsangehörigen der Vertragsparteien, sondern auch für andere Ausländer und Staatenlose, wenn sie zu einer Behörde oder einem Gericht eines Staates in Beziehung treten[43]. Ob darüber hinaus ein völkerrechtlicher Grundsatz im europäischen Rechtskreis feststellbar ist, nach dem der ausländische Ehepartner eines Inländers ein derivatives Einreiserecht besitzt, erscheint angesichts der Staatenpraxis sehr zweifelhaft[44].

Weitergehende völkerrechtliche Grenzen des Ermessens der Staaten bei der Ausländerzulassung können noch nicht festgestellt werden. Bei der Beurteilung der Einreise kann der Staat nach Zweck und Dauer des Aufenthalts zulässigerweise differenzieren. Die bloße Durchreise oder die Einreise zu touristischen oder Studienzwecken unterliegt danach

---

40 Dazu Tomuschat, Freizügigkeit ..., DöV 1974, S. 761 ff.

41 Praktisch hat diese Frage, da sich kaum ein Land — schon aus ökonomischen Gründen — völlig abschließen wird, geringere Bedeutung.

42 Vgl. die Entscheidung der Europ. Komm., in: Annuaire de la Convention européenne des Droits de l'Homme: Bd. I, 205 (Nr. 238/57); Bd. I, 211 (Nr. 172/56); Bd. VIII, 200 (Nr. 1855/63); Bd. X, 478 (Nr. 2992/66); Bd. X, 528 (Nr. 3325/67).

43 Guradze, S. 44.

44 Vgl. dazu die Rspr. der Europ. Komm., ebd.
Aus der deutschen Rspr. siehe die Nachweise bei Bleckmann, ZaöRV 1972, S. 128/129 und S. 606. Vgl. auch Erdmann, Verw.Arch. 1968, S. 311 ff.

geringeren Einschränkungen als die Zulassung zum dauernden Aufenthalt[45]. Insoweit trifft die Staaten jedoch heute wohl noch keine völkerrechtliche Rechtspflicht[46]. Ebensowenig kennt das allgemeine Völkerrecht enumerativ aufgezählte abschließende Abweisungsgründe[47].

Demgegenüber steht den Staaten völkerrechtlich kein freies Ermessen bei der Regelung des *Aufenthalts* der Fremden zu. Nach allgemeinem Völkerrecht sind die Staaten verpflichtet, den Ausländern jene Freiheitsrechte einzuräumen, die für ein menschenwürdiges Dasein unentbehrlich sind[48]. Diese Mindestrechte, die den Ausländern während des Aufenthalts gewährt werden müssen, können nicht erschöpfend präzisiert werden. Der Minimumstandard umfaßt aber jedenfalls den Schutz von Leben, Freiheit, Ehre, Wohnung, Eigentum, Gewissens- und Religionsfreiheit[49]. Diese dem Fremden zustehenden Rechte gelten jedoch nur im Rahmen der für alle geltenden Gesetze und des inländischen „ordre public“, soweit diese nicht selbst dem Minimumstandard widersprechen: Eingriffe in elementare Rechte der Fremden können zulässig sein, wenn sie sich im Rahmen einer geordneten Rechtspflege halten oder als Verwaltungsmaßnahmen, z. B. aus Gründen der öffentlichen Ordnung des Aufenthaltsstaates, gerechtfertigt sind[50].

Fraglich ist, ob der Minimumstandard auch das hier interessierende Recht auf *innerstaatliche* Freizügigkeit erfaßt. Wenn sich der Minimumstandard und die allgemeinen Menschenrechte im wesentlichen decken[51], könnte diese Frage von den allgemeinen Menschenrechten her beantwortet werden.

Art. 13 der Universal Declaration of Human Rights, Art. 12 I des Menschenrechtspaktes über staatsbürgerliche und politische Rechte, Art. 7 I der vom Asian African Legal Consultative Committee beschlossenen Principles Concerning Admission and Treatment of

---

45 Zur Staatenpraxis s.: Oppenheim / Lauterpacht, S. 676; Berber, S. 376.

46 Davon geht auch der völkerrechtlich unverbindliche Entwurf des Asian-African Legal Consultative Committee in Art. 5 und Art. 2 II (iii) Principles Concerning Admission and Treatment of Aliens aus. Vgl. Report of the 4th session, 1961, S. 46 ff.

47 Art. 4 der Principles normiert lediglich beispielhaft verschiedene Abweisungsgesichtspunkte.

48 Verdross, S. 369 f. m. w. N.; Dahm, S. 506 f. m. w. N.; Berber, S. 381 f. m. w. N.; früher: Fauchille, S. 930.

49 O'Connell, S. 699 ff.; Verdross, ebd.; Dahm, ebd.; Berber, ebd.

50 Berber, S. 381, 383; Brownlie, S. 513; Dahm, S. 506 f.; ebenso früher: Fauchille, S. 932.

51 So früher Doehring, Die allgemeinen Regeln ..., S. 107, 120; ebenso wohl Verdross, S. 364; weitere Nachweise bei Jaenicke, in: Gerichtsschutz ..., S. 288; anders Doehring, in: Gerichtsschutz ..., S. 240.

Aliens[52] und Art. 2 I des 4. ZP zur MRK bestimmen: Jedermann, der sich rechtmäßig im Hoheitsgebiet eines Staates aufhält, hat das Recht, sich dort frei zu bewegen und seinen Wohnsitz frei zu wählen. Die Principles Concerning Admission and Treatment of Aliens stellen aber lediglich einen unverbindlichen Entwurf dar. Der Menschenrechtspakt ist noch nicht in Kraft getreten. Ebenso wie die Menschenrechtserklärung begründet der Pakt von 1966 keine verbindliche Völkerrechtsregel. Das 4. Zusatzprotokoll zur MRK schließlich, das für den europäischen Rechtskreis als Völkervertragsrecht Bedeutung hat, schränkt das Recht „of free movement within the territory" durch Art. 2 Abs. III und IV in weiten Teilen wieder ein. Gesetzlich vorgesehene Begrenzungen, die „in a democratic society in the interests of national security or public safety, for the maintenance of ordre public, for the prevention of crime, for the protection of health or morals, or for the protection of the rights and freedoms of others" notwendig sind, berechtigen den Gaststaat zu die Freizügigkeit einschränkenden Verfügungen (Abs. III). Gebietsbeschränkungen können durch das bloße öffentliche Interesse gerechtfertigt sein (Abs. IV). Weitere Einschränkungen können sich aus Art. 15 und Art. 17 MRK ergeben. Diese Schranken zeigen, daß dem Recht der Fremden auf Freizügigkeit innerhalb des Gaststaates allenfalls nur limitierte völkervertragsrechtliche Bedeutung zukommt. Es ist deshalb wohl noch verfrüht, ein allgemeines Menschenrecht auf Freizügigkeit innerhalb des Gaststaates anzuerkennen[53].

Letztlich ist zudem die Gleichsetzung von allgemeinen Menschenrechten und dem Minimumstandard sehr problematisch. Dafür könnte zwar die progressive Konzeption des menschenrechtlichen Standards sprechen: Die UN-Menschenrechtsdeklaration von 1948, die Europäische Konvention zum Schutze der Menschenrechte und Grundfreiheiten (1950), die UN-Pakte über wirtschaftliche, soziale und kulturelle Rechte sowie über bürgerliche und politische Rechte von 1966 und schließlich die Amerikanische Menschenrechtskonvention (1969) lassen die Nationalität nur in einigen Randpunkten als zulässiges Differenzierungskriterium zu[54]. Daraus könnte man folgern, die Gleichsetzung von Menschenrechten und Minimumstandard führe zu einer Anhebung des Rechtsstatus des Fremden im Ausland. Andererseits beruht die Forderung nach einer völkerrechtlichen Garantie bestimmter Menschenrechte historisch auf völlig anderen Motiven als das Verlangen nach Beachtung eines Mindeststandards der Fremdenbehandlung. Die Anerkennung der Menschenrechte im Völkerrecht ist erst seit jüngerer Zeit gesichert:

---

[52] s. o. Anm. 46.

[53] Vgl. dazu auch Sinha, S. 100; Higgins, S. 348 mit Nachweisen zur Staatenpraxis.

[54] Tomuschat, in: Ansay / Gessner, S. 82.

Erst nach 1945 fand eine Kodifizierung der Menschenrechte auf internationaler Ebene statt. Das gemeinsame Erlebnis der faschistischen Diktaturen und der Zusammenbruch der Ära der nationalistischen Staaten führte zur Anerkennung der personalen Würde jedes Menschen auch im Völkerrecht. Daraus entsprang die Überzeugung, daß die völkerrechtliche Verankerung und Durchsetzung grundlegender individueller Menschenrechte und Freiheiten unabdingbare Voraussetzung für eine dauerhafte Friedensordnung und für die Weiterentwicklung der Menschheit sei[55]. Demgegenüber entwickelte sich der fremdenrechtliche Mindeststandard aus den Bedürfnissen des zwischenstaatlichen Verkehrs. Mit zunehmendem Handelsaustausch zu Beginn der liberalen Epoche im 19. Jahrhundert gewann das internationale Fremdenrecht schon seit den Anfängen des klassischen Völkerrechts an Bedeutung. Erst der durch den Minimumstandard ermöglichte Schutz des Handel treibenden Fremden im Ausland konnte den Erfordernissen des zwischenstaatlichen Handelsverkehrs gerecht werden. Aus dieser unterschiedlichen Motivation folgt die starke *staatliche* Interessengebundenheit des Prinzips der Mindestrechte. Basis dieses Prinzips ist der Gegenseitigkeitsgrundsatz: Zwecks Erleichterung des weitgehend liberalisierten Handelsverkehrs sehen sich die Staaten genötigt, den Fremden einen ungestörten und gesicherten Aufenthalt zu garantieren. Im Gegensatz zu dem kollektiven Anliegen der Durchsetzung des menschenrechtlichen Standards, dessen Geltung aus der personalen Würde des Menschen heraus überzeugt, steht der Bilateralismus der fremdenrechtlichen Normen und ihre Durchsetzung zwischen Staat und Staat[56]. Geschützter Adressat der Menschenrechte ist der einzelne. Demgegenüber dient das klassische Völkerrecht primär nur der Regelung der zwischenstaatlichen Verhältnisse. Der Gedanke der Erstreckung des Völkerrechts auf das einzelne Individuum ist dem klassischen Völkerrecht fremd. Der Fremde wird nicht in seiner menschenrechtlichen Würde geschützt, sondern in seiner Funktion etwa als Handelskaufmann. Folgerichtig schreibt Stoerk im Jahre 1887[57]: „Die Zugehörigkeit zur völkerrechtlichen Rechtsgemeinschaft fließt nicht aus der allgemeinen menschlichen Natur, sondern ist von den Mitgliedschaftsverhältnissen in einem staatlichen Verband bedingt.“ Aufgabe des Mindeststandards ist es, im Interesse des zwischenstaatlichen Verkehrs eine gesicherte Rechtsstellung des Ausländers zu begründen. Dabei bleibt irrelevant, ob und inwieweit die innerstaatliche Rechtsordnung diesen Rechtsstatus allgemein und institutionell garan-

---

[55] Jaenicke, S. 287.

[56] Ebd.

[57] Staatsuntertanen und Fremde, Handbuch des Völkerrechts, Hrsg. F. v. Holtzendorff, Bd. 2, S. 589.

tiert[58]. Demgegenüber verlangen die Menschenrechte vom einzelnen Staat eine entsprechende Anpassung der innerstaatlichen Rechtsordnung.

Schließlich ist auch der Inhalt der von den allgemeinen Menschenrechten und dem Minimumstandard garantierten Rechte unterschiedlich: Letzterer beschränkt sich entsprechend den Bedürfnissen des zwischenstaatlichen Verkehrs auf die „Sicherheit der Person und ihrer wohlerworbenen Rechte und auf das Verbot willkürlicher oder böswilliger Diskriminierung"[59]. Die progressive Konzipierung des menschenrechtlichen Standards ist demgegenüber weiter gespannt, jedoch weniger konkret definiert als der fremdenrechtliche Mindeststandard[60]. Ein wesentlicher Unterschied besteht letztlich bei den Rechtsfolgen, die sich aus der Nichtbeachtung der allgemeinen Menschenrechte oder des Minimumstandards ergeben. Verletzungen der Menschenrechte werden — unbeschadet eventueller Rügerechte der Staaten und der betroffenen Individuen — von den zuständigen, im Kollektivinteresse handelnden Organen der Völkerrechtsgemeinschaft geprüft und mit Sanktionen belegt[61]. Verletzt ein Staat Verpflichtungen, die aus dem internationalen Mindeststandard erwachsen, so setzt er sich Demarchen oder gar Ansprüchen des *Heimatstaates* (des Fremden) aus, dessen Rechte nicht beachtet wurden[62]. Dieser völkerrechtliche Anspruch gegen den schuldigen Aufenthaltsstaat auf Beseitigung der Rechtsverletzung wird im Wege der diplomatischen Protektion geltend gemacht und kann mit den zwischen den Staaten anwendbaren, völkerrechtlich zulässigen Zwangsmitteln durchgesetzt werden[63]. Repressalien, z. B. der Abbruch von Handelsverträgen oder der diplomatischen Beziehungen, sind zulässig[64]. Aus den aufgezeigten Unterschieden zwischen den allgemeinen Menschenrechten und dem Mindeststandard folgt, daß zwar Verpflichtungen aus dem fremdenrechtlichen Minimumstandard sich zum Teil mit den Verpflichtungen aus den menschenrechtlichen Garantien decken können, jedoch eine Identität sich weder historisch noch dogmatisch rechtfertigen läßt[65]. Mit der Begründung der Gleichsetzung

---

58 Jaenicke, S. 287.

59 Ebd.

60 Jaenicke, S. 288.

61 Ebd.

62 Verdross, S. 363; Doehring, Gerichtsschutz, S. 244; Fauchille, S. 985; weitere Nachweise bei Buschbeck, Verschleierte Auslieferung durch Ausweisung, 1973, S. 74.

63 Vgl. aus der Praxis der internationalen Schiedsgerichte die Nachweise bei de Boeck, L'expulsion ..., Recueil des Cours, Bd. 18/1927 III, S. 443 ff., 460.

64 Doehring, Gerichtsschutz, S. 244; dort auch weitere Beispiele.

65 Brownlie, S. 513; Jaenicke, S. 292; Mosler, in: Gerichtsschutz ..., Bd. III, S. XXI; ebenso jetzt Doehring, Gerichtsschutz, S. 240.

von allgemeinen Menschenrechten und dem Mindeststandard läßt sich somit die Frage nach dem Recht des Fremden auf innerstaatliche Freizügigkeit nicht abschließend beantworten.

Die moderne Völkerrechtsliteratur nennt das Recht auf innerstaatliche Freizügigkeit bei der Umschreibung der Minimumrechte des Fremden nicht[66]. Geht man von der Funktion des Mindeststandards aus, die elementaren Rechte und Rechtsgüter — Leben, Freiheit, Eigentum — des Fremden im Gaststaat vor willkürlichen Diskriminierungen zu schützen, so zählt das Freizügigkeitsrecht nicht zu diesen Elementarrechten. Es ist deshalb wohl auch verfrüht, das Recht auf innerstaatliche Freizügigkeit als allgemein verbindliches völkerrechtliches Minimalrecht anzuerkennen.

2. Völkerrechtliche Schranken der Ausweisung

Da ein individuelles Einreise- und Aufenthaltsrecht der Ausländer nach dem allgemeinen Völkerrecht nicht besteht, ist jeder Staat befugt, den Aufenthalt eines Fremden durch Verfügung der Ausweisung zu beenden. Diese Rechtsbefugnis basiert auf der territorialen Souveränität der Staaten und dem staatlichen Sicherheitsbedürfnis, das aus dem Grundrecht auf Selbsterhaltung folgt. Das allgemeine Völkerrecht geht von der grundsätzlich zulässigen Ausweisungsmöglichkeit aus[67].

Bei der Entscheidung über den Zuzug von Fremden ist jeder Staat grundsätzlich völkerrechtlich frei. Gestattet ein Staat aber den Aufenthalt, so erlangt der Ausländer einen bestimmten Status, den der Aufenthaltsstaat nicht ohne weiteres einseitig beseitigen kann. Insbesondere gegenüber lange ansässigen und berufstätigen Ausländern kann die Ausweisung eine Härte bedeuten. Trotz der engen Verknüpfung des Ausweisungsrechts mit dem Wesen der staatlichen Souveränität und dem Grundrecht auf Selbsterhaltung der Staaten müssen die Interessen des Individuums gebührend berücksichtigt werden[68]. Das staatliche

---

[66] Vgl. O'Connell, S. 697 ff.; Verdross, S. 369 ff.; Dahm, S. 506 ff.; Berber, S. 381 ff.; Oppenheim / Lauterpacht, S. 678 ff.

[67] Brownlie, S. 505 f.; O'Connell, S. 706 ff. mit Nachweisen aus der Staatenpraxis; Verdross, S. 379; Oppenheim / Lauterpacht, S. 323 mit Nachweisen aus der internationalen Rechtsprechung. Ebenso: Berber, S. 384; Doehring, Ausweisung, Strupp / Schlochauer, Bd. I, 1960, S. 129; Kimminich, BK, Art. 74 Nr. 4, Rdnr. 12; Sinha, S. 103 m. w. N.

Früher: Blondel, Expulsion, in: Repertoire de Droit International, Tome VIII, 1930, S. 105 ff. m. w. N.; Fauchille, S. 975 f.

Demgegenüber besteht ein Verbot des „forced transfer for purposes of the slave trade as well as arbitrary exile". Vgl. UN Doc. (Anm. 35), S. 6 Nr. 16.

[68] Dahm, S. 527; Berber, S. 385 f. m. w. N. (auch aus der internationalen Rspr.); Tomuschat, ZaöRV 1968, S. 117; früher schon: Fiore, Le Droit Inter-

Ausweisungsrecht ist deshalb in zweifacher Hinsicht völkerrechtlichen Schranken ausgesetzt, sowohl bezüglich der Voraussetzungen als auch der Art der Durchführung der Ausweisung.

Es ist allgemein anerkannt, daß die Ausweisung von Ausländern nicht willkürlich verfügt werden darf[69]. Das Völkerrecht fordert hinreichende Ausweisungsmotive, die eine Störung oder aktuelle oder potentielle Gefährdung für die äußere oder innere Sicherheit oder die öffentliche Ordnung des Gastlandes durch die Anwesenheit des Ausländers beinhalten müssen[70]. Dabei sind die Dringlichkeit des öffentlichen Interesses mit der Härte, die die Ausweisung für den Ausländer und seine Familie bedeutet, insbesondere mit der Dauer seines Aufenthaltes und seiner sozialen Verwurzelung im Gastland abzuwägen[71]. Die Begleitumstände und die Zeitverhältnisse müssen berücksichtigt werden: in ruhigen, normalen Zeiten bestehen strengere Anforderungen als im Krieg oder sonst in Krisenzeiten, in denen der Staat auf seine Sicherheit Bedacht nehmen muß[72]. Da die Erforderlichkeit der Ausweisung von diesen Einzelumständen abhängt, läßt sich ein abschließender Katalog völkerrechtlich zulässiger Ausweisungsgründe nicht aufstellen[73]. Verdross[74] nennt gleichwohl folgende von der Staatenpraxis anerkannte Ausweisungsgründe:

1. Gefährdung der Sicherheit und Ordnung des Aufenthaltsstaates, z. B. politische Umtriebe[75], ansteckende Krankheiten[76], anstößiger Lebenswandel (Prostitution)[77].

---

national ..., Paris, 1911, Nr. 259. Vgl. auch: OVG Münster, Schüler / Wirtz, Rechtsprechung zum Ausländerrecht, Berlin 1971, S. 80; weitere Rechtsprechungsnachweise bei Tomuschat, ZaöRV 1968, S. 118.

69 Brownlie, S. 580; Verdross, S. 371; Oppenheim / Lauterpacht, S. 692 mit Nachweisen aus der internationalen Rechtsprechung; Guggenheim, Lehrbuch des Völkerrechts, Bd. I, S. 320. Daran anschließend: Kimminich, BK, Rdnr. 12; Green, International Law, London, 1973, S. 109.

Früher ebenso: Blondel, Nr. 29; Isay, Das deutsche Fremdenrecht, Berlin 1923, S. 203; Leibholz, S. 95; Fauchille, S. 976 m. w. N.

Aus der deutschen Rspr. vgl. BVerwG v. 5. 3. 1968 und 24. 4. 1969, Schüler / Wirtz, S. 284 ff. und 306 ff. (308). Siehe auch Art. 13 des noch nicht in Kraft getretenen UN-Menschenrechtspaketes über staatsbürgerliche und politische Rechte von 1966.

70 Berber, S. 385; O'Connell, S. 709 f.; Dahm, S. 528; Monaco, S. 475; Verdross, S. 372.

71 Dahm, S. 529 m. w. N.; weitere Nachweise s. Anm. 68. Vgl. aber Quadri, Diritto internazionale pubblico, 1960, S. 627 ff., der eine völkerrechtliche *Verpflichtung* in dieser Hinsicht für zweifelhaft hält, eher beruhe die Staatenpraxis auf dem Reziprozitätsinteresse.

72 Dahm, S. 529; Brownlie, S. 512 m. w. N.

73 Dahm, S. 528; Berber, S. 387; Green, S. 108.

74 S. 372.

75 Ebenso O'Connell, S. 709 Nr. 1, 5 m. w. N.

76 Dazu O'Connell, Nr. 4 mit Nachweisen.

2. Beleidigung des Aufenthaltsstaates, etwa Beschimpfung der Staatsflagge[78].
3. Gefährdung oder Beleidigung anderer Staaten[79].
4. Im Inland oder Ausland begangene strafbare Handlungen[80].
5. Wirtschaftliche Schädigung des Aufenthaltsstaates, z. B. Bettelei, Landstreicherei, auch bloße Mittellosigkeit[81].
6. Verbotswidriger Aufenthalt im Inland.

Diese Fallgruppen sind aber nicht erschöpfend und gehen auf der anderen Seite z. T. über die anerkannten Ausweisungsgründe hinaus. Die Ausweisung kann daneben auch als eine Maßregel der Retorsion oder als Repressalie zulässig sein[82]. Geringfügige Gesetzesverletzungen oder bloße Taktlosigkeiten reichen zur Begründung der Ausweisung dagegen nicht aus[83]. Aus dem Vertrauen, das der Ausländer mit der Zulassung im Aufenthaltsstaat verbindet, folgt der völkerrechtliche Grundsatz, daß für die Ausweisung schwerwiegendere Gründe erforderlich sind als für das Einreiseverbot[84]. Niedergelassene Ausländer genießen einen völkerrechtlich noch stärker geschützten Status[85]. Da das Völkerrecht als Ausweisungsmotive die Störung oder Gefährdung der öffentlichen Sicherheit oder Ordnung des Gaststaates verlangt, widerspricht die Ausweisung, die nicht auf staatlichen, sondern privaten Gesichtspunkten (etwa zur Befriedigung persönlicher Rache oder zum Zwecke der Ausschaltung privater Konkurrenz) basiert, dem allgemeinen Völkerrecht[86]. Ob die Verfügung der Ausweisung aus Gründen der Rasse, der Religion, des Geschlechts oder der Hautfarbe eine willkürliche völkerrechtswidrige Diskriminierung darstellt, erscheint noch nicht gesichert. Wie das Beispiel in Uganda zeigt, wo vor nicht allzu langer Zeit etwa 26 000 Asiaten ausgewiesen wurden[87], hat diese Frage aktuelle Bedeutung. Die neuere Völkerrechtslehre nennt ein solches

---

77 Vgl. die Nachweise aus der Staatenpraxis und internationalen Rspr. bei Dahm, S. 528; O'Connell, Nr. 3.

78 Nachweis bei O'Connell, S. 710, Nr. 7.

79 Vgl. O'Connell, Nr. 5 m. w. N.

80 Vgl. dazu die Belege bei O'Connell, S. 709 f., Nr. 1, 6.

81 Nachweise bei Dahm, S. 528; O'Connell, Nr. 2 m. w. N.

82 Dahm, S. 529 mit Nachweisen aus der Staatenpraxis; vgl. auch de Boeck, S. 443 ff.

83 Dahm, ebd.

84 Borchard, The diplomatic protection ..., S. 55; Biscottini, Scritti Orlando, S. 160 ff., 163; Dahm, S. 527; Verdross, S. 372.

85 Doehring, Ausweisung, S. 130.

86 Dahm, S. 528; Fauchille, S. 981; Fiore, Nr. 252, S. 193; Isay, S. 203.

87 Vgl. Higgins, Intern. Affairs 1973, S. 346.

verbindliches Verbot nicht ausdrücklich. Art. 5 der International Convention for the Elimination of All Forms of Racial Discrimination[88] vermag, wie dargelegt, keine unmittelbaren Rechte für den einzelnen herzustellen. Diese Konvention begründet aber ebenso wie Art. 26 des noch nicht in Kraft getretenen Paktes über bürgerliche und politische Rechte von 1966[89] ein wichtiges Indiz für ein völkergewohnheitsrechtliches Verbot solcher Diskriminierungen bei der Ausweisung. Dagegen ist anerkannt, daß der Staat, der einem Fremden die Ausweisung androht, um ihn zu einem Verhalten zu zwingen, zu dem der Ausländer völkerrechtlich nicht verpflichtet ist (z. B. Wehrdienst), völkerrechtswidrig handelt[90]. Es fehlt dann an einem schutzwürdigen Interesse des Gaststaates an der Ausweisung. Wird die Ausweisung benützt, um die Übergabe eines wegen seiner politischen Gesinnung von seinem Heimatstaat herausverlangten Ausländers, die wegen des Verbots der Auslieferung wegen politischer Delikte unzulässig wäre, unter dem Deckmantel der Ausweisung zu erreichen, so ist dies ebenfalls völkerrechtswidrig[91].

Ob die Massenausweisung sämtlicher Angehörigen aller oder bestimmter ausländischer Staaten einem völkerrechtlichen Verbot unterliegt, erscheint dagegen noch nicht verbindlich geklärt. Wie das Beispiel Uganda zeigt, geht die Staatenpraxis nicht übereinstimmend von einem völkerrechtlichen Verbot aus. Der Wunsch zur Afrikanisierung in den neuen afrikanischen Staaten kann auch nicht ohne weiteres als unsachlicher, willkürlicher Grund abqualifiziert werden. Denn die Kollektivausweisung ermöglicht diesen Staaten, eine Homogenität in der Zusammensetzung ihrer Bevölkerung und damit eine staatliche Identität zu finden. Außerdem folgt aus der Souveränität der Grundsatz der territorialen Unabhängigkeit. In Uganda z. B. kontrollierte die asiatisch-indische Minderheit weite Teile des wirtschaftlichen Lebens. Ob dennoch eine Kollektivausweisung, die erst die Grundlage zur territorialen Unabhängigkeit schafft, völkerrechtswidrig ist, erscheint aus diesen Gründen in der Tat fraglich. Gleichwohl geht ein großer Teil der Völkerrechtslehre von einem Verbot der kollektiven Aus-

---

88 BGBl. 1969, II, 962 ff.

89 BGBl. 1973, II, S. 1533.

90 Dahm, S. 528, Anm. 9.

91 O'Connell, S. 710 m. w. N.; Berber, S. 386 m. w. N.; Isay, S. 203; Hatschek, S. 221; Fleischmann, Ausweisung, in: v. Stengel / Fleischmann, Bd. I, 1911, S. 283. Weitere Nachweise, auch hinsichtlich der deutschen Staatspraxis, vgl. Franz, JR 1974, S. 95/96. Siehe auch die unverbindlichen Entschließungen des 10. Kongresses für internationales Strafrecht in Rom (1969) zum Thema IV, Aktuelle Fragen der Auslieferung, Nr. IX, ZStW Bd. 81, S. 243 ff. (245 f.). a. A., soweit ersichtlich, nur Buschbeck, Verschleierte Auslieferung . . ., S. 74 ff.

weisung von Fremden aus[92]. Für die europäischen Vertragspartner untersagt Art. 4 des 4. ZP zur MRK[93] die Kollektivausweisung. Die Menschenrechtserklärung und der UN-Pakt über bürgerliche und politische Rechte von 1966 kennen dagegen ein solches Verbot nicht. Die deutsche Bundesregierung vermerkte zum völkerrechtlichen Verbot der Xenelasie, daß dieses Verbot nicht erst durch das 4. ZP zur MRK eine verbindliche Regel des Völkerrechts geworden sei[94]. Wenngleich diese Anmerkung nur ein Indiz für die Verbindlichkeit sein kann, wird die Kollektivausweisung auch mit der neueren Entwicklung der Menschenrechte kaum mehr generell vereinbar sein[95]. Denn das Völkerrecht verlangt bei der Ausweisung eine Abwägung der öffentlichen Belange mit den Interessen des Ausländers an einem Verbleib im Einzelfall. Eine individuelle Prüfung ist aber bei der Massenausweisung nicht möglich. Die Kollektivausweisung wird infolgedessen nur ausnahmsweise für nationale Notfälle zulässig sein, die auch sonst eine zeitweise Außerkraftsetzung einer Reihe von Menschenrechten gestatten (vgl. z. B. Art. 15 MRK)[96].

Für die Vertragsparteien in Europa können sich im Einzelfall weitere Ermessensgrenzen aus der Konvention zum Schutze der Menschenrechte und Grundfreiheiten ergeben. Da die Ausweisung und Abschiebung eines Ausländers oder Staatenlosen in Art. 5 I f MRK ausdrücklich erwähnt sind, stellt ein Aufenthaltsverbot als solches keine „unmenschliche Behandlung" i. S. d. Art. 3 MRK dar. Im Einzelfall kann aber eine Ausweisung oder Abschiebung einen Verstoß gegen Art. 3 MRK begründen, wenn jemand an einen Staat übergeben wird, in dem ihm menschenunwürdige Behandlung droht[97]. Da nach Art. 8 MRK die Familie geschützt ist, kann bei der Ausweisung gegebenenfalls auch ein Verstoß gegen Art. 8 I MRK in Betracht kommen. Gefährdet das Auf-

---

[92] Berber, S. 388 f.; Dahm, S. 529; Higgins, S. 351; Monaco, S. 475; Isay, S. 203; Kimminich, BK, Art. 74 Nr. 4, Rdnr. 12.

Vgl. neuerdings: Chhangani, in: Indian Journal of Intern. Law 1972, S. 400 ff.; Krishna, in: Indian Journal ... 1973, S. 169 ff.

Kritisch: Suy, Revue belge de droit international 1970 - 2, Vol. VI, S. 484 ff. Vgl. auch Sharma und Wooldridge, Some legal questions arising from the expulsion ..., in: The International and Comparative Law Quarterly, Vol. 23, Part 2, 1974, S. 397 ff.

[93] BGBl. II, 1968, S. 424.

[94] BR-Drucks. 477/66, S. 7.

[95] Berber, S. 388.

[96] So Berber, S. 389; ähnlich Dahm, S. 529.

[97] Aus der Rechtsprechung der europäischen Kommission vgl. die Nachweise bei: N. N., Die Menschenrechte in der Praxis des Europarates ..., 1972, S. 8 f., Nr. 11 ff.

Aus der deutschen Rspr. siehe: VGH Stuttgart, Verw.Rspr. Bd. 8, 861; BVerwG E 3, 235/236; weitere Nachweise bei Morvay, Entscheidungen nationaler Gerichte in völkerrechtlichen Fragen ..., ZaöRV 1961, S. 324 f., 330.

enthaltsverbot die Familie in ihrem Zusammenhalt und Bestand, ist das Interesse am Schutz der Familie des Fremden mit den öffentlichen Belangen abzuwägen[98]. Das behördliche Ermessen bei der Ausweisung ist somit auch insoweit völkerrechtlich eingeschränkt.

Auch das *Ausweisungsverfahren* regelt jeder Staat nach seinem Ermessen. Eine Ausweisung kann aber nicht nur völkerrechtswidrig sein, weil die Voraussetzungen für sie nicht gegeben sind, sondern auch deshalb, weil die Art ihrer Durchführung das Völkerrecht verletzt[99]. Regelmäßig erfolgt die Ausweisung in der Weise, daß die zuständige Behörde den Ausländer auffordert, innerhalb einer bestimmten Frist das Land zu verlassen. Erst wenn dieser Befehl nicht fristgemäß befolgt wird, ist eine zwangsweise Verbringung durch eine Polizeieskorte, Verhaftung usw. an die Grenze völkerrechtlich zulässig[100]. Demütigungen, gesundheitliche Schäden und unnötige Härten muß der Aufenthaltsstaat vermeiden[101]. Dazu gehört z. B., daß der ausweisende Staat, sofern nicht besondere Gründe, etwa Sicherheitsinteressen, entgegenstehen, dem Ausländer nach Verfügung des Aufenthaltsverbots eine gewisse Zeit zur Abwicklung seiner Angelegenheiten gewährt[102]. Die Dauer der Inhaftnahme bei schwebenden Ausweisungs- oder Abschiebungsverfahren muß begrenzt sein. Eine völkerrechtliche Pflicht zur Depotation in das von dem Ausgewiesenen gewählte Land besteht nicht[103]. Die Abschiebung über die „grüne Grenze" ist jedoch völkerrechtswidrig: Der Ausweisungsstaat muß dafür Sorge tragen, daß der Staat, in den der Fremde deportiert wird, bereit ist, den Ausländer aufzunehmen[104]. Da für den Heimatstaat eine völkerrechtliche Verpflichtung besteht, seinen Staatsangehörigen den Aufenthalt einzuräumen, kann der ausweisende Staat regelmäßig die Verbringung in den Heimatstaat anordnen. Die Ausweisung widerspricht jedoch wiederum dem allgemeinen Völkerrecht, wenn der Ausgewiesene in dem Land, in das er abgeschoben wird, der Gefahr einer unmenschlichen Behandlung oder einer nicht gerechtfertigten Gefährdung von Leben und Freiheit ausgesetzt wäre[105].

---

[98] Vgl. Europ. Komm. E 2535/65, Recueil des Décisions, Strasbourg Bd. 17, 28 m. w. N.; weitere Belege bei N. N., Die Menschenrechte in der Praxis des Europarates, ebd.

Aus der deutschen Rspr. vgl. die Nachweise bei Tomuschat, ZaöRV 1968, S. 118; neuerdings wesentlich weiter: BVerwG E 42, S. 133 ff., 141 ff., 148 ff.

[99] Brownlie, S. 506; Berber, S. 388 mit Nachweisen aus der internationalen Rechtsprechung; O'Connell, S. 707; Verdross, S. 372; ebenso: Monaco, S. 475; Biscottini, Scritti Orlando, S. 162 m. w. N.

[100] Dahm, S. 530; Berber, S. 388.

[101] Dahm, ebd.; Berber, ebd.

[102] O'Connell, S. 710; Dahm, S. 530.

[103] Berber, S. 388; Dahm, ebd.

[104] O'Connell, S. 710.

[105] Dahm, S. 530; Berber, S. 388 m. w. N.

3. Der Rechtsschutz im allgemeinen völkerrechtlichen Aufenthaltsrecht

Die Berücksichtigung der völkerrechtlichen Grundsätze zur Ausweisung und Abschiebung führt nur dann zu einem effektiven Schutz des Ausländers, wenn eine Kontrolle bezüglich der Ausweisungsgründe stattfindet. Deshalb kann der Heimatstaat vom ausweisenden Staat die Angabe der konkreten Tatsachen, die die Ausweisung rechtfertigen sollen, verlangen[106]. Ob die Gründe auch dem Fremden selbst mitzuteilen sind, um ihm Gelegenheit zur Erklärung zu geben, ist dagegen umstritten[107]. Diese Frage hängt mit dem Problem zusammen, ob und inwieweit die Gewährung des inländischen Justizganges zum völkerrechtlichen Minimumstandard zählt. Aufenthaltsrechtliche Maßnahmen gegen den Ausländer werden regelmäßig von staatlichen Verwaltungsstellen verfügt. Für den hier interessierenden Bereich ist deshalb zu fragen: Gebietet das allgemeine Völkerrecht die innerstaatliche Gewährung des Gerichtsschutzes gegen aufenthaltsrechtliche Maßnahmen (z. B. Versagung des Visums oder der Aufenthaltsgenehmigung, Verfügung der Ausweisung und Abschiebung) der Exekutive?

Die völkerrechtliche Lehre nennt den Gerichtsschutz als Gegenstand des fremdenrechtlichen Mindeststandards[108]. Primäre Schutzgüter des fremdenrechtlichen Standards sind aber, wie bereits dargelegt, vor allem Leben, Freiheit und Eigentum des Fremden. Konsequenterweise beschränkt sich der völkerrechtliche minimum standard auf den Gerichtsschutz dieser Rechtsgüter. Die Begrenzung des Gerichtsschutzes auf bestimmte elementare Mindestrechte ist historisch zu erklären. „Im innerstaatlichen Recht der klassischen Epoche souveräner Staaten sind nur die Rechtsgüter Leben, Freiheit und Eigentum als die wesentlichen angesehen worden[109].“ Im bürgerlichen Rechtsstaat der liberalen Zeit des 19. Jahrhunderts beschränkte sich der Rechtsschutz auf diese Schutzgüter. Wenn aber die innerstaatlichen Rechtsordnungen von diesem restriktiven Gerichtsschutz ausgingen, ist die Erwartung an ein fortschrittlicheres völkerrechtliches Fremdenrecht, das den Rechtsschutz gegen aufenthaltsrechtliche Maßnahmen der Exekutive mitumfaßt, unrealistisch. Hinzu kommt, daß in der Gegenwart manche nationale

---

106 Verdross, S. 372; Berber, S. 386 m. w. N.; Biscottini, Scritti Orlando, S. 164. Früher schon: Isay, S. 203.

107 Vgl. einerseits Dahm, S. 529; Berber, S. 385 und andererseits Doehring, Ausweisung, S. 130.

108 O'Connell, S. 701 ff. m. w. N.; Dahm, S. 510 m. w. N.; Verdross, S. 364, 370. Vgl. auch: Mortati, Istituzioni di diritto pubblico, Vol. II, 1969, S. 1048; Biscottini, Scritti Orlando, S. 165. Weitere Nachweise bei Doehring, Die allgemeinen Regeln . . ., S. 80 ff.

109 Doehring, Gerichtsschutz gegen die Exekutive, Bd. III, 1971, S. 237.

Rechtsordnungen die Möglichkeit einer kassatorischen Aufhebung einer Verwaltungsmaßnahme durch ein Gericht nicht anerkennen[110]. In diesen Rechtsordnungen wird vielfach lediglich ein finanzieller, gerichtlich durchsetzbarer Ausgleich für Schäden gewährt, die durch rechtswidrige Eingriffe von Exekutivorganen in bestimmte Rechte des Individuums (Freiheit/Leben/Gesundheit/Eigentum) verursacht worden sind[111]. Dies gilt auch gegenüber Ausländern. Die Gerichtsorganisation der Rechtsordnungen der Völkergemeinschaft und die Kontrollkompetenzen der Gerichte sind im öffentlichen Recht völlig unterschiedlich[112]. Auch aus diesem Grund kann somit nicht mit hinreichender Sicherheit der Schluß gezogen werden, der Gerichtsschutz gegen aufenthaltsrechtliche Maßnahmen der Exekutive gehöre zur abgesicherten Mindestgarantie der individuellen Rechte der Fremden[113].

Es fragt sich aber, ob sich aus dem Rechtssatz des „denial of justice“[114] eine völkerrechtliche Verpflichtung der Staaten herleiten läßt, ausreichenden innerstaatlichen Gerichtsschutz gegen die Exekutive in aufenthaltsrechtlichen Angelegenheiten zu gewähren. Der Begriff der Rechtsverweigerung wird jedoch unterschiedlich interpretiert[115]. Teilweise wird darunter nahezu jedes völkerrechtswidrige Verhalten des Staates gegenüber Fremden verstanden. Nach einer anderen Auffassung ist wesentlich, ob dem Fremden der Zugang zu bestehenden Gerichten verwehrt wird[116]. Eine dritte Begriffsbestimmung schließlich bejaht einen denial of justice auch, wenn ein Staat den Gerichtsweg nicht entsprechend einem international gebotenen Standard eingerichtet hat[117]. Wie dieser Standard jedoch definiert werden kann, ist völkerrechtlich noch ungeklärt: So ist z. B. fraglich, was unter dem Begriff „unabhängige“ Gerichte zu verstehen ist, ob mehrere Instanzen erforderlich sind und wie weit der Anspruch auf rechtliches Gehör reicht[118]. Grundsätzlich überläßt das allgemeine Völkerrecht „die Regelung der Gerichtsorganisation und insbesondere der gerichtlichen Zuständigkeiten dem innerstaatlichen Recht“[119]. Hinsichtlich der Kontrollkompetenzen der Gerichte gegen Akte der Exekutive fehlt es an einer einheitlichen Praxis der Staaten[120]. Auch dort, wo eine gerichtliche Rechtskontrolle

110 Bullinger, Gerichtsschutz gegen die Exekutive, Bd. III, S. 199 ff. mit Nachweisen.

111 Jaenicke, ebd., S. 310 m. w. N.

112 Doehring, S. 239 m. w. N.

113 Bullinger, S. 202 f. m. w. N.

114 Dazu Dahm, S. 510 m. w. N.; Brownlie, S. 514 ff.; Doehring, S. 241 ff.

115 Dazu Dahm, S. 510; Doehring, S. 241 ff.

116 Dahm, S. 509; Verdross, S. 384.

117 Vgl. die Nachweise bei Doehring, S. 241.

118 Doehring, S. 243.

119 Doehring, S. 246.

120 Jaenicke, S. 308.

prinzipiell anerkannt wird, gibt es Ausnahmen, wo der Gerichtsschutz nicht unbeschränkt zugelassen wird; dies gilt insbesondere im Bereich der Staatssicherheit[121]. Dementsprechend beruht das Schwergewicht der Rechtsschutzgarantie des „denial of justice“ auf der institutionellen und organisatorischen Ausgestaltung des *Verfahrens:* Unabhängigkeit der Gerichte, Gebot des ausreichenden rechtlichen Gehörs, Möglichkeit zur Beweisführung usw.[122]. Aus dem Rechtssatz des „denial of justice“ kann daher ein völkerrechtliches Gebot, ausreichenden nationalen Gerichtsschutz gegen aufenthaltsrechtliche Maßnahmen zu gewähren, nicht abgeleitet werden.

Der Grundsatz, daß der Heimatstaat eines Ausländers einen Anspruch wegen Verletzung des fremdenrechtlichen Minimumstandards erst geltend machen kann, wenn der betreffende Ausländer den innerstaatlichen Rechtsweg ausgeschöpft hat (sog. exhaustion of local remedies rule)[123], ergibt ebenfalls noch keine völkerrechtliche Pflicht zur Eröffnung von innerstaatlichem Rechtsschutz in aufenthaltsrechtlichen Angelegenheiten. Denn die exhaustion of local remedies rule enthält keine Rechtsweggarantie, sondern setzt einen dem Ausländer offenstehenden innerstaatlichen Rechtsbehelf voraus[124].

Bei einer Verletzung seiner Rechte durch die Behörden des Gaststaates kann sich der Ausländer an seinen Heimatstaat wenden. Der diplomatische Schutz durch den Heimatstaat gleicht den mangelnden innerstaatlichen Rechtsschutz des Fremden wieder aus. Allerdings sind infolge des völkerrechtlichen Gewaltanwendungsverbots die Mittel zur Durchsetzung von Ansprüchen für den Heimatstaat prinzipiell eingeschränkt worden[125]. Im klassischen Völkerrecht hätte eine Fremdenrechtsverletzung vom Heimatstaat mit Gewaltanwendung verhindert werden dürfen. Dagegen läßt das geltende Völkerrecht die Gewaltanwendung wohl allenfalls nur zum Schutz des Lebens von Individuen zu[126]. Die Schutzmöglichkeiten für die im Ausland weilenden Staatsangehörigen des Entsendestaates sind dadurch vermindert. Dieser Gesichtspunkt könnte als Indiz für eine völkerrechtliche Pflicht zur Eröffnung des innerstaatlichen Rechtsschutzes gewertet werden. Denn wenn die diplomatische Protektion wegen geringerer Effektivität keinen Ausgleich für den fehlenden Rechtsschutz mehr begründen kann, wird das „Be-

---

121 Vgl. die Nachweise bei Doehring, S. 246 und Jaenicke, S. 310.

122 Jaenicke, S. 307.

123 Vgl. IGH, I.C.J. Reports 1959, S. 6 ff., 27; vgl. Doehring, S. 246/247 f. Dazu ausführlich: Haesler, The exhaustion of local remedies ..., Leyden 1968.

124 Jaenicke, S. 294.

125 Doehring, S. 229 m. w. N.

126 Ebd.

dürfnis, Rechtsverletzungen durch innerstaatlichen Rechts- und Gerichtsschutz aufzufangen, unabweisbar"[127]. Dafür spricht auch, daß die Staaten im Interesse guter politischer Beziehungen zum Aufenthaltsstaat vielfach den Schutz ihrer Staatsangehörigen nicht mit dem nötigen Nachdruck verfolgen[128]. Im klassischen Völkerrecht konnte der Heimatstaat weitgehend frei mit dem Druckmittel der Repressalie seine Ansprüche durchzusetzen versuchen. Dieses Durchsetzungsmittel hat im geltenden Völkerrecht Einschränkungen erfahren; neben dem Gewaltverbot dürfen Repressalien nicht die anerkannten Menschenrechte verletzen[129]. Schon der Freiheitsentzug als Repressalie erscheint unzulässig. Aus der Anerkennung der allgemeinen Menschenrechte im Völkerrecht folgt wohl auch, daß das Individuum in vielen Beziehungen nicht mehr als bloßes Mittel verwendet werden darf[130]. Daraus ergibt sich aber, daß die Mittel zum Schutze der eigenen Staatsangehörigen im Ausland auch durch die Grenzen des geltenden Repressalienrechts vermindert sind. Ähnliche Einschränkungen gelten für das Prinzip der Gegenseitigkeit. Wegen der Anerkennung der Menschenrechte rechtfertigt der Grundsatz der Reziprozität nicht mehr jede Rechtsverletzung: Wenn z. B. „ein Mensch sein Leben für einen fremden Staat soll zwangsweise einsetzen müssen, nur weil entsprechendes rechtswidriges Verhalten seines Heimatstaates beanstandet werden soll", so liegt wohl ein Verstoß gegen geltendes Völkerrecht vor[131]. Die Grenzen des Prinzips der Gegenseitigkeit begründen somit ebenfalls ein Indiz für eine völkerrechtliche Pflicht zur Eröffnung des nationalen Gerichtsschutzes gegen aufenthaltsrechtliche Maßnahmen. Denn der innerstaatliche Rechtsschutz könnte das „gestörte Gleichgewicht im Völkerrecht wieder ausgleichen"[132].

Dagegen könnte andererseits eingewandt werden, ein Ausgleich für dieses Ungleichgewicht sei durch die internationale Gerichtsbarkeit verwirklicht. In der Staatenpraxis besteht aber eine Abneigung gegenüber einer obligatorischen internationalen Gerichtsbarkeit; dies zeigt sich deutlich an der Vorbehaltspraxis[133]. Das Problem der Durchsetzung (Vollstreckung) der internationalen Entscheidungen würde bei einer zukünftigen weltweiten obligatorischen internationalen Gerichtsbarkeit besondere Bedeutung gewinnen. Es ist anzunehmen, daß in diesem Fall sich die Problematik der Unterwerfung unter das Verfahren eines internationalen Gerichtshofes von der Zulässigkeit einer Klage und

---

127 Ebd.

128 Jaenicke, S. 312.

129 Doehring, S. 230 m. w. N.

130 Ebd.

131 Doehring, S. 231 m. w. N.; dort auch andere Beispiele.

132 Ebd.

133 Ebd., S. 232.

Zuständigkeit des internationalen Gerichts auf die Durchsetzbarkeit seiner Entscheidungen verlagern würde[134]. Ein Ausgleich des gestörten Gleichgewichts des Völkerrechts durch Fortschritte in der internationalen Gerichtsbarkeit erscheint deshalb unrealistisch. Letztlich begründet noch ein anderer Gesichtspunkt ein Indiz für eine völkerrechtliche Pflicht zur Gewährung von innerstaatlichem Rechtsschutz gegen aufenthaltsrechtliche Verfügungen. Die zunehmende Einflußnahme des modernen Industriestaates verstärkt das Bedürfnis nach Rechtsschutz in allen Rechtssystemen[135]. Vor allem die Nichtgewährung von Leistungen durch die öffentliche Gewalt kann zu existenzbedrohenden Diskriminierungen führen[136]. Die modernen Staaten sind in hohem Maße zu gewissen dirigistischen Maßnahmen, zu Planungen und Zuteilungen genötigt. Die Versagung z. B. einer Arbeits- oder Gewerbeerlaubnis für Fremde kann in ihren Wirkungen einer Ausweisung gleichkommen, da unter Umständen die Lebensgrundlage entzogen wird[137].

Die dargestellten Gründe stellen gewichtige Indizien für eine völkerrechtliche Pflicht der Staaten dar, Rechtsschutz gegen aufenthaltsrechtliche Verfügungen zu gewähren. *Positives Völkerrecht ist diese Pflicht noch nicht*[138]. Jaenicke[139] weist darauf hin, „daß die engeren Beziehungen zwischen den Staaten und das Netz bilateraler Verträge mit der Schaffung zusätzlicher Institutionen zur Streiterledigung dem Mittel der diplomatischen Protektion neue Erfolgschancen eröffnet haben.“ Es sei deshalb verfrüht, ihr heute jede Effektivität abzusprechen. Die Tendenz, die Rechtsschutzgarantien für den einzelnen zu erweitern, fehlt und ist nicht zu erwarten in solchen Staaten (etwa in der 3. Welt), die in grundlegenden politischen, wirtschaftlichen oder gesellschaftlichen Reformen oder Umwälzungen begriffen sind[140]. In manchen Entwicklungsländern schließlich gibt es gar keine genügend breite Schicht ausgebildeter Juristen, die in der Lage wären, den Gerichtsschutz zu garantieren[141]. Letztlich ist in den Staaten mit unterschiedlichen Gesellschaftsordnungen noch keineswegs anerkannt, daß die Übertragung der Überprüfungskompetenz an unabhängige Gerichte das „allein wünschbare und am besten geeignete Mittel zur Kontrolle der Exekutive“ sei[142]. Daraus folgt, daß in der Frage des Rechtsschutzes gegen aufent-

134 Ebd.
135 Jaenicke, S. 309.
136 Doehring, S. 233.
137 Ebd.
138 Jaenicke, S. 310/311; Doehring, S. 246, 250; ähnlich Verdross hinsichtlich der Ausweisung, S. 372.
139 S. 312.
140 Bullinger, S. 206.
141 Bullinger, S. 206 m. w. N.
142 Vgl. Jaenicke, S. 324.

haltsrechtliche Maßnahmen des Gaststaates ein positiver Völkerrechtssatz im Sinne einer völkerrechtlichen Pflicht noch nicht feststellbar ist.

Dieses Ergebnis bedarf der Kontrolle im Hinblick auf die gerichtlichen Rechtsschutzgarantien in den Menschenrechtskonventionen. Die EMRK von 1950[143] und der International Covenant on Civil and Political Rights von 1966[144] bestimmen eine Pflicht der Vertragsparteien, in ihren nationalen Rechtsordnungen den gerichtlichen Rechtsschutz des einzelnen institutionell und verfahrensmäßig entsprechend den Vorschriften der Konventionen zu gestalten. Ist in diesen Bestimmungen der Konventionen auch die verbindliche Garantie eines gerichtlichen Rechtsschutzes gegenüber aufenthaltsrechtlichen Verfügungen für den Fremden enthalten?

Die Menschenrechtskonventionen sind keine Kodifikation bestehenden Rechts, sondern sollen nur die Staaten verpflichten, ihr nationales Rechtssystem den Forderungen der Konventionen anzupassen bzw. nicht nachträglich entgegen den Grundsätzen der Konventionen zu ändern. Entspricht das innerstaatliche Rechtssystem diesem Standard noch nicht, so können die Staaten die Ratifikation verschieben oder entsprechende Vorbehalte machen. „Die Menschenrechtskonventionen sind daher für sich allein noch kein Beweis dafür, daß die in den Konventionen enthaltenen Rechtsschutzgarantien zum gesicherten Bestand des (fremdenrechtlichen Mindeststandards) gehören[145]." Gleichwohl wäre eine Aussage über den Gerichtsschutz in den Konventionen ein gewichtiges Indiz für eine völkerrechtliche Rechtspflicht. Golsong[146] vertritt die These, Art. 6 der EMRK und Art. 14 UN-Menschenrechtspakt gewährten eine „umfassende Rechtsweggarantie" gegen Maßnahmen der Exekutive. Danach stünde auch Ausländern der Rechtsweg gegen aufenthaltsrechtliche Verfügungen offen. Dagegen spricht aber, daß man auf Grund der rechtsvergleichenden Betrachtung der Rechtssituation in den einzelnen Staaten davon ausgehen muß, daß ein umfassender nationaler gerichtlicher Rechtsschutz gegen Maßnahmen der Exekutive, der über bloße Entschädigungsregelungen hinausgeht, keineswegs die Regel ist[147]. Manche Staaten sehen anstelle des Rechtswegs andere Rechtsschutzmittel zur Zeit noch als ausreichend an[148]. Daß die vertragschließenden Staaten in den Konventionen über die in ihren Rechtssystemen vorhandenen und üblichen Rechtsschutzgarantien hinausgehen wollten, liegt fern. Dabei mag unerörtert bleiben, ob der

143 BGBl. 1952, II, S. 685 ff.
144 BGBl. 1973, II, S. 1533 ff.
145 Jaenicke, S. 313.
146 In: Gerichtsschutz gegen die Exekutive, Bd. III, S. 251 ff., S. 259 ff.
147 Jaenicke, S. 314.
148 Ebd.

Begriff der „civil rights" („droits de caractère civil") im Sinne der Artikel 6 MRK und 14 I UN-Konvention auch Rechte und Ansprüche gegenüber dem Staat erfassen sollte[149]. Denn es besteht Übereinstimmung darüber, daß die Rechtsschutzgarantien der Menschenrechtskonventionen ausschließlich *verfahrensrechtliche* Bedeutung haben[150]. Ob und in welchem Umfang dem einzelnen Ausländer gerichtlich verfolgbare Rechte gegen aufenthaltsrechtliche Maßnahmen des Gaststaates zustehen, hängt somit von der jeweiligen *nationalen* Rechtsordnung ab. Zweck der Art. 6 MRK und Art. 14 UN-Konvention kann es nicht sein, über den materiellen aufenthaltsrechtlichen Status des einzelnen Fremden in der nationalen Rechtsordnung eine Bestimmung zu treffen[151]. Ob der einzelne ein „Recht" i. S. v. Art. 6 I der europäischen bzw. Art. 14 I der UN-Konvention geltend machen kann, kann nur danach beurteilt werden, ob die nationale Rechtsordnung es als ein gerichtlich verfolgbares Recht ansieht[152]. Wegen ihres rein verfahrensrechtlichen Charakters haben deshalb die gerichtlichen Rechtsschutzgarantien der Menschenrechtskonventionen nur einen begrenzten Wirkungsbereich. Dem Ausländer steht ein umfassender innerstaatlicher gerichtlicher Rechtsschutz gegen aufenthaltsrechtliche Maßnahmen des Gaststaates nach geltendem Völkerrecht noch nicht zu.

4. Völkerrechtliches Fremdenrecht und innerstaatliches Aufenthaltsrecht — Italien und Bundesrepublik Deutschland —

Art. 25 GG und Art. 10 Ital.Verf. regeln die Beziehung zwischen dem völkerrechtlichen Fremdenrecht und innerstaatlichem — italienischem und deutschem — Aufenthaltsrecht. Da nach Art. 25 GG die allgemeinen Regeln des Völkerrechts Bestandteil des Bundesrechts sind, können sich in der BRD Ausländer auf die Schranken des fremdenrechtlichen Mindeststandards zur Begründung von Ansprüchen berufen[153]. Demgegenüber setzt die italienische Verfassung in Art. 10 II lediglich dem Gesetzgeber die Schranke, bei Regelung des Rechtsstatus der Fremden die Sätze des internationalen Rechts zu beachten[154]. Ob dieser Unterschied sich faktisch auswirkt, hängt davon ab, inwieweit das deutsche und italienische innerstaatliche Aufenthalts-

---

149 Dazu Golsong, S. 254 ff. Zur Bedeutung des Art. 13 EMRK (bzw. Art. 2 III UN-Pakt 1966) vgl. Jaenicke, S. 319 ff.

150 Vgl. die zahlreichen Nachweise bei Jaenicke, S. 316.

151 Vgl. grds. Jaenicke, S. 318, 322 f.

152 Jaenicke, S. 317.

153 Vgl. dazu Doehring, Die allgemeinen Regeln ..., S. 152 f m. w. N.

154 Vgl. grds.: Mortati, Istituzioni di diritto pubblico, Bd. II, 1969, S. 1046 f. m. w. N.; Biscottini, in: Diritto internazionale 1963, S. 14 m. w. N.; Mor, in: Jura Europae, Niederlassungsrecht, 1973, Ziff. 40.00, Nr. 3. Weitere Nachweise bei Cassese, Rivista trimestrale di diritto pubblico 1964, S. 380 ff.

recht unter Berücksichtigung des Verfassungsrechts den vom allgemeinen Völkerrecht geforderten Mindeststandard enthalten. Das soll im folgenden untersucht werden.

II. Das Aufenthaltsrecht der Ausländer in der Bundesrepublik Deutschland

1. Aufenthaltsrecht und Grundgesetz

Das deutsche Aufenthaltsrecht definiert den Begriff des Ausländers lediglich negativ: Ausländer ist jeder nicht inländische Staatsangehörige[1]. Der Fremde ist einer Sonderregelung unterworfen. Diese treffen insbesondere das Ausländergesetz — AuslG — und die Durchführungsverordnung zum AuslG — DVAuslG —. Es fragt sich, ob und inwieweit das GG es zuläßt, daß der Fremde gegenüber den Deutschen in bezug auf seine aufenthaltsrechtliche Stellung anders behandelt werden kann.

a) Die grundsätzliche Geltung der Grundrechte

Staatsangehörigkeit bezeichnet herkömmlicherweise die Mitgliedschaft einer natürlichen Person in einem Staate[2]. Durch den Rechtsstatus als Staatsangehöriger werden besondere Rechte (z. B. Wahlrecht) erlangt, aber auch besondere Pflichten (insbes. Wehrpflicht, Pflicht zur Übernahme ehrenamtlicher Funktionen, unbeschränkte persönliche Steuerpflicht) begründet. Die deutsche Staatsrechtslehre[3] hat aus der Staatsangehörigkeit vor allem die Gehorsams- und Treuepflicht gegenüber dem Staat und das Recht auf Aufenthaltsnahme sowie auf staatliche Fürsorge im Inland gefolgert. Grundrechte korrespondieren also mit Grundpflichten. Daraus könnte man schließen, die Gewährung der Grundrechte sei als Gegenleistung des Staates zur Treuepflicht des Staatsangehörigen zu verstehen. Daß deshalb mangels Grundpflichten die Geltung der Grundrechte für Ausländer generell abzulehnen sei, wird aber in der Rechtsprechung und Literatur nicht vertreten. Schon der Wortlaut der Grundrechte widerspricht einem generellen Ausschluß der Geltung der Grundrechte für Ausländer: Einige Verfassungsartikel

---

[1] § 1 AuslG.

[2] v. Mangoldt / Klein, GG, Bd. I, 1966, S. 480.

[3] Strupp, Die Rechtstellung ..., HDStR I, 1932, S. 274; Maunz / Dürig / Herzog, Art. 16 GG, Rdnr. 8 m. w. N.; Grawert, Staat und Staatsangehörigkeit, 1973, S. 241 m. w. N.

beziehen sich auf die „Deutschen“ (Art. 8 I, 9 I, 11 I, 12 I, 16 II 1 GG), andere erkennen ein Grundrecht „jedermann“ zu (Art. 5, 19 IV, 2 I GG), wieder andere Artikel verwenden allgemeine Formulierungen ohne Hinweis auf den personalen Geltungsbereich (Art. 6, 10 GG usw.). Das Wertsystem der Grundrechte geht von der Würde und Freiheit des einzelnen Menschen aus. Die Grundrechte sollen in erster Linie die Freiheitssphäre des *einzelnen* gegen die staatliche Gewalt schützen. Diese grundgesetzliche Wertordnung gilt prinzipiell auch für Ausländer. Eine Gehorsamspflicht gegenüber dem Gaststaat (z. B. zur Beachtung der Strafgesetze) trifft auch den Fremden. Ob es überhaupt noch eine generelle Treuepflicht oder nur einzelne auf einem Treueverhältnis basierende Pflichten gibt, erscheint zweifelhaft. Treuepflichten aus bestimmten besonderen Verhältnissen (z. B. im Wehr-, Beamten- und Arbeitsrecht) kennt das heutige Recht auch heute noch. Wieweit diese Pflichten aber reichen, ist gerade für das Beamtenrecht z. B. heftig umstritten. Kraft seiner Personalhoheit kann der ausländische Staat seinen Angehörigen im Ausland aufgeben, seine Strafgesetze zu beachten oder in die Heimat — beispielsweise zwecks Ableistung des Wehrdienstes — zurückzukehren[4]. Besteht somit ein allgemeines Band der Treue und Loyalität zwischen dem Staatsangehörigen und seinem Heimatstaat, so folgt daraus aber nicht zwingend, daß das allgemeine Treueverhältnis die Geltung der Grundrechte ausschließt. Zwar hat die Treuebindung zur Folge, daß der Ausländer im Gaststaat weiterhin den Pflichten gegenüber seinem Heimatstaat unterliegt. Daraus könnte geschlossen werden, die Grundrechte hätten für den Fremden keine Geltung, da er in zwei Staaten Pflichten zu erfüllen habe und er somit ständig den Konsequenzen der Pflichtverletzung ausgesetzt sei. Dieses Argument gestattet aber allenfalls Differenzierungen nach Art und Folgen der Pflichten[5]. Ein genereller Ausschluß der Geltung der Grundrechte für Ausländer folgt daraus nicht.

Nach einer Mindermeinung in der Literatur soll wegen Art. 25 GG als lex specialis die Geltung der Grundrechte und Verfassungsprinzipien ausgeschlossen sein, „wenn sich hierfür nicht in den allgemeinen Regeln des Völkerrechts eine Grundlage findet“[6]. Das soll nur dann nicht gelten, wenn verfassungsrechtliche Normen ihrerseits als leges speciales den Fremden eine über den völkerrechtlichen Mindeststandard hinausgehende Rechtsposition zubilligen. Das völkerrechtliche Prinzip der Unterscheidung zwischen Staatsangehörigen und Fremden, das über Art. 25 GG verfassungsrechtlich abgesichert sei, stellt danach eine

[4] Tomuschat, Die politischen Rechte der Gastarbeiter, in: Ansay / Gessner, S. 81; vgl. grds. Doehring, Staatsrechtliche Stellung der Ausländer in der BRD, VVdStRL 1974, S. 19 f.

[5] Grawert, S. 241.

[6] Doehring, Die allgemeinen Regeln ..., S. 168; ders., ZaöRV 1965, S. 484.

Schranke für die Grundrechte dar[7]. Da die allgemeinen Regeln des Völkerrechts gemäß Art. 25 GG Bestandteil der Rechtsordnung der Bundesrepublik Deutschland sind und Rechte und Pflichten unmittelbar für die *Bewohner* des Bundesgebiets erzeugen, würde der verfassungsrechtliche Rechtsstatus des Fremden nach dieser Auffassung prinzipiell durch das Völkerrecht begrenzt. Dem Ausländer stünden grundsätzlich nur die Minimalschutzrechte zu, die das Völkerrecht anerkennt. Da sich aus Art. 25 GG auch Verpflichtungen zu Lasten der Individuen ergeben können, wäre die Rechtsposition des Ausländers daneben völkerrechtlich eingeschränkt.

Die These Doehrings setzt zunächst den Verfassungsrang der allgemeinen Regeln des Völkerrechts voraus: Denn das Spezialitätsprinzip kann nur bei gleichrangigen Normen gelten. Die Frage des Rangverhältnisses von allgemeinen Regeln des Völkerrechts und innerstaatlichen Rechtsnormen ist umstritten[8]. Im Rahmen dieser Arbeit kann für dieses Problem keine eigenständige Lösung geboten werden. Doehring bejaht den Verfassungsrang der allgemeinen Regeln des Völkerrechts[9]. Nach dem Verfassungsrecht der Bundesrepublik können Verfassungscharakter aber nur solche Rechtssätze haben, die Inhalt des Grundgesetzes sind. Inhalt des GG ist nur, was dem Text eingefügt ist (Art. 79 I S. 1 GG) oder unter die Verfassungsdurchbrechung[10] des Art. 79 I S. 2 GG fällt. Dazu zählen die allgemeinen Regeln des Völkerrechts, die sich formlos, stillschweigend und gewohnheitsrechtlich wandeln können, nicht[11]. Nach der gegenteiligen Auffassung entstünde ein unübersehbarer Bereich von Verfassungsrecht, was eine unvertretbare Rechtsunsicherheit nach sich ziehen müßte. Daraus folgt, daß die allgemeinen Regeln im Bereich des GG keinen Verfassungsrang haben[12]. Vielmehr stehen die durch Art. 25 GG zum Bestandteil des Bundesrechts erklärten Rechtssätze rangmäßig zwischen Gesetzes- und Verfassungsrecht[13]. Denn der Vorrang der Verfassung selbst bleibt ungebrochen[14]. Normiert Art. 25 GG somit lediglich eine Vorrangstellung der allgemeinen Regeln des Völkerrechts gegenüber den einfachen Gesetzen, nicht aber im Verhältnis zur Verfassung, so erscheint die Auffassung, daß ein verfassungsmäßiges Recht nicht weiterreiche als eine Regel des Völkerrechts[15], nicht zwingend[16]. Dagegen kann auch nicht ange-

[7] Neuerdings ders., Staatsrechtliche Stellung der Ausländer in der BRD, VVdStRL 1974, S. 22 ff., 26 f.; ebenso Schiedermair, Handbuch, S. 36.

[8] Vgl. v. Mangoldt / Klein, S. 680 ff.; BK (Bearb.: Menzel), Art. 25, Erl. II. 3., 4.

[9] Die allgemeinen Regeln ..., S. 175 ff., 181 ff. und VVdStRL 1974, S. 22.

[10] Dazu BK (Bearb. Menzel), Nachtrag zu Art. 79 I, II, 4., S. 7 ff.

[11] Maunz / Dürig / Herzog, Art. 25, Rdnr. 23.

[12] BVerfG E 6, 309 ff. (363).

[13] BVerfG ebd. und E 18, S. 441 ff. (451) m. w. N.

[14] Tomuschat, Deutsche Rechtsprechung ..., ZaöRV 1968, S. 63.

führt werden, die aus den Artikeln 24 und 26 GG folgende Völkerrechtsfreundlichkeit der deutschen Verfassung gebiete, Verfassungsbestimmungen völkerrechtskonform auszulegen. Im Bereiche des Fremdenrechts führen die allgemeinen Regeln des Völkerrechts zu einem *begrenzenden* verfassungsmäßigen Rechtsstatus des Ausländers. Die allgemeinen Regeln des Völkerrechts besagen prinzipiell, daß gewisse Minimalgrenzen bei der Regelung des innerstaatlichen Rechts nicht *unterschritten* werden dürfen. Oberhalb dieser Schranken bleibt es dem Staat unbenommen, das Aufenthaltsrecht des Ausländers nach seinem Gutdünken zu gestalten. Das bedeutet, daß aus Art. 25 GG kein Rechtssatz des Inhalts folgt, nach dem alles das, was im Völkerrecht *nicht* gilt, auch in der nationalrechtlichen Regelung ausgeschlossen sei. Offenbart sich aber damit das völkerrechtliche Fremdenrecht in seiner Funktion als Schutzrecht des Ausländers, so vermag es nicht verfassungsmäßige Rechtspositionen restriktiv einzugrenzen[17]. Doehring wendet demgegenüber ein, die Personalhoheit des Heimatstaates fordere die restriktive Auslegung der deutschen Verfassung[18]. Die Personalhoheit gebietet jedoch primär dem Aufenthaltsstaat nur, keine *Pflichten* dem Fremden aufzuerlegen, die mit dem Fortbestand des Treue- und Schutzverhältnisses zu seinem Heimatstaat unvereinbar sind. Daraus folgt aber nicht, daß es dem Aufenthaltsstaat grundsätzlich völkerrechtlich verboten sei, dem Fremden *Rechte* zu gewähren, Es könnte allerdings vorgetragen werden, durch das Anbieten von Rechten und Vorteilen lockere der Aufenthaltsstaat die Treuebindung des Ausländers zu seinem Heimatstaat und mache sich durch den Eingriff in die Personalhoheit einer verbotenen Intervention schuldig[19]. Diese These widerspricht aber der neueren Konzeption des Völkerrechts, die bestrebt ist, die rechtliche Herrschaft des Staates über seine Angehörigen zurückzudrängen[20]. Zudem ist nicht ersichtlich, inwieweit die deutsche Verfassung, die zwischen Menschen- und Deutschenrechten differenziert, dem Ausländer Rechte anbietet, die geeignet sind, sein Treueverhältnis zum Heimatstaat zu korrumpieren. Wollte man letztlich Art. 25 GG als Restriktionsnorm interpretieren, so wäre außerdem die grundgesetzliche Unterscheidung von Menschen- und Bürgerrechten überflüssig[21]. Art. 25 GG verdrängt somit nicht als lex specialis die

---

15 BayObLG Z 1964, S. 127 ff., 130 ff.

16 Dazu Tomuschat, ZaöRV 1968, S. 64.

17 Zuleeg, DöV 1973, S. 363 f. und ders., DVBl. 1974, S. 341 ff. (345 f.); Isensee, Staatsrechtliche Stellung der Ausländer in der BRD, VVdStRL 1974, S. 85/86.

18 VVdStRL 1974, S. 19 ff.

19 Vgl. Verdross, S. 369; Fauchille, Bd. I, Teil 1, S. 930 f.; neuerdings: Anghel, Le régime juridique ..., Journal du droit international 1971, S. 550 m. w. N.

20 Tomuschat, in: Ansay / Gessner, S. 99.

anderen im GG verbürgten Verfassungsrechte. Bei Art. 25 GG handelt es sich vielmehr um eine Ermächtigung an den Gesetzgeber, unter Berücksichtigung der Minimalschranken des Völkerrechts das Ausländerrecht zu regeln. Der Gesetzgeber kann sich dabei entscheiden, im Rahmen des Völkerrechts diskriminierendes Sonderrecht einzuführen oder für eine weitgehende Gleichstellung zu optieren[22]. Ein genereller Ausschluß der Geltung der Grundrechte im ausländerrechtlichen Aufenthaltsrecht kann aus Art. 25 GG nicht gefolgert werden.

aa) Grund- und Menschenrechte

Die Grundrechte lassen ihrem personalen Geltungsbereich nach zwei Kategorien erkennen. Soweit Grundrechte nicht ausdrücklich auf inländische Staatsbürger beschränkt sind, stehen sie allen Menschen unabhängig von ihrer Staatsangehörigkeit zu. Das gilt sowohl für Verfassungsartikel, die „jedermann" geltend machen kann (z. B. Art. 2 I, 19 IV GG), als auch für solche, die in subjektiver Hinsicht neutrale Wendungen gebrauchen (z. B. Art. 6, 10, 13 GG).

Unklar und streitig hingegen gestaltet sich der Grundrechtsschutz, soweit es um die Deutschen-Rechte (z. B. Art. 11, 12 GG) des Grundgesetzes geht.

Nach einer Meinung in der Literatur soll es sich um bewußte Beschränkungen handeln, die die Geltung für Ausländer ausschließe[23]. Dies folge zunächst aus dem ausdrücklichen und eindeutigen Wortlaut. Die Unterscheidung der Grundrechte in Menschenrechte und Bürgerrechte sei in zweifacher Hinsicht bedeutsam: Der Verfassunggeber differenziere nach der Grundrechts-*Qualität* und der Grundrechts-*Subjektivität*[24]. Menschenrechte i. S. d. Grundrechts-Subjektivität könnten vorstaatliche (Menschenrechte i. S. d. Grundrechts-Qualität) oder staatsgesetzliche Rechte sein[25]. In der unterschiedlichen Bezeichnung von Grundrechten (Art. 1 III GG) und Menschenrechten (Art. 1 II GG) komme zum Ausdruck, daß die verfassungspositiv aufgezählten Grundrechte nur einen Teil der nicht voll positivierbaren Menschenrechte bilden[26]. Menschenrechte haben danach für alle Menschen Geltung, die Grundrechte dagegen nur, soweit sie zugleich Menschenrechte sind oder sie das GG den Ausländern gewährt. Neben den spezifisch „staatsbürgerlichen" Rechten (z. B. Wahlrecht [Art. 38 GG], Recht auf Gleichheit

[21] Zuleeg, s. oben Anm. 17.

[22] Tomuschat, ZaöRV 1973, S. 397.

[23] v. Mangoldt / Klein, S. 97 ff.; BK (Wernicke), Erl. zu Art. 1, II. 3 f. (a. F.); weitere Nachweise bei Dolde, Die politischen Rechte ..., 1972, S. 45, 61.

[24] v. Mangoldt / Klein, S. 98.

[25] Ebd., S. 99.

[26] BK, Wernicke, ebd.

i. S. d. Art. 33 I, Recht auf Zugang zu den öffentlichen Ämtern [Art. 33 II GG] usf.) seien auch andere Grundrechte ausdrücklich als „Rechte der Deutschen“ (beispielsweise Art. 8 I, 9 I, 11 I, 12 I GG) ausgestaltet. Die Ausdehnung dieser Rechte auf Ausländer hätte die „Gefahr einer Überfremdung oder Gefahren für eine ordnungsmäßige Versorgung der Inländer mit Arbeit und Brot“ ergeben[27]. Mit Rücksicht auf die Schwierigkeit, „der großen Zahl der auf einem erheblich verkleinerten Staatsgebiet zusammengedrängten Deutschen ein auskömmliches Leben zu gewähren und zu gewährleisten“, seien diese Rechte nicht zu Menschenrechten i. S. d. Grundrechts-Subjektivität ausgebaut worden[28].

Die formale Ausgestaltung als Menschenrechte oder Bürgerrechte kann aber in einer Verfassung, die von vorgegebenen Rechten ausgeht, allenfalls ein *Indiz* für die Menschenrechtsqualität dieser Rechte abgeben[29]. Mit dem objektiven Wertsystem des Grundgesetzes steht die formale Unterscheidungskategorie der Grund- und Menschenrechte nicht im Einklang. Die Wertordnung des GG findet ihren Mittelpunkt in der innerhalb der sozialen Gemeinschaft sich frei entfaltenden *menschlichen Persönlichkeit* und *Würde des Menschen*[30]. Diese verfassungsrechtliche Grundentscheidung gilt für alle Bereiche des Rechts. Oberstes Konstitutionsprinzip und vorrangiger Auslegungsmaßstab aller Einzelgrundrechte ist deshalb das Prinzip des Schutzes der Menschenwürde[31]. Die Grundrechtsinhaberschaft ist demnach Ausfluß des Menschseins und nicht der Staatsangehörigkeit, soweit der aus Art. 1 I, II GG folgende Kernbereich eines Grundrechts reicht. Da der Verfassunggeber nach seiner eigenen Auffassung daran gehindert war, sich durch die Beschränkung auf Deutsche mit dem in Art. 1 I, II GG anerkannten obersten Konstitutionsprinzip der Verfassung in Widerspruch zu setzen, ist somit die Menschenrechtsqualität *nicht* allein nach der positiv-rechtlichen Ausgestaltung als Deutschen- oder Jedermann-Recht zu bestimmen[32]. Der Umfang der Grundrechtsträgerschaft auch für Ausländer ergibt sich vielmehr aus dem Menschenrechtsgehalt des Einzelgrundrechts.

Merten[33] meint demgegenüber, über Art. 1 I, II GG könne keine Erweiterung der Grundrechtsträger begründet werden, da — ungeachtet

---

27 So v. Mangoldt / Klein, S. 99.

28 Ebd.

29 Maunz / Dürig / Herzog, Art. 1 II, Rdnr. 78.

30 Schmidt-Bleibtreu / Klein, GG, 3. Aufl. 1973, Vorbem. vor Art. 1, Rdnr. 8; Hamann / Lenz, GG, 3. Aufl. 1970, Art. 1 A. 1 a) m. w. N.

31 Dürig, Freizügigkeit, Die Grundrechte, Bd. II, 2. Aufl. 1968, S. 507 ff.; Maunz / Dürig / Herzog, Art. 1 II, Rdnr. 80 und Fußn. 1; dazu Dolde, S. 46 mit ausführlichen Literaturangaben.

32 Dolde, S. 47.

33 Freizügigkeit, S. 82.

des Art. 1 GG als Auslegungsmaßstabes für die Einzelgrundrechte — das GG durch die personale Begrenzung auf Deutsche gerade keine Konsequenzen aus Art. 1 gezogen habe. Der Verfassunggeber war aber nach seiner eigenen Auffassung gehindert, sich mit dem in Art. 1 I GG anerkannten obersten Konstitutionsprinzip der Verfassung in Widerspruch zu setzen[34]. Gegen Dürigs Lehre kann deshalb nicht angeführt werden, dadurch würden die Differenzierungen des Grundgesetzes nivelliert. Der Menschenrechtsgehalt erfaßt nämlich jeweils nur einen Kernbereich. Wie weit der Menschenwürdegehalt reicht, ist für jeden Lebensbereich bei den verschiedenen Spezialgrundrechten gesondert zu ermitteln[35].

Für den hier interessierenden Lebensbereich stellt sich deshalb die Frage, ob der aus Art. 1 I, II GG folgende Menschenrechtskern eines Einzelgrundrechts das Recht auf Einreise und Aufenthalt für Ausländer enthält oder nicht.

bb) Grundrechte und Territorialitätsprinzip

Ist damit die grundsätzliche Geltung der Grundrechte ratione personae geklärt, so bleibt noch ein Bedenken bezüglich der Geltung ratione territorii übrig. Da nämlich die jeweilige Rechtsordnung in der Regel Sachverhalte innerhalb des betreffenden Staatsgebiets regelt, könnte zweifelhaft sein, ob auch ein außerhalb des deutschen Territoriums lebender Ausländer überhaupt Grundrechte des GG geltend machen kann.

Nach seinem Wortlaut bestimmt Art. 23 GG den räumlichen Geltungsbereich des Grundgesetzes. Daraus folgert ein Teil der Literatur[36], die staatliche Rechtsordnung könne nur in dem Gebiet gelten, in dem der Staat seinen lediglich durch das Völkerrecht eingeschränkten, verfassungsrechtlich geordneten Totalitätsanspruch der Rechtssetzung und Rechtsvollziehung effektiv zu verwirklichen vermöge. Die Geltung der Verfassung könne daher nicht weiterreichen als die Gebietshoheit des Territorialverbands, der sich diese Verfassung gegeben habe. D. h.: Für den einreisewilligen Fremden im Ausland gelten die Grundrechte des GG nicht; *nach* Zulassung zum deutschen Staatsgebiet stehen dem Ausländer dagegen die Grundrechte zu, die das GG ihm als Menschenrechte und als Menschenrechtskern eines Deutschenrechts eröffnet. An diese Grundsätze knüpft Isensee mit seiner auf der deutschen Staats-

---

[34] Dolde, S. 53 m. w. N.

[35] Isensee, VVdStRL 1974, S. 79/80, entnimmt demgegenüber aus Art. 2 I GG den Umfang der Grundrechtsträgerschaft; dabei berücksichtigt er aber nicht das Subsidiaritätsprinzip, nach dem der Rückgriff auf die allgemeine Handlungsfreiheit ausgeschlossen ist, sofern spezielle Grundrechtsnormen tangiert sind. Vgl. dazu unten die Erörterung bei Art. 2 I GG.

[36] BK (Dennewitz), Art. 23 GG, Erl. II 1; Hamann / Lenz, Art. 23 GG, A.

rechtslehrertagung 1974 entwickelten Zweistufenlehre an[37]. Nach Isensee löst der *Aufenthalt* in der Bundesrepublik Deutschland für den Ausländer umfassenden grundrechtlichen Schutz aus[38]. Die Begründung eines grundrechtlichen Status des Ausländers sei Folge der Zulassung seines Aufenthalts[39]. Solange der Fremde sich außerhalb des Bundesgebiets befinde, genieße er — mit Ausnahme des Asylrechts — keinen Grundrechtsschutz. Die Geltung der Grundrechte für Ausländer hänge von einem territorialen Anknüpfungspunkt ab. Im Verhältnis zum Gebietsfremden sei deshalb die Entscheidung über die Gebietszulassung noch nicht grundrechtsgebundene Herrschaftsausübung, sondern grundrechtsfreie Herrschaftsbegründung[40].

Eine nähere Betrachtung zeigt aber, daß Art. 23 GG *nicht* im Sinne einer Geltungsbegrenzung des Grundgesetzes zu verstehen sein kann. Das Grundgesetz hat Ausstrahlungswirkungen über die Grenzen des Bundesgebietes hinaus. Darauf deutet Art. 16 II 2 GG, der unabhängig vom Aufenthaltsort des Fremden ein Recht auf Asyl normiert, schon hin. Trotz der territorialen Geltungsbegrenzung der Verfassung nach Art. 23 GG muß das GG notwendig auch für die Organe der Bundesrepublik im Ausland gelten. Andernfalls wären die deutschen Behörden im Ausland an das Grundgesetz nicht gebunden. Das Verbot der Vorbereitung von Angriffskriegen in Art. 26 GG würde für deutsche Auslandsbehörden nicht gelten, die konsularischen Behörden wären nicht an den Gleichheitssatz gebunden. Darüber hinaus würde für die Tätigkeit deutscher Behörden im Ausland jede rechtliche Basis fehlen: Die Vertretung des Bundes durch den Bundespräsidenten wäre auf Staatsbesuchen mangels Geltung des Art. 59 I S. 1 GG nicht möglich, der Bundeskanzler könnte seine Richtlinienkompetenz während eines Auslandsaufenthaltes nicht ausüben (Art. 65 S. 1 GG), Behörden des auswärtigen Dienstes im Ausland könnten nicht geführt werden (Art. 87 I S. 1 GG). Die Tatsache, daß in Art. 23 GG von „Geltung“ des GG die Rede ist, begründet deshalb keine Geltungsbeschränkung des Grundgesetzes.

Gegen eine Geltung des Grundgesetzes für Ausländer ratione territorii könnte aber andererseits eingewandt werden, bei den aufgeführten Beispielsfällen sei eine besondere Form der „Geltung“ des GG angesprochen. Es handele sich dabei im wesentlichen um Beziehungen zum GG *innerhalb* der deutschen staatlichen Verwaltung: In diesem Bereich sei die Geltung des Grundgesetzes auch im Ausland selbstverständlich. Demgegenüber stehe der Ausländer, der beabsichtige, in die Bundes-

---

[37] VVdStRL 1974, Heft 32, S. 60 ff.

[38] S. 62 f.

[39] S. 64 und These 4 b), S. 102.

[40] S. 65/66.

republik einzureisen, zum Grundgesetz in keinerlei Beziehung. Wenn aber der Ausländer in den Einwirkungsbereich der deutschen Gewalt gelangt, dann erhält er automatisch auch die Schutzgarantien, die das GG jedermann zuerkennt. Anknüpfungspunkte für die Zuerkennung von Grundrechten bildet entgegen Isensee nicht nur die Gebietszulassung. Denn neben „Gebietskontakten" sind Anknüpfungsgesichtspunkte personaler Art möglich[41]. So kann z. B. für die Berücksichtigung des Art. 6 GG im Rahmen des Aufenthaltsrechts nicht entscheidend sein, ob der Ausländer sich außer Landes befindet, wenn er den Schutz seiner Ehe mit einer Deutschen geltend machen will. Wäre die Geltung der Grundrechte für Ausländer allein vom Aufenthalt in der Bundesrepublik Deutschland abhängig, so könnten die Ausländerbehörden z. B. die Rechtsweggarantie des Art. 19 IV GG durch Ausweisung und Abschiebung negieren. Deshalb reicht es für die Geltung der Grundrechte aus, wenn eine tatsächliche Anknüpfung zwischen Ausländer und deutscher Gewalt besteht bzw. der Fremde in den Einwirkungsbereich der deutschen Behörden gelangt[42]. Dies gilt auch für die Gebietszulassung eines Ausländers. Zwar steht es im willkürlichen Belieben des Ausländers, z. B. einen Antrag auf Visumerteilung zu stellen. Daraus aber zu folgern, für einen solchen Fall gelte das GG nicht[43], ist nicht zwingend. Denn der Fremde unterwirft sich, um seine Einreiseabsicht verwirklichen zu können, notgedrungen den einschlägigen deutschen Rechtsvorschriften. Mit dieser Unterwerfung untersteht er gleichzeitig dem Schutz des Grundgesetzes. Soweit demnach eine tatsächliche Anknüpfung zwischen Ausländer und deutscher Gewalt besteht, gelten die Grundrechte unabhängig vom Aufenthaltsort des Fremden[44].

b) Die Grundrechte im einzelnen

aa) Die Problematik des Freizügigkeitsrechts

Ausgangspunkt der verfassungsrechtlichen Fragestellung ist das Freizügigkeitsrecht des Art. 11 GG, welches als verfassungsrechtliche Garantie nur dem Deutschen, nicht dem Ausländer zusteht. Nach dem Wortlaut dieses Grundrechts garantiert Art. 11 I GG deshalb dem Nichtdeutschen weder ein Recht auf Einreise noch auf Aufenthalt. Auch die Ausweisung eines Fremden ist verfassungsrechtlich nicht verboten.

Art. 11 I GG erfaßt das Recht, *in* das Bundesgebiet einreisen und einwandern zu dürfen[45]. Der Begriff „Freizügigkeit" bedeutet daneben

---

41 Bachof, VVdStRL 1974, Aussprache, S. 124/125; Frowein, ebd., S. 127; Zuleeg, DVBl. 1974, S. 346.

42 Vgl. ähnlich Zuleeg, DVBl. 1974, S. 346 m. w. N.

43 So Isensee, VVdStRL 1974, S. 61, Fußn. 34 und S. 64 f.

44 Vgl. für Art. 19 IV GG — OVG Münster, Schüler / Wirtz, S. 18 ff.

45 BVerfG E 2, 266 ff. (273); BK (Wernicke), Art. 11, Erl. II d).

die Befugnis, an jedem Ort *innerhalb* des Bundesgebietes Aufenthalt und Wohnsitz zu nehmen. Deshalb umfaßt Art. 11 I GG: Das Recht zum Aufenthalt (vorübergehendes Verweilen), das Recht zur Niederlassung (dauerndes Verweilen) und das Recht zur Wohnsitzbegründung (dauerndes Verweilen, getragen von dem Willen, sich den oder einen Mittelpunkt des bürgerlichen Lebens zu schaffen)[46]. Da jedes Grundrecht auch darüber Aussagen trifft, was man nicht tun muß, enthält das Freizügigkeitsrecht auch eine negative Seite des „Nichtziehenmüssens"[47]. Der Staat darf deshalb den aus Art. 11 I GG Berechtigten grundsätzlich[48] nicht zwingen, an andere Orte zu ziehen[49]. Art. 11 I erfaßt demnach sowohl den Bewegungsvorgang des freien Aufenthalts und Ortswechsels — Zugfreiheit — als auch den statischen Tatbestand des Aufenthalts und Wohnens — Bleiberecht —[50].

Wenn Art. 11 I GG kein Menschenrecht im qualitativen Sinne darstellt, Art. 1 I, II GG also in keiner Weise tangiert wird, so steht dem Ausländer verfassungsrechtlich kein Recht auf Freizügigkeit zu. Nur in diesem Fall darf der Gesetzgeber, ohne durch die Schranken des Art. 11 II GG gebunden zu sein, einen Ausländer an der Grenze abweisen, generell den Aufenthalt eines Nicht-Deutschen einer Genehmigungspflicht unterstellen und einen Fremden ausweisen. Ob ein Menschenrechtskern auf Freizügigkeit besteht, ist streitig. Ein Teil der Literatur[51] bejaht ein Ausländerzuzugsrecht als Menschenrecht, soweit sich ein Mensch aus religiösen, politischen oder zwingenden materiellen Gründen auf der Flucht befinde. Art. 1 I, II GG als oberstes Konstitutionsprinzip der Verfassung zwinge dazu, bei diesen drei Gründen den Menschenrechtscharakter des Freizügigkeitsrechts anzuerkennen. Die Freizügigkeit sei schlechthin die Voraussetzung, um Wohnung und Arbeit zu finden. Der Wert des freien Zugangs sei nicht allein auf einen wirtschaftlichen Aussagewert begrenzt. Spätestens seit dem Mauerbau in Berlin sei es verfehlt, die Bedeutung des freien Zuzugs lediglich im Lichte des Fürsorgerechts, Abschiebungswesens, Wohnungs-, Arbeits- und Gewerberechts zu sehen[52]. Wer beim freien Zuzug des Art. 11 GG das Gesamtwertsystem der Grundrechte im Auge behalte, müsse er-

---

[46] So Maunz / Dürig / Herzog, Art. 11, Rdnr. 29.

[47] Merten, Der Inhalt des Freizügigkeitsrechts ..., S. 41 f.; Maunz / Dürig / Herzog, Art. 11, Rdnr. 39.

[48] Grenzen ergeben sich aus Art. 11 II GG: Dazu Tomuschat, Freizügigkeit ..., DöV 1974, S. 757 f.

[49] v. Mangoldt / Klein, S. 349; Dürig, Grundrechte II, S. 515 f.; i. Erg. auch OVG Lüneburg NJW 1953, S. 599.

[50] BK, Erl. II b), c), d); Maunz / Dürig / Herzog, Art. 11, Rdnr. 9; Merten, S. 17, 18 ff., 41 f.

[51] Dürig, Grundrechte II, S. 521 - 523; Maunz / Dürig / Herzog, Art. 11, Rdnr. 119. Im Anschluß daran: Franz, DVBl. 1963, S. 799; weitere Nachweise bei Tieves, Freizügigkeit ..., 1959, S. 123, Anm. 56.

[52] Maunz / Dürig / Herzog, Art. 11, Rdnr. 3.

kennen, daß das Freizügigkeitsrecht einen personalen Aussagewert habe. Der „geistige und ideelle Standort der positivierten Grundrechtsidee“ zwinge dazu, „Art. 11 GG auf die ideelle Werturspränglichkeit wie Religion, Gewissen zurückzuführen“[53]. Gegen Dürigs These spricht jedoch: Was religiöse und politische Gründe anlangt, besteht ein Zuzugsrecht für Ausländer bereits positivrechtlich auf Grund des Asylrechts des Art. 16 II 2 GG. Zwar stellt Art. 16 II 2 GG nur ein negatives Schutzrecht vor Auslieferung dar, nicht jedoch ein Grundrecht auf Wohnsitzbegründung[54]. Die Ausdehnung des Art. 11 I GG als allen zustehendes Menschenrecht umgeht aber die klare Entscheidung des Verfassunggebers. Diesem Argument kann nicht überzeugend mit dem Hinweis begegnet werden, der Wortlaut beinhalte lediglich ein formales Indiz. Denn der Grundgesetzgeber hat in Art. 16 II 2 GG — unter Berücksichtigung des Art. 1 I, II GG — eine spezielle Regelung des Einreiserechts der Ausländer getroffen. Gerade diese spezielle Verfassungsnormierung beweist, daß Art. 1 GG Beachtung gefunden hat und daß für Art. 11 GG aus dem obersten Konstitutionsprinzip der Verfassung wegen der klaren Entscheidung des Verfassunggebers keine weiteren Konsequenzen gezogen werden dürfen. Was zudem das Zuzugsrecht aus lebensbedrohenden materiellen Gründen betrifft, so wäre die „konsequente Durchführung dieses Gedankens elementare Not in Deutschland“[55]. Wollte man Dürigs These folgen, würde Art. 11 GG i. V. m. Art. 1 I, II GG Hunderten von Millionen Hungernder in der Welt ein Recht auf Einreise in die BRD garantieren. Die Folge wäre ein völliger Zusammenbruch der wirtschaftlichen, sozialen und staatlichen Ordnung in der Bundesrepublik. Das kann aber nicht Sinn des Art. 1 GG sein. Erweist es sich vielmehr als unmöglich, Ausländern, die in der Bundesrepublik Deutschland leben, die Folgegrundrechte (Recht auf menschenwürdiges Leben, Ehe, Familie, Schule usf.) zu gewähren, so schlägt von Verfassungs wegen bei einer gewissen Quantität der zuziehenden Fremden diese faktische Unmöglichkeit um in ein qualitatives *materielles Zuzugsverbot*[56]. Denn das Gebot der Gewährleistung der Folgegrundrechte kann nur durch Schranken bei der Einreise von Ausländern verwirklicht werden: Nachträgliche Kollektivausweisungen sind wegen Art. 4 des 4. ZP zur MRK unzulässig. Aus all dem folgt, daß ein Menschenrechtskern des Freizügigkeitsrechts abzulehnen ist[57]. Ausländern steht verfassungsrechtlich über Art. 11 I GG kein Recht auf Freizügigkeit zu.

---

[53] Ebd.

[54] Maunz / Dürig / Herzog, Art. 11, Rdnr. 119.

[55] Bordewin, S. 36.

[56] So neuerdings Maunz / Dürig / Herzog, Art. 3 I, Rdnr. 288, Anm. 1.

[57] H. M.: vgl. v. Mangoldt / Klein, S. 344; weitere Nachweise bei Merten, S. 82.

bb) Die aufenthaltsrechtliche Bedeutung der allgemeinen Handlungsfreiheit

Art. 2 I GG normiert für jedermann das Recht auf freie Entfaltung seiner Persönlichkeit. Welche Bedeutung dieser Verfassungsbestimmung im Rahmen der Regelungen des Aufenthalts für Ausländer zukommt, ist umstritten. Würde Art. 2 I GG, die Freiheitsgeneralklausel der Verfassung, als „Auffanggrundrecht" zum Zuge kommen, so wäre das Recht des Fremden auf Einreise und Aufenthalt verfassungsrechtlich abgesichert. Die Garantie der freien Entfaltung der Persönlichkeit korrespondiert mit dem Bekenntnis zur Würde des Menschen. Die Menschenwürde findet ihren wichtigsten Ausfluß in dem allgemeinen Persönlichkeitsrecht des Art. 2 I GG[58]. Dementsprechend statuiert Art. 2 I GG ein allgemeines Menschenrecht („jeder"). Es ist aber ein allgemeines Rechtsprinzip, daß die generelle Norm zurücktritt, falls das Gesetz für die Beurteilung des Sachverhalts eine spezielle Norm zur Verfügung stellt[59]. Dementsprechend nimmt die h. M. in der Literatur und Rechtsprechung[60] an, Art. 2 I GG als generelles Hauptfreiheitsrecht trete immer dann zurück, wenn bestimmte Lebensbereiche durch spezielle Grundrechte geschützt seien. Die besonderen Grundrechtsnormen schließen also die Anwendung des Art. 2 I GG aus, soweit eine Verletzung des allgemeinen wie des speziellen Grundrechts unter demselben sachlichen Gesichtspunkt in Betracht kommt. Art. 2 I GG gelangt dagegen zur Anwendung, wenn er unter einem Gesichtspunkt verletzt ist, der nicht in den Bereich der besonderen Grundrechtsnorm fällt[61].

Vertritt man nun die Auffassung, Art. 2 I GG sei ein Auffangrecht nicht nur bei thematischem Versagen einzelner Spezialgrundrechte, sondern auch in personaler Hinsicht, so könnte aus Art. 2 I GG ein Verfassungsrecht des Fremden auf Einreise und Aufenthalt folgen. Das BVerfG hat neuerdings lapidar festgestellt, die Beschränkung des Art. 11 GG auf Deutsche „schließt nicht aus, auf den Aufenthalt von Menschen in der Bundesrepublik auch Art. 2 I GG anzuwenden"[62]. Ob daraus aber gefolgert werden kann, nach dem BVerfG sei Art. 2 I GG ein Auffanggrundrecht nicht nur in thematischer, sondern auch in personeller Hinsicht, erscheint zweifelhaft. Das BVerfG begründet diesen weitreichenden, vage formulierten Satz, der im Gegensatz zur eigenen ständigen Rspr.[63] und h. M.[64] steht, nicht. Demgegenüber ist

---

[58] v. Mangoldt / Klein, S. 163 f. m. w. N.

[59] BVerfG E 13, 296; Leibholz / Rinck, GG, 4. Aufl. 1971, S. 90, m. w. N.

[60] BVerfG E 19, 225 unter Hinweis auf 6, 37; 9, 73, 343; 10, 58; OVG Berlin, Schüler / Wirtz, S. 191 f.; Leibholz / Rinck, Art. 2 I, Anm. 4 m. w. N.; BK (Wernicke), Art. 2, Erl. II 1. b) m. w. N.

[61] Dolde, S. 61 m. w. N.; Maunz / Dürig / Herzog, Rdnr. 6 f.

[62] BVerfG E 35, 400 ff.

ein Teil der Literatur[65] ausdrücklich der Meinung, daß die Verdrängung durch die besonderen Grundrechtsnormen nur so weit reichen könne, als sich allgemeines und spezielles Grundrecht decken. Die Beschränkung auf Deutsche in Art. 11 I GG lasse nicht den Gegenschluß zu, daß darüber hinaus kein Grundrechtsschutz bestehe. Vielmehr sei der personale Anwendungsbereich von Art. 2 I GG und den besonderen deutschen Grundrechten verschieden, so daß sich der Ausländer auf das Grundrecht der freien Entfaltung der Persönlichkeit im Hinblick auf Zuzug und Aufenthalt berufen könne. Der verfassungsrechtlich gezielten Schlechterstellung des Ausländers werde dadurch entsprochen, daß man die Schrankentrias, insbesondere die verfassungsmäßige Ordnung, weit interpretiere[66]. Unter den gesetzlichen Voraussetzungen des AuslG nach Maßgabe des Art. 2 I 2. Hlbs. GG steht danach dem Fremden aus Art. 2 I GG ein Recht auf Einreise und Aufenthalt zu.

Diese Meinung trägt aber der grundrechtlich gebotenen Unterscheidung von Menschen- und Bürgerrechten nicht genügend Rechnung. Wenn der Verfassunggeber ein Grundrecht als Deutschenrecht begrenzt hat, so läßt diese *bewußte* Entscheidung rechtssystematisch den Rückgriff auf Art. 2 I GG nicht zu. Eine ergänzungsbedürftige und -fähige Regelungslücke liegt deshalb hinsichtlich des personalen Anwendungsbereichs nicht vor[67]. Bei einem thematischen Versagen der speziellen Freiheitsrechte ist dieses Rückgriffsverbot unstreitig[68]. Gründe, weshalb diese Grundsätze bei einem Versagen in personaler Hinsicht nicht gelten sollten, lassen sich nicht finden. Denn zu dem inhaltlichen Regelungsbereich eines Grundrechts gehört sowohl der sachliche Lebenstatbestand als auch der Rechtsträger des Grundrechts. Die Spezialgrundrechte könnten allenfalls durch einen Rückgriff auf Art. 2 I GG nur dann eine personale Ausweitung erfahren, wenn die allgemeine Handlungsfreiheit in ihrem Kernbereich unverletzliche Menschenrechte betrifft[69]. Nicht alles, was von Art. 2 I GG erfaßt wird, gehört indes zu dessen Menschenrechtsgehalt[70]. Ein Menschenrechtskern auf Freiheit

---

[63] Vgl. oben Anm. 60.

[64] Nachweise bei Schwabe, NJW 1974, 1044; Dolde, NJW 1974, S. 1043. Dazu Tomuschat, Freizügigkeit ..., DöV 1974, S. 761, Fußn. 52; vgl. auch Franz, NJW 1974, S. 1810.

[65] Zuleeg, DöV 1973, S. 362 und DVBl. 1974, S. 344; Merten, S. 83 m. w. N.; Schmidt-Bleibtreu in Maunz / Sigloch / Schmidt-Bleibtreu / Klein, BVerfGG, Stand Okt. 1972, Rdnr. 21 zu § 90; weitere Nachweise bei Dolde, S. 51, Fußn. 28; vgl. auch Isensee, VVdStRL 1974, S. 80, Fußn. 73 m. w. N.

[66] Merten, ebd.

[67] OVG Berlin, Schüler / Wirtz, S. 191 f.; i. Erg. ebenso: Maunz / Dürig / Herzog, Art. 2 I, Rdnr. 66; Tomuschat, in: Ansay / Gessner, S. 88; Schwabe, NJW 1974, 1044; vgl. auch Rose, JR 1973, S. 222; weitere Nachweise bei Ruppel, S. 36 f.

[68] s. o. Anm. 60.

[69] Dazu Bachof, Grundrechte III/1, S. 155 ff. (178); Dolde, S. 52 f. m. w. N.

[70] Dolde, ebd.

des Zuzugs und des Aufenthalts für Ausländer besteht nicht. Die uneingeschränkte Anwendung des Art. 2 I GG würde zudem im Gegensatz zur verfassungsrechtlich gewollten Schlechterstellung des Ausländers stehen[71]. Durch eine weite Auslegung der Schrankentrias des Art. 2 I GG wird der grundgesetzlichen Schlechterstellung des Ausländers nicht entsprochen. Denn rechtslogisch setzt das Bestehen einer Rechtsschranke immer ein Recht voraus. Da der Rückgriff auf Art. 2 I GG aber nicht zulässig ist, fehlt es dem Ausländer schon an einem solchen Recht.

Auch auf der Grundlage von Art. 2 I GG hat der Fremde also kein Recht auf Einreise und Aufenthalt.

cc) Der Gleichheitssatz

Das Bonner Grundgesetz bestimmt in Art. 3 I: „Alle Menschen sind vor dem Gesetz gleich.“ Art. 3 III GG begründet ein absolutes Differenzierungsverbot bezüglich der aufgezählten Merkmale: Geschlecht, Abstammung, Rasse, Sprache, Heimat und Herkunft, religiöse oder politische Anschauungen. Art. 3 I und III GG sind als allgemeine Menschenrechte ausgestaltet („alle Menschen“, „niemand“)[72]. Im Hinblick auf das hier interessierende Einreise- und Aufenthaltsrecht der Ausländer lautet die entscheidende Fragestellung: Läßt sich aus Art. 3 GG eine personale Ausweitung des Grundrechtsschutzes dergestalt begründen, daß den Fremden über Art. 3 GG ein verfassungsrechtlich abgesichertes Grundrecht auf Zuzug und Aufenthalt zusteht und daß die Rechtsinstitute der Aufenthaltsgenehmigung und der Ausweisung verfassungsrechtlich unzulässige Diskriminierungen beinhalten?

Art. 3 III GG bedeutet eine Mindestversicherung gegen unzulässige Differenzierungen nach Art der Motivierung[73]. Absolut verboten ist die Ungleichbehandlung von Ausländern und Inländern wegen folgender Unterscheidungstatbestände: Der Begriff „Abstammung“ hat die „Beziehung eines Menschen zu seinen Vorfahren“ zum Inhalt[74]; zusammen mit der „Sprache“ soll die ungleiche Behandlung fremdsprachiger Minderheiten verhindert werden[75]. „Herkunft“ bezeichnet die „ständisch-soziale Abstammung“[76]. Das Wort „Heimat“ weist auf die räumliche Herkunft nach Geburt oder Ansässigkeit hin[77]. Das Merkmal

---

71 Vgl. dazu auch Schwabe, NJW 1974, S. 1044.

72 Vgl. dazu v. Mangoldt / Klein, S. 196 f.

73 Ipsen, Grundrechte II, S. 145.

74 BK (Wernicke), Art. 3, Erl. II 3. b) 2.; v. Mangoldt / Klein, S. 209; Maunz / Dürig / Herzog, Art. 3 III, Rdnr. 37 f.

75 BK, Erl. II 3. b) 4.; Maunz / Dürig / Herzog, Art. 3 III, Rdnr. 69 f.

76 BVerfG E 5, 17 ff. (22); v. Mangoldt / Klein, S. 210 m. w. N.

77 BVerfG E 5, 17 ff.; Leibholz / Rinck, Art. 3, Anm. 37; Doehring, Die allgemeinen Regeln . . ., S. 195, m. w. N.

„Rasse“ schließlich kennzeichnet „eine größere Menschengruppe mit bestimmten vererbbaren Eigenschaften“[78]. Benachteiligungen wegen dieser angeführten Unterschiede menschlichen Seins oder Verhaltens verletzen grundsätzlich den Wertanspruch des einzelnen auf Menschenwürde. Insoweit nimmt Art. 3 III GG auf Art. 1 I GG Bezug[79].

Der Begriff „Staatsangehörigkeit“ fehlt in Art. 3 III GG. Ob unter die Merkmale des Art. 3 III GG auch die Staatsangehörigkeit oder Nationalität zu rechnen ist, ist neuerdings umstritten. Für das Ausländerrecht kommt dieser Frage entscheidende Bedeutung zu, da die Staatszugehörigkeit letztlich grundlegendes Kriterium der Unterwerfung der Ausländer unter eine sondergesetzliche Regelung ist. Würde die Staatsangehörigkeit zu den absolut verbotenen Unterscheidungstatbeständen i. S. d. Art. 3 III GG gehören, so wären die im AuslG getroffenen aufenthaltsrechtlichen Diskriminierungen (kein Recht auf Einreise und Aufenthalt, Ausweisung) verfassungsrechtlich unzulässig. „Nationalität“, die die rechtliche Zugehörigkeit zu einem Staat umschreibt, ist mit „Heimat“, die als lokale örtliche Herkunft zu verstehen ist, und Herkunft oder soziale Verwurzelung[80] nicht gleichbedeutend[81]. Die Merkmale des Art. 3 III GG enthalten die Staatsangehörigkeit als Differenzierungskategorie nicht[82]. Da es in Art. 3 III GG weder heißt „insbesondere“ noch „z. B.“ ist der Katalog der Merkmale erschöpfend[83]. Daraus folgt, daß auch eine Erweiterung des Art. 3 III GG durch Analogie abzulehnen ist; denn dadurch würde letztlich die „Interdependenz“ zwischen Art. 3 I und Art. 3 III GG gleichgeschaltet[84]. Dagegen könnte allerdings eingewandt werden, die Erweiterung des Art. 3 III GG sei eine Analogie zugunsten der betroffenen Ausländer. Diese Unterscheidung nach Begünstigung und Benachteiligung ist aber bei Art. 3 III GG nicht möglich, weil dieser Verfassungsartikel spiegelbildlich ein „Benachteiligungs- und Bevorzugungsverbot“ enthält[85]. Benachteiligungen von Ausländern im Hinblick auf das Aufenthaltsrecht verstoßen somit nicht gegen Art. 3 III GG, da die Staatsangehörigkeit als Differenzie-

78 v. Mangoldt / Klein, S. 209 f. m. w. N.

79 Maunz / Dürig / Herzog, Art. 3 III, Rdnr. 1.

80 BVerfG E 9, 129.

81 v. Mangoldt / Klein, S. 210 m. w. N.

82 H. M.: Ipsen, S. 134, 146; Doehring, Die allgemeinen Regeln ..., S. 204 und ders., VVdStRL 1974, S. 43; Maunz / Dürig / Herzog, Art. 3 III, Rdnr. 80 m. w. N. Daran anschließend: Rittstieg, NJW 1972, S. 2155; Dolde, S. 56 m. w. N. und ders., DöV 1973, S. 373 m. w. N.; a. A. Zuleeg, DöV 1973, S. 363 f.

83 Dies bedeutet nicht, daß Art. 3 III GG eine abschließende Aufzählung aller unzulässiger Differenzierungsgründe enthält, letztere werden von Art. 3 I GG erfaßt. Vgl. v. Mangoldt / Klein, S. 208.

84 Maunz / Dürig / Herzog, Art. 3 III, Rdnr. 28.

85 Maunz / Dürig / Herzog, ebd. Siehe dort (Rdnr. 80, Fußn. 2) auch das Beispiel einer Bevorzugung von Ausländern: Vergabe von Studienplätzen wegen bloßer Ausländereigenschaft. Eine weitere Vergünstigung enthält z. B.

rungsgesichtspunkt verwandt wird. Dieses Ergebnis folgt auch aus der im Fremdenrecht verbürgten Gegenseitigkeit. Wenn die *deutschen Staatsangehörigen im Ausland* nicht entgegen Art. 3 III GG ihrer deutschen Heimat wegen den Schutz durch unsere Rechtsordnung verlieren sollen, sind aufenthaltsrechtliche Unterschiede bei uns je nach der gehandhabten Gegenseitigkeit gerechtfertigt[86]. Aus Art. 3 III GG läßt sich somit ein verfassungsrechtlich abgesichertes Grundrecht auf Zuzug und Aufenthalt des Fremden nicht begründen.

Ergibt sich somit aus Art. 3 III GG kein Diskriminierungsverbot bezüglich des Aufenthaltsrechts der Ausländer, so bleibt noch zu klären, ob der allgemeine Gleichheitssatz des Art. 3 I GG Differenzierungen aus Gründen der Staatsangehörigkeit zuläßt. Da keines der in Art. 3 III GG genannten Unterscheidungsmerkmale finaler Ansatzpunkt für die unterschiedliche Behandlung von Ausländern und Inländern im Bereich des Aufenthaltsrechts ist, darf auf den allgemeinen Gleichheitssatz als „Auffangrecht" zurückgegriffen werden[87]. Ausgangspunkt dieser Erörterung muß die aus dem Wortlaut und dem Sinn des Gleichheitssatzes gewonnene Erkenntnis sein, daß der Gesetzgeber auch gegenüber dem Ausländer an den Gleichheitssatz gebunden ist. Beinhaltet deshalb das mangelnde Recht auf Einreise und Aufenthalt im AuslG, das Erfordernis der Aufenthaltsgenehmigung und die Möglichkeit der Ausweisung eine verfassungsrechtlich verbotene Ungleichbehandlung?

Der verfassungsrechtlichen Wertordnung des GG liegt die Vorstellung zugrunde, daß Freiheit und Gleichheit dauernde Grundwerte der staatlichen Ordnung sind[88]. Da Menschenwürde und Freiheit jedem Menschen zukommen, die Menschen insoweit gleich sind, ist das Prinzip der Gleichbehandlung aller für die freiheitliche Demokratie ein selbstverständliches Postulat[89]. Der Gleichheitssatz stellt insoweit einen überpositiven Rechtssatz dar[90]. Daß aber auf den überpositiven Rechtsgrundsatz der Gleichheit zurückgegriffen werden müßte, wenn der Gleichheitssatz nicht in Art. 3 GG geschriebenes Verfassungsrecht geworden wäre[91], besagt nichts zu der Frage, ob dem Gleichheitssatz auch in bezug auf die Freizügigkeit für Ausländer Menschenrechtsqualität

---

§ 69 b StGB: Gegen einen Ausländer mit einem internationalen Führerschein darf ein Fahrverbot gerichtlich nur verfügt werden, wenn die Straftat gegen Verkehrsvorschriften verstößt. Demgegenüber ist bei einem Deutschen der Bezug zur Verletzung von Verkehrsnormen nicht erforderlich (§ 69 StGB).

86 Maunz / Dürig / Herzog, Art. 3 III, Rdnr. 80 a. Vgl. dazu auch Isensee, VVdStRL 1974, S. 78, Fußn. 70.

87 BVerfGE 9, 124 (128) zum Verhältnis von Art. 3 II zu Abs. I GG; grds. Maunz / Dürig / Herzog, Rdnr. 3, 248 ff.

88 BVerfGE 2, 12.

89 BVerfGE 5, 205.

90 BVerfGE 1, 208 ff. (233); v. Mangoldt / Klein, S. 196/197 m. w. N.

91 BVerfGE 1, 233.

zukommt. Aus Art. 1 GG folgt, daß nur in dem Maße, in dem der Gleichheitssatz von Art. 1 GG her werterfüllt ist, Art. 3 I GG dem überpositiven Recht angehört[92]. Der allgemeine Gleichheitssatz ist nur verletzt, wenn sich ein sachlich einleuchtender Grund für die gesetzliche Differenzierung nicht finden läßt[93]. Der Gesetzgeber hat hierbei eine weitgehende Gestaltungsfreiheit; er muß seine Entscheidung sachgerecht danach treffen, ob die Unterschiede in den zu regelnden Sachverhalten für eine am Gerechtigkeitsgedanken orientierte Betrachtungsweise so erheblich sind, daß ihre Außerachtlassung als willkürlich bezeichnet werden müßte[94]. Unterscheidungskriterium bei der aufenthaltsrechtlichen Regelung für Ausländer gegenüber Inländern ist die Staatsangehörigkeit. Nur bei den Staatsangehörigen besteht ein Pflicht- und Treueverhältnis zum Aufenthaltsstaat. Nur der Inländer gehört der nationalen Lebens- und Schicksalsgemeinschaft ohne Einschränkungen an. Differenzierungen nach der Staatszugehörigkeit ermöglichen über das Gegenseitigkeitsprinzip erst den Schutz der deutschen Staatsbürger im Ausland. Das GG selbst stellt bei einigen Grundrechten (Art. 8 I, 9 I, 11 I, 12 I, 16 II 1 GG) bewußt auf die Staatsangehörigkeit ab. Diese vom Grundgesetzgeber vorgenommene Unterscheidung von Menschen- und Deutschenrechten beschränkt die Geltung des Gleichheitssatzes in Fragen der Freizügigkeit auf Deutsche. Der Rückgriff auf Art. 3 I GG würde die verfassungsrechtliche Wertentscheidung in unzulässiger Weise korrigieren. Die Staatsangehörigkeit stellt deshalb einen sachgerechten, da menschengerechten[95] Differenzierungsgrund im Hinblick auf das hier interessierende Aufenthaltsrecht dar. Aus Art. 3 GG folgt demnach keine personale Ausweitung des Grundrechtsschutzes in der Weise, daß dem Fremden ein verfassungsrechtlich abgesichertes Grundrecht auf Einreise und Aufenthalt zukommt.

Im Hinblick auf Art. 3 GG bleibt aber noch zu untersuchen, ob der Gleichheitssatz wenigstens ein Verbot der Berücksichtigung verschiedener Differenzierungsmerkmale, z. B. Geschlecht, Abstammung, Rasse usf., bei der Erteilung der Aufenthaltserlaubnis oder bei der Ausweisung, also bei der *Anwendung des AuslG,* enthält. Dabei wird insbesondere zu klären sein, ob Art. 3 GG die Gleichbehandlung von Ausländern untereinander gebietet. Staatsangehörigkeit und Heimat sind nicht identisch. Dennoch besteht in Grenzfällen eine enge Verknüpfung: Der VGH Bad.-Württ.[96] zum Beispiel bestätigte die Ausweisung eines seit 40 Jahren in Deutschland lebenden, auch hier geborenen, straf-

---

[92] Maunz / Dürig / Herzog, Art. 3 I, Rdnr. 2 f.

[93] St. Rspr.: BVerfG E 1, 14 (52); 11, 245 (253); 15, 313 (320); 26, 72 (76); 27, 364 (371); Leibholz / Rinck, Art. 3, Anm. 9, m. vielen w. N.

[94] BVerfG E 21, 26 f.

[95] Vgl. dazu Maunz / Dürig / Herzog, Art. 3 I, Rdnr. 310, 315.

[96] v. 12. 12. 1966, Schüler / Wirtz, S. 276 ff.

fällig gewordenen Italieners mit höchst unzulänglichen Italienisch-Kenntnissen[97]. Es ist nicht zu verkennen, daß in solchen Sonderfällen mit zunehmender Aufenthaltsdauer und dem Fehlen jeder tatsächlichen Beziehung zum „Heimat"-Staat die Bedeutung der fremden Staatszugehörigkeit ausgehöhlt wird. Soziologisch sind diese Ausländer durch Sprache, Wohnsitz, Gewerbe und sozialen Kontakt voll integriert[98]. Ob dadurch aber die fremde Staatsangehörigkeit zu einer leeren Rechtsförmlichkeit wird, so daß das Kriterium der Nationalität die diskriminierende aufenthaltsrechtliche Sonderregelung nicht mehr rechtfertigt, erscheint fraglich. Denn zwischen dem Entsendestaat und seinen Staatsangehörigen besteht eine Vielzahl materieller Anknüpfungspunkte. Kraft seiner Personalhoheit kann der Staat seinen Angehörigen im Ausland Anweisungen erteilen. Er kann von ihnen die Beachtung seiner Strafgesetze verlangen oder sie in die Heimat, beispielsweise zur Ableistung des Wehrdienstes zurückrufen. Der Verfassunggeber selbst differenziert bewußt und ausdrücklich bei der Grundrechtsträgerschaft zwischen Ausländern und Deutschen. Damit erkennt der Grundgesetzgeber die Staatszugehörigkeit als sachliches Differenzierungskriterium auch in solchen Fällen an[99].

Nun wird aber der Fremde, der sich in der BRD aufhält, in aller Regel eines oder mehrere der Unterscheidungsmerkmale des Art. 3 III GG erfüllen: Er wird sich regelmäßig durch seine Heimat und Sprache, häufig auch durch seine Rasse von Inländern unterscheiden. Die Frage ist also, ob der Ausländer bei der Erteilung der AE oder bei der Verfügung einer Ausweisung mit dem Hinweis auf diese Merkmale eine Ungleichbehandlung i. S. d. Art. 3 III GG rügen kann.

Die Anwendung des Art. 3 III GG setzt einen „ursächlichen Zusammenhang zwischen Merkmal und Benachteiligung oder Bevorzugung" voraus[100]. Das ergibt sich aus dem Wort „wegen". Die Sonderbehandlung ist also nur unzulässig, wenn sie in der Richtung eines verbotenen Unterscheidungskriteriums i. S. d. Art. 3 III GG final bestimmt ist[101]. Der bloße Hinweis auf diese Merkmale begründet demnach nicht die Verletzung des Art. 3 III GG.

Für den Bereich der Einbürgerung von Ausländern geht Hans Schneider[102] davon aus, daß auch von Verfassungs wegen „verbotene" Gesichtspunkte die Einwanderungspolitik, die prinzipiell unbegrenzt

---

97 Vgl. ähnlich: BVerwG v. 16. 7. 1968, Buchholz, 402.24, § 10 AuslG, Nr. 5.

98 Dolde, S. 59; Thieme, S. 60; Rittstieg, NJW 1972, S. 2155.

99 Vgl. dazu auch Isensee, in VVdStRL 1974, Aussprache, S. 114 oben.

100 v. Mangoldt / Klein, S. 212; Doehring, Die allgemeinen Regeln . . ., S. 197; kritisch Maunz / Dürig / Herzog, Art. 3 III, Rdnr. 133 ff.

101 BVerfG E 2, 286; Maunz / Dürig / Herzog, Rdnr. 154.

102 ZaöRV 1958, S. 463; ähnlich Isensee, VVdStRL 1974, S. 64, Fußn. 39.

sei, bestimmen dürften. Ungeachtet des Art. 3 III GG dürften z. B. Anträge von Negern abgelehnt werden, weil es nicht im Interesse des Staates liege, bei uns ein Farbigen-Problem entstehen zu lassen. Überträgt man diesen Gedanken auf das Aufenthaltsrecht, so bestünde kein Verbot, die AE aus rassischen Gründen z. B. zu versagen. Eine solche finale Motivation der Sonderbehandlung würde aber den Wertanspruch des Ausländers auf Menschenwürde verletzen. Art. 3 III GG ist in bezug zu Art. 1 GG zu sehen. Daraus folgt, daß Art. 3 III GG kein Unterlaufen dieser Unterscheidungsverbote beim Ausländer gestattet[103]. Beim oben genannten Neger-Beispiel könnte zwar eingewandt werden, die AE werde nicht *wegen* der Rasse, sondern wegen des daraus möglicherweise entstehenden Farbigen-Problems verweigert. Letztlich ist dieses Problem aber ursächlich auf die Merkmale des Art. 3 III GG bezogen. Auch dies verbietet Art. 3 III GG[104], der offene und versteckte unzulässige Gründe der Differenzierung erfaßt. Bei der Anwendung des AuslG hat deshalb die Ausländerbehörde das Verbot der finalen Berücksichtigung unzulässiger Differenzierungsmerkmale i. S. d. Art. 3 III GG zu respektieren.

Letztlich bleibt somit noch zu untersuchen, ob Art. 3 GG die aufenthaltsrechtliche Gleichbehandlung von Ausländern *untereinander* gebietet. Art. 3 I GG enthält auch den Grundsatz, daß Ungleiches in sich gleich zu behandeln ist[105]. Zulässiges Differenzierungskriterium des Gleichheitssatzes im Aufenthaltsrecht der Ausländer ist die Staatsangehörigkeit. Daraus folgt zunächst, daß Ausländer mit derselben Staatszugehörigkeit untereinander aufenthaltsrechtlich gleich zu behandeln sind. Das heißt jedoch *nicht,* Art. 3 GG gebiete auch die unterschiedslose Behandlung von Ausländern mit verschiedenen Nationalitäten untereinander. Denn sachliches Unterscheidungskriterium bei Art. 3 GG ist lediglich die fremde *Staatsangehörigkeit als solche* in bezug zum Inländer. Fremde *untereinander* unterscheiden sich aber durch die verschiedenen Nationalitäten. Wenn die Staatsangehörigkeit grundsätzlich eine zulässige Differenzierungsmotivation darstellt, dann sind auch Gesichtspunkte der im Fremdenrecht verbürgten Gegenseitigkeit und des Bestehens oder Nichtbestehens diplomatischer Beziehungen verfassungsrechtlich nicht zu beanstanden[106]. Andernfalls wäre der Schutz deutscher Staatsangehöriger im Ausland nicht zu gewährleisten. Allerdings bestimmt im Hinblick auf die Ausweisung Art. 4 des 4. ZP

---

[103] Maunz / Dürig / Herzog, Rdnr. 85; unklar noch Art. 19 IV, Rdnr. 36, Fußn. 1.

[104] Maunz / Dürig / Herzog, ebd.

[105] v. Mangoldt / Klein, S. 198 f.; Maunz / Dürig / Herzog, Art. 3 I, Rdnr. 321 m. w. N.; vgl. auch BVerfG, NJW 1973, S. 1176 ff. (Hochschulurteil): Homogenität innerhalb der Gruppe nach gleichen Unterscheidungsmerkmalen (LS. h) aa)).

[106] BVerwG E 41, 301; Maunz / Dürig / Herzog, Art. 3 III, Rdnr. 80 a.

zur MRK eine Grenze dieser Differenzierung nach den verschiedenen Staatsangehörigkeiten: Kollektivausweisungen sind unzulässig.

dd) Der Schutz von Ehe und Familie

Ehe und Familie des Ausländers sind verfassungsrechtlich in der deutschen Verfassung geschützt; dies folgt aus Art. 6 I GG, der nach seinem Wortlaut keine Beschränkung auf den Staatsangehörigen normiert. Einen überstaatlichen, menschenrechtlichen Kern hat Art. 6 GG auch insofern, als Ehe und Familie naturgegeben sind[107] und von der staatlichen Rechtsordnung vorgefunden werden (vgl. auch Art. 8 I MRK)[108]. Art. 6 GG enthält sowohl ein Grundrecht, begründet eine verbindliche Wertentscheidung der Verfassung und ist Einrichtungsgarantie für Ehe und Familie[109]. Aus der Schutzpflicht des Staates für Ehe und Familie folgt zunächst das Verbot an den Gesetzgeber, Ehe und Familie durch irgendwelche Rechtssätze zu schädigen oder zu beeinträchtigen[110]. Art. 6 I GG begründet daneben die Pflicht des Staates, Ehe und Familie vor Beeinträchtigungen zu bewahren und durch geeignete Maßnahmen sogar zu fördern[111].

Die grundrechtliche Schutzwirkung zwingt zu Konsequenzen für das Einreise- und Aufenthaltsrecht der Ausländer; diese sind bei der Ermessensbeurteilung zu berücksichtigen. Relevant wird der Grundrechtsschutz von Ehe und Familie sowohl bei der Einreise (z. B. bei Nachzug des Ehepartners oder der Kinder eines in der BRD sich aufhaltenden Ausländers) als auch bei der Ausweisung (z. B. bei Trennung der Ehepartner und der Familie) des Fremden. Einer gesonderten Beurteilung unterliegt die Ehe von *Staatsbürgern mit Ausländern,* da insoweit zusätzlich das Grundrecht auf Freizügigkeit, das der inländische Ehepartner geltend machen kann, bei der Problematik des Zuzuges und der Ausweisung Beachtung beansprucht.

Obwohl Art. 6 I GG keinen Gesetzesvorbehalt enthält, ist anerkannt, daß der Ehe- und Familienschutz zurücktritt, wenn das staatliche Interesse und das der Allgemeinheit überwiegen[112]. Die Abwägung bestimmt sich dabei aus der Wertordnung der Verfassung. Deshalb

---

107 Dazu BK, Wernicke, Art. 6, Erl. II, 1 b).

108 Maunz / Dürig / Herzog, Art. 6, Rdnr. 2, 4.

109 BVerfG E 24, 135; Leibholz / Rinck, Art. 6, Anm. 1 m. w. N.; daran anschließend Schickedanz, NJW 1972, S. 366 m. w. N.

110 BVerfG E 6, 55; 5, 148; 9, 293; vgl. auch BVerwG, NJW 1974, 1635.

111 BVerfG E 6, 55 (71 f.); 24, 119 (135); BVerwG E 42, 141 f.

112 BVerwG, Schüler / Wirtz, S. 314; i. Erg. ebenso BVerfG E 35, 400 ff.; OVG Münster, DVBl. 1973, S. 705 ff. und Schüler / Wirtz, S. 292 f.; VGH Bad.-Württ., Schüler / Wirtz, S. 289 f. (291) und S. 271 f. (273); OVG Berlin, Schüler / Wirtz, S. 204.
In der ausländerrechtlichen Literatur vgl.: Kanein, NJW 1967, S. 1060; Kloesel / Christ, Komm., § 2 AuslG, S. 4 d).

vermag allein der Hinweis auf das AuslG als Teil der verfassungsmäßigen Ordnung nicht die Überspielung des Art. 6 GG zu rechtfertigen[113], vielmehr muß die aufenthaltsrechtliche Regelung selbst in ihrer Auslegung dem grundrechtlichen Eheschutzgebot entsprechen.

Im einzelnen bedeutet das: Dem ausländischen Ehepartner eines Ausländers kommt *kein* Recht auf Einreise zu, doch sind bei der ausländerbehördlichen Entscheidung, wenn es um die Familienzusammenführung geht, der Ehe- und Familienschutz zu berücksichtigen. Dabei werden in aller Regel die Interessen des Staates an der Fernhaltung überwiegen, da „die Sorge für den Bestand der Ehe grundsätzlich im Bereich der Eigenverantwortlichkeit der Eheleute liegt“, der die Ehepartner durch den Aufenthalt in ihrem Heimatland Rechnung tragen können[114].

Weitaus stärkere Auswirkungen hat das in Art. 6 I GG verbürgte Grundrecht bei Ehen von *Ausländern mit inländischen Staatsbürgern*. Da dem Inländer gemäß Art. 11 I GG ein Aufenthaltsrecht zusteht, erwirbt der ausländische Ehepartner durch Heirat eines Inländers — ausgenommen Scheinehen — ein abgeleitetes Einreise- und Aufenthaltsrecht[115]. Der Schutz des Art. 6 I GG bei der Einreise findet freilich dort seine Grenze, wo bei der Abwägung der gegenseitigen Interessen gewichtige Gemeinschaftsgüter (z. B. Abwehr ausländischer Krimineller, Terroristen oder Spione usf.) eine negative Aufenthaltsentscheidung rechtfertigen[116].

Die Bedeutung des Ehe- und Familienschutzes erstreckt sich nicht nur auf die Einreiseproblematik, sondern auch auf die Ausweisung von Ausländern:

Soweit es dabei um die Ausweisung von Fremden geht, die mit Ausländern verheiratet sind, so kommt dem Grundrecht nur geringeres

---

113 So aber: Kloesel / Christ, ebd.

114 Schickedanz, NJW 1972, S. 368. Schickedanz' These, in diesem Falle sei das Grundrecht des Art. 6 I GG gar nicht betroffen, kann dagegen nicht gefolgt werden, da der Staat aus der verfassungsrechtlichen Wertentscheidung und Institutsgarantie zur Förderung von Ehe und Familie verpflichtet ist. — Dazu Leibholz / Rinck, Art. 6, Anm. 1; v. Mangoldt / Klein, S. 268; Maunz / Dürig / Herzog, Art. 6, Rdnr. 17.

115 Vgl. VG Bremen, NJW 1971, S. 1004 f.; VG München, DVBl. 1971, S. 364; a. A. OVG Berlin, DVBl. 1972, S. 280 f. In der Lit.: Rittstieg, NJW 1972, S. 994; Stange, ZRP 1971, S. 173; Tomuschat, AöR 1972, S. 142; wohl auch Schickedanz, NJW 1972, S. 367, Anm. 37.
Unklar bzgl. des Aufenthalts*rechts*, aber tendenziell ähnlich: Allg. Vwv. v. 10. 5. 1972, § 2, Ziff. 4 a, GMBl. 1972, S. 331.

116 Grds. zur Erteilung eines Fremdenpasses (bei der Einreise gelten dieselben Erwägungen) vgl. BVerwG E 42, S. 143 f.; ebenso Rittstieg, NJW 1972, S. 994. — Zur Vergleichbarkeit dieser Rechtslage mit der des Familienangehörigen eines im Inland beschäftigten EWG-Bürgers, vgl. VG München, DVBl. 1971, S. 364; Stange, ZRP 1971, S. 173; a. A. OVG Berlin, DVBl. 1972, S. 280 f.

Gewicht zu, da den Betroffenen kein Aufenthaltsrecht zusteht. Gefährdet die Ausweisung den Bestand der Familie, ist das Interesse am Schutz der Familie gegen die öffentlichen Interessen abzuwägen[117]. Der Güterabwägung sind in diesem Fall jedoch engere Grenzen als bei der Einreise von ausländischen Ehepartnern gezogen, da der Staat durch die Zulassung des ausländischen Ehegatten einen Vertrauenstatbestand auf Fortführung der Ehe im Gastland geschaffen und dem Ausländer eine nicht mehr willkürlich entziehbare Rechtsposition gewährt hat[118].

Bei der Ausweisung eines *ausländischen Ehepartners eines Inländers* muß demgegenüber der Schutz des Art. 6 GG über Art. 11 I GG größere Auswirkungen zeitigen, da ein Ehepartner subjektiv-öffentlich-rechtlich zum Aufenthalt befugt ist. Dessen ungeachtet beruhte die frühere Rechtsprechung und Literatur[119] auf folgenden Ausgangsthesen: 1. Es bestehe eine generelle Folgepflicht der deutschen Ehefrau; 2. der deutsche Ehepartner müsse von vornherein mit einer Wohnsitzverlegung in das Ausland rechnen; 3. Die Wohnsitzverlegung in das Ausland sei der deutschen Ehefrau generell zumutbar[120]. An diesen Thesen wird heute zu Recht nicht mehr festgehalten[121]. Eine generelle Folgepflicht des inländischen Staatsbürgers, dem ausländischen Ehepartner in dessen Heimatland zu folgen, die nur durch Zumutbarkeitserwägungen begrenzt wird, ist mit Art. 6 i. V. m. Art. 11 I GG nicht vereinbar. Denn die Verfassungsgarantie des Art. 6 I GG i. V. m. Art. 3 II GG gewährleistet den Schutz der Ehe als einer Lebensgemeinschaft *gleichberechtigter* Partner[122]. Die gegenteilige Annahme folgt der patriarchalischen Vorstellung früherer Epochen und widerspricht dem Verfassungsgebot der Gleichstellung der Frau im sozialen und familiären Leben[123]. Wegen der Pflicht zur ehelichen Lebensgemeinschaft haben beide Eheleute gemeinsam das Recht, den Wohnsitz zu bestimmen. Steht aber dieses Recht gleichberechtigt beiden Eheleuten zu, so kann

---

[117] Bay. Vollzugsentschließung zum AuslG, Zu § 10 Nr. 1, MABl. 1969, S. 398.

[118] Schickedanz, NJW 1972, S. 369 gegen Schiedermair, Handbuch ..., S. 36 f., 64.

[119] BVerwG, DVBl. 1957, 57; VGH Bad.-Württ. v. 4. 8. 1966 und v. 21. 3. 1968, Schüler / Wirtz, S. 274 und 289; VGH Mannheim, NJW 1970, 2178 ff.; vgl. OVG Münster, GewA 1973, S. 489 f.

In der Literatur siehe: Kloesel / Christ, § 10 AuslG, S. 8; Kanein, NJW 1967, S. 1060.

[120] Schnapp, DVBl. 1974, S. 88; Stange, Die aufenthaltsrechtliche Stellung ..., 1973, S. 91 ff.

[121] Vgl. aus der Rspr.: BVerwG E 42, 133, 141, 143; BVerfG E 35, S. 400 ff.

In der Lit.: Stange, ZRP 1971, S. 172 f.; ders., Die aufenthaltsrechtliche Stellung ..., ebd.; Rittstieg, NJW 1972, S. 994; früher: Skriver, Vorgänge 1969, S. 122 f.

[122] BVerfG E 35, S. 400 ff.; BVerwG E 42, S. 141 f.

[123] BVerwG ebd.

keine Rede davon sein, daß die Ehepartner, wenn nur einer von ihnen die inländische Staatsangehörigkeit besitzt, mit der Verlegung des ehelichen Wohnsitzes ins Ausland von vornherein rechnen müssen, da ein Ehepartner ein Aufenthaltsrecht hat. Die Ausweisung seines ausländischen Ehepartners zwingt den deutschen Ehegatten, entweder sein Heimatland zu verlassen, um an der Ehe festhalten zu können, oder die Trennung der ehelichen Gemeinschaft hinzunehmen, um im Heimatstaat bleiben zu können[124]. Macht der deutsche Ehepartner eines ausgewiesenen Ausländers von seinem aus Art. 11 I GG folgenden Bleiberecht Gebrauch, so wird der Bestand der Ehe faktisch zerstört. Will er den Bestand der Ehe erhalten, so muß er sein Grundrecht auf Freizügigkeit aufgeben[125]. Da Art. 6 I GG nicht nur die Ehe als Status, sondern die „Möglichkeit zu ihrer Fortführung schlechthin und irgendwo“ schützt[126], stellt sich jeder — auch ein nur mittelbarer — Zwang zum Verlassen des Landes als ein Eingriff in den Schutzbereich des Art. 6 I GG dar. Andererseits schützt die Eheschließung mit einem Inländer den Ausländer nicht schlechthin vor der Ausweisung, da dem Fremden *selbst* kein Aufenthaltsrecht zukommt[127]. Im jeweiligen Einzelfall sind die öffentlichen Interessen an der Ausweisung mit den Interessen des inländischen Ehepartners abzuwägen[128]. Grundsätzlich genießt dabei der Schutz von Ehe und Familie den Vorrang vor Staatsbelangen: Eine Ausweisung von Ausländern, die mit Deutschen verheiratet sind, kommt nur dann in Betracht, wenn die Ausweisungsgründe im Einzelfall schwer wiegen[129].

ee) Das Problem der Berufsfreiheit

Da faktisch der größte Teil der Ausländer zwecks Arbeitsaufnahme in die Bundesrepublik einreist, gewinnt das Problem der Berufsfreiheit für die aufenthaltsrechtliche Stellung des Fremden größte Relevanz. Aufenthaltsrechtlich kann nach § 7 AuslG die Aufenthaltserlaubnis mit Auflagen versehen werden, die die selbständige Erwerbstätigkeit oder bestimmte unselbständige Tätigkeiten verbieten[130]. Daneben bedürfen grundsätzlich alle unselbständig erwerbstätigen Ausländer zur Arbeitsaufnahme — im Gegensatz zum Inländer — einer Arbeits-

---

[124] BVerwG E 42, S. 141 f.

[125] Schnapp, DVBl. 1974, S. 88.

[126] BVerwG, ebd.

[127] Anders: Jellinek, Die Bundesverweisung, Festschrift Bilfinger, 1954, S. 119.

[128] BVerfG E 35, S. 400 ff.; BVerwG E 42, S. 141 f.

[129] Vwv. zum AuslG v. 10. 5. 1972. Zu § 2, 4 a und zu § 10, 1 a, GMBl. 1972, S. 331; ähnlich schon vorher Erlaß NRW v. 28. 11. 1970, I c 3/43. 332, in: Dokumentation zum Ausländerrecht 1972, S. 78. Vgl. dazu auch: BVerwG E 42, S. 141 f.; OVG Koblenz, NJW 1974, S. 2079.

[130] Vgl. Ziff. 13 Vwv. zu § 7 AuslG.

erlaubnis. Es fragt sich, ob diese Praxis mit der in Art. 12 GG verfassungsrechtlich verankerten Berufsfreiheit vereinbar ist.

Nach seinem Wortlaut beschränkt Art. 12 I GG den personalen Anwendungsbereich der Berufs-, Arbeitsplatz- und Ausbildungsstättenwahl auf die Deutschen. Das Grundrecht der Berufsfreiheit hat keine Menschenrechtsqualität[131]. Denn die Freiheiten des Art. 12 I GG haben „aus sich selbst heraus keineswegs naturrechtlichen Rang“, sondern stellen „eine von mehreren möglichen Ordnungen der Wirtschaftsverfassung“ dar, die „nur der Verfassunggeber als solcher unter Verfassungsschutz gestellt“ hat[132]. Andererseits könnte Art. 12 GG eine Konkretisierung der allgemeinen Handlungsfreiheit (Art. 2 I GG) in einem wichtigen Bereich sein. Dann würde die Berufsfreiheit an der Menschenrechtsqualität des Art. 2 I GG teilhaben[133]. Demgemäß wäre die Berufsfreiheit auch für Ausländer an die Schranken des Art. 2 I GG gebunden. Dagegen spricht aber, daß das Grundrecht der Berufsfreiheit als besondere Ausprägung des Art. 2 I GG inhaltlich das speziellere Grundrecht ist[134]. Die besondere Regelung des Art. 12 GG verbietet den Rückgriff auf die generelle Norm des Art. 2 GG[135]. Zudem enthält zwar das Grundrecht auf freie Entfaltung der Persönlichkeit auch den Bereich der freien Berufswahl. Daraus folgt aber nicht zwingend, daß das Einzelgrundrecht über Art. 2 I GG als Menschenrecht zu qualifizieren ist. Denn der Menschenrechtsgehalt umfaßt nur einen gewissen Kernbereich. Da es im Einzelfall möglicherweise nur um „Randbereiche“ geht, die nicht unter Art. 1 I, II GG fallen, hat nicht der gesamte Schutzbereich des Art. 2 I GG Menschenrechtsqualität. Entgegen der oben genannten Auffassung kann also nicht der Menschenrechtsrang der Berufsfreiheit über Art. 2 I GG begründet werden. Da der Berufsfreiheit keine Menschenrechtsqualität zukommt, geht somit das GG bei dem Problem der Geltung dieses Grundrechts für Ausländer von einem verfassungsrechtlichen Minderstatus des Fremden aus. Der Grundsatz der Gesetzmäßigkeit muß aber auch insoweit gegenüber dem Ausländer eingehalten werden[136]. Zwischenstaatliche Abmachungen, die Ausländer und Inländer im Bereich von Beruf und Arbeit gleichstellen, sind ebenso zu beachten (z. B.: Übereinkommen Nr. 111 der Internationalen Arbeitsorganisation v. 25. 6. 1968 über die Diskriminierung in Beschäftigung und Beruf[137]; ILO-Übereinkommen Nr. 97 über Wanderarbeiter vom 1. 7. 1949[138]).

131 BK, Wernicke, Art. 12, Erl. II 2; Maunz / Dürig / Herzog, Art. 12, Rdnr. 6.

132 v. Mangoldt / Klein, S. 389.

133 So Bachof, Grundrechte III/1, S. 155 ff. (177); zahlreiche weitere Nachweise bei v. Mangoldt / Klein, S. 389/390.

134 v. Mangoldt / Klein, S. 390/391 m. w. N.

135 BVerfG E 4, 57; 9, 77, 88; 10, 199; 11, 238; 13, 296.

136 Maunz / Dürig / Herzog, Art. 12, Rdnr. 6.

Fraglich erscheint desungeachtet, ob *im Einzelfall* die *Selbstbindung* der öffentlichen Gewalt wegen des Gleichheitssatzes (Art. 3 I GG) eine Gleichstellung mit den Deutschen verfassungsrechtlich begründen kann[139]: Wenn der Staat dem Ausländer die Berufs*aufnahme* gestattet und damit faktisch den Minderstatus des Fremden anhebt, so könnte er sich insoweit gebunden haben, als *nunmehr* verboten ist, bei der Regelung der Berufs*ausübung* auf den minderen Status des Fremden zurückzugreifen. Diese These setzt aber voraus, daß der Ausländer in den Sachbereichen der Deutschengrundrechte über eine Selbstbindung der öffentlichen Gewalt eine materiell *grundrechtliche* Gleichstellung gewinnt[140]. Die Gestattung der Berufsaufnahme begründet aber lediglich eine faktische Anhebung des Minderstatus des Ausländers, keineswegs will und kann die Verwaltung dem Ausländer ein *Grundrecht* auf freie berufliche Betätigung verleihen. Die gegenteilige Ansicht macht die bewußte Entscheidung des Verfassunggebers in Deutschen- und Menschenrechte rückgängig. Letztlich verkennt diese Auffassung auch das Verhältnis von einfach gesetzlicher Regelung und Verfassungsrecht. Dem Gesetzgeber ist es nicht verwehrt, dem Ausländer gesetzliche Rechte zu gewähren, die in der Verfassung nicht enthalten sind. So macht das Versammlungsgesetz trotz des Art. 8 I GG keinen Unterschied zwischen Deutschen und Nichtdeutschen, sondern schützt in gleichem Umfang auch den Ausländer. Doch fehlen dem subjektiven-öffentlichen Recht der Fremden, sich in Versammlungen zusammenzufinden, die Grundrechtsqualität und damit der verfassungsrechtliche Schutz. Das wiederum hat zur Folge, daß das Recht ohne weiteres eingeschränkt werden darf[141].

Aus der Selbstbindung der Verwaltung kann daher keine *grundrechtliche* Anhebung des Minderstatus des Ausländers in bezug auf Art. 12 GG begründet werden. Setzt die öffentliche Hand dagegen spezifische Vertrauenstatbestände gegenüber bestimmten Ausländern, so kann im Einzelfall eine Gleichstellung mit den Deutschen aufgrund des *rechtsstaatlichen Vertrauensschutzes* geboten sein. Der Umstand, daß ein Ausländer mehrfach eine befristete Arbeitserlaubnis erhalten hat, die ihm den Zugang zu einem bestimmten Beruf eröffnet, schafft aber noch keinen Vertrauenstatbestand. Denn die Befristung und die jeweils erneute Erteilung einer Arbeitserlaubnis haben gerade die Funktion, eine rechtserhebliche Erwartung auf eine unbeschränkte Berufswahl- und Berufsausübungsfreiheit zu verhindern.

---

137 BGBl. 1961, II, S. 97.

138 BGBl. 1959, II, S. 87.

139 Isensee, VVdStRL 1974, Heft 32, S. 83.

140 So in der Tat Isensee, VVdStRL 1974, ebd. und These 10 a), S. 103.

141 Vgl. generell v. Mangoldt / Klein, S. 302 m. w. N.

Zur Problematik der Berufsfreiheit des Ausländers bleibt nur noch zu erörtern, ob die in der Praxis gehandhabte Bindung der Aufenthaltserlaubnis an die Tätigkeit bei einem bestimmten Arbeitgeber (Arbeitsplatzklausel)[142], die den Verlust der Aufenthaltsbefugnis bei Beendigung des Arbeitsverhältnisses nach sich zieht, mit Art. 12 II GG vereinbar ist. Anders als Art. 12 I GG schützt dieses Grundrecht auch Ausländer. Das Verbot von Arbeitszwang hat naturrechtlichen Rang und ist insoweit ein Menschenrecht i. S. d. Grundrechtsqualität (vgl. auch Art. 4 Abs. II MRK)[143]. Art. 12 Abs. II GG untersagt sowohl den unmittelbaren Zwang zu einer bestimmten Arbeit als auch mittelbare Einwirkungen hoheitlicher Art, die die Aufnahme oder Beibehaltung einer bestimmten Arbeit über die arbeitsrechtlichen Verpflichtungen hinaus erzwingen[144]. Die Arbeitsplatzklausel stellt den ausländischen Arbeitnehmer vor die Alternative, entweder die Tätigkeit bei dem in der Aufenthaltserlaubnis bestimmten Arbeitgeber fortzuführen oder darauf zu verzichten und das Bundesgebiet unverzüglich zu verlassen (§ 12 I 1 AuslG). Aus sozialen und faktischen Gründen wird die zweite Möglichkeit für den Ausländer meist ausscheiden. Ob deshalb die Arbeitsplatzklausel gegen Art. 12 II GG und gegen die Menschenwürde i. S. d. Art. 1 I 2 GG verstößt, wie ein Teil der Literatur meint[145], erscheint indes zweifelhaft. An der Überwachung des Arbeitsplatzes besteht ein erhebliches ausländerpolizeiliches Interesse, da ggf. Sicherheitsbelange der BRD betroffen sind. Arbeitsmarktpolitische Gesichtspunkte und die Aufgabe, das Problem der illegalen ausländischen Arbeitnehmer zu bewältigen, fordern deshalb die Kontolle des Arbeitsplatzwechsels durch die Ausländerbehörden. Die Befürchtung, die Arbeitsplatzklausel könne leicht zu einer Ausnutzung des ausländischen Arbeitnehmers führen, erscheint nicht begründet. Dem Ausländer steht insoweit wie dem Inländer der Schutz der Arbeitsgerichte zur Verfügung. Eine ungerechtfertigte Kündigung des Arbeitgebers löst das Arbeitsverhältnis nicht auf. Daß die Klage vor dem Arbeitsgericht der Verletzung der Menschenwürde nur nachfolgen könne, rechtfertigt nicht, die Arbeitsplatzklausel als nichtig anzusehen. Auch bei Übergriffen des Arbeitgebers gegen deutsche Arbeitnehmer greift die arbeitsgerichtliche Kontrolle erst später ein; daraus folgt aber nicht, daß jede ungerechtfertigte Maßnahme des Arbeitgebers gegen die Menschenwürde verstößt. Schließlich darf die Ausländerbehörde den privaten Streit zwischen dem Ausländer und seinem Arbeitgeber nicht zum

[142] Allg. Vwv. zu § 7 AuslG, Nr. 4.

[143] v. Mangoldt / Klein, S. 397 mit zahlreichen Nachweisen; vgl. auch Art. 6 des ILO Übereinkommens Nr. 97 (BGBl. 1959, II, 87); dazu Rittstieg, in: Ansay / Gessner, S. 71, Anm. 29.

[144] Maunz / Dürig / Herzog, Art. 12, Rdnr. 127; Rittstieg, JZ 1971, S. 117.

[145] Rittstieg, JZ 1971, S. 117 f. und NJW 1972, S. 2157; ebenso: Zuleeg, DöV 1973, S. 368; Tomuschat, Freizügigkeit ..., DöV 1974, S. 763.

Anlaß nehmen, eine neue AE zu versagen. In der Praxis wird deshalb bei einem Arbeitsplatzwechsel ohne weiteres eine neue AE erteilt. Die Zwangssituation, entweder die unangemessenen Forderungen des Arbeitgebers annehmen zu müssen oder sich der Gefahr der sofortigen Rückführung ins Heimatland auszusetzen, besteht also nicht: die Klausel verstößt deshalb nicht gegen Art. 12 II GG (Art. 4 II MRK) und Art. 1 I 2 GG[146].

c) Zusammenfassung

Die aufenthaltsrechtliche Stellung des Ausländers in der Bundesrepublik Deutschland wird durch das Verfassungsrecht wesentlich beeinflußt. Alle Grundrechte, die nicht ausdrücklich auf Deutsche beschränkt sind, stehen auch dem Fremden zu: Dazu zählen insbesondere Art. 1 (Schutz der Menschenwürde), 2 (persönliche Freiheitsrechte), 3 (Gleichheit vor dem Gesetz), 4 (Glaubens-, Gewissens- und Bekenntnisfreiheit), 5 (Recht der freien Meinungsäußerung), 6 (Schutz der Ehe und Familie), 10 (Recht auf Brief-, Post- und Fernmeldegeheimnis), 13 (Schutz der Unverletzlichkeit der Wohnung) und 19 IV GG (Rechtsschutz). Oberstes Konstitutionsprinzip und vorrangiger Auslegungsmaßstab aller Einzelgrundrechte ist das Prinzip der Menschenwürde. Da die Grundrechtsinhaberschaft Ausfluß des Menschseins und nicht der Staatsangehörigkeit ist, kommen dem Fremden auch die Deutschengrundrechte zu, soweit der aus Art. 1 GG folgende Kernbereich des Einzelgrundrechts reicht. Besteht eine tatsächliche Anknüpfung zwischen dem Ausländer und der deutschen Gewalt, so gelten die Grundrechte für den Fremden ebenso im Ausland. Diese prinzipielle Geltung der Grundrechte ratione personae und ratione territorii hat jedoch für den spezifischen Bereich des Rechtes der Einreise, des Aufenthalts und der Ausweisung nur relative Bedeutung. Weder Art. 11 I GG noch Art. 2 I GG vermitteln dem Fremden ein Recht auf Zuzug und Aufenthalt. Ein Menschenrechtskern auf Freizügigkeit besteht nicht. Auch aus Art. 3 Abs. I und III GG läßt sich ein verfassungsrechtlich abgesichertes Grundrecht auf Zuzug und Aufenthalt des Fremden nicht begründen. Die Staatsangehörigkeit wird von Art. 3 III GG nicht erfaßt; sie stellt vielmehr einen sachgerechten Differenzierungsgrund im Hinblick auf das Aufenthaltsrecht der Ausländer dar. Der deutsche Staat hat verfassungsrechtlich eine weitgehende Entscheidungsfreiheit, das Recht der Einreise und des Aufenthalts von Ausländern zu regeln.

Diese prinzipielle Gestaltungsfreiheit bei Fragen des Zuzugs, Aufenthalts und der Ausweisung von Fremden ist aber von Verfassungs wegen teilweise eingeschränkt. Art. 1 GG verbietet aufenthaltsrechtliche Nor-

---

146 OVG Rheinl.-Pfalz, DöV 1966, S. 207 mit Anm. Kloesel, S. 209; ebenso: Rose, JR 1971, S. 723; Schüler, Die Ermessensentscheidung ..., Berlin 1974, S. 72 f.

mierungen, die gegen die Menschenwürde verstoßen. Unzulässige Differenzierungsmerkmale i. S. d. Art. 3 III GG dürfen bei den Regelungen des Zuzugs, Aufenthalts und der Ausweisung von Ausländern nicht berücksichtigt werden. Ausländer mit derselben Staatsangehörigkeit sind untereinander aufenthaltsrechtlich gleich zu behandeln (Art. 3 I GG). Art. 6 I GG begründet die Pflicht des Staates, Ehe und Familie des Fremden vor Beeinträchtigungen zu schützen. Gegenüber ausländischen Ehepartnern eines Ausländers sind bei den behördlichen Entscheidungen über Einreise, Aufenthalt und Ausweisung der Ehe- und Familienschutz zu beachten. Ausländischen Ehepartnern von inländischen Staatsbürgern steht ein abgeleitetes Einreise- und Aufenthaltsrecht zu. Ein ausländischer Ehepartner eines Inländers darf nur ausgewiesen werden, wenn im jeweiligen Einzelfall die öffentlichen Belange ausnahmsweise gegenüber den Interessen des inländischen Ehepartners überwiegen. Die freie berufliche Betätigung (Art. 12 I GG) ist für Ausländer nicht verfassungsrechtlich abgesichert.

2. Das Aufenthaltsrecht der Ausländer in der Bundesrepublik Deutschland nach einfachem Gesetzesrecht

a) Rechtsgrundlagen

Rechtsgrundlage des Aufenthaltsrechts der Ausländer in der BRD sind das Ausländergesetz (AuslG) vom 28. 4. 1965 i. d. F. v. 2. 3. 1974, die Verordnung zur Durchführung des Ausländergesetzes (DVAuslG) vom 12. 3. 1969 i. d. F. v. 19. 12. 1973, das Gesetz über die Rechtsstellung heimatloser Ausländer im Bundesgebiet v. 25. 4. 1951 und das Gesetz über Einreise und Aufenthalt von Staatsangehörigen der Mitgliedstaaten der Europäischen Wirtschaftsgemeinschaft (AufenthaltsG/EWG) vom 22. 7. 1969 i. d. F. v. 17. 4. 1974[1].

Aufenthaltsrechtliche Relevanz hat außerdem neben einer Fülle von z. T. unveröffentlichten Erlassen die Allgemeine Verwaltungsvorschrift zur Ausführung des Ausländergesetzes (Vwv. AuslG) vom 7. 7. 1967[2] i. d. F. vom 10. 5. 1972[3].

b) Materielle Einordnung des Ausländerrechts

Das Ausländerrecht ist Teil des besonderen Verwaltungsrechts, das als Spezialbereich vor allem dem materiellen Polizeirecht zugeordnet ist. Da der Aufenthalt der fremden Staatsangehörigen im Bundesgebiet

[1] Zusammenfassend veröffentlicht unter den Nr. 560 ff. in: Sartorius I — Verfassungs- und Verwaltungsgesetze der Bundesrepublik, Stand 1. 5. 1975, München.

[2] Vgl. MBl. NW 1967, S. 1259 ff.

[3] GMBl. 1972, S. 331.

die Voraussetzung für eine berufliche oder wirtschaftliche Betätigung darstellt, geht die gesetzliche Regelung jedoch über den Bereich des Polizeilichen hinaus[4].

c) Die Regelungsinstitute des Aufenthaltsrechts

§ 1 Abs. II AuslG kennzeichnet als Ausländer jeden, der nicht Deutscher i. S. d. Art. 116 I GG ist.

aa) Die Aufenthaltserlaubnis

Aus der Gebietshoheit des Aufenthaltsstaats[5] folgert § 2 I AuslG den Grundsatz, daß der Aufenthalt eines Ausländers auf dem Territorium der BRD grundsätzlich unter dem Vorbehalt einer Aufenthaltserlaubnis steht[6]. Jeder Fremde, der sich in der Bundesrepublik aufhalten will, muß grundsätzlich die Erlaubnis zum Aufenthalt beantragen[7]. Die Aufenthaltserlaubnis — AE — ist ein begünstigender, mitwirkungsbedürftiger Verwaltungsakt[8]. Nach dem Ausländergesetz hat der Antragsteller grundsätzlich keinen Anspruch auf Erteilung der AE: Es besteht kein Recht des Ausländers auf Aufenthalt[9]. Diese These

---

[4] Amtl. Begr. zu Entwurf AuslG vom 28. 12. 1962, BT-Drucks. IV/868, S. 10.

[5] Siehe dazu: Berber, Lehrbuch des Völkerrechts, Bd. I, München/Berlin 1960, S. 378; vgl. auch Bordewin: Das Aufenthaltsrecht der Ausländer, Köln, Diss., 1962, S. 5 ff. m. w. N.

[6] Sog. Verbot mit Erlaubnisvorbehalt.

[7] Vgl. § 21 I 2 AuslG für den Fall der Aufenthaltserlaubnis nach Einreise; diese Beantragung hat unverzüglich, also ohne schuldhaftes Zögern zu erfolgen.

[8] Marxen, Deutsches Ausländerrecht, Komm., München 1967, S. 224.

[9] Vgl. aus der Rechtsprechung: VGH Stuttgart, DöV 1954, S. 223; OVG Münster v. 13. 4. 1954, in: Schüler / Wirtz (Hrsg.): Rechtsprechung zum Ausländerrecht, Berlin 1971, S. 9 f.; BayObLG, NJW 1973, S. 438.

Aus der Fülle der Literatur vgl. insbesondere: Doehring, Die allgemeinen Regeln des völkerrechtlichen Fremdenrechts und das deutsche Verfassungsrecht, Köln/Berlin 1963, S. 168; Kanein, Das Ausländergesetz und die wesentlichen fremdenrechtlichen Vorschriften, Komm., 1966, § 2 A 1, S. 41; ders., Neues Fremdenrecht, NJW 1967, S. 1057 ff. (1057); Kloesel / Christ: Deutsches Ausländerrecht, Loseblattkomm., Stand März 1971, Anm. 3 zu § 2 AuslG; Marxen, S. 58; Weissmann, Ausländergesetz, Berlin 1966, § 2, Anm. 3 a (S. 40); ders.: Das neue Ausländergesetz, Die Polizei 1965, S. 304 ff. (306).

Siehe auch: Böckenförde, Ausländerrecht, 2. Aufl. 1972, S. 23; Bordewin, S. 19; Friederichsen, Die Stellung des Fremden in Deutschen Gesetzen und völkerrechtlichen Verträgen seit dem Zeitalter der französischen Revolution, Diss., Göttingen 1967, S. 101; Kimminich, Das Aufenthalts- und Niederlassungsrecht der Ausländer, Art. 74 Nr. 4 GG, Bonner Kommentar, Lieferung Mai 1968, Rdnr. 54 (S. 21); Rittstieg, Aufenthaltsrecht durch Heirat, NJW 1972, S. 993; Rose, Ausländerrecht in Grenzen oder grenzenloses Ausländerrecht? JZ 1971, S. 721 ff. (721); Rupp, Aufenthaltsrecht der Bundesrepublik, in: Studentische Politik, Ausländergesetz 65, Alternativentwurf 70, H. 1/1970, Bonn, S. 69; Wirtz, Brauchen wir ein neues Ausländergesetz? ZRP 1970, S. 247.

Ebenso schon früher: Heinze, Die Grundrechte der Ausländer nach der deutschen Reichsverfassung vom 11. 8. 1919, Diss., Marburg 1929, S. 27; Harz,

stützt sich vor allem auf Wortlaut und Struktur des § 2 I 2 AuslG: Mit dem unbestimmten Rechtsbegriff der „Belange der Bundesrepublik Deutschland“ ist das Ermessen zur Erteilung der Aufenthaltserlaubnis („darf“) gekoppelt.

Sind Belange beeinträchtigt, so besteht ein Verbot, die Aufenthaltsgenehmigung zu erteilen. Eine Ermessensprüfung findet nicht statt[10].

Beeinträchtigt der beabsichtigte Aufenthalt des Ausländers hingegen keine Belange, so steht nach dem Wortlaut des § 2 AuslG der Ausländerbehörde dennoch die Befugnis zu, im Rahmen ihres pflichtgemäßen Ermessens die AE zu versagen[11].

aaa) Der Begriff der „Belange der BRD“

Eine solche gestufte Prüfung ist dann rechtssystematisch sinnvoll, wenn dem unbestimmten Rechtsbegriff „Belange der Bundesrepublik Deutschland“ anderer Bedeutungsinhalt als dem Ermessen zukommt. Deshalb gilt es vorab, den Begriff der Belange der BRD, wie er von Literatur und Rechtsprechung verstanden wird, zu bestimmen.

Der Begriff der Belange hat einen eminent breiten Inhalt. Er umfaßt „alle Wirkungen politischer, wirtschaftlicher und sozialer Art, wenn sie der Bevölkerung und dem Staatswesen zum Nachteil gereichen können“[12]. Im einzelnen zählen dazu folgende Gesichtspunkte:

Zunächst können Gründe, die in der Person des Ausländers liegen, wegen Beeinträchtigung der Belange der BRD zur Versagung der Aufenthaltserlaubnis führen. Dazu rechnen vor allem Gesichtspunkte zur Abwehr von Gefahren für die Bundesrepublik Deutschland: Der begründete Verdacht nachrichtendienstlicher Tätigkeit für einen ausländischen Geheimdienst rechtfertigt die Versagung der AE[13]. Belange der BRD sind beeinträchtigt, wenn der Ausländer die verfassungsmäßige Ordnung der Bundesrepublik angreift oder stört. Das ist z. B. dann der Fall, wenn der Fremde durch den Mißbrauch der in der Bundesrepublik gewährten Freiheiten die freiheitliche Entwicklung gefährdet[14]. Verleumdet ein Fremder die Bundesrepublik im Ausland

---

Die Grundrechte und Grundpflichten der Ausländer nach der Weimarer Reichsverfassung, Diss. jur. Breslau 1930, S. 53 ff. Zu den Ausnahmen und Privilegierungen bestimmter Ausländergruppen s. u.

10 Marxen, Rdnr. 14, § 2 (S. 60); Schiedermair, Handbuch des Ausländerrechts der Bundesrepublik Deutschland, 1968, S. 99; OVG Münster, DöV 1973, S. 171.

11 So die h. M.: BVerwG, DöV 1970, S. 341; BVerwG, DöV 1970, S. 856; BVerwG, DöV 1972, S. 98; BayVGH v. 4. 6. 1969, Schüler / Wirtz, S. 194; OVG Lüneburg, DöV 1972, S. 789. Ebenso: Rose, JZ 1971, 722; Kanein, Komm., S. 45; Schiedermair, S. 99/101; Sabass, Diss., Bonn, S. 44; a. A. Rittstieg, JZ 1971, S. 113 ff. (115).

12 Weissmann, Komm., S. 42 und in: Die Polizei 1965, S. 306.

13 OVG Berlin v. 25. 5. 1966, Schüler / Wirtz, S. 175 f.

und untergräbt er damit das internationale Vertrauen zu dieser in der Völkergemeinschaft, so sind Belange der BRD beeinträchtigt[15]. Ein Verweigerungsgrund der Aufenthaltserlaubnis wegen Beeinträchtigung der Belange liegt vor, wenn der Ausländer einen der Ausweisungstatbestände des § 10 I AuslG verwirklicht hat[16]. Ein Ausländer, der beispielsweise wegen eines Vergehens nach § 183 StGB a. F. (Erregung öffentlichen Ärgernisses) bestraft worden ist, beeinträchtigt Belange der BRD. Diese Verurteilung ist ein Grund, der die Ausländerbehörde nach § 10 I Nr. 2 AuslG berechtigt hätte, den Fremden aus der BRD auszuweisen[17]. Asozialen oder vorbestraften Ausländern kann, wenn sie einen der Ausweisungstatbestände des § 10 I AuslG erfüllen, die AE wegen Beeinträchtigung der Belange versagt werden. Leidet ein Ausländer an einer Krankheit, die die öffentliche Gesundheit gefährdet (z. B. offene Lugentuberkulose), so verwirklicht er den gesetzlichen Tatbestand des § 10 I Nr. 9 AuslG und wegen Beeinträchtigung der Belange im Sinne des § 2 I 2 AuslG kann die AE versagt werden[18]. Der Begriff der Belange schließt die öffentliche Sicherheit und Ordnung i. S. d. Polizeirechts[19] ein. Der unerlaubte Waffenbesitz rechtfertigt die Nichtverlängerung einer Aufenthaltserlaubnis wegen Beeinträchtigung der Belange der Bundesrepublik Deutschland[20]. In allen Fällen, in denen die Polizei eingreifen würde oder eingreifen dürfte, liegt eine Gefährdung der öffentlichen Sicherheit und Ordnung vor, die das Fernhalten eines Ausländers, soweit er diese beeinträchtigen würde, geboten erscheinen läßt[21].

Der Begriff der Belange erfaßt aber nicht nur diese Gründe, die in der Person des Ausländers liegen, und/oder aus Gefahrenabwehrgesichtspunkten sachgerecht sind, sondern nach h. M. auch andere wirtschaftspolitische Gesichtspunkte[22]. Dazu zählen insbesondere nieder-

---

14 Weissmann, Komm., S. 43.

15 Vgl. zu § 7 I a PaßG: BVerwG E 3, 171.

16 Schiedermair, S. 98; Kloesel / Christ, § 2 AuslG, S. 4 b; OVG Münster, DöV 1973, S. 171; VG Frankfurt v. 21. 6. 1966, Schüler / Wirtz, S. 177 ff.

Zur Frage, ob bei Vorliegen der Ausweisungstatbestände zwingend die AE zu versagen ist vgl. einerseits Kloesel / Christ, ebd.; Angerer, BayVBl. 1965, S. 326 und andererseits Marxen, Komm., S. 61; OVG Berlin v. 22. 1. 1970, Schüler / Wirtz, S. 198 ff.; vgl. dazu auch Schüler, Die Ermessensentscheidung ..., Berlin 1974, S. 41.

17 So: VGH Bad.-Württ. v. 15. 10. 1968, Schüler / Wirtz, S. 186 f.

18 VG Frankfurt v. 21. 6. 1966, Schüler / Wirtz, S. 177 f. und VG Berlin v. 27. 11. 1969, Schüler / Wirtz, S. 197.

19 Vgl. zur Sicherheit und Ordnung: Drews / Wacke, Allgemeines Polizeirecht, 7. Aufl. 1961, S. 59 ff.

20 BVerwG, I B 43. 74 v. 23. 9. 1974, aus Frankfurter Allgemeine Zeitung v. 12. 11. 1974, S. 7.

21 Weissmann, Komm., S. 43.

22 Schiedermair, S. 99; vgl. Kanein, Komm., S. 45 und NJW 1967, S. 1058; ebenso st. Rspr.: BVerwG E 3, 171 ff.; BVerwG v. 20. 8. 1970, Schüler / Wirtz,

lassungs- und arbeitsmarktpolitische Motive. Das heißt: Es ist nach h. M. sachgerecht, wenn die Ausländerbehörde bei der Entscheidung über die Erteilung der AE berücksichtigt, ob ein volkswirtschaftliches Interesse an der Beschäftigung des Ausländers besteht. Zum Schutz des inländischen Arbeitsmarktes darf deshalb wegen Beeinträchtigung der Belange der BRD die Aufenthaltsgenehmigung versagt werden. Die AE zum Zwecke selbständiger Erwerbstätigkeit kann nach st. Rspr. aus Konkurrenzschutzgründen verweigert oder an ein Bedürfnis geknüpft werden[23].

Ob diese wirtschaftlichen Gründe zum Bedeutungsinhalt der Belange der Bundesrepublik i. S. d. § 2 I 2 AuslG gehören, erscheint indes zweifelhaft. Gemäß der Arbeitserlaubnisverordnung (AEVO) vom 2. 3. 1971[24] zu § 19 Arbeitsförderungsgesetz (AFG) vom 25. 6. 1969[25] bedarf jeder Ausländer zur Arbeitsaufnahme in der Bundesrepublik Deutschland einer Arbeitserlaubnis. Diese wird von den Arbeitsämtern erteilt. Wird aber über die AEVO i. V. m. dem AFG den Arbeitsämtern die arbeitsrechtliche Kompetenz bei der Beurteilung der Arbeitsaufnahme unselbständiger Ausländer zugewiesen, so scheint widersinnig und überflüssig, faktisch auch den Ausländerbehörden materiell-arbeitsrechtliche Entscheidungsbefugnisse zu gewähren. Die Kompetenzverteilung könnte dazu zwingen, eine Aufenthaltserlaubnis, die aus arbeitsmarktpolitischen Gründen versagt wird, als rechtswidrig aufzuheben. Das setzt jedoch voraus, daß der Begriff der Belange der BRD wirtschaftspolitische Gesichtspunkte nicht umfaßt[26]. Dafür spricht das Prinzip des lex posterior und der Spezialitätsgrundsatz, aus denen die Derogierung des AuslG von 1965 in dieser Kompetenzfrage gefolgert werden könnte[27]. Auch eine rechtspolitische Überlegung deutet auf dieses Ergebnis hin: Die Bundesanstalt für Arbeit als bundesrechtliche Koordinierungsstelle vermag arbeitsmarktpolitisch sachgerechter und schneller die notwendigen Richtlinien zu schaffen als dies nach der langwierigen und umständlichen Beschlußfassung der Länderinnenministerkonferenz und der Inkraftsetzung einzelner Ländererlasse möglich wäre. Daran kann Nr. 13 Vwv. zu § 7 AuslG nichts ändern, da diese Auslegungsrichtlinie als „res inter alios acta" für den Richter

S. 262 ff.; BVerwG v. 18. 12. 1969, Schüler / Wirtz, S. 256 ff.; OVG Berlin v. 25. 5. 1966, Schüler / Wirtz, S. 175 f.

[23] Vgl. BVerwG v. 18. 12. 1969 und v. 20. 8. 1970, Schüler / Wirtz, S. 256 ff. und 262 ff.; OVG Rheinland-Pfalz v. 30. 6. 1969, Schüler / Wirtz, S. 250 ff.; BayVGH v. 6. 3. 1969, Schüler / Wirtz, S. 244 ff.; VG Berlin v. 13. 11. 1969, Schüler / Wirtz, S. 254 f.; ebenso: Kloesel / Christ, § 7 AuslG, zu Abs. III Ziff. 6, S. 4 ff.

[24] BGBl. I, S. 152.

[25] BGBl. I, S. 582; geändert am 22. 12. 1969, BGBl. I, 2360.

[26] So auch Franz, DVBl. 1970, S. 626.

[27] So Franz, ebd.

unverbindlich ist[28]. Darauf kann auch nicht entgegnet werden, dies führe zu einem freien Arbeitsmarkt für Ausländer und sei vom Gesetzgeber nicht beabsichtigt. Die notwendige Steuerung des Arbeitsmarktes würde vielmehr hiernach von den Arbeitsämtern *allein* vorgenommen.

Daß aber die faktische Zuweisung *eigenständiger* arbeitsmarktpolitischer Entscheidungsbefugnisse an die Ausländerbehörden demnach unzulässig ist[29], führt nicht zwingend zu der Folgerung, eine AE, die aus arbeitsmarktpolitischen Gründen versagt wird, sei deswegen auch rechtswidrig. Denn den aufgezeigten Bedenken könnte durch eine *Koordination* von Arbeitsmarktpolitik und Aufenthaltsrecht Rechnung getragen werden. Betreibt die Ausländerbehörde nicht selbst Arbeitsmarktpolitik und ist sie an die Entscheidung des Arbeitsamtes gebunden, so findet keine doppelte Prüfung statt. Das Prinzip des lex posterior und der Spezialitätsgrundsatz stehen dann nicht entgegen. Ist die Ausländerbehörde an die Entscheidung des Arbeitsamtes gebunden, so liegt deshalb eine zulässige Koordination vor. Diese koordinationsrechtliche Lösung ist im Bereich des AuslG nichts Ungewöhnliches. Nach dem Erlaß über die „Ausübung eines Gewerbes durch Ausländer und Zusammenarbeit der Gewerbeüberwachungsbehörden mit den Ausländerbehörden" vom 9. 10. 1970[30] sind die Ausländerbehörden an die interne Entscheidung der Gewerbeüberwachungsbehörden in einer Niederlassungssache gebunden[31]. Daraus folgt aber, daß im Rahmen der bindenden Entscheidung der Arbeitsämter und Gewerbeüberwachungsbehörden die Ausländerbehörde die AE aus arbeitsmarkt- und niederlassungspolitischen Gründen versagen darf. Der Begriff der Belange der Bundesrepublik Deutschland umfaßt demnach auch wirtschaftspolitische Gesichtspunkte.

Damit ist aber der Bedeutungsinhalt der Belange, wie er von der h. M. verstanden wird, noch nicht erschöpft. Auch aus allgemeinpolitischen Gründen kann die Ausländerbehörde die Aufenthaltsgenehmigung versagen[32]. Dazu zählen beispielsweise sozial- und bevölkerungspolitische Gesichtspunkte. Da die BRD kein Einwanderungsland sei, sollen nach der Rspr. und einem Teil der Literatur[33] Belange

[28] Vgl. Tomuschat, Repressalie und Retorsion, ZaöRV 1973, S. 179 ff. (204 m. w. N.).

[29] Franz, DVBl. 1970, 626; Rittstieg, JZ 1971, S. 118; Braun, Niederlassungsrecht der Bundesrepublik Deutschland, 1973, S. 47.

[30] Ziff. 4.1.2., insbes. 4.1.5. Abs. II und III, veröffentlicht in: MBl. NRW 1970, S. 18 ff. Für die anderen Bundesländer gilt dies ebenso: vgl. MABl. (Bayern) 1971, S. 869 ff.; Gems.ABl. Bad.-Württ. 1971, S. 89 ff.

[31] Vgl. Erlaß, ebd., Ziff. 4.1.5. letzter Satz.

[32] Kanein, Komm., S. 45.

[33] BayVGH v. 4. 6. 1969, Schüler / Wirtz, S. 194; Wirtz, NJW 1970, S. 2177 f.; Kanein, Komm., S. 46; a. A. Franz, NJW 1970, S. 1012 f.

beeinträchtigt sein, wenn der Aufenthalt der Ausländer über eine gewisse Dauer hinausgeht. Belange der Bundesrepublik werden berührt, wenn der Ausländer sich nicht einzufügen und zu integrieren versteht[34]. Belange der BRD sind auch Belange der Länder. Es gilt der Grundsatz, daß, wenn Belange eines Teiles der Bundesrepublik berührt werden, auch Belange der Gesamtheit betroffen sind[35]. Gefahren, die mit dem hohen Anteil Ausländer in den Ballungsgebieten verbunden sind (Überfremdung, Ausländerabhängigkeit der Produktion, Entstehung von Ausländerkolonien usf.), können zur Versagung der Aufenthaltserlaubnis wegen Beeinträchtigung der Belange führen. Zu den Belangen der BRD zählt daneben das Wirksamwerden der von der Bundesrepublik geleisteten Entwicklungshilfe: Danach gilt es dauernden oder unverhältnismäßig langen Aufenthalt des Ausbildungsbewerbers zu verhindern[36]. Der Ausübung eines Gewerbes durch einen solchen Ausländer stehen entwicklungspolitische und auswärtige Belange entgegen[37]; denn die Abwanderung der Intelligenz aus der Dritten Welt wird von den Regierungen der betroffenen Länder mit dem Vorwurf der Abwerbung an die Adresse der Bundesrepublik verbunden. Außerdem soll aus Gründen des öffentlichen Interesses an den geordneten Bahnen der Einreise ausländischer Arbeitnehmer die Arbeitsaufnahme eines ohne AE in der Form des Sichtvermerks eingereisten Ausländers wegen Beeinträchtigung der Belange verhindert werden können[38]. Für die Beeinträchtigung der Belange der BRD genügt, daß die Anwesenheit des Ausländers ungünstige Auswirkungen für die Bevölkerung und das Staatswesen hat[39]. Nachteile für die Gemeinschaftsinteressen sind schon dann berührt, wenn eine abstrakte *Gefahr* besteht, daß die Anwesenheit des Ausländers Staatsinteressen tangiert[40].

Der dargestellte Bedeutungsrahmen, der dem Begriff der Belange in der Literatur und Rechtsprechung gegeben wird, erhellt, daß die Ausländerbehörde aus „allgemeinen, konjunkturellen, politischen, wirtschaftlichen, sozialen oder sonstigen sachgerechten Erwägungen" die Aufenthaltserlaubnis ablehnen kann[41]. Um dem ungehinderten Zuzug nicht deutscher Personen und deren unbeschränktem Aufenthalt einen Riegel vorzuschieben, rechtfertigen damit alle „Zweckmäßigkeitserwä-

[34] Weissmann, Komm., S. 43.

[35] Weissmann, ebd., S. 42.

[36] Kloesel / Christ, Komm., § 2 AuslG, S. 4 f.

[37] Kloesel / Christ, ebd., m. w. N.

[38] VG Ansbach, GewA 1973, S. 162 ff.

[39] Weissmann, Komm., S. 42.

[40] Kanein, Komm., S. 45; Weissmann, ebd. Nach Schiedermair, S. 102, genügt für die Beeinträchtigung der Belange gar die Möglichkeit, daß der Aufenthalt des Ausländers nach Sachlage nicht reibungslos verlaufen wird.

[41] Amtl. Begr. v. 28. 12. 1962 — BT-Drucks. IV/868, S. 12 zu § 1; Kanein, Komm., S. 45 und NJW 1967, S. 1058; vgl. auch OVG Berlin, JZ 1971, S. 650.

gungen der Fremdenpolitik" die Versagung der Aufenthaltsgenehmigung[42].

bbb) Belange der BRD und der Bestimmtheitsgrundsatz

Erkennt man den Begriff der Belange als reinen Zweckmäßigkeitsmaßstab, so fragt sich, ob § 2 I 2 AuslG nicht gegen den rechtsstaatlichen Bestimmtheitsgrundsatz verstößt.

Für den Begriff der *„erheblichen* Belange der Bundesrepublik Deutschland" hat das BVerfG[43] festgestellt, daß § 10 I Nr. 11 AuslG das Rechtsstaatsprinzip nicht verletzt[44]. Das Rechtstaatsprinzip, insbesondere der Bestimmtheits- und Verhältnismäßigkeitsgrundsatz, sei bei der Regelung der Ausweisung von Fremden vom Gesetzgeber zu beachten. Ein Verstoß gegen das Bestimmtheitsgebot liege aber nicht vor. Aus Inhalt und Zweck des § 10 I Nr. 11 AuslG lasse sich die Auslegung des unbestimmten Rechtsbegriffs „erhebliche Belange der BRD" aus dem Zusammenhang mit der Aufzählung näher umschriebener Ausweisungsgründe in § 10 I Nr. 1 bis 10 AuslG ausreichend ermitteln. Im übrigen sollen nach dem BVerfG hier weitgehend die gleichen Erwägungen gelten, wie sie das BVerfG im Elfes-Urteil[45] zur Verfassungsmäßigkeit der „ähnlichen Vorschrift des § 7 I a des Gesetzes über das Paßwesen (BGBl. 1952, I, 290) angestellt hat". Eine Übertragung dieser Gesichtspunkte auf das Problem der Bestimmtheit des § 2 I 2 AuslG erscheint zweifelhaft. Zunächst enthält § 2 I AuslG keine näher umschriebenen Abweisungsgründe ähnlich wie in § 10 I Nr. 1 - 10 AuslG, sondern beschränkt sich allein auf den Begriff der „Belange der BRD", der in keiner anderen Bestimmung des AuslG näher gekennzeichnet wird. § 7 I a PaßG erfaßt ebenfalls lediglich den Begriff der „sonstigen *erheblichen* Belange". Für diesen Begriff hatte das BVerfG[46] im Wege verfassungskonformer Auslegung aus den in § 7 I a PaßG genannten Tatbeständen der Gefährdung der inneren und äußeren Sicherheit der BRD gefolgert, daß mit den sonstigen erheblichen Belangen Tatbestände gemeint seien, „die so erheblich sind, daß sie aus zwingenden staatspolitischen Gründen vorangestellt werden müssen"[47]. Demgegenüber sind in § 2 I 2 AuslG weder vergleichbare Tatbestände, die den Begriff der Belange umschreiben, aufgestellt, noch erfaßt der Belangebegriff i. S. d. § 2 I AuslG lediglich zwingende staatspolitische Gründe. Alle fremdenpolitischen Zweckmäßigkeitsgesichtspunkte werden vielmehr, wie bereits dargestellt, vom

---

42 Vgl. Kanein, DVBl. 1966, S. 617.

43 BVerfG E 35, S. 382, 400 f.

44 Ebenso: BVerfG, NJW 1974, S. 1809.

45 BVerfG E 6, 32, 42 f.

46 BVerfG E 6, 32, 43.

47 Dazu Franz, NJW 1974, S. 1810.

Begriff der „Belange der Bundesrepublik Deutschland" gedeckt. Die vom BVerfG für § 10 I Nr. 11 AuslG aufgestellten Grundsätze können deshalb die Frage nach der rechtsstaatlichen Bestimmtheit des § 2 I 2 AuslG nicht abschließend klären. Das BVerfG läßt dementsprechend ausdrücklich offen, ob alle Vorschriften des AuslG rechtsstaatlichen Anforderungen genügen[48].

Läßt sich, wie beim Begriff der Belange i. S. d. § 2 I 2 AuslG, das verwaltungsrechtliche Handeln nur an der Zweckmäßigkeit messen, so ergibt sich die Richtschnur des zweckbestimmten Handelns nicht aus dem Gesetz, sondern aus der Fremdenpolitik, die der Gesetzgeber der freien Wertbestimmung der Verwaltung überläßt und durch Verwaltungserlasse in die Interna der Verwaltung verlagert. Das hat zur Folge, daß die Bestimmung der Schranken der Freiheit nicht mehr vom Gesetzgeber vorgenommen wird, sondern der Verwaltung zusteht. Der Rechtsunterworfene verliert dadurch sein durch den Rechtsstaat gewährleistetes Recht, verwaltungsrechtliches Handeln vorherzusehen. Weil einziger Bedeutungsinhalt der Belange der BRD die Zweckmäßigkeit ist, „Minimalerfordernis des Rechtsstaates aber gerade die Festlegung des Zweckes ist, dem eine zu Eingriffsakten ermächtigende Vorschrift dienen darf"[49], folgert deshalb ein Teil der Literatur die Verfassungswidrigkeit des § 2 I 2 AuslG wegen Verstoßes gegen das rechtsstaatliche Gebot der Bestimmtheit[50]: Denn der den Gerichten erteilte Rechtsschutzauftrag könne nur dann erfüllt werden, wenn die Anwendung der belastenden Norm von den Gerichten nachprüfbar sei. Diese unzulässige und notwendige Rechtskontrolle dürfe jedoch wegen des Prinzips der Gewaltenteilung keine reine Zweckmäßigkeitsprüfung sein. Erfolge aber die Bestimmung des Begriffs der Belange nur über Zweckgesichtspunkte, so sei eine Kontrolle lediglich bezüglich dieser möglich. Gerade dies sei aber den Gerichten aus verfassungsrechtlichen Gründen verwehrt, so daß die Anwendung des AuslG gerichtlich nicht effektiv überprüft werden könne. Für eine verfassungskonforme Auslegung nach einengender Interpretation aus dem Gesamtzusammenhang biete das AuslG keinen Anhaltspunkt[51], da eine gesetzliche Festlegung des Zwecks des Ausländergesetzes gerade fehle. Hinzu komme, daß der Ausländerbehörde sogar bei Erfüllung der Voraussetzungen des § 2 I 2 AuslG noch Ermessen zustehe, das „in die Nähe des Gnadenaktes"[52] gerückt sei[53].

[48] BVerfG E 35, 400 f.

[49] Tomuschat, ZaöRV 1973, S. 179 ff. (206).

[50] Müller, Die neue Gesellschaft 1973, S. 381; Franz, JIR, Bd. 15, S. 319; Zuleeg, DöV 1973, S. 366 m. w. N. und ders., DVBl. 1974, S. 341 ff., 344; vgl. dazu Tomuschat, ZaöRV 1973, S. 207 m. w. N. und Schüler, Die Ermessensentscheidung ..., Berlin 1974, S. 40 f.

[51] So Zuleeg, DöV 1973, S. 366.

[52] Kanein, Komm., S. 28.

In § 2 I 2 AuslG kommt der vom Völkerrecht gebilligte Grundsatz zum Ausdruck, daß es jedem souveränen Staat freisteht, Ausländer von seinem Staatsgebiet fernzuhalten, wenn dies seinen Interessen entspricht. Gesetzgeberische Intention bei der Schaffung des § 2 AuslG war die Klarstellung, daß dem Fremden kein Rechtsanspruch auf Einreise in das Gebiet der BRD zustehen sollte[54]. Gegen diese grundsätzliche Konzeption wird im Hinblick auf staatspolitische Notwendigkeiten (Sicherheitsbedürfnis, wirtschaftliche Kapazität der Bundesrepublik usw.)[55] kaum etwas einzuwenden sein. Diesem Ziel hätte bei gleichzeitiger klarer Kennzeichnung der fremdenpolitischen Konzeption auch ein reiner Ermessenstatbestand Genüge getan. Daraus könnte man folgern: Wenn der Gesetzgeber zusätzlich zu dieser Ermessensklausel einen unbestimmten — voll nachprüfbaren — Rechtsbegriff (Belange) normiert, sei es unhaltbar, gerade aus diesem Mehr an Überprüfbarkeit die Verfassungswidrigkeit des § 2 AuslG abzuleiten. Die Besonderheit des § 2 I 2 AuslG als „Koppelungstatbestand" von unbestimmtem Rechtsbegriff und Ermessen liegt aber darin, daß wegen der Weite des Belangebegriffs das der Ausländerbehörde eingeräumte Ermessen praktisch leerläuft[56]. Eine doppelte Prüfung wäre aber sinnwidrig.

Die Problematik der Koppelungstatbestände hat in jüngerer Zeit den Gemeinsamen Senat der obersten Gerichtshöfe des Bundes beschäftigt[57]. Dort hatte sich das Gericht bei dem Koppelungspaar „unbillig" und Ermessen für *eine einheitliche* Ermessenskontrolle ausgesprochen. Für die Übernahme dieser Grundsätze auf das AuslG spricht: Wegen der Weite des Belangebegriffs bleibt für das Ermessen bei § 2 I 2 AuslG kein Raum. Wäre jede auf Grund des § 2 AuslG ergangene Verwaltungsentscheidung in bezug auf den unbestimmten Rechtsbegriff „Belange der Bundesrepublik" gerichtlich voll überprüfbar, so gäbe es nur eine einzige richtige Entscheidung. Die Gerichte wären gezwungen, im Rahmen des § 2 I 2 AuslG, der einen der Verwaltung eigenen Funktionsbereich bestimmt, an die Stelle der Exekutive zu treten und statt ihrer zu entscheiden. Allerdings ist dies nicht erforderlich, wenn die Gerichte zwar von dem unbestimmten Rechtsbegriff „Belange" ausgehen, der Verwaltung aber einen Beurteilungsspielraum zubilligen. Dann bleibt aber das Problem des Anwendungsbereichs von unbestimmtem Rechtsbegriff „Belange" und Ermessen

[53] Zuleeg, DöV 1973, S. 366.

[54] Vgl. Amtl. Begr. Ziff. 3 — Ziele des Entwurfs —, BT-Drucks. IV/868, S. 10.

[55] Man denke nur an die enormen Infrastrukturkosten — dazu: Kommunalpolitische Aspekte des wachsenden ausländischen Bevölkerungsteils in München, Problemstudie, München 1972 (leider unveröffentlicht).

[56] Tomuschat, ZaöRV 1973, S. 204; Rittstieg, JZ 1971, S. 115.

[57] In: BVerwG E 39, 355 ff.

weiterhin ungeklärt. Es liegt daher näher, in § 2 I 2 AuslG einen einheitlichen Ermessenstatbestand zu sehen. Die Beurteilung des § 2 I 2 AuslG als einheitlichen Ermessenstatbestand ändert aber nichts an seiner Unbestimmtheit. Auch bei Annahme eines reinen Ermessenstatbestandes mangelt es an der klaren Kennzeichnung der fremdenpolitischen Konzeption. Fehlt gerade die Festlegung des Zweckes im Gesetz, so gelten die oben aufgezeigten Bedenken wegen der Bestimmtheit ebenso. Denn die Auswechslung der rechtssystematischen Technik kann zu keinem anderen Ergebnis führen.

Ergeben sich somit aus der Struktur des § 2 AuslG als Koppelungstatbestand keine Gründe, die die rechtsstaatlichen Bedenken hinsichtlich der Unbestimmtheit des § 2 I 2 AuslG ausschließen, so fragt sich, ob aus verfassungsrechtlichen Gesichtspunkten die Verfassungswidrigkeit des § 2 I 2 AuslG verneint werden kann. Der völkerrechtliche Grundsatz, nach dem es dem souveränen Staat freisteht, auch aus reinen Zweckmäßigkeitsgründen die Aufenthaltserlaubnis zu versagen, könnte auch staatsrechtlich gelten. Ist der Gesetzgeber staatsrechtlich nicht verpflichtet, im Ausländerrecht bereits gesetzlich die Konzeption der Fremdenpolitik festzulegen, so braucht der Zweck des Ermessens nicht bestimmt zu werden. Ein Verstoß gegen den verfassungsrechtlichen Bestimmtheitsgrundsatz ist dann nicht feststellbar. Es erhebt sich deshalb die Frage, ob der deutsche Gesetzgeber staatsrechtlich den Zweck des Ermessens in die ausländergesetzliche Zuzugsregelung aufnehmen muß.

Handelt es sich um die Ausübung *grundrechtlicher* Befugnisse, so muß sich aus der Rechtsvorschrift selbst ergeben, welche Voraussetzungen für die Erteilung der Genehmigung gegeben sein müssen, bzw. aus welchen Gründen die Genehmigung versagt werden darf[58]. Das Gebot der Bestimmtheit besteht danach nur im grundrechtlich geschützten Bereich. D. h.: Wenn dem Ausländer kein Zuzugsgrundrecht zusteht, so ist der Gesetzgeber nicht verpflichtet, gesetzlich den Zweck des Ermessens bei der Einreisebestimmung des § 2 I 2 AuslG bindend festzulegen.

Die Aufenthaltserlaubnis ist ein begünstigender Verwaltungsakt. Grundsätzlich gilt das Prinzip des Vorbehalts des Gesetzes — dieses Recht, mit keiner nicht obliegenden Verbindlichkeit belastet zu werden, folgt aus Art. 2 I GG[59] — aber nur bei belastenden Verwaltungsakten[60]. Daraus könnte abgeleitet werden, die Versagung der Befreiung von einem Verbot habe keine Eingriffswirkung: mangels Ein-

[58] BVerfG E 20, 150 ff. (158) zum Sammlungsgesetz.

[59] Vgl. Maunz / Dürig / Herzog, Art. 2 I GG, Rdnr. 26; kritisch dazu: Schwabe, DöV 1973, S. 624 ff.

[60] Maunz / Dürig / Herzog, ebd.; Hesse, Grundzüge des Verfassungsrechts, 6. Aufl. 1973, S. 205, Anm. 9.

griffs in eine grundrechtliche Position stehe dem Ausländer kein Zuzugsgrundrecht zu. Diese These begegnet aber Bedenken. Trotz der gesetzlichen Normierung des § 2 I 2 AuslG als Verweigerung einer Begünstigung stellt die Ablehnung einer Erlaubnis, die ein präventives Verbot mit Erlaubnisvorbehalt bekräftigt, inhaltlich einen Eingriff in Art. 2 I GG oder ein Spezialgrundrecht dar; darüber besteht heute Einigkeit[61]. Sieht man demgegenüber die AE nicht als Bescheinigung der Unbedenklichkeit des Zuzugs für den Einzelfall, sondern als Ausnahmemaßnahme von einem generellen Gebietsverbot, würde es sich bei der Aufenthaltsgenehmigung um ein *repressives* Verbot mit Erlaubnismöglichkeit handeln. Gegen diese These spricht, daß der Gesetzgeber beabsichtigte, mit der Neufassung des Ausländerrechts die das AuslG bestimmende „grundsätzlich liberale Fremdenpolitik" herauszustellen[62]. Diese liberale Ausländerpolitik fordere die „großzügige Zulassung von Ausländern zum Bundesgebiet"[63]. Es liegt deshalb nahe, die ausländerrechtliche Zuzugsregelung als *präventives* Verbot mit Erlaubnisvorbehalt anzusehen. Da damit die Versagung der Aufenthaltserlaubnis Eingriffswirkungen hat, kann mit *diesem* Einwand ein Einreisegrundrecht des Fremden nicht verneint werden.

Gleichwohl steht nach dem Grundgesetz ein Grundrecht auf Freizügigkeit dem Ausländer nicht zu. Aus Art. 11 I GG ergibt sich ein solches Recht nicht. Art. 2 I GG ist zwar, wie dargestellt, auf Grund des „Spezialitätsgrundsatzes" nicht generell ausgeschlossen[64], aber das Recht auf freie Entfaltung der Persönlichkeit gilt für den Ausländer nur, soweit der Menschenrechtsgehalt berührt ist. Da jedoch ein Menschenrecht auf Freizügigkeit nach richtiger Ansicht nicht besteht[65], kann der Ausländer bei Erteilung der Aufenthaltserlaubnis sich nicht auf Art. 2 I GG berufen. Die zum Zwecke der Kontrolle zunächst verbotene Tätigkeit — der Zuzug eines Ausländers in das Bundesgebiet — genießt keinen Grundrechtsschutz[66]. Die Chance des Fremden, einreisen zu können, ist grundrechtlich nicht abgesichert. Mangels Grundrechtsschutzes könnte als Zwischenergebnis der obigen Überlegung festzustellen sein, daß der Gesetzgeber staatsrechtlich nicht verpflichtet ist, den Zweck des Ermessens in der ausländerrechtlichen Zuzugsregelung zu bestimmen.

---

61 BVerfG E 20, 155; Ossenbühl, DöV 1968, S. 624; Hoffmann / Becking, JuS 1973, S. 618 m. w. N.

62 Amtl. Begr., Ziff. 3 — Ziele des Entwurfs —, BT-Drucks. IV/868, S. 10.

63 Amtl. Begr., ebd.

64 So aber Schnapp, DöV 1973, S. 594, Anm. 12; vgl. dazu oben B. II. 1. b), bb).

65 s. o. B. II. 1. b), aa).

66 Ebenso Schnapp, DöV 1973, S. 594; Isensee, VVdStRL 1974, S. 64 ff.; a. A. Zuleeg, DVBl. 1974, S. 344.

Es ist aber andererseits zu überlegen, ob — unabhängig vom Grundrechtsschutz — allein aus der Bindung an das Rechtsstaatsprinzip eine Verpflichtung des Gesetzgebers erwächst, die Konzeption des Fremdenrechts gesetzlich festzuschreiben. „Der Rechtstaat ist im Verfassungsgefüge des Grundgesetzes Form der Begrenzung staatlicher Macht[67]." Die rechtsstaatliche Ordnung hat somit vor allem die Funktion, staatliche Gewalt zugunsten des freiheitlichen Status des einzelnen zu beschränken. Ist aber Sinn des Rechtsstaatsprinzips, rechtsstaatswidrige Folgen vom Betroffenen abzuwenden, so erscheint die Anknüpfung der Vermeidung rechtsstaatswidriger *Auswirkungen* an den limitierten Grundrechtsschutz zunächst widersprüchlich. Die Bejahung eines solchen Widerspruchs hängt jedoch davon ab, ob Schutzfunktion des Rechtsstaates lediglich die Gewährleistung gesetzlicher Freiheiten der betroffenen *Staatsbürger* ist oder ob das Prinzip der rechtsstaatlichen Ordnung unabhängig von der Staatszugehörigkeitsqualität subjektiven Schutz verleiht.

Art. 20 und Art. 28 GG sind bezüglich des personalen Schutzbereichs des Rechtsstaatsprinzips bei der Einreise von Ausländern nach ihrem Wortlaut unergiebig. Auch der Hinweis auf die Festsetzung der rechtsstaatlichen Ordnung in Art. 20 und Art. 28 GG als *allgemeines Prinzip* gibt keine klare Antwort: Denn obwohl ebenso das Demokratieprinzip einen elementaren Grundsatz der deutschen Verfassung darstellt, steht nur Deutschen das Wahlrecht zu. Art. 38 GG grenzt den unter „Volk" verstandenen Personenkreis zwar nicht ab; § 12 I des Bundeswahlgesetzes beschränkt aber das Wahlrecht auf „alle Deutschen". Diese Einschränkung ist aus dem Grundgesetz selbst ableitbar[68]. Der Grundgesetzgeber ging von dem Staat als Zusammenschluß der Gesamtheit der *Staatsbürger* aus[69]. Der Schutzbereich des Rechtsstaatsprinzips — bei der Frage des Zuzugs von Ausländern in das Bundesgebiet — kann sich demnach nur aus anderen speziellen Verfassungsnormierungen ergeben. Wenn es Grundgesetzartikel gibt, die ein *Recht auf rechtsstaatsgemäße Behandlung* bei der Einreise von Ausländern normieren, dann ist der Gesetzgeber verpflichtet, den Zweck des Ermessens in der gesetzlichen Zuzugsregelung des § 2 I 2 AuslG zu bestimmen. Da, wie dargelegt, das Recht auf freie Entfaltung der Persönlichkeit für den Ausländer nur gilt, soweit der Menschenrechtsgehalt berührt ist, muß die Fragestellung — auf § 2 I 2 AuslG präzisiert — lauten: Gebietet ein Menschenrecht oder die Menschenwürde — Art. 1 GG —, daß der Gesetzgeber die Regelung des Zuzugs von Ausländern durch *Festlegung des Zwecks des Ermessens* bestimmen muß?

---

[67] Hesse, Grundzüge ..., S. 78 m. w. N.

[68] Vgl. Dolde, Die politischen Rechte ..., 1972, S. 72 f.; a. A. Zuleeg, DVBl. 1974, S. 347 ff.

[69] Tomuschat, in: Ansay / Gessner, S. 85.

Art. 1 GG sichert einen „letzten, unantastbaren Bereich menschlicher Freiheit, der der Einwirkung der gesamten öffentlichen Gewalt entzogen ist“[70]. Primär geht es dabei um den Schutz des einzelnen Menschen vor Eingriffen des Staates. Zwar sind auch Einzelfälle denkbar, wo die Versagung einer Vergünstigung gegen die Menschenwürde verstößt (z. B. in besonderen Sozialhilfefällen). Demgegenüber handelt es sich hier um die genügende Bestimmtheit einer begünstigenden Form. Durch die mangelnde Zweckbestimmung wird die Einreise des Ausländers im Einzelfall keineswegs ausgeschlossen, ebensowenig darf die Ausländerbehörde deswegen willkürlich ihre Entscheidungen treffen. Denn die Behörde kann sich von ihrer Rechtspflicht zu rechtsstaatsgemäßem Handeln niemals freisprechen. Aus der Menschenwürde folgt deshalb keine Pflicht des Gesetzgebers, den Zweck des Ermessens in § 2 I 2 AuslG aufzunehmen.

Das Erfordernis der Bestimmtheit und Voraussehbarkeit von Gesetzen kann allenfalls dann menschenrechtliche Qualität genießen, wenn ein *Menschenrecht auf allgemeine Handlungsfreiheit* existiert. Zu den in der EMRK niedergelegten Rechten und Freiheiten gehören lediglich diejenigen, die ausdrücklich genannt sind. Andere Rechte sind nicht geschützt[71]. Ein Menschenrecht auf allgemeine Handlungsfreiheit gibt es danach nicht. Menschenrechte sind vielmehr enumerativ aufgezählte Minimalschutzrechte. Das folgt auch aus dem völkerrechtlichen Grundsatz, daß alle Einschränkungen der *staatlichen* Freiheit im Zweifelsfalle restriktiv, d. h. souveränitätsschonend auszulegen sind[72]. Außerdem divergieren die Grundanschauungen über die Menschenrechte in der heutigen Welt erheblich[73]. Dann kann aber erst recht von einem völkerrechtlichen „Prinzip der Freiheit“ nicht die Rede sein. Ein allgemeines Freiheitsprinzip läßt sich demnach aus den Menschenrechten nicht ableiten. Zwar begrenzt der menschenrechtliche Satz des *Willkürverbots* die innerstaatliche Regelungsbefugnis. Aus dem Verbot der willkürlichen Behandlung folgt aber keine Verpflichtung des deutschen Gesetzgebers, bei der Regelung des Zuzugs von Ausländern die fremdenpolitische Konzeption als Zweck des Ermessens festzulegen. Denn ein unbestimmter Normtatbestand beweist nicht die faktische willkürliche Behandlung durch den Gaststaat; lediglich letzteres verbietet der menschenrechtliche Satz. Auch aus der Bindung an die Menschenrechte ergibt sich somit *keine* Verpflichtung des Gesetzgebers, den Zweck des Ermessens in die gesetzliche Regelung des § 2 I 2 AuslG aufzunehmen.

---

70 BVerfG E 6, 41, 433; Hamann / Lenz, GG, 3. Aufl., 1970, Art. 1 B 3 a).

71 Guradze, Die EMRK, 1968, Zu Art. 1, Nr. 5.

72 Verdross, S. 174 m. w. N.

73 Vgl. schon Dahm, S. 423 m. w. N.

Das bedeutet aber, daß — entgegen der oben dargestellten Literatur — § 2 I 2 AuslG nicht verfassungswidrig ist[74].

Die Verfassungsmäßigkeit des § 2 I 2 AuslG folgt auch aus folgender Kontrollüberlegung: Im innerstaatlichen Normalfall regelt der Staat Rechtsbeziehungen zwischen der öffentlichen Gewalt und dem Bürger. Diese Rechtsbeziehungen sind regelmäßig durch ein Über- und Unterordnungsverhältnis gekennzeichnet. Im Ausländerrecht liegt demgegenüber eine Besonderheit vor. Da der Ausländer der Personalhoheit des Staates, dessen Angehöriger er ist, untersteht, regelt der Gaststaat durch das Aufenthaltsrecht für Ausländer nicht nur die Rechtsbeziehungen zwischen dem Aufnahmestaat und dem Ausländer, sondern gleichzeitig dadurch indirekt die Außenbeziehungen zwischen Aufnahmestaat und dem ausländischen Entsendestaat. Regelungen der Außenbeziehungen sind im Normalfall Regelungen der Beziehungen von souveränen Staaten zueinander; dieser Bereich ist dem Koordinationsrecht zuzuordnen. Einen Satz, wonach ein Staat im Bereich des Koordinationsrechts verpflichtet sei, die Konzeption seines zweckbestimmten Handelns bindend gesetzlich festzulegen, gibt es nicht. Beim Zuzug von Ausländern unterwirft sich zwar der Ausländer subordinationsrechtlich der Entscheidungsgewalt der zuständigen deutschen Ausländerbehörde, um seine Einreiseabsicht verwirklichen zu können[75]. Dieser Akt entbindet den Fremden aber nicht aus der Personalhoheit des Heimatstaates, so daß bei der Entscheidung über die Aufenthaltserlaubnis koordinationsrechtliche Beziehungen bestehen bleiben.

ccc) Rechtspolitische Überlegungen zur Ersetzung des Begriffs der „Belange der BRD“

Rechtspolitisch erscheint es gleichwohl wünschenswert, wenn der Gesetzgeber den Handlungsspielraum der Ausländerbehörde beim Zuzug von Fremden deutlicher abstecken würde. Dabei geht es darum, sowohl der Verwaltung den zum Tätigwerden notwendigen Handlungsspielraum zu gewähren als auch dem Bestimmtheitsgrundsatz bei der Einreiseregelung in größerem Umfang Rechnung zu tragen.

So könnte als Ersatz für den Begriff der „Belange der BRD“ an die verfassungsrechtlich zulässigen und bestimmten[76] Begriffe der „öffentlichen Sicherheit und Ordnung“ gedacht werden. Die Verwendung dieses Begriffspaares im Rahmen der Regelung des Zuzugs von Ausländern setzt aber voraus, daß diese Gefahrenabwehrmaßstäbe überhaupt den Aufgaben des Ausländerrechts gerecht werden können.

Nach h. M. erfaßt der Begriff der „Belange der BRD“, wie dargelegt, die Gefährdung der Staatssicherheit, wirtschaftliche, allgemeinpolizei-

[74] Vgl. auch Schnapp, DöV 1973, S. 594, der allerdings mit dem unklaren terminus „objektive Rechtsstaatswidrigkeit“ nicht deutlich macht, ob er dem Ausländer nur das Recht absprechen will, die Unbestimmtheit geltend zu machen. Ähnlich Isensee, VVdStRL 1974, S. 67/68 und S. 64, Fußn. 39, 3. Absatz.

[75] Anders Isensee, S. 65/66 f.

[76] Drews / Wacke, Allgemeines Polizeirecht, 7. Aufl. 1961, S. 45 m. w. N.

liche, gesundheitliche, soziale und andere politische Gründe, insbesondere die Beziehungen zum Ausland. Die Ersetzung des Begriffs der Belange durch die öffentliche Sicherheit und Ordnung wäre ausländerpolitisch nur vertretbar, wenn der Belangebegriff letztlich nur einen Gefahrenabwehrmaßstab kennzeichnet. Allgemeinpolizeiliche Gesichtspunkte ebenso wie die Gründe der öffentlichen Gesundheit oder Sittlichkeit sowie die Gefährdung der Staatssicherheit laufen letztlich auf die Gefahrenabwehr hinaus. Dagegen erscheint unhaltbar, bei sozialen Gründen eine Gefahrenabwehrfunktion zu erkennen: Zwar besteht eine erhöhte latente Gefahr der Begehung einer Straftat bei Mittellosigkeit, jedoch zwingt dieser Gedanke nicht zu der Schlußfolgerung, in der Sozialpolitik bloß eine Gefahrenabwehraufgabe zu sehen. Materiellrechtlich sind nach der hier vertretenen Auffassung arbeitsmarkt- und niederlassungspolitische Gründe von dem Begriff der Belange erfaßt. Wirtschaftspolitische Gründe sind jedoch nicht notwendig Gesichtspunkte zur Abwehr von Gefahren für die Bundesrepublik. Zudem sind unter „Belange(n) der BRD" auch politische Gründe, insbesondere die Beziehungen zum Ausland, zu verstehen, die unzweifelhaft nicht bloß der Gefahrenabwehr dienen. Eine Begrenzung auch für die „auswärtigen Belange" würde die außenpolitische Handlungsfreiheit der Bundesrepublik Deutschland beschneiden und den Erfordernissen des Ausländerrechts nicht gerecht werden. Die Unhaltbarkeit der Begrenzung auf einen Gefahrenabwehrmaßstab folgt letztlich aus den verschiedenen Zwecken, die aufenthaltsrechtliche Maßnahmen überhaupt haben können, nämlich Gefahrenabwehr *und* bevölkerungspflegerische Zwecke[77]. Rechtspolitisch erscheint deshalb im Bereich der Aufenthaltserlaubnis eine Ersetzung des Begriffs der „Belange der BRD" durch die „öffentliche Sicherheit und Ordnung" nicht erstrebenswert.

In dem Entwurf eines Gesetzes über die Rechtsstellung der Ausländer in der BRD vom 12. 5. 1974 stellt der Düsseldorfer Initiativkreis für die Reform des Ausländerrechts Überlegungen auch hinsichtlich der Zuzugsregelung an. Danach soll der Ausländer grundsätzlich einen Anspruch auf Einreise und Aufenthalt haben, es sei denn, „öffentliche Interessen stehen aus den besonderen Gründen des Einzelfalles entgegen". Die Weite des Begriffs „öffentliche Interessen" rechtfertigt die Annahme, daß alle Gesichtspunkte, die der Belangebegriff zuläßt, auch hier erfaßt sind. Zwar sollen diese Gesichtspunkte nur aus den „Gründen des Einzelfalles" die Versagung der Aufenthaltserlaubnis rechtfertigen; aber damit ist die Anzahl der Gesichtspunkte nicht bestimmt genug begrenzt, sondern es wird lediglich gefordert, daß ein generelles öffentliches Interesse an der Fernhaltung von Ausländern

---

[77] Vgl. dazu Bordewin, S. 7/8.

nicht zulässig sein soll. Der Zweck der Fremdenpolitik bleibt beim Begriff der öffentlichen Interessen ebenso unklar wie bei dem der Belange der BRD. Die Bestimmtheitsbedenken werden durch die vage Generalklausel der „öffentlichen Interessen" nicht ausgeräumt. Deshalb erscheint die Verwendung des Begriffs der öffentlichen Interessen, da er der Verwaltung einen unangemessen großen Beurteilungsspielraum überläßt, ebenfalls nicht wünschenswert.

§ 6 Nr. 5 AEVO bestimmt, daß die *Arbeits*erlaubnis versagt werden kann, wenn „wichtige Gründe in der Person des (ausländischen) Arbeitnehmers vorliegen". Es fragt sich, ob die Generalklausel „wichtige Gründe in der Person des Ausländers" geeignet ist, auch den *Zuzug* der Ausländer zu regeln. Nach Kloesel / Christ[78] liegen wichtige Gründe insbesondere bei schweren oder wiederholten Straftaten, bei mehrmaligem Bruch des Arbeitsvertrages oder bei längerer selbstverschuldeter Arbeitslosigkeit vor. Wiederholte und höchstwahrscheinlich zu erwartende Störungen der öffentlichen Sicherheit und Ordnung sind ebenso von den wichtigen Gründen erfaßt. Der Begriff läßt jedoch die Versagung der Aufenthaltserlaubnis aus wirtschaftlichen, sozial- und bevölkerungspolitischen sowie aus außenpolitischen Erwägungen nicht zu; denn in diesen Fällen liegen gerade keine Gründe vor, die in der Person des Ausländers ihre Grundlage finden. Diese Begrenzung erscheint ausländerpolitisch nicht tragbar. Hinzu kommt, daß auch der Begriff „wichtige Gründe" nicht den Zweck der fremdenpolitischen Konzeption offenlegt, so daß Bestimmtheitsbedenken hier ebenso wie bei dem Begriff der Belange gelten.

Die bisherige Erörterung zeigt, daß der Weg, den Begriff der Belange der Bundesrepublik durch andere Generalklauseln auszutauschen, nicht tragfähig ist: Entweder sind die Begriffe zu eng und deshalb ausländerpolitisch nicht sinnvoll (öffentliche Sicherheit und Ordnung, wichtige Gründe in der Person des Ausländers) oder genausoweit wie der Belangebegriff und dadurch nicht bestimmt genug (öffentliche Interessen). Eine Lösung aus diesem Dilemma läßt sich wohl nur insoweit finden, als der Gesetzgeber *enumerativ* die einzelnen Gesichtspunkte in der Zuzugsregelung bestimmt[79]. Da eine abschließende Aufzählung aller denkbaren und erforderlichen Versagungsgründe der Aufenthaltserlaubnis jedoch unmöglich ist, erscheint es notwendig, den einzelnen Tatbeständen eine Generalklausel anzufügen. Inhalt und Zweck *dieser* Generalklausel lassen sich dann aus dem Zusammenhang mit der Aufzählung der anderen näher umschriebenen Abweisungsgründe in der Zuzugsregelung ausreichend ermitteln[80]. Be-

[78] Zu § 6 AEVO B. 2.2., Nr. 2.

[79] Vgl. etwa den Entwurf des Asian-African Consultative Committee, Art. 4, Report of the 4th session, 1961, S. 46 ff.

[80] Vgl. für § 10 I Nr. 11 AuslG: BVerfG E 35, 400 f.

stimmtheitsbedenken gegen eine solche Regelung erscheinen nicht gerechtfertigt. Welche Einzelgründe zur Versagung der Aufenthaltsgenehmigung führen sollen, obliegt dem Gesetzgeber. Legt man die Gesichtspunkte zugrunde, die nach der Rechtsprechung und Literatur den Begriff der Belange der BRD ausfüllen, so müßte nach der hier vertretenen Auffassung die Zuzugsregelung z. B. folgenden Wortlaut haben: „Die Ausländerbehörde kann eine Aufenthaltserlaubnis erteilen, es sei denn, Gefahrenabwehr-, wirtschafts-, sozial-, bevölkerungs-, außenpolitische oder *sonstige vergleichbare Gründe* stehen entgegen."

ddd) Schranken des Ermessens bei der Einreise

Gemäß § 2 I 2 AuslG dürfen die Ausländerbehörden nach pflichtgemäßer Ermessensabwägung den Aufenthalt verweigern oder gestatten, wenn der beabsichtigte Aufenthalt des Ausländers keine Belange beeinträchtigt. Dabei soll nach früher h. M. dem Interesse des Staates, den Aufenthalt des Ausländers zu verbieten, uneingeschränkt Vorrang gebühren, da ein generelles öffentliches Interesse am Fernhalten von Ausländern bestehe[81]. Dieser Auffassung könnte entgegenstehen, daß bei der *Anwendung* des AuslG das Rechtsstaatsprinzip zu beachten ist. Aus dem Rechtsstaatsprinzip als übergreifender Leitregel folgt zwingend der Grundsatz der Verhältnismäßigkeit, der Verfassungsrang hat[82]. Unter dem rechtsstaatlichen Gebot der Verhältnismäßigkeit des Mittels steht aber grundsätzlich nur jeder Eingriff in den *grundrechtlich* geschützten Bereich[83]. Da der Zuzug von Ausländern nicht grundrechtlich abgesichert ist, müßte hiernach mangels Geltung des Verhältnismäßigkeitsprinzips im Rahmen des § 2 I 2 AuslG den Interessen des Staates an der Fernhaltung eines Ausländers ohne Berücksichtigung der privaten Belange des Fremden uneingeschränkt Vorrang zukommen. Das Verhältnismäßigkeitsprinzip ergibt sich aber im Grunde bereits aus dem Wesen der Grundrechte und der Menschenwürde[84]. Als Ausdruck des allgemeinen Freiheitsanspruchs gegenüber dem Staat darf die Freiheitssphäre *jedes einzelnen* nur beschränkt werden, wenn Mittel und Zweck in einem vernünftigen Verhältnis zueinander stehen[85]. Da das Verhältnismäßigkeitsprinzip demnach auch beim Zuzug von Ausländern gilt, ist ein generelles öffentliches Interesse am Fernhalten von Ausländern mit dem Verhältnismäßigkeitsprinzip, das die Abwägung der öffentlichen Belange mit den privaten Interessen unter Berücksichtigung der Umstände des Einzelfalles ver-

---

[81] Vgl. Kanein, Komm., S. 46 f., S. 31 f.; Marxen, S. 58/59; Sabass, S. 45 m. w. N.

[82] BVerfG E 23, 133 m. w. N.

[83] BVerfG E 24, 404; Leibholz / Rinck, Art. 20, Rdnr. 27 m. w. N.

[84] BVerfG E 19, 348 f.

[85] BVerfG E 10, 117.

langt, nicht vereinbar. Zwar mag es im wohlverstandenen Interesse der Bundesrepublik liegen, die weitere Einwanderung von Ausländern zu drosseln. Im Rahmen der Ermessensprüfung muß dieses Interesse aber gegen die privaten Belange des zuzugswilligen Ausländers abgewogen werden.

Im einzelnen bedeutet dies: Das Interesse des Ehepartners eines erwerbstätigen Ausländers am Nachzug in die Bundesrepublik, um die Familie zusammenzuführen und den Bestand der Ehe nicht zu gefährden, ist bei der Abwägung zu berücksichtigen. Der Aufenthalt zu touristischen Zwecken oder zur beruflichen Fortbildung muß im Einzelfall anders beurteilt werden als der Aufenthalt zur Erwerbstätigkeit. Bindungen, die Ausländer zum Einreisestaat Bundesrepublik Deutschland haben, hat die Ausländerbehörde bei der Abwägung zu beachten. Solche Bindungen liegen z. B. vor bei ehemaligen Deutschen, bei Kindern aus der Ehe eines Ausländers mit einer Deutschen, die in deutsche Lebensverhältnisse hineingewachsen sind, bei Ausländern, die aus dem deutschsprachigen Raum stammen oder sich dort längere Zeit aufgehalten haben, bei Ausländern, die in deutschen Diensten Kriegsbeschädigungen davongetragen haben oder deren nahe Angehörige bei der deutschen Wehrmacht gefallen oder vermißt sind, bei Ausländern mit früherem längeren Inlandsaufenthalt usf. In jedem Einzelfall hat die Ausländerbehörde die Interessen des Fremden mit denen des Staates zu vergleichen und nach deren Abwägung ihre Entscheidung zu treffen[86].

eee) Formen der Aufenthaltserlaubnis und deren Voraussetzungen

Das Ausländerrecht kennt 3 Formen der AE:

(1) Die AE vor der Einreise (§ 5 I 1. Alt. AuslG)[87],

(2) die AE vor der Einreise in der Form des Sichtvermerks (§ 5 II AuslG i. V. m. § 5 DVAuslG) und

(3) die AE nach der Einreise.

Für Einreise und Aufenthalt genügt demnach immer *eine* Erlaubnis.

Streitig ist das Anwendungsverhältnis der 3 Formen der AE untereinander: Nach der überwiegenden Auffassung stehen die verschiedenen Formen der AE in einem Alternativitätsverhältnis, d. h. eine AE zur Arbeitsaufnahme *nach* der Einreise ohne Sichtvermerks-AE soll unzulässig sein[88]. Weissmann folgert diese Auffassung aus der Zuständig-

[86] So jetzt auch Kanein, NJW 1973, S. 731; Rittstieg, JZ 1971, S. 115 f.; vgl. auch BVerfG v. 1. 3. 1966, Schüler / Wirtz, S. 135 ff.

[87] Diese ist allerdings in praxi sehr selten, vgl. Kanein, Neues Fremdenrecht, NJW 1967, S. 1057 ff. (1058).

[88] Vgl. die Nachweise bei: Schüler, Die Ermessensentscheidung . . ., S. 82/83.

keitsverteilung bei der Auslands-AE, da letztere nur von der deutschen Auslandsvertretung erteilt werden dürfe[89]. Dabei bleibt aber unberücksichtigt, daß die Kompetenz der Auslandsvertretung sich nur auf den Fall erstreckt, in dem der arbeitswillige Ausländer sich noch im Ausland aufhält. Hinzu kommt, daß nach § 5 Abs. V DVAuslG die örtlich zuständige Ausländerbehörde der Erteilung der Auslands-AE durch die diplomatische Vertretung vorher zustimmen muß. Ist aber die Auslandsvertretung an diese Zustimmung gebunden, so liegt die materielle Entscheidungsbefugnis immer bei der Ausländerbehörde, der es nach allgemeinen Verwaltungsgrundsätzen nicht verwehrt sein kann, entweder ihre frühere Ablehnung zugunsten des Antragstellers zu revidieren oder die von der Auslandsvertretung selbständig vorgenommene Verweigerung der Sichtvermerks-AE zu korrigieren. Dies folgt auch aus § 2 I 2 AuslG, der jeweils konkret eine Überprüfung der Beeinträchtigung der Belange der BRD verlangt[90]. Der Verstoß gegen § 5 I DVAuslG kann somit zur Versagung der AE führen, dies muß aber nicht der Fall sein[91].

α) Visum

Das Visum hat keinen selbständigen Rechtscharakter, sondern berechtigt als „AE in Form des Sichtvermerks" nicht nur zum Grenzübertritt, sondern auch zum Aufenthalt[92]. Diese Form der Aufenthaltsgestattung gilt grundsätzlich für alle Ausländer, die in der Bundesrepublik eine Erwerbstätigkeit ausüben wollen (§ 5 I 1 DVAuslG) und jene Fremden, die Staatsangehörige eines Staates sind, der nicht in der Anlage der DVAuslG aufgeführt ist[93].

β) Befreiung von der Sichtvermerks-Aufenthaltserlaubnis

Nach dem Dargelegten könnte man annehmen, die Ausnahmeregelung des § 5 I DVAuslG (Sichtvermerks-AE) sei faktisch bei der heutigen Gastarbeitersituation in der BRD die Regel. Diese Vermutung wird aber von § 5 Abs. II, III und IV DVAuslG widerlegt. Kein Sichtvermerkszwang besteht bei erwerbswilligen Arbeitnehmern aus EWG-Ländern[94]. Die sog. Legitimationskarte, die von der deutschen Kommis-

---

89 AuslG, S. 74.

90 Vgl. mit letzterer Begründung Marxen, S. 65.

91 Vgl. Kanein, Komm., § 5 A, S. 67, ohne Begründung; ebenso wohl Kloesel / Christ, AuslG, § 2 AuslG (S. 4 c); OVG Münster, MDR 1966, S. 362.

92 Kanein, Komm., S. 41, § 2 AuslG, A. 1.

93 Das sind i. d. R. alle Staaten, mit denen die BRD keine diplomatischen Beziehungen pflegt und z. Z. noch solche, die auf Grund der politischen Ost-West-Blockbildung einem gegnerischen System zuzurechnen sind.

94 Schon mit der Arbeitskarte für Fachkräfte der Kohlen- und Stahlindustrie entfiel für die betreffenden Arbeitnehmer die Pflicht, ein Einreisevisum zur Arbeitsaufnahme zu beantragen. Vgl. Abmachungen im Rahmen

sion der Bundesanstalt für Arbeit im Ausland auf Grund der Anwerbevereinbarungen mit Griechenland, Italien, Jugoslawien, Marokko, Portugal, Spanien, Tunesien und der Türkei erteilt wird, ersetzt ebenfalls die Einreisesichtvermerks-AE. Erst nach Ablauf der Gültigkeit der Legitimationskarte (1 Jahr) ist eine Verlängerung der Aufenthaltsgenehmigung seitens der Ausländerbehörde erforderlich[95].

γ) Sonstige Voraussetzungen zur Erteilung der AE

Die Erteilung der AE setzt neben dem Antragserfordernis voraus, daß sich der Ausländer durch einen Paß ausweisen kann (§ 3 AuslG)[96]. Das gilt aber nicht uneingeschränkt: Als Paßersatz werden Sammellisten, amtliche Personalausweise für EWG-Staatsangehörige und für andere Staatsangehörige von Staaten, die in der Anlage zur DVAuslG aufgezählt sind, sofern sie vom BMA im Einvernehmen mit dem BMI anerkannt sind, Ausweise für den kleinen Grenzverkehr usw. zugelassen (vgl. im einzelnen § 4 DVAuslG). Vom Paßzwang gänzlich befreit sind Leiter und Mitglieder diplomatischer Missionen, Angehörige konsularischer Vertreter, ausländische Fluggäste auf der Durchreise etc. (§ 3 DVAuslG).

δ) Die Aufenthaltsberechtigung

Als besondere Form der Aufenthaltsgenehmigung kann dem Ausländer unter bestimmten Voraussetzungen nach längerem Aufenthalt eine Aufenthaltsberechtigung — AB — erteilt werden (§ 8 AuslG). Diese AB beinhaltet eine „Vorstufe zur Einbürgerung"[97] und setzt einen mindestens 5jährigen rechtmäßigen Aufenthalt und die Einfügung in das wirtschaftliche und soziale Leben in der BRD voraus[98]. Zwar erwächst dem Fremden auch bei Erfüllung der Voraussetzungen des § 8 I AuslG kein Rechtsanspruch auf AB[99], aber mit ihr wird doch den Bindungen im Aufenthaltsstaat, die durch einen längeren Verbleib bedingt sind, Rechnung getragen: Die AB ist räumlich und zeitlich unbeschränkt; auch Bedingungen dürfen nicht an sie geknüpft werden.

---

der Europäischen Gemeinschaft für Kohle und Stahl / Montanunion. — Im einzelnen siehe: Fritzsche, Ausländer in Deutschland — Deutsche im Ausland, Düren 1961, S. 28 ff.; Gaul, Zur Beschäftigung ausländischer Arbeitnehmer, Recht der Arbeit 1961, S. 324 ff.

[95] Vgl. Wolterek, Die Rechtsstellung ausländischer Arbeitnehmer in der Bundesrepublik, Der Betrieb 1965, S. 1909 ff. (1910); Kanein, Komm., S. 100.

[96] Diese Pflicht besteht jedoch nur bei Ein- und Ausreise; vgl. Kanein, Komm., § 3, A (S. 58).

[97] So Weissmann, Komm., S. 89.

[98] Im einzelnen zu diesen Voraussetzungen vgl. Kloesel / Christ, § 8 AuslG 1 a (S. 2 f.); Marxen, Komm., S. 136 ff.

[99] Vgl. Weissmann, Komm., S. 91; Kanein, Neues Fremdenrecht, NJW 1967, 1057 ff. (1059).

fff) Ausgestaltung der Aufenthaltserlaubnis im einzelnen

Demgegenüber kann die Aufenthalts*erlaubnis* nach § 7 AuslG in ihrem Geltungsbereich und ihrer Geltungsdauer beschränkt werden. Da das Ausländergesetz keine näheren Bestimmungen über Inhalt, Zweck und Ausmaß der Bedingungen, Auflagen und Befristungen trifft, dient als Richtschnur die „Wahrnehmung von Belangen der BRD“[100]. In der Literatur[101] werden hinsichtlich der rechtsstaatlichen Bestimmtheit des § 7 AuslG Bedenken (wie zu § 2 I 2 AuslG) vorgebracht. Da, wie dargestellt, aus verfassungsrechtlichen Gründen diese Argumente bei § 2 I 2 AuslG nicht überzeugen, ist § 7 AuslG aus denselben Gesichtspunkten nicht verfassungswidrig. Rechtspolitisch erscheint es gleichwohl wünschenswert, wenn der Gesetzgeber den Handlungsspielraum der Ausländerbehörde bei Auflagen, Bedingungen und Befristungen deutlicher abstecken würde.

α) Räumliche Beschränkungen

Räumliche Beschränkungen der AE können aus Gründen der „Überwachung und Kontrolle“ geboten sein[102], erstens wegen des persönlichen Verhaltens eines Ausländers (ständiger Wohnsitzwechsel mit Gefahr des Untertauchens), zweitens auf Grund der besonderen örtlichen Verhältnisse, z. B. infrastrukturelle Probleme in Ausländerballungsgebieten, und drittens aus Gründen der Sicherheit des Staates (z. B. militärische Sperrgebiete).

β) Befristungen

Die AE wird befristet und unbefristet erteilt (§ 7 II 1 AuslG). Die Fristsetzung, die die Regel darstellt, richtet sich nach denselben Motiven, die auch über die Versagung der AE entscheiden.

γ) Auflagen/Bedingungen

Die Erteilung von Auflagen oder Bedingungen liegt im pflichtgemäßen Ermessen der Ausländerbehörde. In der Verwaltungspraxis wird die Aufenthaltsgenehmigung z. B. an die Bedingung geknüpft, daß die Erlaubnis erlischt, wenn der Ausländer den Arbeitsplatz wechselt oder überhaupt aufhört als Arbeitnehmer zu arbeiten. Auflagen in Form von Gewerbeverbotsklauseln sind der AE regelmäßig beigefügt (im einzelnen siehe unten Teil III)[103].

---

[100] Vgl. Schiedermair, S. 136. Zur Bedeutung des § 7 AuslG in der Praxis vgl. Schüler, Die Ermessensentscheidung ..., Berlin 1974, S. 56.

[101] Zuleeg, DöV 1973, S. 367 und ders., DVBl. 1974, S. 344; Schnapp, DöV 1973, S. 594; Isensee, VVdStRL 1974, S. 70; ebenso früher Heldmann, Das AuslG 1965, aus: Dokumentation zum Ausländergesetz, Stuttgart 1969, S. 22 ff., 25.

[102] Dazu im folgenden Kanein, Komm., S. 93 f.; Marxen, S. 127.

δ) Nachträgliche Beschränkungen der AE

Nachträgliche Einschränkungen der AE können gemäß § 7 Abs. IV AuslG verfügt werden[104]. Es ist aber zu beachten, daß wegen des rechtsstaatlich geschützten Vertrauensprinzips nur neue Tatsachen und Umstände eine nachträgliche Einschränkung der AE rechtfertigen[105].

ggg) Aufenthaltsrechtliche Privilegierungen bei der Einreise

Die oben dargelegte Rechtslage der Einreise gilt nicht für bestimmte privilegierte Ausländer:

α) Befreiung von der AE

Keiner AE bedürfen nach § 2 II 2 AuslG die sog. heimatlosen Ausländer[106]. Ausländer, die das Territorium der Bundesrepublik Deutschland nur per Transit bereisen, sind von dem Erfordernis der Aufenthaltserlaubnis ausgenommen (im einzelnen vgl. § 1 Abs. I DVAuslG). Ebenso entfällt die Pflicht zur Beschaffung einer AE bei ausländischen Inhabern von Ausweisen für den kleinen Grenzverkehr (§ 1 I 1 DVAuslG). Keiner Genehmigung zum Aufenthalt bedürfen ferner Mitglieder der in der DVAuslG aufgezählten Staaten, die sich nicht länger als 3 Monate im Geltungsbereich des AuslG aufhalten und keine Erwerbstätigkeit ausüben wollen[107] oder die sich im Dienste eines im Inland ansässigen Arbeitgebers zu einer vorübergehenden Dienstleistung für die Dauer von bis zu 2 Monaten in der BRD aufhalten (§ 1 II 2 DVAuslG)[108]. Staatsangehörige von Mitgliedsstaaten der EWG benötigen bei einem Aufenthalt bis zu 3 Monaten, selbst wenn sie einer Erwerbstätigkeit nachgehen wollen, keiner Aufenthaltserlaub-

---

[103] Zur politischen Betätigung von Ausländern, deren Erörterung den Rahmen dieser Arbeit sprengen würde, vgl. Heuer, Politische Betätigung von Ausländern und ihre Grenzen, Köln/Berlin 1970; Klinkhardt, Die politische Meinungsfreiheit der Ausländer, DBVl. 1965, S. 467 ff.; Tomuschat, Zur politischen Betätigung des Ausländers in der Bundesrepublik Deutschland, 1968; ders., Die politischen Rechte ..., in: Ansay / Gessner, a.a.O., S. 80 ff.; Dolde, Zur Beteiligung von Ausländern am politischen Willensbildungsprozeß, DöV 1973, S. 370 ff.; ders., Die politischen Rechte der Ausländer in der Bundesrepublik, Berlin 1972.

[104] Zur Frage der Verfassungswidrigkeit einerseits Zuleeg, DöV 1973, S. 367 und andererseits OVG Münster, DöV 1970, S. 344; Kloesel / Christ, § 7 zu Abs. 4, Ziff. 7, S. 6 a.

[105] Ähnlich Kloesel / Christ, ebd.

[106] Vgl. dazu das Gesetz v. 25. 4. 1951, BGBl. I, S. 265.

[107] § 1 II 1 DVAuslG. Dies entspricht dem Europäischen Übereinkommen über die Regelung des Personenverkehrs zwischen den Mitgliedstaaten des Europarates — EÜP — v. 10. 2. 1959 (BGBl. II, S. 389).

Zum Verhältnis zu den anderen Niederlassungsverträgen vgl.: Feblot, Das deutsch-französische Niederlassungsabkommen, Herne/Berlin 1963, S. 27.

[108] Zu den anderen Befreiungen vgl. § 1 II DVAuslG.

nis[109]; diese Privilegierung gilt im gleichen Umfang auch für Ehegatten und Kinder unter 21 Jahren sowie Verwandte in aufsteigender und absteigender Linie, sofern der berechtigte Marktbürger den letzteren vollen Unterhalt gewährt und er über eine normale Wohnung verfügt[110]. Im Einzelfall ist zum ordnungsgemäßen Aufenthalt ohne AE der Ausländer zur Erstattung einer Aufenthaltsanzeige verpflichtet[111].

β) Andere Privilegierungen bei der Einreise

Daneben bestehen andere Einreiseprivilegierungen im deutschen Aufenthaltsrecht:

αα) EWG-Staatsangehörige

Von dem Erfordernis der AE zwar nicht befreit, aber Inhaber des Rechts auf Freizügigkeit sind nach dem Aufenthaltsgesetz / EWG vom 22. 7. 1969 die Staatsbürger der Mitgliedstaaten der EWG. Das „Recht auf Einreise und Aufenthalt“[112], ohne welche die Freizügigkeit für Arbeitnehmer (Art. 48 EWGV), die Niederlassungsfreiheit (Art. 52 ff. EWGV) und Freiheit des Dienstleistungsverkehrs (Art. 60 ff. EWGV) nicht denkbar wären[113], besteht aber nur für Arbeitnehmer, niedergelassene selbständige Erwerbstätige und für die Erbringer und Empfänger von Dienstleistungen sowie für deren Familienangehörigen[114]. Die Gültigkeitsdauer der AE beträgt regelmäßig 5 Jahre; sie wird auf Antrag automatisch verlängert[115]. Die Erteilung der AE nach § 3 AufenthaltsG/EWG setzt eine Einstellungserklärung oder Arbeitsbescheinigung des Arbeitgebers voraus[116]. In jedem Fall muß der einreisende EWG-Staatsangehörige sich zudem mit einem Paß oder amtlichen Personalausweis ausweisen können (§ 10 AufenthaltsG/EWG). Die Regelung des Rechts auf Einreise und Aufenthalt findet ihre Grenzen in dem sachlichen Geltungsbereich des EWGV und speziell in § 12 AufenthaltsG/EWG. Materiell ist das Aufenthaltsrecht auf den Zweck *beruflicher* Tätigkeit beschränkt[117]. Speziell sind die Versagung der Einreise, der Aufenthaltserlaubnis oder ihrer Verlängerung sowie der Erlaß von Auflagen und Bedingungen nur aus Gründen der öffentlichen Sicherheit oder Ordnung oder bei Beein-

---

[109] § 1 Abs. IV 1 DVAuslG; vgl. auch § 8 AufenthaltsG/EWG.

[110] §§ 1 Abs. II, 7 AufenthaltsG/EWG; vgl. auch § 1 Abs. IV 2 DVAuslG.

[111] § 2 DVAuslG: Diese Anzeigepflicht besteht für die Fälle des § 1 Abs. I 9, Abs. II 3, 4 und Abs. IV 1 und 2 DVAuslG. Zum Verhältnis von Aufenthaltsanzeige und melderechtlicher Anzeige nach den länderrechtlichen Bestimmungen vgl. Kanein, Komm., § 21 B. 1, S. 162 f. Zu anderen Befreiungen siehe § 49 AuslG.

[112] Platz, EWG-Niederlassungsrecht und individuelle Rechtspositionen, Köln/Berlin 1966, S. 141; LeTallec, Die Ausländerpolizei in den Mitgliedstaaten der Europäischen Wirtschaftsgemeinschaft und der EWG-Vertrag, AWD des BB 1964, S. 274 ff. (276 ff.).

[113] Vgl. Grabitz, Europäisches Bürgerrecht zwischen Marktbürgerschaft und Staatsbürgerschaft, Köln 1970, S. 83; Platz, S. 60.

[114] Vgl. dazu im einzelnen §§ 1 II, 7 AufenthaltsG/EWG.

[115] Vgl. §§ 3 Abs. I - III, 4 Abs. II ebd. Davon ist ausgenommen die Aufenthaltsgenehmigung der Erbringer und Empfänger von Dienstleistungen, die für die Dauer der Dienstleistung erteilt wird (§§ 5 Abs. II, 6 II).

[116] Kloesel / Christ, Komm., B 4.6. zu Abs. I, § 3 AufenthaltsG/EWG, S. 11.

[117] Vgl. Grabitz, S. 85 ff.

trächtigung sonstiger erheblicher Belange der BRD zulässig (§ 12 I AufenthaltsG/EWG)[118].

Im einzelnen hat das zur Konsequenz: Aufenthaltsrechtliche Maßnahmen dürfen nicht aus Gesichtspunkten der wirtschaftlichen Ordnung getroffen werden (vgl. § 12 Abs. II AufenthaltsG/EWG)[119]; ausschließlich das persönliche Verhalten der betreffenden Einzelperson muß Anlaß einer ausländerbehördlichen Entscheidung sein (Abs. III); die strafrechtliche Verurteilung allein kann nicht die Verfügung tragen, vielmehr kommt es auf die „mauvaiseté de l'agent“ an[120]. Zum Schutz der öffentlichen Gesundheit dürfen Maßnahmen nur getroffen werden, wenn der Ausländer an bestimmten genau aufgezählten Krankheiten leidet (Abs. VI)[121].

ββ) Flüchtlinge/Asylberechtigte

Gemäß § 43 AuslG ist asylberechtigten Ausländern nach Abschluß des Anerkennungsverfahrens die AE zu erteilen[122].

γγ) Privilegierungen durch Niederlassungsverträge

Fraglich und umstritten ist, ob Ausländern auf Grund von Niederlassungsverträgen, die die BRD mit fremden Staaten abgeschlossen hat, ein Rechtsanspruch auf Einreise und Aufenthalt zukommt. Diese Vereinbarungen gehen nach § 55 III AuslG den allgemeinen Regelungen des AuslG vor. Theoretisch könnten durch Vertrag folgende Privilegierungen bestimmt sein:

(1) Befreiung vom Erfordernis der AE,
(2) Anspruch auf Erteilung der AE,
(3) Anspruch auf AE bei persönlicher Unbedenklichkeit[123] und
(4) Beschränkung der bei der Aufenthaltsgenehmigung zu berücksichtigenden zulässigen Gesichtspunkte.

Befreiung von der AE enthalten die Verträge nicht, da die Zulassung zum Aufenthalt i. d. R. vom Nichtentgegenstehen von Gründen

118 Zu dem Problem, ob die Grenze der „erheblichen Belange der BRD“ EWG-rechtsgemäß ist, siehe unten Teil C.

119 So schon Everling, Das Niederlassungsrecht im Gemeinsamen Markt, Berlin/Frankfurt 1963, S. 48; Selmer, Die öffentliche Sicherheit und Ordnung als Schranke ..., DöV 1967, S. 328 ff. (332); Le Tallec, AWD 1964, S. 274 ff. (277).

120 So Le Tallec, S. 278.

121 Vgl. im einzelnen Selmer, S. 331 ff.; Le Tallec, S. 277 ff.; siehe auch: Maestripieri, Liberté d'établissement et libre prestation des services dans la CEE au lendemain de la période de transition, in Revue du marché commun 1971, S. 48 ff.; Dahlberg, The EEC Commission and the politics of the free movement of labour, Journal of Common Market Studies, 1968, S. 310 ff.

122 Vgl. dazu Rupp, Laszlo: Aufenthaltsrecht der Bundesrepublik Deutschland, in: Studentische Politik 1970, S. 69 ff. (70).
Die umstrittene aufenthaltsrechtliche Stellung von Flüchtlingen bzw. politisch Verfolgten *während* des Anerkennungsverfahrens kann im Rahmen dieser Arbeit nicht weiter geklärt werden: vgl. zu der streitigen Rechtslage mit Literaturangaben Rupp, S. 71.

123 Vgl. Bordewin, S. 167.

der öffentlichen Ordnung, der Sicherheit, der Volksgesundheit oder der Sittlichkeit abhängt[124]. Setzt aber die Erteilung der AE das Fehlen dieser Gründe voraus, so kann auch von einem Anspruch auf die Aufenthaltsgenehmigung keine Rede sein[125]. Mit dieser Feststellung ist noch nicht geklärt, ob der Ausländer, sofern *sein* Verhalten der Erteilung der AE nicht entgegensteht, zur Einreise und zum Aufenthalt berechtigt ist. Unbestritten besteht ein solcher Anspruch nicht in den Verträgen, die eine bloße Wohlwollensklausel enthalten[126], die die Einreise und den Aufenthalt nur nach Maßgabe der Einreise- und Aufenthaltsgesetze gestatten[127] oder die die Klausel der öffentlichen Ordnung, der Sicherheit, der Volksgesundheit oder Sittlichkeit normieren.

Fraglich ist hingegen die Rechtslage bei Art. 2 letzter Satz des Niederlassungsabkommens mit der Türkei[128]; danach besteht vorbehaltlich der Einwanderungsbestimmungen[129] Freiheit zur Einreise und Niederlassung, sofern die *jeweiligen Staatsangehörigen* die geltenden Gesetze und Verordnungen *beobachten*. Hängt aber die Einreisefreiheit von dem subjektiven Verhalten des Betreffenden ab[130], so sind andere

[124] Gesetz zum Europäischen Niederlassungsabkommen v. 13. 12. 1955 (v. 30. 9. 1959 — BGBl. II S. 997), Art. 1; Freundschafts-, Handels- und Schiffahrtsvertrag zwischen der Bundesrepublik Deutschland und der Dominikanischen Republik v. 23. 12. 1957, Art. 2 (BGBl. 1959, II, S. 1468); Niederlassungs- und Schiffahrtsvertrag zwischen der Bundesrepublik Deutschland und der Französischen Republik v. 27. 10. 1956 (BGBl. 1957, II, S. 1662), Art. I, Abs. 2: dazu siehe Tomasi, La convention franco-allemande ..., Journal du Droit International 1960, S. 94 ff. (96); Feblot, S. 27 ff.; Niederlassungs- und Schiffahrtsvertrag zwischen BRD und dem Königreich Griechenland v. 18. 3. 1960 (v. 22. 10. 1962 — BGBl. II, S. 1505) Art. 1, Abs. 2; Freundschafts-, Handels- und Schiffahrtsvertrag zwischen der BRD und der Italienischen Republik v. 21. 11. 1957 (v. 19. 8. 1959 — BGBl. II, S. 949), Art. 2, Ziff. 1; vgl. auch Protokoll Nr. 4 zur Konvention zum Schutze der Menschenrechte und Grundfreiheiten ... vom 16. 9. 1963, Art. 2 III, BGBl. 1968, II, S. 422.

[125] So auch schon von Frisch, Das Fremdenrecht, Berlin 1910, S. 131 unter Hinweis darauf, daß „Staatsverträge nur für Staaten als Subjekte des Völkerrechts Recht schaffen". Ebenso Heinze, Die Grundrechte der Ausländer ..., Diss., Marburg 1929, S. 35 f.; anders Jellinek, Die Bundesverweisung, in Festschrift Carl Bilfinger, Köln/Berlin 1954, S. 109 ff. (119); vgl. auch Société des Nations: Conférence Internationale sur le traitement des étrangers, Genève 1929; Projet de Convention, S. 3 (préambule), Art. 6 (S. 4), Art. 29 (S. 9); Fuld, Die Stellung der Fremden nach Völkerrecht, Diss., Würzburg 1932, S. 21; Fleck, Das Niederlassungsrecht, Köln 1956, S. 34 ff.

[126] z. B. Handelsabkommen BRD/Ägypten v. 21. 4. 1951 — BAnz. Nr. 113 v. 15. 6. 1951 und Nr. 117 v. 22. 6. 1955.

[127] z. B. Vertrag BRD/Dominikanische Republik v. 23. 12. 1957, Art. 2 I, S. 1.

[128] v. 25. 6. 1927 — RGBl. II, S. 76.

[129] Damit sind die Normen über den dauernden Aufenthalt gemeint: vgl. Schütterle, Die Inländerbehandlungsklausel in den klassischen Handels- und Niederlassungsverträgen der Bundesrepublik Deutschland, Diss., Heidelberg 1970, S. 127 m. w. N.

[130] Nur diese Auslegung ist mit dem Wortlaut vereinbar; anders Kloesel / Christ, Anm. 3 zu Türkei Art. 2.

außerhalb dieser personal-bezogenen Wertung liegenden Umstände, die nach dem AuslG zur Versagung oder Beschränkung der AE führen können, ausgeschlossen[131]. Gemäß Art. 1 Abs. I ist aber die Anwendung des Niederlassungsabkommens BRD/Türkei von der Reziprozität abhängig: Inwieweit der Vorbehalt der sachlichen Gegenseitigkeit faktisch die Beschränkung der zulässigen Gesichtspunkte der §§ 2, 7 AuslG wieder aufhebt[132], konnte nicht geklärt werden. Eine ähnliche Klausel wie Art. 2 letzter Satz des Niederlassungsvertrages mit der Türkei ist im Art. 1 Abs. I letzter Satz des Vertrages mit dem Iran v. 17. 2. 1929[133] normiert[134]. Gemäß Art. 2 I darf aber aus Gründen der inneren oder äußeren Sicherheit des Staates oder auch aus Motiven der Armen-, Gesundheits- und Sittenpolizei der Aufenthalt versagt werden, so daß ausländerrechtliche Beschränkungen, abgesehen vom persönlichen Verhalten des Fremden, auf der Basis auch dieser Gründe verfügt werden dürfen. Auch dieser Vertrag privilegiert somit nicht in der Weise, daß bei persönlicher Unbedenklichkeit ein Anspruch auf AE besteht.

Art. 2 I des Niederlassungsvertrages mit Italien und Art. 1 Abs. II der Vereinbarung mit Griechenland normieren ein Einreise- und Aufenthaltsrecht „nach Maßgabe der geltenden Bestimmungen“ („unter Beachtung der einschlägigen Gesetzesvorschriften“), sofern nicht Gründe der öffentlichen Ordnung, der Sicherheit, der Volksgesundheit oder Sittlichkeit entgegenstehen[135]. Würde der Wendung „nach Maßgabe der geltenden Bestimmungen“ derselbe Inhalt zukommen wie der nachfolgenden Aufzählung der einzelnen Versagungsgründe, so wäre letztere überflüssig und sinnwidrig[136]. Das kann aber dem Gesetzgeber nicht unterstellt werden. Der Aufzählung kann demnach nur eine Begrenzungsfunktion zukommen. Eine Einschränkung des Ermessens der Ausländerbehörden müßte sich aus dem Begriff der öffentlichen Sicherheit und Ordnung, der Volksgesundheit oder Sittlichkeit ergeben. Die Auslegung dieser Maßstäbe wird durch das deutsche Recht bestimmt[137]. Wie oben dargelegt wurde, ist der Begriff der Belange der BRD weiter als der der öffentlichen Sicherheit und Ordnung, Volksgesundheit und Sittlichkeit. Die Beschränkung in den genannten Niederlassungsverträgen auf die öffentliche Sicherheit und Ordnung,

---

131 Vgl. Schütterle, Diss., S. 126.

132 So Schütterle, Diss., S. 127.

133 RGBl. 1930, S. 1002 ff.

134 ... „unter der Bedingung, daß und solange als sie die auf diesem Gebiet geltenden Gesetze und Verordnungen beobachten ...“ soll ein Recht auf Einreise und Aufenthalt bestehen.

135 Vgl. Vertrag mit Italien veröffentlicht in BGBl. 1959, II, S. 949; Griechenland (BGBl. 1962, II, S. 1505).

136 a. A. Kloesel / Christ, Anm. 2 zu Griechenland Art. 1.

137 OVG Münster, DVBl. 1964, S. 593 f. (594).

Volksgesundheit oder Sittlichkeit könnte folglich das Ermessen der Ausländerbehörden in der Weise binden, daß die Berücksichtigung anderer, von den Belangen erfaßter Gründe, die die Versagung und Beschränkung der AE rechtfertigen, gegenüber Staatsangehörigen der jeweils privilegierten Länder nicht mehr Grundlage ausländerbehördlicher Maßnahmen sein darf.

Diese Folgerung ist aber unrichtig, wenn der öffentlichen Sicherheit und Ordnung in den Niederlassungsverträgen ein anderer Bedeutungsinhalt zukäme als dem deutschen Begriff der öffentlichen Sicherheit und Ordnung. Dagegen spricht zwar zunächst der Wortlaut: Hätte der Gesetzgeber eine andere Auslegung gewollt, so hätte er dies deutlicher machen müssen. Zudem ist unbestritten, daß für die Auslegung der obigen Begriffe das innerstaatliche — deutsche — Recht maßgebend ist. Daß hier nur der deutsche Maßstab Geltung finden kann, könnte auch z. B. aus der italienischen Fassung des deutsch-italienischen Freundschafts-, Handels- und Schiffahrtsvertrags vom 21. 11. 1957 zu folgern sein: Dort ist nämlich nur von „ordine pubblico o moralità" die Rede[138]. Daß die deutsche Fassung ausdrücklich neben dem Begriff der „öffentlichen Ordnung" die der öffentlichen Sicherheit und Volksgesundheit und nicht den der Belange der BRD normiert, besagt aber nichts über die Identität des Begriffs in dem Niederlassungsvertrag mit dem des allgemeinen Polizeirechts. Unbestritten erfaßt nämlich der „ordine pubblico" mehr als bloß die ungenaue Übersetzung der öffentlichen Ordnung[139]. Vor allem aber folgt aus dem Protokoll zum Europäischen Niederlassungsabkommen, Abschnitt III[140], das als Auslegungshilfe auch zu den anderen Niederlassungsverträgen herangezogen werden kann, daß der Begriff der öffentlichen Ordnung in dem weiten Sinne auszulegen ist, in dem er in den kontinentalen Ländern verstanden wird[141]. Die Beschränkungen in den oben genannten Niederlassungsverträgen bezwecken deshalb nicht, von den Belangen der BRD erfaßte Gesichtspunkte aus dem Kreis der zur Begründung ausländerbehördlicher Maßnahmen dienenden Tatbestände auszuschließen. Die innerstaatlichen Bestimmungen des Einreiserechts bleiben deshalb von den Niederlassungsverträgen grundsätzlich unberührt[142].

---

138 BGBl. 1959, II, S. 949.

139 Zur Frage, ob der romanisch weitere Begriff den der Belange mitumfaßt, siehe unten Teil C.

140 BGBl. 1959, II, S. 997.

141 Vgl. Tomuschat, Freizügigkeit ..., DöV 1974, S. 764 ff.

142 So h. M.: Vgl. z. B. VGH Bad.-Württ. v. 23. 12. 1965, in Schüler / Wirtz, S. 271/272.

Anders nur Schütterle, Diss., S. 134 ff., der die Klausel der öffentlichen Sicherheit und Ordnung, Volksgesundheit und Sittlichkeit mit dem Begriff der erheblichen Belange der BRD im Grunde gleichsetzt.

bb) Die Ausweisung

Die oben dargelegte Rechtslage betrifft das Recht der Einreise in die Bundesrepublik. Bis auf § 6 AuslG (Regelung der politischen Betätigung) und §§ 14 f. VereinsG, deren Erörterung den Rahmen dieser Arbeit sprengen würde, trifft das deutsche Ausländerrecht über die Rechtsstellung des Ausländers während seines Aufenthalts keine Spezialnormierung. Die Regelung dieses Bereichs erfolgt indirekt über das Rechtsinstitut der Ausweisung.

aaa) Definition

Die Ausweisung beinhaltet ein Gebietsverbot; sie stellt die Aufforderung an einen Ausländer dar, das Staatsgebiet unverzüglich zu verlassen.

bbb) Ausweisungsgründe des § 10 AuslG

Die Ausweisung setzt zunächst die Erfüllung einer der Tatbestände des § 10 I Nr. 1 - 11 AuslG voraus.

Nach Nr. 1 kann ein Ausländer bei Gefährdung der freiheitlich demokratischen Grundordnung oder der Sicherheit der BRD des Landes verwiesen werden. Darunter ist insbesondere ein Verhalten zu verstehen, das als Hochverrat, Staatsgefährdung- oder Landesverrat (vgl. §§ 80 ff. StGB) strafbar wäre[143]. Nach h. M. ist die Verwirklichung eines Straftatbestandes allerdings nicht unbedingt erforderlich, Vorbereitungshandlungen genügen[144]. Auch soll ein durch Tatsachen hinreichend begründeter Verdacht ausreichen[145]. Wenn für § 10 I AuslG die strafrechtliche Unschuldsvermutung gelten würde, dann erscheint zweifelhaft, ob schon der begründete Verdacht für die Ausweisung ausreichen kann. Die Ausweisung ist aber nicht Strafe, sondern vorbeugende Verwaltungsmaßnahme zur Abwehr künftiger Schäden für die Bundesrepublik[146]. Notwendige öffentliche Interessen an der Sicherheit der Bundesrepublik können es erforderlich machen, aus den in der gegenwärtigen politischen Situation nicht fernliegenden Gefahren einen Ausweisungsgrund herzuleiten. Denn es kann wohl kein Zweifel bestehen, daß z. B. der Schutz der Allgemeinheit vor Terroranschlägen zu den wichtigsten öffentlichen Aufgaben gehört und notfalls auch weitreichende Eingriffe in die Rechte einzelner erlaubt. Allerdings muß gerade die Anwesenheit der ausgewiesenen Personen in der Bundesrepublik zu dieser Gefahr beitragen. Da für den Begriff der Gefahr auf die Lehren des allgemeinen Polizeirechts zurückgegriffen werden

---

143 Marxen, Komm., S. 156.

144 Kanein, Komm., S. 121; Kloesel / Christ, § 10, Zu Nr. 1, S. 10 b).

145 Kanein, Komm., S. 120.

146 So schon: OVG Berlin v. 2. 5. 1956 zu § 5 APVO, Schüler / Wirtz, S. 49; Rittstieg, NJW 1972, S. 2153 ff. (2158).

kann[147], reicht der allgemeine Verdacht einer Beeinträchtigung nicht aus. Vielmehr ist eine auf Erfahrungswissen gestützte Prognose notwendig, die aufgrund besonderer Tatsachen die nachteilige Entwicklung wahrscheinlich erscheinen läßt[148].

Hat der Fremde eine Straftat begangen und ist er deshalb verurteilt worden, so kann eine Ausweisung gemäß § 10 I Nr. 2 AuslG angebracht sein. Die gerichtliche Entscheidung braucht nicht rechtskräftig zu sein[149]. Der Strafbefehl steht einem Strafurteil gleich[150]. Auch die Verhängung einer Geldstrafe kann zur Begründung der Ausweisung genügen[151]. Wird trotz Kenntnis von Vorstrafen eine AE erteilt, so darf die Ausweisung nur dann auf die früheren Vorstrafen gestützt werden, wenn der Ausländer erneut straffällig geworden ist[152].

Da Art. 103 III GG das Verbot der Doppelbestrafung normiert, wäre § 10 I 2 AuslG verfassungswidrig, wenn der Ausländer durch die Ausweisung doppelt bestraft würde. Das Aufenthaltsverbot wird aber nicht wegen der in der Vergangenheit liegenden Tat verhängt. Es ist vielmehr davon abhängig, ob der Ausländer nach seiner Persönlichkeit und dem Zweck des Aufenthalts noch die Gewähr für ein Verhalten bietet, das die Gefahr einer zukünftigen Beeinträchtigung der öffentlichen Interessen ausschließt. § 10 AuslG ist deshalb kein allgemeines Strafgesetz, sondern Verwaltungsnorm. Die Ausweisung stellt demnach eine vorbeugende Verwaltungsmaßnahme dar, so daß Art. 103 III GG nicht tangiert wird.

Dabei soll es nach neuerer Rspr. des BVerwG[153] nicht darauf ankommen, ob die Verwaltungsverfügung zur Abwehr künftiger Störungen *dieses* Ausländers erforderlich sei[154]. Vielmehr soll die Ausländerbehörde die Ausweisung auch zur Abschreckung anderer Fremder verfügen können[155]. Diese Auslegung des § 10 I Nr. 2 begegnet in der

---

147 Vgl. hierzu Drews / Wacke, Allgemeines Polizeirecht, 7. Aufl., 1961, S. 56 m. w. N.

148 So Rittstieg, NJW 1972, S. 2159; vgl. auch BVerfG E 35, S. 400 f.

149 BVerwG v. 24. 4. 1969, Schüler / Wirtz, S. 306 f.; Schiedermair, S. 155; Marxen, S. 157; Kanein, Komm., S. 121; Schüler, Die Ermessensentscheidung ..., S. 209.

150 OVG Münster v. 27. 9. 1966, Schüler / Wirtz, S. 143; Vollzugsentschließung zum AuslG, MABl. Nr. 25/1969 v. 3. 9. 1969, S. 398; Kloesel / Christ, S. 10 c.

151 Kloesel / Christ, S. 10 d).

152 Bad.-Württ. VHG v. 10. 1. 1956, VRspr. 1956, S. 859; vgl. auch Camphausen, in: Staats- und Kommunalverwaltung 1972, S. 182 ff. (183 f.).

153 v. 15. 1. 1970, Schüler / Wirtz, S. 321; BVerwG v. 16. 6. 1970, JZ 1971, S. 128 f.; ebenso: VG Ansbach v. 8. 2. 1973, GewA 1973, S. 162 ff. (164).

154 Anders noch BVerwG v. 11. 6. 1968, MDR 1969, S. 245 f.

155 BVerwG v. 2. 10. 1969, Schüler / Wirtz, S. 313; BVerwG DöV 1973, S. 415; VGH Bad.-Württ. v. 23. 12. 1965, Schüler / Wirtz, S. 271 f.; ebenso: Kloesel / Christ, S. 10 l).

Literatur Bedenken[156]. Grundsätzlich sind abschreckende oder erzieherische Ziele dem Verwaltungshandeln fremd. Bei der Ausweisung dürfen general- und spezialpräventive Zwecke deshalb keine Rolle spielen, wenn den Ausländerbehörden lediglich die Aufgabe der Gefahrenabwehr gestellt ist[157]. Die Regelung des Ausländerrechts geht aber über den Bereich des Polizeilichen hinaus. Die Ausweisungstatbestände haben auch den Zweck, die im Bundesgebiet wohnenden Ausländer zu veranlassen, keine Belange der BRD zu beeinträchtigen[158]. Dagegen wird eingewandt, generalpräventive Erwägungen bei der Ausweisung degradierten den Ausländer zum bloßen Objekt und verstießen gegen seine Menschenwürde[159]. Ein Verstoß gegen Art. 1 GG läge vor, wenn der ausgewiesene Ausländer zum bloßen Objekt für die Zwecke anderer gemacht würde[160]. Bei der Berücksichtigung generalpräventiver Gesichtspunkte im Rahmen der Ausweisung handelt es sich aber nicht allein darum, an dem Ausländer im Interesse ausländerpolitischer Bedürfnisse ein Exempel zu statuieren. Denn durch die Verwirklichung des Ausweisungstatbestandes des § 10 I 2 AuslG hat der Ausländer selbst dazu beigetragen, daß das Bedürfnis zur Berücksichtigung generalpräventiver Zwecke entstanden ist[161]. Der betroffene Ausländer wird somit nicht zum Objekt für die Zwecke anderer gemacht, sondern er selbst gibt den Anlaß zu dieser Behandlung. Allerdings erlaubt die Menschenwürde eine *Straf*schärfung aus generalpräventiven Gesichtspunkten nur in den Grenzen der Schuldangemessenheit[162]. Daraus könnte gefolgert werden, das Prinzip der schuldangemessenen Strafe müsse auch für die Ausweisung von straffälligen Ausländern gelten. Die Ausweisung stellt aber keine Strafe dar[163]. Die Frage nach der Schuld des Ausländers ist im Rahmen der Ermessensabwägung bei § 10 I AuslG zu beachten. Daß eine Ausweisung in bestimmten Fallgruppen des § 10 I Nr. 2 AuslG aus dem Abschreckungsgedanken gerechtfertigt sein kann, besagt nicht, daß die Ausweisung in jedem einschlägigen Fall rechtmäßig ist. Zu diesen Fallgruppen zählt die Rechtsprechung Verkehrsvergehen unter Alkoholeinfluß[164], Meineid[165], Besitz einer

---

[156] Vgl. Franz, DVBl. 1973, S. 672; ebenso ders., in: Ansay / Gessner, S. 47 f.; Dolde, NJW 1974, S. 780; Schnapp, DöV 1974, S. 89.

[157] So offenbar Franz, ebd.; Schnapp, ebd.

[158] BVerwG v. 15. 1. 1970, Schüler / Wirtz, S. 322; BVerwG DVBl. 1974, S. 85.

[159] Franz, DVBl. 1973, S. 672.

[160] Vgl. generell BVerfG E 27, 6 m. w. N.

[161] Vgl. zum Strafrecht: Schönke / Schröder, StGB, Komm., 17. Aufl. 1974, Vorbem. § 13, Rdnr. 12 f., 14 m. w. N.; vgl. auch BK Bearb. Zippelius, Art. 1 GG, Rdnr. 13 m. w. N.

[162] BGHSt. 17, S. 324; BGH NJW 1966, S. 1276.

[163] Rittstieg, NJW 1972, S. 2158 m. w. N.

[164] BVerwG, GewA 1970, S. 115.

[165] BVerwG v. 4. 3. 1968 — I C 29, 66 — zitiert nach Franz DVBl. 1973, S. 673, Anm. 152 (dort auch weitere Nachweise).

Schußwaffe, Messerstechereien, Beteiligung am Rauschgifthandel, Sittlichkeitsvergehen usf.[166]. Eine Ausweisung ist in diesen Fällen aber nur gerechtfertigt, wenn bei der Abwägung im Einzelfall die öffentlichen Interessen gegenüber den privaten Belangen Vorrang genießen und die Ausweisung angemessene Folge der Erfüllung des Ausweisungstatbestandes ist. Auswirkungen der Ausweisung, z. B. der Verlust der wirtschaftlichen oder beruflichen Existenz im Gastland, der Verlust sozialer Bindungen usw., sind bei dieser Abwägung zu berücksichtigen.

Nach Nr. 3 ist die Ausweisung gerechtfertigt, wenn gerichtliche Maßnahmen nach den §§ 61 ff. StGB und den §§ 62 ff. Jugendwohlfahrtsgesetz getroffen werden. Auch der Verstoß gegen steuer-, zoll- und monopolrechtliche Normen sowie die Verletzung von Berufs- und Gewerberechtsbestimmungen rechtfertigen die Ausweisung (Nr. 4 und Nr. 5). Dasselbe gilt für Vorschriften des Aufenthaltsrechts[167], das auch das Melderecht der Länder umfaßt[168]. Nr. 8 erfaßt die Fälle der Erwerbsunzucht, der Bettelei und Landstreicherei. Da für alle diese Ausweisungstatbestände die objektive Zuwiderhandlung genügt[169], und eine Bestrafung des Betroffenen nicht erforderlich ist, ergibt sich eine gewisse Diskrepanz zu § 10 I Nr. 2 AuslG. Wenn nämlich die Begehung eines strafrechtlichen Delikts die Ausweisung grundsätzlich erst mit der richterlichen (wenn auch nicht rechtskräftigen) Verurteilung begründet, so könnte man folgern, daß dies erst recht bei Verstößen i. S. d. Nr. 4, 5, 6 und 8 gelten müsse, da diese teilweise kriminell unerheblich sind oder lediglich Ordnungswidrigkeiten darstellen. Daraus könnte geschlossen werden, daß die Gründe des § 10 I Nr. 4, 5, 6 und 8 nicht uneingeschränkt die Ausweisung rechtfertigen. Nach der Rechtsprechung des BVerwG reicht aber das Vorliegen des Ausweisungstatbestandes allein für die Ausweisung nicht aus[170]. Vielmehr ist nach pflichtgemäßem Ermessen zu prüfen, ob die Ausweisung angeordnet werden soll. Demgemäß ist das öffentliche Interesse abzuwägen gegen die privaten Belange des Ausländers. Bei Verstößen i. S. d. § 10 I Nr. 4, 5, 6 und 8 AuslG erfolgt daher die unter dem Grundsatz der Verhältnismäßigkeit stehende Abwägung unter Berücksichtigung des geringeren Gehalts der Verletzung. Dieser Gesichtspunkt spielt aber nur im Rahmen der pflichtgemäßen Ermessensabwägung eine Rolle. Denn der Gesetzgeber hat ausdrücklich die Nr. 4, 5, 6 und 8 AuslG als Ausweisungsgründe normiert, ohne auf den geringeren Verletzungsgehalt Rücksicht zu nehmen. Die Wertung der Ausweisungsgründe nach dem geringeren

---

166 BVerwG E 42, S. 133 ff. (139); vgl. auch BVerwG v. 13. 5., 15. 5., 17. und 18. 9. 1974 (in: DöV 1974, S. 788) und v. 19. 9. 1974 (DöV 1975, S. 286).

167 Vgl. dazu OVG Berlin, DVBl. 1973, S. 699 f.

168 Kanein, Komm., S. 122.

169 OVG Münster, DVBl. 1966, S. 645/646.

170 BVerwG, JZ 1971, S. 128; ebenso BVerfG E 35, 400.

Unrechtsgehalt des Verstoßes, um die Ausweisungsmöglichkeit einzuschränken, stellt deshalb eine unzulässige *rechtspolitische* Beschränkung dar.

§ 10 I Nr. 7 begründet einen Ausweisungstatbestand wegen absichtlicher Täuschung einer amtlichen Stelle. Nach einer früheren Auffassung ist dieser Ausweisungsgrund nur auf ein täuschendes Verhalten anzuwenden, das der Erlangung einer fremdenrechtlichen Rechtsposition, also insbesondere der Erteilung und Verlängerung einer AE, dient[171]. Erschleiche ein Ausländer eine nicht das Fremdenrecht berührende günstige Rechtsposition, so werde diese entweder kraft spezialgesetzlicher Regelung oder nach allgemeinen Verwaltungsrechtsgrundsätzen widerrufen werden können. Diese Meinung findet aber keine Grundlage im Gesetz. Aus den Materialien ergibt sich eine solche einschränkende Auslegung des § 10 I Nr. 7 AuslG nicht. Rechtspolitik und Rechtskontrolle werden unzulässig vermengt.

§ 10 I Nr. 9 läßt die Ausweisung bei Gefährdung der öffentlichen Gesundheit oder Sittlichkeit zu. Eine Gefährdung der öffentlichen Gesundheit liegt insbesondere bei den in § 3 I und II Bundesseuchengesetz genannten meldepflichtigen Krankheiten vor. Da ein Grund zur Verweigerung der AE wegen Beeinträchtigung der Belange nach h. M. vor allem dann gegeben ist, wenn der Ausländer einen der Ausweisungstatbestände verwirklicht, könnte man daran denken, daß die Ausländerbehörde bei Gefährdung der öffentlichen Gesundheit nicht ausweisen darf, wenn die Krankheit erst nach Erteilung der AE aufgetreten ist. Dem steht aber entgegen, daß § 10 I Nr. 9 AuslG nicht nach dem Zeitpunkt des Auftritts der Krankheit differenziert. Zudem kann die Erteilung der AE nur dann die Rechtsposition des Ausländers stärken, wenn die Ausländerbehörde trotz Kenntnis der Krankheit den Aufenthalt gestattet. Ein solcher Fall ist aber unwahrscheinlich. Daß § 10 I Nr. 9 AuslG nicht nach dem Zeitpunkt des Auftritts der Krankheit unterscheidet, beweist außerdem der Gegenschluß zu § 12 Abs. VI AufenthaltsG/EWG.

Der Fremde, der seinen Lebensunterhalt für sich und seine Angehörigen nur mit Sozialhilfe bestreiten kann, ist nach § 10 I Nr. 10 AuslG der Ausweisung ausgesetzt. Ein Sozialhilfeanspruch steht der Ausweisung grundsätzlich[172] nicht entgegen[173]. Im Rahmen des § 10 I Nr. 10 AuslG ist allerdings der Unterschied zwischen Sozialhilfe und Sozialversicherung, z. B. Rente, Krankengeld, Arbeitslosenunterstützung zu beachten. Letztere können die Ausweisung nicht begründen[174].

---

171 Bordewin, S. 16/17 zu § 5 I g APVO.

172 Zu den Einschränkungen s. u.

173 Marxen, S. 162, Rdnr. 36.

174 Vgl. dazu RdErl. d. Innenministers NRW v. 8. 1. 1968, MBl. NW 1968, S. 288.

Während es bei den Nummern 1 - 10 auf das persönliche Verhalten des Ausländers ankommt, ist bei Nr. 11 vor allem die „Tatsache seiner Anwesenheit in der BRD das Ausgangsmerkmal des Gesamttatbestandes“[175]. Danach ist eine Ausweisung auch bei Beeinträchtigung „erheblicher Belange der BRD aus anderen Gründen“ zulässig.

Zunächst gilt es, die Bedeutungsmöglichkeit, wie sie in der Rechtsprechung und Literatur zu § 10 I Nr. 11 AuslG vertreten werden, kurz darzustellen. Da der Begriff der „erheblichen Belange der BRD“ sich nur quantitativ von dem in § 2 I 2 AuslG gebrauchten unterscheidet, umfaßt § 10 I Nr. 11 AuslG alle Erwägungen, die bei § 2 AuslG genannt wurden. D. h. allgemeine, konjunkturelle, politische, wirtschaftliche, soziale oder sonstige sachgerechte Gesichtspunkte rechtfertigen, soweit sie erheblich sind, nach h. M. die Ausweisung. Im einzelnen werden genannt: Störungen der öffentlichen Sicherheit und Ordnung[176], Beeinträchtigung der politischen Willensbildung in der BRD, wesentliche Störungen des Ansehens der Bundesrepublik im Innern und nach außen[177] (z. B. durch die Erstattung unzutreffender Berichte über die BRD)[178], Beeinträchtigung der Entwicklung der BRD[179] (etwa durch die Einmischung in innerpolitische Verhältnisse)[180], Beeinträchtigung der Volkswirtschaft[181], anderes unerwünschtes Verhalten in der Bundesrepublik (z. B. laufende Belästigung der Behörden mit querulatorischen Beschwerden)[182], unsteter Lebenswandel[183], Störung des Arbeitsfriedens an der Arbeitsstätte[184], Widersetzung gegen Anordnungen der Polizei[185], verbotener Waffenbesitz[186], Beeinträchtigung der außenpolitischen Beziehungen der BRD[187] (beispielsweise durch Teilnahme an Demonstrationen gegen einen Staatsbesuch[188], Störungen der Beziehungen zum Herkunftsstaat)[189]. Schließlich soll die völkerrechtliche Vergeltung die Ausweisung rechtfertigen[190].

---

175 Schiedermair, S. 163.

176 Kanein, S. 124.

177 Kloesel / Christ, § 6, Anm. 3.

178 Schiedermair, S. 163.

179 Kloesel / Christ, § 6, Anm. 3.

180 Schiedermair, S. 163.

181 Marxen, § 10, Rdnr. 38.

182 Schiedermair, S. 163.

183 Weissmann, § 10, Anm. 13.

184 Vgl. Hess. Min. d. I. v. 30. 6. 1969 (Erlaß), StAnz. 1970, S. 1099.

185 Weissmann, § 10, Anm. 13.

186 RdErl. d. MdI (NRW) v. 30. 4. 1971, MBl. NW 1971, S. 967; ebenso Ausländererlaß, Berliner Senator für Inneres v. 10. 3. 1972, A zu § 10 I Nr. 2 und 11, Ziff. 4 (unveröffentlicht).

187 Weissmann, § 6, Anm. 5; Heuer, S. 50; Thomson, S. 70/71; OVG Münster, Schüler / Wirtz, S. 229.

188 Weissmann, S. 115.

189 Kanein, § 6, Anm. B. 3 d).

Die aufgezeigten Bedeutungsmöglichkeiten beweisen die enorme Spannweite des Begriffs der erheblichen Belange der BRD, wie er von der h. M. verstanden wird[191]. Ob dieses weite Verständnis richtig ist, erscheint aber zweifelhaft. Die Tatsache des Ausweisungstatbestandes § 10 I Nr. 2 AuslG für strafrechtlich verurteilte Ausländer könnte die Auffangklausel der Nr. 11 dergestalt einschränken, daß mit Strafe bedrohte Handlungen, die unbestraft geblieben oder strafrechtlich nicht verfolgt worden sind, im Einzelfall nicht die Ausweisung wegen Beeinträchtigung erheblicher Belange begründen können. Das setzt voraus, daß die Anwendbarkeit des § 10 I Nr. 11 AuslG dadurch, daß keine Verurteilung erfolgt ist, ausgeschlossen wird. Dies widerspricht aber der Bedeutung der Ausweisung als Maßnahme verwaltungsrechtlichen Charakters, die keine Nebenstrafe ist. § 10 I Nr. 2 AuslG enthält auch eine solche Einschränkung der Nr. 11 nicht. Denn die Anwesenheit eines Ausländers, der gegen einen Straftatbestand verstoßen hat, aber nicht bestraft worden ist, kann u. U. eine größere Gefahr für die öffentliche Sicherheit oder Ordnung bedeuten als der Aufenthalt eines wegen eines Deliktes bestraften Ausländers. Zudem normiert § 154 b III StPO, daß von der Erhebung der öffentlichen Klage abgesehen werden kann, wenn der Beschuldigte ausgewiesen wird. Daraus folgt aber für die Anwendung des § 10 I Nr. 11 AuslG, daß die Ausweisung dadurch, daß keine Verurteilung erfolgt ist, nicht ausgeschlossen wird[192].

Thomsen[193] will die erheblichen Belange der BRD aufgrund historischer Überlegungen auf den Schutz außenpolitischer Beziehungen festlegen. Dagegen spricht aber, daß der Gesetzgeber diese Fallgruppe nicht ausdrücklich aufgeführt hat. Die Beziehungen zum Ausland werden weder in der APVO noch im AuslG genannt. Ein Gesetzentwurf zur Änderung und Ergänzung ausländerrechtlicher Vorschriften, der 1972 vom Bundesminister des Innern erstellt und den Bundestagsabgeordneten zugeleitet wurde, sieht zwar u. a. die Erweiterung des § 10 I Nr. 11 AuslG um den Begriff „auswärtige Belange" vor. Dieser Änderung kommt aber im wesentlichen nur eine „verdeutlichende Funktion" zu[194]. Eine Begrenzung der erheblichen Belange der BRD auf außenpolitische Beziehungen ist deshalb zwar als rechtspolitische Forderung über-

---

190 Schiedermair, S. 163.

191 Vgl. aus der Rechtsprechung: BVerwG, Schüler / Wirtz, S. 303; BVerwG, Schüler / Wirtz, S. 304 f.; BVerwG, Schüler / Wirtz, S. 306 f.; BVerwG, Schüler / Wirtz, S. 325 f.; Hess. VGH, Schüler / Wirtz, S. 329.

Siehe dazu auch: Schüler, Die Ermessensentscheidung ..., Berlin 1974, S. 252 ff.

192 Im Ergebnis auch BVerwG, Schüler / Wirtz, S. 304 f.

193 S. 69 ff.

194 Vgl. Auszug aus der den Bundestagsabgeordneten zugeleiteten Vorlage, in: Dokumentation zum Ausländerrecht, 1972, Stuttgart, S. 120.

legenswert, entspricht aber nicht dem Bedeutungsinhalt des § 10 I Nr. 11 AuslG.

Letztlich könnte noch überlegt werden, ob der Begriff der erheblichen Belange der BRD, der im Zusammenhang mit den Ausweisungstatbeständen des § 10 I Nr. 1 bis 10 AuslG ausgelegt werden muß[195], dergestalt eingegrenzt werden kann, daß lediglich Gefahrenabwehrgesichtspunkte die Ausweisung rechtfertigen. Das setzt voraus, daß die Gründe der Nr. 1 bis 10 nur die Abwehr von Gefahren für die Bundesrepublik bezwecken. Für die Fälle der Nr. 1 und 2 mag dies im Regelfall zutreffen. Zweifelhaft erscheint aber schon, ob § 10 I Nr. 4 und 5 AuslG die Gefahrenabwehr zum Gegenstand haben. Bei einem Verstoß gegen Vorschriften des Zollrechts oder gegen Berufsausübungsnormen bezweckt beispielsweise die Ausweisung i. d. R. nicht den Schutz vor Gefahren für die BRD, sondern sanktioniert ein wirtschaftlich unerwünschtes Verhalten. Kann der Ausländer seinen Lebensunterhalt nicht selbst bestreiten, so führen sozialpolitische Gründe, die keineswegs Gefahrenabwehrgründe zu sein brauchen, zu der Ausweisung. Gesichtspunkte der völkerrechtlichen Vergeltung wären zudem nach dieser These *generell* ausgeschlossen; dies würde den Erfordernissen der außenpolitischen Handlungsfreiheit der BRD widersprechen. Aus dem Zusammenhang mit den Nr. 1 bis 10 läßt sich daher der Begriff „erhebliche Belange" nicht auf einen Gefahrenabwehrmaßstab reduzieren.

Läßt sich somit eine Begrenzung der Weite des Begriffs der erheblichen Belange i. S. d. § 10 I Nr. 11 AuslG nicht begründen, so fragt sich, ob die Bedenken, die wegen des rechtsstaatlichen Bestimmtheitsgebots bei § 2 I 2 AuslG Beachtung gefunden haben, auch hier gelten. Die Kritik entzündet sich gerade an dieser Bestimmung[196]. Wenn der Begriff der „erheblichen Belange" nur innerhalb der unbestimmten Belange eine Abstufung nach dem notwendigen Intensitätsgrad der Bedeutung trifft, so könnte gefolgert werden: Da es unklar sei, was zu den einfachen Belangen der BRD gehöre, könnten auch nicht die erheblichen Fälle aus den einfachen Belangen ausgewählt werden[197]. Die Auslegung der erheblichen Belange der Bundesrepublik läßt sich aber aus dem Zusammenhang mit den in § 10 I Nr. 1 bis 10 AuslG genannten Ausweisungsgründen ausreichend bestimmt ermitteln[198]. Dem steht nicht entgegen, daß § 10 I Nr. 11 gerade die Fälle erfassen soll, die keine Ausweisungsgründe i. S. d. Nr. 1 bis 10 darstellen. Aus den Nummern

---

195 Vgl. BVerfG E 35, 400 f.

196 Franz, Rückfall in den Polizeistaat, Stud. Pol. 1970, S. 29 m. w. N.; vgl. auch Schuster, Rechtliche Aspekte ..., Bl. f. dte. u. intern. Politik 1972, S. 1140 f. (1142).

197 So Fricke, Diss., S. 92 ff.

198 BVerfG E 35, 400 f.; ebenso BVerfG, NJW 1974, S. 1809; a. A. Dolde, NJW 1974, S. 780.

1 - 10 lassen sich nicht nur der Grad der Beeinträchtigung, der für die Ausweisung nach § 10 I Nr. 11 AuslG erforderlich ist, sondern auch der Zweck und Inhalt dieser Bestimmung ableiten. § 10 I Nr. 11 bezweckt den Schutz der freiheitlichen Entwicklung in der Bundesrepublik[199]. Aus zwingenden staatspolitischen Gründen (Schutz der freiheitlich demokratischen Grundordnung und der Sicherheit der BRD [Nr. 1], Schutz der Bundesrepublik vor Straftätern [Nr. 2], Abwehr von Beeinträchtigungen der Wirtschaft [Nr. 4, 5], Schutz der öffentlichen Gesundheit [Nr. 9] und der sozialen Ordnung in der BRD [Nr. 10] usw.) kann die Ausweisung gemäß § 10 I Nr. 11 AuslG verfügt werden. Unter dem Gesichtspunkt des Rechtsstaatsprinzips ist deshalb § 10 I Nr. 11 AuslG nicht zu beanstanden.

Bei der *Anwendung* des Begriffs der „erheblichen Belange" zum Schutz der Bundesrepublik aus zwingenden staatspolitischen Gründen hat die Ausländerbehörde die grundrechtliche Wertordnung zu beachten. Die Menschenwürde verlangt, daß die Bundesrepublik als freiheitlicher Staat das Individuum als Persönlichkeit respektiert. Art. 1 GG verbietet, die Stellung der Ausländer im Gaststaat auf die der bloßen industriellen Reservearmee zu begrenzen. Unabhängig vom Anwendungsbereich des Art. 5 I GG sieht das Grundgesetz die freie politische Meinungsäußerung als wichtigen Wert der Gesamtordnung an. Da Art. 8 I, 9 I und 21 I GG lediglich eine Privilegierung der Deutschen im Hinblick auf die Willensbildung *in der Bundesrepublik Deutschland* normieren, steht das GG einer politischen Betätigung in bezug auf den Heimatstaat des Ausländers nicht entgegen[200]. Die ungestörten Beziehungen zu ausländischen Staaten sind auch, wie Art. 26 GG zeigt, von der Verfassung nicht absolut geschützt. Das bedeutet, daß Demonstrationen gegen einen Staatsbesuch, Störungen der Beziehungen zum Herkunftsstaat usf. nicht ohne weiteres die Ausweisung rechtfertigen. Vielmehr gilt es hier zwischen den Staaten, die eine politische Ordnung haben, die der BRD ähnelt, und solchen Ländern, die z. B. kein Recht auf freie Meinungsäußerung etc. zulassen oder die Menschenrechte mißachten, zu unterscheiden[201]. Die Tätigkeit extremistischer Ausländer, die einen gewaltsamen Umsturz der freiheitlichen Ordnung ihrer Heimatländer vorbereiten, kollidiert mit der Wertordnung des GG. In diesem Fall z. B. wäre die Ausweisung nach § 10 I Nr. 11 AuslG gerechtfertigt. Anders ist die Sachlage bei Fremden anzusehen, die für die Herstellung eines rechtsstaatlichen Zustandes in ihren Heimatländern arbeiten (z. B. früher Griechenland). Denn dieses politische Ziel entspricht der Wertordnung des Grundgesetzes. Trotz

---

199 BVerfG E 35, 400 f. unter Hinweis auf BVerfG E 6, 32 (42 f.) — zum Paßgesetz —. Kritisch dazu Franz, NJW 1974, S. 1810.

200 Tomuschat, in: Ansay / Gessner, S. 94.

201 Tomuschat, ebd., S. 94 f.

der möglichen Belastungen der außenpolitischen Beziehungen, würde eine Ausweisung aus diesen Gründen der BRD als freiheitlich demokratischem Rechtsstaat schlecht anstehen. Würde man anders entscheiden, so hätte dies die Anbindung der Auslegung der erheblichen Belange der BRD an den jeweiligen außenpolitischen Kurs der jeweiligen Regierung zur Folge[202].

Ob schließlich die völkerrechtliche Vergeltung die Ausweisung rechtfertigen kann, erscheint im Hinblick auf Art. 1 GG zweifelhaft. Danach darf der Mensch nicht zum bloßen Objekt staatlichen Handelns herabgewürdigt werden[203]. Es wird hier auf den Einzelfall ankommen. Liegt im Einzelfall ein personalbezogenes Geschehen (z. B. Verdacht der Spionage) vor, so kann die Ausweisung aus Gefahrengesichtspunkten gerechtfertigt sein.

Letztlich verlangt § 10 I Nr. 11 eine *erhebliche* Beeinträchtigung. Unzutreffende Berichterstattung, innenpolitische Einmischung, querulatorisches Verhalten gegenüber Behörden oder ein unsteter Lebenswandel können deshalb die Ausweisung nur begründen, wenn diese eine Beeinträchtigung *wesentlicher* Belange der BRD beinhalten.

ccc) Problem des „allgemeinen Widerrufs" als Ausweisungsgrund

Neben der spezialgesetzlichen Regelung der Ausweisung (§ 10 I AuslG) ist kein Raum für Rücknahme oder Widerruf einer AE nach den Grundsätzen des allgemeinen Verwaltungsrechts[204]. Da nämlich § 10 I die Sicherung der Rechtsstellung des Ausländers bis zur Grenze der Ausweisungsgründe bezweckt, würde bei einem Widerruf die gesetzlich normierte und auch völkerrechtlich geforderte Gradierung der Schranken von Abweisung und Ausweisung — § 10 setzt „erhebliche Belange" voraus, während § 2 von „Belangen" schlechthin spricht — illusorisch[205].

ddd) Ausweisungstatbestände und Ermessen

§ 10 I AuslG zählt somit abschließend die Tatbestände auf, die die Ausländerbehörde berechtigen, einen Ausländer auszuweisen.

a) Pflichtgemäße Ermessensabwägung bei der Ausweisung

Bei Vorliegen eines Ausweisungsfalles ist die Ausweisung keine zwingende Rechtsfolge, vielmehr liegt die Entscheidung im pflichtge-

---

[202] Tomuschat, ebd., S. 96.

[203] BVerfG E 27, 6 m. w. N.; Zum Völkerrecht vgl. Doehring, in: Gerichtsschutz gegen die Exekutive, Bd. III, S. 230 m. w. N.

[204] OVG Münster, v. 11. 10. 1972, DöV 1973, S. 171; Marxen, § 10, Rdnr. 1, S. 147; Kloesel / Christ, § 10 AuslG, Ziff. 4. (S. 5).

[205] Erdmann, Das Ausländergesetz von 1965 im internationalen Vergleich, Verw.Arch. 1968, S. 327/328 mit ausführlicher Begründung.

mäßen Ermessen[206]. Bei dieser Ermessensbetätigung ist der Vertrauensschutz des betroffenen Ausländers zu beachten. Während bei der Einreise ein geringer oder kein Vertrauensschutz des Ausländers zu berücksichtigen ist, besteht bei der Ausweisung ein stärkerer Vertrauensschutz, der sich nach der Aufenthaltsdauer, Integration usw. richtet (Stufenprinzip). Das heißt im einzelnen: Die handelnde Behörde hat bei der Ausweisung das durch die Einzelvorschrift in § 10 I AuslG jeweils geschützte öffentliche Interesse abzuwägen gegen die privaten Belange des betroffenen Ausländers, etwa gegen die Folgen der Ausweisung für seine wirtschaftliche, berufliche, persönliche Existenz, insbesondere für die Ehe mit einer Frau, die ihm nicht ins Ausland folgen will oder kann, sowie für andere soziale Bindungen[207]. Dabei ist etwaiges Verschulden des Fremden bei der Ermessensausübung zu berücksichtigen[208]. § 10 I Nr. 1, 3 - 6 und 8 - 11 AuslG setzen jedoch kein Verschulden voraus[209].

β) Nichtverlängerung der AE und Ausweisung

Vor allem folgt aus dem Vertrauensgrundsatz die Einschränkung des behördlichen Ermessens in der Weise, daß mit der Länge des Aufenthalts auch die Schwere der Gründe zunimmt, die zu einer Ausweisung führen können[210]. Diese Grundregel bleibt allerdings oftmals in der Praxis insoweit unberücksichtigt als grds. die AE eines Ausländers gemäß § 7 II AuslG befristet wird. Läuft die Gültigkeitsdauer ab und wird die AE ausnahmsweise nicht verlängert[211], so besteht eine Ausreisepflicht gemäß § 12 AuslG.

Die Pflicht, den Geltungsbereich des AuslG unverzüglich zu verlassen, besteht ebenso, wenn der Ausländer keinen gültigen Paß mehr besitzt, die Staatsangehörigkeit wechselt oder verliert oder das Bundesgebiet nicht nur vorübergehend verläßt (§ 9 Abs. I AuslG).

Während sich aber gegen diese Gründe verfassungsrechtlich nichts einwenden läßt, ist fraglich, ob auch die regelmäßige Befristung, deren einziger Zweck darin besteht, „neben den Ausweisungstatbeoffen zu halten“[212], den aus dem rechtsstaatlichen Vertrauensschutz-

---

206 BVerwG, JZ 1971, S. 128 f.; Kanein, Komm., S. 119 und NJW 1967, S. 1059.

207 BVerfG E 35, 400 f.; BVerwG v. 1. 3. 1966, Schüler / Wirtz, S. 136; VGH Bad.-Württ., DVBl. 1973, S. 704; Kloesel / Christ, § 10, Ziff. 4 (S. 5); a. A. Schiedermair, S. 164.

208 Kanein, Komm., S. 119.

209 Vgl. Vwv. AuslG, Ziff. 4 zu § 10, in: MBl. NW 1967, S. 1267.
Es sei Aufgabe des Ausländers, sich mit den Vorschriften des Gastlandes vertraut zu machen: so Kloesel / Christ, § 10 AuslG, S. 10 b).

210 So Weissmann, Komm., S. 105; Kanein, NJW 1967, S. 1059; OVG Münster, Schüler / Wirtz, S. 80; a. A. aber offenbar BVerwG, DöV 1973, S. 414.

211 Das ist nicht der Normalfall.

ständen noch weitere Motivationen für die Beendigung des Aufenthalts prinzip folgenden Verpflichtungen gerecht wird. Letztlich hat nämlich die Befristung jeweils neu erteilter, auflösender Verwaltungsakte[213] die Funktion eines Widerrufsvorbehalts[214]. Da auf die Aufenthaltsgenehmigung kein Rechtsanspruch besteht, dient die Befristung der „präventiven Zweckmäßigkeitsüberprüfung“[215]. Inwieweit dadurch die Verwaltung die gegenüber der Abweisung erschwerten Ausweisungsgründe umgeht[216], hängt davon ab, ob das Ausländergesetz von der grundsätzlichen Befristung der Aufenthaltsgenehmigung ausgeht. Nach § 7 Abs. II AuslG werden Aufenthaltserlaubnisse befristet oder unbefristet erteilt. Die Aufenthaltsgenehmigung erlischt nach § 9 I Nr. 4 AuslG, wenn der Ausländer ausgewiesen wird. Der Gesamtzusammenhang der §§ 7, 9 I Nr. 4 und 10 AuslG könnte dafür sprechen, daß die Aufenthaltsgenehmigung in der Regel nur dann beendet werden soll, wenn Ausweisungsgründe vorliegen. Andererseits ist eine Selbstverständlichkeit, daß die Aufenthaltserlaubnis erlischt, wenn ihre Geltungsdauer abläuft. Daß § 9 I AuslG dies nicht regelt, begründet somit keineswegs eine Regel, nach der die Aufenthaltsgenehmigung grds. unbefristet ist. Dies folgt auch aus einem historischen Argument. Schon die APVO ging von der generellen Befristung der Aufenthaltsgenehmigung aus[217]. Der Gesetzgeber sah deshalb keine Veranlassung, auf diese Regel ausdrücklich gesetzlich hinzuweisen[218]. Zudem hat die Aufenthaltsgenehmigung die Funktion, als Einreiseschleuse die unkontrollierte Einwanderung in die Bundesrepublik zu unterbinden. Eine Kontrolle der Ausländer im Hinblick auf Aufenthaltszweck, -ort und -dauer kann aber wirksam nur stattfinden, wenn die Aufenthaltserlaubnis grundsätzlich befristet wird. Ist aber die Befristung der Aufenthaltserlaubnis die gesetzliche Regel, so kann nicht gefolgert werden, daß bei wiederholt erteilter befristeter AE die Verlängerung nur aus den dem § 10 I AuslG entsprechenden Gründen versagt werden darf. Normalfall in der Verwaltungspraxis ist aber auf der anderen Seite, daß der Ausländer eine Verlängerung der AE beantragt und auch erhält[219]. Wenn die Verlängerung allgemeine Verwaltungspraxis darstellt, und der Ausländer im Vertrauen darauf seinen Wohnsitz in das

---

212 Rittstieg, NJW 1972, S. 2156.

213 sog. Kettenverwaltungsakte nach Kloepfer, Kettenverwaltungsakte und Widerrufsvorbehalt — Zur Zulässigkeit befristeter Verwaltungsakte, DVBl. 1972, S. 371 ff. (372).

214 Im einzelnen siehe Kloepfer, S. 373.

215 So Kloepfer, S. 374 ohne Stellungnahme zum AuslG.

216 So Rittstieg, NJW 1972, S. 2156; kritisch dazu Isensee, VVdStRL 1974, S. 72, Fußn. 56.

217 Vgl. § 3 II APVO, RGBl. 1938, I, 1053 f.

218 Amtl. Begr. v. 28. 12. 1962, BT-Drucks. IV/868, S. 13 zu § 6 II AuslG.

219 Vgl. Rittstieg, in: Ansay / Gessner, S. 61 mit Nachweisen.

Bundesgebiet verlegt hat, so ergibt sich aus dem rechtsstaatlichen Gedanken des Vertrauensschutzes bei der Verlängerung der AE eine stärkere Rechtsposition des Ausländers. Dieser Vertrauensschutz kann im Einzelfall (bei längerem Aufenthalt, erheblichen Investitionen des Ausländers, sonstigen besonderen Bindungen) dazu führen, daß bei der Abwägung von öffentlichen und privaten Interessen die Belange des Ausländers Vorrang genießen und dem Fremden die AE zu verlängern ist.

eee) Zurückweisung und Wirkung der Ausweisung

Der ausgewiesene (oder abgeschobene) Ausländer ist, wenn er einreist, spätestens innerhalb von 7 Tagen nach Grenzübertritt zurückzuschieben[220]. Damit hat das AuslG die rechtlichen Voraussetzungen geschaffen, einen Ausländer ohne besonderes Verfahren durch Vollzugsorgane an einem Aufenthalt in der BRD zu hindern[221]. Diese Möglichkeit folgt aus der Wirkung der Ausweisung, die ein *dauerndes* Aufenthaltsverbot beinhaltet (vgl. § 15 I AuslG). Nur ausnahmsweise kann diese Dauerwirkung befristet oder aufgehoben werden[222].

fff) Privilegierungen bei der Ausweisung

Bestimmte Ausländergruppen genießen bei der Ausweisung eine privilegierte Rechtsstellung:

a) EWG-Staatsangehörige

Dazu sind vor allem die Staatsangehörigen der Mitgliedsstaaten der EWG zu zählen, die gem. § 12 Abs. I AufenthaltsG/EWG nur aus Gründen der öffentlichen Sicherheit oder Ordnung oder wegen Beeinträchtigung sonstiger erheblicher Belange der BRD ausgewiesen werden können.

Es fragt sich, ob eine Ausweisung von EWG-Staatsangehörigen auf jeden der in § 10 I AuslG genannten Tatbestände gestützt werden kann[223]. Dagegen spricht zunächst der Zweck des § 12 AufenthaltsG/EWG, der auf eine Anhebung des Rechtsstatus des Marktbürgers hinzielt. Andererseits soll die Ausweisung nach § 12 I AufenthaltsG/EWG auch wegen „sonstiger erheblicher Belange der Bundesrepublik" gerechtfertigt sein. Es ist aber zweifelhaft, ob der EWG-rechtliche Begriff der öffentlichen Sicherheit, Ordnung und Gesundheit gemäß Art. 56 I und Art. 48 III EWGV i. V. m. Art. 8 der Richtlinie 220/64

---

220 § 18 I 1, II; sog. Fall der polizeilichen Nachteile, vgl. Marxen, S. 205; im einzelnen s. auch Kloesel / Christ, Zu § 18 AuslG, S. 2/3.

221 So Schiedermair, S. 199.

222 Kanein, NJW 1967, S. 1059/1060; ebenso Marxen, S. 184.

223 So Kloesel / Christ, § 12 AufenthaltsG/EWG, zu Abs. I und II, S. 24; ebenso Weissmann, Komm., S. 97.

EWG[224] und Art. 10 Richtlinie 360/68 EWG[225] auch die „erheblichen Belange" umfaßt. Die Erörterung dieses Problems soll einem besonderen Teil vorbehalten bleiben (s. u. Teil C). Aber auch unabhängig von diesen Bedenken, zeigen die Absätze II bis VII des § 12 AufenthaltsG/EWG, daß § 10 I AuslG keine unbegrenzte Anwendung auf den Marktbürger finden kann. Aus § 12 III AufenthaltsG/EWG folgt, daß die Ausweisungsgründe des § 10 I Ziff. 4, 5 und 6 AuslG nicht mehr uneingeschränkt die Ausweisung rechtfertigen. Vermag nämlich schon die strafrechtliche Verurteilung nicht automatisch die Ausweisung zu begründen, so muß dies erst recht bei Verstößen i. S. d. Ziff. 4, 5 und 6 AuslG gelten, die z. T. kriminell unerheblich oder lediglich als Ordnungswidrigkeiten anzusehen sind[226]. Die Ausweisung von EWG-Staatsangehörigen darf nicht zu wirtschaftlichen Zwecken getroffen werden (§ 12 II AufenthaltsG/EWG). § 10 I Nr. 9 AuslG ist durch Abs. VI des § 12 AufenthaltsG/EWG begrenzt. Nach § 12 Abs. V kann die Abschiebung auch nicht darauf gestützt werden, daß der Ausweis des Marktbürgers seine Gültigkeit verloren hat. Trotz dieser Bestimmung nehmen Kloesel/Christ[227] an, daß die Aufenthaltserlaubnis eines Marktbürgers nach § 9 I AuslG bei Ungültigkeit des Ausweises erlischt und der Ausländer nach § 12 AuslG zur Ausreise verpflichtet sei. Dem steht aber entgegen, daß § 12 Abs. V AufenthaltsG/EWG bezweckt, in einem solchen Falle nicht nur die „Abschiebung" — der Begriff wird hier untechnisch gebraucht —, sondern die „Entfernung" des Ausländers zu verhindern[228]. Die AE eines Marktbürgers erlischt bei Ungültigkeit des Ausweises also nicht. Eine Ausweisung über § 10 I Nr. 6 AuslG ist in diesem Fall deshalb nur dann gerechtfertigt, wenn der EWG-Staatsangehörige auf Aufforderung sich keinen gültigen Paß verschafft.

Fraglich ist demgegenüber, wieweit § 12 Abs. III und IV AufenthaltsG/EWG die Ausweisungsnorm des § 10 I Nr. 2 AuslG begrenzen: Da allein die Tatsache einer strafrechtlichen Verurteilung die Ausweisung nicht begründen kann (Abs. IV), muß die Ausländerbehörde dies bei der Ermessensausübung im Rahmen des § 10 I Nr. 2 AuslG berücksichtigen. Ob darüber hinaus generalpräventive Gesichtspunkte nicht Grundlage der Ausweisung sein dürfen, weil nach § 12 Abs. III das persönliche Verhalten der Einzelperson ausschlaggebend sein muß, erscheint zweifelhaft. Nach dem BVerwG enthalten § 12 III und IV AufenthaltsG/EWG lediglich den Grundsatz, daß Ausweisung und Ab-

---

224 ABl.EG 1964, S. 845 f.

225 ABl.EG 1968, Nr. L 257, S. 13.

226 Selmer, DöV 1967, S. 328 ff. (333); Grabitz, S. 96; Bleckmann, Etude sur l'adaptation du système juridique ..., La liberté d'établissement ..., Milano 1970, S. 97 ff. (154).

227 B. 4.6., Zu Abs. V § 12 AufenthaltsG/EWG, S. 25.

228 Vgl. Marxen, Komm., S. 154 m. w. N.

schiebung nur aus Gründen polizeilicher Gefahrenabwehr erfolgen dürfen[229]. Da nur in diesem Rahmen der Abschreckungsgedanke Anwendung finde, sind danach generalpräventive Gesichtspunkte bei der Ausweisung von EWG-Staatsbürgern zulässig. Dagegen sprechen aber Wortlaut und Sinn des Art. 3 I der Richtlinie 64/221 EWG vom 25. 2. 1964. Da Abweichungen von den Regeln über die Freizügigkeit eng auszulegende Ausnahmevorschriften sind, drückt der Begriff des „persönlichen Verhaltens" i. S. d. Art. 3 Richtlinie 64/221 die Forderung aus, daß eine Ausweisungsmaßnahme nur auf Gefährdungen der öffentlichen Ordnung und Sicherheit abstellen darf, die von der betroffenen Einzelperson ausgehen könnten[230]. Daraus folgt, daß generalpräventive Gründe bei der Ausweisung von EWG-Bürgern unzulässig sind. Die Ausweisung von EWG-Staatsangehörigen kann somit nur im eingeengten Rahmen des § 12 AufenthaltsG/EWG gemäß § 10 AuslG verfügt werden.

β) *Asylberechtigte, heimatlose Ausländer, ausländische Flüchtlinge und aufenthaltsberechtigte Ausländer*

Asylberechtigte, heimatlose Ausländer und Flüchtlinge genießen nach § 11 II AuslG eine privilegierte Rechtsstellung. Sie können nach § 10 I Nr. 1 bis 11 nur aus schwerwiegenden Gründen der öffentlichen Sicherheit oder Ordnung ausgewiesen werden. Ebenso dürfen Ausländer, die gemäß § 8 AuslG zum Aufenthalt berechtigt sind, lediglich bei Vorliegen der Voraussetzungen des § 10 Abs. I Nr. 1 oder 2 oder aus schwerwiegenden Gründen der übrigen in § 10 Abs. I aufgeführten Tatbestände ausgewiesen werden.

γ) *Ausweisungsprivilegierungen durch Niederlassungsverträge*

Beschränkungen der Ausweisungsbefugnis ergeben sich auch aus dem Europäischen Niederlassungsabkommen — ENA — v. 13. 12. 1955[231] und dem Europäischen Fürsorgeabkommen vom 11. 12. 1953[232]. Nach Art. 3 I ENA dürfen Staatsangehörige der Vertragsstaaten nur wegen Gefährdung der Sicherheit des Staates oder bei einem Verstoß gegen die öffentliche Ordnung oder Sittlichkeit ausgewiesen werden. Gründe der Sicherheit des Staates oder besonders schwerwiegende Motive des Abs. I sind nach 10jährigem ordnungsgemäßen Aufenthalt erforderlich (Art. 3 III ENA). Gem. Art. 6 a des Europäischen Fürsorgeabkommens rechtfertigt die Tatsache der Hilfsbedürftigkeit allein grds. die Ausweisung nicht[233]: § 10 I Nr. 10 wird insoweit eingeschränkt. Soweit Niederlassungsverträge einen Vorbehalt des

---

229 BVerwG, DVBl. 1974, S. 85; VGH Bad.-Württ., DVBl. 1973, S. 704.

230 EuGH v. 26. 2. 1975, DöV 1975, S. 279; ebenso OVG Münster, DVBl. 1973, S. 415; VGH Kassel, NJW 1973, S. 439; VG Köln (Vorlegungsbeschluß) DVBl. 1974, S. 853 f.; vgl. auch Dolde, NJW 1974, S. 780 f.; Tomuschat, Freizügigkeit ..., DöV 1974, S. 765.

231 BGBl. 1959, II, S. 997.

232 BGBl. 1956, II, S. 563.

233 Siehe aber dazu Art. 7 a (Ausnahmefälle).

Landesrechts normieren[234] oder eine Ausweisung aus Gründen der öffentlichen Sicherheit und Ordnung, Volksgesundheit oder Sittlichkeit zulassen[235] ergibt sich regelmäßig keine Modifizierung des deutschen Aufenthaltsrechts[236], da die Auslegung dieser Begriffe, wie dargelegt, im weiten kontinentalen Sinne erfolgt. Lediglich die Verträge mit Italien (Art. 2 II) und Griechenland (Art. 2 Nr. 3)[237] fordern, daß nach 5jährigem Aufenthalt nur Gründe der Sicherheit oder besonders schwerwiegende Motive der öffentlichen Sicherheit und Ordnung oder Sittlichkeit die Ausweisung rechtfertigen.

cc) Die Abschiebung

Die Abschiebung stellt das ausländerrechtlich einzig zulässige „gesetzliche Zwangsmittel" dar, „eine Ausreisepflicht durchzusetzen"[238]. Sie bezweckt die Erzwingung der Ausreise und die Überwachung des Ausreisevorgangs[239]. Gegen Ausländer, die weder eine AE oder eine Aufenthaltsberechtigung besitzen noch von dem Erfordernis der AE befreit sind (§ 12 AuslG) oder die gemäß § 10 AuslG ausgewiesen worden sind, *muß* die Abschiebung angeordnet werden, wenn die freiwillige Ausreise des Ausländers nicht gesichert[240] oder aus Gründen der öffentlichen Sicherheit oder Ordnung eine Überwachung der Ausreise erforderlich erscheint (§ 13 I)[241]. Verfahrensrechtlich fordert § 13 Abs. II die schriftliche Androhung der Abschiebung[242], Ablauf der zur Ausreise gesetzten Frist[243] und Unanfechtbarkeit bzw. Vollziehbarkeit der Verfügung, mit der die Abschiebung angedroht worden ist[244]. Über § 14 I 1 AuslG findet eine Einschränkung des Abschiebungsrechts statt: Abschiebungen in einen Verfolgungsstaat sind grundsätzlich verboten, § 14 I 2 AuslG läßt davon aus schwerwiegenden Gründen der Gefahr für die Sicherheit oder bei Gefahr für die Allgemeinheit auf Grund rechtskräftiger Verurteilung wegen eines besonders schweren Verbrechens Ausnahmen zu[245].

---

234 Vgl. z. B. Vertrag BRD/Dominikanische Republik v. 23. 12. 1957, Art. 2 I (BGBl. 1959, II, S. 1468 f.); ebenso Vertrag mit der Türkei v. 25. 6. 1927, Art. 7: „Gemäß den Gesetzen" (RGBl. 1927, II, S. 76).

235 So z. B. Vertrag BRD/Italien v. 21. 11. 1957, Art. 2 (BGBl. 1959, II, S. 949); BRD/Frankreich v. 27. 10. 1956, Art. III (BGBl. 1957, II, S. 1661).

236 Ebenso Schütterle, Diss., S. 146.

237 Vertrag v. 18. 3. 1960, BGBl. 1962, II, S. 1505.

238 Marxen, Komm., § 13, Rdnr. 2, S. 172.

239 Marxen, ebd.

240 Das Gegenteil soll der Ausländer darzutun haben, vgl. Kanein, Komm., S. 132.

241 Im einzelnen dazu: Kanein, ebd.; Kloesel / Christ, § 13 AuslG, S. 6.

242 Ausnahme § 13 II 4.

243 Ausnahme § 13 II 4.

244 Dazu: § 13, Ziff. 1 AuslG Vwv.

245 Zur Frage der Verfassungswidrigkeit des § 14 I 2 AuslG wegen Verstoßes gegen Art. 16 II 2 und Art. 18 GG vgl. Kimminich, Zur Theorie der immanenten Schranken des Asylrechts, JZ 1965, S. 739 ff.; Franz, Verfall

dd) Die Abschiebungshaft

Gem. § 16 AuslG kann ein Ausländer sowohl zur Vorbereitung der Ausweisung (Abs. I) als auch zur Durchführung der Abschiebung (Abs. II) in Haft genommen werden. Bedenken gegen § 16 AuslG in menschenrechtlicher Hinsicht besteht nicht. Nach Art. 5 Abs. I f der MRK darf die Freiheit einem Menschen auf dem gesetzlich vorgeschriebenen Weg entzogen werden, wenn er rechtmäßig festgenommen worden ist oder in Haft gehalten wird, weil er von einem gegen ihn schwebenden Ausweisungsverfahren betroffen ist.

Die Abschiebungshaft nach § 16 AuslG setzt als solche keine strafbare Handlung voraus und stellt auch selbst keine Strafe dar. Deshalb überzeugt die in der Literatur vertretene Kritik an den Voraussetzungen des § 16 AuslG unter Hinweis auf die Erfordernisse der Untersuchungshaft nach der StPO[246] nicht. Abgesehen davon, daß es sich dabei lediglich um rechtspolitische Forderungen handelt[247], sind beide Haftarten nicht wesensgleich. Die Abschiebungshaft ist Präventionsmaßnahme und findet ihre Rechtfertigung allein darin, daß sie eine gerechtfertigte Abschiebung gewährleisten soll. Die Haft zur Vorbereitung und Sicherung der Abschiebung ist dann erforderlich, wenn es wahrscheinlich ist, daß ohne die Inhaftnahme eine wesentliche Erschwerung oder Vereitelung der Abschiebung eintritt. Die Abschiebung muß durchführbar[248] und notwendig sein. Die Wahrscheinlichkeit der Abschiebung ist aus allgemeinen Erfahrungssätzen zu folgern. Wesentliche Anhaltspunkte können sich daraus ergeben, daß der Ausländer keinen festen Wohnsitz oder soziale Bindungen hat, mittellos ist oder das sonstige Verhalten des Fremden den Verdacht nahelegt, daß er sich einer zwangsweisen Entfernung aus dem Bundesgebiet zu entziehen versuchen und dadurch eine Abschiebung wesentlich erschweren würde[249].

Streitig ist, ob die Ausreiseverweigerung zur Haftanordnung genügt[250]. Grundsätzlich ist eine gerichtliche Abschiebungshaft als Maßnahme einer Freiheitsentziehung nicht erforderlich, wenn der Betroffene freiwillig sich nicht der Abschiebung entziehen will. Dagegen könnte

---

des Asylrechts, Stud.Pol. 1970, S. 62 ff.; a. A. Kanein, Komm., S. 137/138; siehe neuerdings dazu: OVG Koblenz v. 16. 5. 1972, DVBl. 1973, S. 85 ff.

Zur Problematik der Begriffsbestimmung des „besonders schweren Verbrechens" — siehe: Marxen, S. 180 ff.; Kloesel / Christ § 14 AuslG, S. 4 einerseits, Kanein, Komm., S. 139 andererseits.

246 Vgl. Schröer, DVBl. 1966, S. 98 ff. (99/100); Marxen, S. 192.

247 Ersetzung des Begriffs der „Erforderlichkeit" durch „dringende Gründe".

248 Dazu Kanein, Komm., S. 144/145.

249 KG Berlin NJW 1966, 1924; KG v. 13. 3. 1967, Schüler / Wirtz, S. 344; ebenso Weissmann, Komm., S. 135; Kanein, NJW 1967, S. 1060.

250 Bejahend: BayObLG, NJW 1974, S. 426 f.; — Verneinend: KG Berlin, NJW 1966, 1924; Kanein, NJW 1967, S. 1060.

allerdings eingewandt werden, daß Durchbeförderungsgenehmigungen durch Drittländer als auch Übernahmebereitschaften der Zielländer häufig an Fristen geknüpft sind. Somit könnte die technische Gestaltung der Abschiebung verlangen, daß der abzuschiebende Ausländer der Ausländerbehörde innerhalb der für die Verschubung erforderlichen Fristen bereit stehen müsse. Andererseits ist die Sicherungshaft dann nicht erforderlich, wenn der Betroffene auf Grund sozialer Bindungen nicht untertaucht, sondern der Ausländerbehörde für den Sammeltransport zur Verfügung steht. Zudem ist die Haft nur dazu bestimmt, die Abschiebung zu sichern, nicht aber die Tätigkeit der Ausländerbehörde zu erleichtern[251]. Außerdem ist der Ausländerbehörde bei der Weigerung des Ausländers, dem Ausreisegebot zu folgen, die Abschiebung gestattet. Es darf aber auf der anderen Seite nicht außer acht gelassen werden, daß ein Ausländer seinen Willensentschluß, sich nicht der Abschiebung zu entziehen, jederzeit rückgängig machen kann. Dann macht aber eine nunmehr gegen seinen Willen erfolgende Freiheitsentziehung nach § 16 II AuslG, § 6 II FreiheitsentzG[252] eine richterliche Haftanordnung erforderlich. Bei der zwangsweisen Durchschubung eines Ausländers durch ein Drittland handelt es sich zudem um eine polizeiliche Amtshilfe dieser Länder, die nicht staatsvertraglich geregelt ist, jedoch einen deutschen Haftbefehl voraussetzt. Eigene Haftbefehle gegen den durchzubefördernden Ausländer werden in den Drittländern nicht ausgestellt. Würde der Ausländer in den Drittländern, durch die er befördert wird, seinen Willensentschluß einer freiwilligen Unterwerfung rückgängig machen, so wäre ohne einen deutschen Haftbefehl der Weitertransport zum Zielland unmöglich. Daraus folgt allerdings nicht, daß die freiwillige Unterwerfung eines ausreisepflichtigen, aber nicht freiwillig ausreisenden Ausländers unter ein Abschiebungs-Sammeltransportverfahren „undenkbar" ist[253]. Die Verweigerung der freiwilligen Ausreise erfordert nicht zwingend die Haft zur Sicherung der Abschiebung eines ausgewiesenen, ausreisepflichtigen Ausländers. Zunächst können die aufgezeigten Bedenken unberücksichtigt bleiben, wenn die Abschiebung nicht durch Drittländer erfolgt. Dann reicht die beharrliche Ausreiseverweigerung allein nicht zur Anordnung der Abschiebungshaft aus. Das folgt auch aus dem Verhältnismäßigkeitsprinzip: Die Haftanordnung ist in diesem Fall nämlich zum Schutze öffentlicher Interessen keineswegs unerläßlich[254]. In den übrigen Fällen hängt die Anordnung der Abschiebungshaft davon ab, ob eine Wahrscheinlichkeit dafür besteht, daß der Ausländer die bisherige freiwillige Unterwerfung unter das Abschiebungs-Sammeltransportverfah-

[251] KG, NJW 1966, S. 1624.
[252] Gesetz v. 29. 6. 1956, BGBl. I, 599.
[253] So aber BayObLG, NJW 1974, S. 427.
[254] Anders offenbar: BayObLG, ebd.

ren rückgängig machen wird. Nur dann verbleibt bei einem Ausländer, der bisher beharrlich eine freiwillige Ausreise verweigert hat, lediglich die Abschiebungshaft als notwendiges Hilfsmittel zur Durchführung der Abschiebung. Dieses Ergebnis ergibt sich auch aus dem Verhältnismäßigkeitsprinzip, das eine Abwägung des Schutzes öffentlicher Interessen mit den privaten Belangen im Einzelfall verlangt. Die generell unterstellte Erforderlichkeit der Haftanordnung bei Verweigerung der Ausreise wäre damit nicht vereinbar. Dagegen kann nicht eingewandt werden, da § 16 AuslG bei der Entscheidung über die Beantragung der Abschiebungshaft kein Ermessen eröffne, dürfe auch der Grundsatz der Verhältnismäßigkeit des Mittels keine entscheidende Rolle spielen[255]. Die Anordnung der Haft muß „erforderlich" sein; nicht erforderlich ist die Abschiebungshaft aber dann, wenn andere die persönliche Freiheit des Ausländers weniger einschränkende Maßnahmen ausreichen.

ee) Die Duldung

Ist eine rechtlich zulässige Abschiebung zeitweilig undurchführbar, so kann sie ausgesetzt werden (§ 17 I 1 AuslG). Der Ausländer erhält dann eine Duldung; diese beinhaltet keine Aufenthaltserlaubnis besonderer Art[256], so daß der Aufenthalt zwar nicht erlaubt i. S. d. § 2 I 1 AuslG, aber gleichwohl nicht rechtswidrig oder strafbar ist[257]. Ein Rechtsanspruch auf Duldung besteht nicht[258]. Der Ausländer bleibt weiterhin verpflichtet, die Bundesrepublik zu verlassen[259]. Fallen die Gründe weg, die zu der Aussetzung der Abschiebung zwangen, ist die Duldung zu widerrufen (§ 17 I S. 2 AuslG); die Abschiebung wird dann durchgeführt.

d) Der Rechtsschutz im ausländerrechtlichen Aufenthaltsrecht

Nach Art. 19 IV GG steht jedermann, der durch die öffentliche Gewalt in seinen Rechten verletzt wird, der Rechtsweg offen. Entsprechend dieser Grundregel wird von der h. M.[260] die Geltung des Rechtsschutzsystems für den Ausländer bejaht. Dem könnte man aber entgegenhalten, daß der Grundsatz des lückenlosen Individualrechtsschutzes, wie er in Art. 19 IV GG ausgedrückt ist, nur im Verhältnis des einzelnen *Bürgers* zum Staat gelten könne. Art. 19 IV GG macht aber keinen Unterschied zwischen Inländern und Ausländern. Angesichts der gerade erlittenen Erfahrungen in einem Unrechtsstaat war es vielmehr das Ziel des Grundgesetzgebers von 1949, die normativen Sicherungen der

---

255 Schiedermair, S. 194; ähnlich Weissmann, Komm., S. 139.
256 Vgl. Schiedermair, S. 197.
257 Vgl. § 47 I, Nr. 2 AuslG.
258 Schiedermair, S. 196.
259 Kanein, Komm., S. 151.
260 Vgl. BVerfG E 35, S. 400 f.; OVG Münster, Schüler / Wirtz, S. 18 f.

Rechtsstaatlichkeit bis zur Perfektion auszubauen. Damit wäre eine restriktive Auslegung des Art. 19 IV GG nicht vereinbar. Kerngedanke des formellen Rechtsstaates, den Art. 19 IV GG gewährleistet, ist die Sicherstellung von Rechtsfrieden und Rechtssicherheit und damit der Ausschluß von Willkürherrschaft. Dieses Prinzip setzt durch die formelle Gleichbehandlung im Rechtsschutz die Grundbedingung zu materialer Gerechtigkeit. Über den Umweg auf Art. 3 I GG, bei dem die Ausländereigenschaft einen sachlichen Differenzierungsgrund abgibt, kann indes nicht die Geltung des Art. 19 IV GG eingeschränkt werden. Denn die formelle Gleichheit im Rechtsschutz hängt nicht von der materiellen Gleichheit ab. Auch wenn Inhalt und Auswirkungen des AuslG sehr „ungleich" sein mögen, kommt es für die Eröffnung des Rechtsweges allein darauf an, ob sich die angegriffene Maßnahme als Akt der „öffentlichen Gewalt" darstellt und der Ausländer hierdurch in „seinen Rechten verletzt" ist.

Seine Grenze findet der Rechtsschutz allerdings dort, wo es an rechtlichen Maßstäben fehlt, nach denen in einem rechtlich geordneten Verfahren die Rechtmäßigkeit einer staatlichen Maßnahme geprüft werden könnte. Wenn es sich bei den ausländerrechtlichen Maßnahmen um „Regierungsakte" handeln würde, so wäre die Justitiabilität dieser Akte in Frage gestellt. Schiedermair[261] lehnt bei denjenigen Fällen im AuslG, die Regierungsakte darstellten, die Rechtsschutzmöglichkeit ab. Treffe nämlich die Ausländerbehörde eine Entscheidung, die ihre Wurzel in den Richtlinien der Politik der Bundesrepublik habe, dann nehme eine solche Maßnahme den Charakter eines justizfreien Hoheitsaktes an; die Nichtanfechtbarkeit für solche gerichtsfreien Hoheitsakte sei anerkannt, da nur dies mit der im GG verfassungsrechtlich verankerten Souveränität der Bundesrepublik vereinbar sei[262]. Handele die Behörde dagegen aus Gründen, die „in der Person des Ausländers liegen", so habe insoweit die ergehende Entscheidung den Charakter eines anfechtbaren Verwaltungsaktes[263].

Ungeachtet der Streitfragen über die generelle oder teilweise Daseinsberechtigung der sog. justizfreien Hoheitsakte, ist anerkannt, daß, wenn überhaupt, der gerichtlichen Nachprüfung nur staatspolitische Führungsentscheidungen entzogen sind. D. h. die Akte müssen ihrem Inhalt nach Entscheidungen auf politischer Ebene sein, außerhalb des rechtlich geregelten öffentlichen Lebensbereichs im Gebiet der verantwortlichen politischen Leitung vollzogen werden und ihrem Wesen nach eine korrigierende gerichtliche Nachprüfung nicht vertragen[264]. Bei Ent-

[261] S. 577.

[262] Schiedermair, S. 38/39.

[263] Schiedermair, S. 38, 101, 163. Für die Ausweisung als Regierungsakt übrigens auch schon: von Frisch, S. 168.

scheidungen in Sichtvermerksangelegenheiten fehlt es aber nicht an rechtlichen Maßstäben für die Beurteilung der Zulässigkeit und Rechtmäßigkeit im Einzelfall. Auch haben solche Akte, die alltägliche Routineaufgaben sind, keine die Gerichtsfreiheit rechtfertigende staatspolitische Qualität und Bedeutung. Die Darlegung der Gründe für die Versagung eines Sichtvermerks in einem gerichtlichen Verfahren gefährdet im Regelfall nicht das Staatswohl. Sollte dies im Einzelfall ausnahmsweise so sein, könnte gemäß § 99 I VwGO die Aktenvorlage verweigert werden. Was die Berücksichtigung abwehrdienstlicher Interessen anlangt, so kann wohl kaum unterstellt werden, daß der Sichtvermerkszwang ein geeignetes Mittel zur Behinderung ausländischer Spione ist. Die Darlegung der Gründe für die Visumverweigerung wird in einem solchen Fall kaum die Staatsinteressen beeinträchtigen können, da den ausländischen Spionageorganisationen nicht an einem Rechtsstreit gelegen sein kann. Bei Entscheidungen in Sichtvermerksangelegenheiten fehlt es somit schon an einem sog. Regierungsakt. Auch die Verweigerung der AE und die Ausweisung stellen, obwohl die Belange der Bundesrepublik von den Ausländerbehörden zu beachten sind, keine staatspolitischen Führungsentscheidungen dar. Wollte man anders entscheiden, so wäre nahezu jede verwaltungsrechtliche Maßnahme, die ihre Grundlage in öffentlichen Interessen hat, der verwaltungsgerichtlichen Nachprüfung entzogen. Zwar gibt es auch aufenthaltsrechtliche Entscheidungen, die von außenpolitischen Erwägungen getragen werden. Dadurch kommt aber der Maßnahme nicht automatisch eine Qualität zu, die außerhalb des rechtlich geregelten öffentlichen Lebensbereichs im Gebiet der verantwortlichen politischen Leitung liegt. Daß die gerichtliche Kontrolle wegen der ungenauen Bestimmung des Belangebegriffs begrenzt ist, läßt nicht den Schluß auf die völlige Versagung der Überprüfbarkeit zu[265]. Jede andere Auslegung wäre mit Art. 19 IV GG unvereinbar. Das AuslG geht deshalb selbst von der grundsätzlichen Klagemöglichkeit aus (vgl. § 21 III 2, 3 AuslG). Auch aus der Souveränität der Bundesrepublik ergibt sich entgegen Schiedermair nichts anderes. Denn „staatliche Souveränität kann niemals verletzt sein, wenn es eine Normierung eben dieses Staates (gibt), aus der sich ein Aufenthaltsrecht ergibt“[266]. Das deutsche Rechtsschutzsystem gilt somit in vollem Umfang auch für Ausländer.

aa) Das Problem des Rechts auf fehlerfreie Ermessensausübung

Da der Fremde grundsätzlich kein Recht auf Einreise und Aufenthalt hat, beschränkt sich die Kontrolle der Verwaltungsgerichte in der Regel

---

[264] Vgl. OVG Münster, Schüler / Wirtz, S. 19; Maunz / Dürig / Herzog, GG, Art. 19 IV, Rdnr. 24 m. w. N.

[265] Tomuschat, Rezension von Schiedermair, ZaöRV 1973, S. 397.

[266] Tomuschat, ebd.

auf die Überprüfung von Ermessensfehlern. Art. 19 IV GG und § 42 VwGO verlangen aber, der durch den Verwaltungsakt Betroffene müsse geltend machen, er werde durch ihn in seinen Rechten verletzt. Davon hängt es ab, ob der Ausländer ein Recht auf fehlerfreie Ermessensausübung besitzt.

Eine Mindermeinung in der Literatur bestreitet dies unter Hinweis auf den Spezialitätscharakter des Art. 25 GG[267]. Da das Völkerrecht einen Anspruch auf fehlerfreien Ermessensgebrauch nicht kenne, könne auch ein solcher auf dem inkorporierten Völkerrecht beruhender Anspruch nicht verletzt sein. Wie oben[268] dargelegt wurde, verdrängt — entgegen dieser Auffassung — Art. 25 GG nicht als lex specialis die anderen im GG verbürgten Verfassungsrechte. Mit dieser Begründung kann den Ausländern ein Recht auf fehlerfreie Ermessensausübung nicht verweigert werden.

Nach h. M.[269] unterliegen alle Entscheidungen der Ausländerbehörde nach Maßgabe des § 114 VwGO der verwaltungsrechtlichen Nachprüfung. Diese These wird nicht begründet. Die Feststellung, daß dem Ausländer ein Recht auf Einreise und Aufenthalt nicht zusteht, läßt daran zweifeln, ob die Möglichkeit einer Rechtsverletzung i. S. d. Art. 19 IV GG bzw. § 42 VwGO im ausländerrechtlichen Aufenthaltsrecht schlüssig behauptet werden kann. Denn wenn der Staat die Ausländerbehörden z. B. durch Beschränkungen der Ausweisungsbefugnis bindet, so will er dadurch im Zweifel dem Ausländer doch kein Recht auf Aufenthalt gewähren. Es ist aber heute anerkannt, daß Art. 19 IV und § 42 VwGO den Rechtsweg nicht nur für den Fall eröffnen, daß die Verletzung eines subjektiven öffentlichen Rechts im klassischen Sinne gerügt werden kann. Vielmehr ist jedes durch ein Gesetz geschütztes Individualinteresse als Recht i. S. d. Art. 19 IV GG und § 42 VwGO anzusehen, wenn feststeht, daß die objektiv-rechtliche Begünstigung entweder ausschließlich oder doch zumindest auch dem Individualinteresse zu dienen bestimmt ist[270]. Ein Anspruch des Ausländers auf ermessensfehlerfreie Verwaltungsentscheidung setzt somit voraus, daß die Ermessenstatbestände im AuslG erlassen sind, um — zumindest auch — den individuellen Interessen des jeweiligen Ausländers zu dienen[271].

Das AuslG kennt zahlreiche Ermessen einräumende Normen. Für den größten Teil dieser Regelungen ist der Anspruch auf fehlerfreie

---

[267] Doehring, Die allgemeinen Regeln ..., S. 168 ff., 170, 172, 200; ders., in: ZaöRV 1965, S. 478 ff. und in: VVdStRL 1974, H. 32, S. 22 ff.

[268] Teil B. II. 1. a).

[269] Vgl. z. B. OVG Berlin v. 25. 5. 1966, v. 15. 4. 1969, v. 22. 1. 1970, v. 22. 8. 1970, in: Schüler / Wirtz, S. 175 f., 190 f. (192), 198/199, 201 (202); Bay. VGH v. 4. 6. 1969, Schüler / Wirtz, S. 194/195.

[270] Maunz / Dürig / Herzog, Art. 19 IV, Rdnr. 36 m. vielen w. N.

[271] Vgl. grds.: BVerwG E 39, S. 235 ff. (237) mit zahlreichen Nachweisen — Schleusenfall —; Wolff, Verwaltungsrecht I, § 43 I b 2 m. w. N.

Ermessensausübung unproblematisch. Da die Aufenthalts*berechtigung* räumlich und zeitlich unbeschränkt ist, nicht mit Bedingungen versehen werden kann und gleichzeitig die Ausweisungsgründe begrenzt, bezwecken die §§ 8 und 11 I AuslG den Schutz des schon länger im Inland weilenden Ausländers. § 11 II AuslG dient dem Schutz Asylberechtigter, heimatloser Ausländer und ausländischer Flüchtlinge. § 13 II und § 14 I 1, II 1 AuslG schränken die Abschiebung von Ausländern ein. Nach § 16 I 2, II 2 AuslG soll die Abschiebungshaft nicht 6 Wochen und darf nicht ein Jahr überschreiten. § 17 I AuslG schützt den Ausländer dadurch, daß ihm, wenn die Abschiebung undurchführbar ist, eine Duldung erteilt werden kann. § 18 II AuslG begrenzt die Möglichkeit der Zurückschiebung auf 7 Tage nach dem Grenzübertritt. Diese den Ausländer begünstigenden Tatbestände intendieren den Schutz des jeweiligen Fremden.

Fraglich ist demgegenüber, ob auch § 2 I 2 (AE), § 5 I (AE vor oder nach Einreise), § 7 (Geltungsbereich und -dauer der AE) und § 10 AuslG zumindest als Nebenzweck den Interessen des Ausländers dienen.

Die Ausweisung kann nur unter den Voraussetzungen des § 10 I AuslG ergehen. Da sie eine *Belastung* für den Ausländer darstellt, könnte die auf Art. 2 I GG basierende Freiheit vor allen gesetzlich nicht gerechtfertigten Belastungen das formelle Recht auf fehlerfreien Ermessensgebrauch begründen[272]. Art. 2 I GG gilt aber, wie dargestellt, für Ausländer nur, soweit es ein allgemeines Menschenrecht normiert. Das Freizügigkeitsrecht ist darin nicht enthalten. Daraus folgt: Die auf Art. 2 I GG beruhende Freiheit vor ungesetzlichen Belastungen der Freizügigkeit steht dem Ausländer nicht zu. Deshalb vermag Art. 2 I GG insoweit für den Fremden kein formelles Recht auf fehlerfreien Ermessensgebrauch zu verbürgen. Das Recht auf pflichtgemäße Ermessensentscheidung hängt somit auch bei § 10 I AuslG davon ab, ob § 10 nur die Interessen der Allgemeinheit berücksichtigt oder auch den einzelnen Ausländer begünstigt. Wenn der Gesetzgeber lediglich bestrebt gewesen wäre, ein den Anforderungen des Völkerrechts entsprechendes Ausweisungsrecht zu schaffen, diente § 10 I AuslG lediglich dem öffentlichen Interesse. Nach dem Völkerrecht genügt für die Rechtmäßigkeit der Ausweisung, daß sie auf sachlichen Erwägungen beruht und deshalb nicht willkürlich ist. Darüber geht § 10 I AuslG aber schon deshalb hinaus, weil er verlangt, daß bei der Anwendung der Tatbestände des § 10 I AuslG das durch die betreffende Einzelvorschrift jeweils geschützte öffentliche Interesse abzuwägen ist gegen die privaten Belange des betroffenen Ausländers, d. h. gegen die Folgen der Ausweisung für seine wirtschaftliche, berufliche und persönliche Existenz sowie für andere soziale Bindungen[273]. Das zeigt aber, daß § 10 I AuslG

[272] Vgl. dazu Maunz / Dürig / Herzog, Art. 19 IV, Rdnr. 36 m. w. N.

zumindest auch den Schutz des Ausländers bezweckt. Ein Anspruch auf fehlerfreien Ermessensgebrauch besteht auch im Rahmen des § 10 AuslG.

§ 7 AuslG regelt den Geltungsbereich und die Gültigkeitsdauer der AE. Die beschränkte Erteilung der AE hat zwar vor allem die Funktion, als Einreiseschleuse die Kontrolle der Ausländer im Hinblick auf Aufenthaltszweck, -ort und -dauer zu gewährleisten. Die Verfügung von Auflagen, Bedingungen und Befristungen muß aber den Verhältnismäßigkeitsgrundsatz, der die Abwägung von öffentlichen und privaten Belangen verlangt, beachten. Da die Verlängerung der AE allgemeine Verwaltungspraxis darstellt und sich daraus aus dem rechtsstaatlichen Vertrauensschutzgedanken eine stärkere Rechtsposition des Ausländers ergibt, finden bei der Entscheidung nach § 7 AuslG auch die privaten Interessen des Fremden gebührende Berücksichtigung. Es verstieße gegen den verfassungsrechtlichen Grundsatz der Gleichbehandlung (Art. 3 GG), wenn von dieser rechtsstaatsgemäßen Übung im Einzelfall abgewichen und willkürlich Aufenthaltsbeschränkungen verfügt werden. Die Tatsache, daß die *verfassungsrechtlichen Wertentscheidungen,* die in den Grundrechten und anderen Verfassungsgrundsätzen verkörpert sind, *auf die Auslegung des § 7 AuslG einwirken,* rechtfertigt deshalb die Annahme eines Rechtes des Ausländers auf fehlerfreie Ermessensausübung, da § 7 AuslG — wenn auch nur nebenbei — den Schutz des einzelnen Fremden intendiert.

Hingegen erscheint auf den ersten Blick das alleinige Ziel der einreiseschleusenden Maßnahmen der Sichtvermerks-Aufenthaltsgenehmigung und der Aufenthaltserlaubnis nach der Einreise (§§ 5, 2 I 2 AuslG) die staatliche Unbedenklichkeitskontrolle. Andererseits könnte der Ausländer ein schutzwürdiges Interesse haben, in das Bundesgebiet eingelassen zu werden, sofern keiner der Gründe vorliegt, die zwingend oder fakultativ die Verhinderung des Eintritts vorsehen. Zudem muß die Ausländerbehörde auch bei der Einreise die Interessen des Fremden mit den Belangen des Staates vergleichen und nach deren Abwägung ihre Entscheidung treffen[274]. Die Schutzwürdigkeit des „einwandfreien" Einreisenden könnte deshalb die Folgerung rechtfertigen, daß die §§ 5, 2 AuslG auch den Interessen des Fremden dienen. Dem steht aber entgegen, daß nach § 2 I 2 AuslG bei Beeinträchtigung der Belange der Bundesrepublik ein *Verbot* besteht, die Aufenthaltsgenehmigung zu erteilen. Die Ermessensabwägung soll dann ausgeschlossen sein. Der Begriff der „Belange der Bundesrepublik" betrifft ausschließlich die Gesichtspunkte der staatlichen Interessen. Daraus könnte zu folgern sein: Da §§ 2 I 2, 5 AuslG durch die Verwendung des

---

[273] Vgl. oben B. II. 2. c), bb), ddd).

[274] s. o. B. II. 2. c), aa), ddd).

Begriffs der Belange der BRD einseitig den Schutz des Gaststaates bezwecken, steht dem Fremden weder ein Anspruch auf ein bestimmtes Verwaltungshandeln, noch auch nur ein Anspruch auf ermessensfehlerfreie Verwaltungsentscheidung zu.

Wie oben[275] jedoch erörtert wurde, liegt es näher, in § 2 I 2 AuslG *einen einheitlichen* Ermessenstatbestand zu sehen. Ergeht aber bei § 2 AuslG eine einheitliche Ermessensentscheidung, so folgt daraus noch nicht zwingend ein subjektives Recht des Ausländers auf Einhaltung der Ermessensgrenzen, dessen Verletzung er mit der verwaltungsgerichtlichen Klage rügen kann. Denn Amtspflichten, die lediglich der Allgemeinheit oder nicht bestimmten Einzelpersonen gegenüber bestehen, sind durch Private nicht einklagbar. Die objektive Verpflichtung der Ausländerbehörde, ihr Ermessen fehlerfrei auszuüben, begründet nicht automatisch ein subjektives Recht des klagenden Ausländers auf Einhaltung der objektiven Grenzen. Vielmehr hängt der Anspruch des Fremden auf pflichtgemäße Ermessensausübung weiterhin davon ab, ob der einheitliche Ermessenstatbestand des § 2 AuslG einen Rechtssatz darstellt, der zumindest auch den Schutz des einzelnen Ausländers intendiert. Da die Erteilung der Aufenthaltserlaubnis einen Antrag des Ausländers als materielle Voraussetzung der Gestattung des Aufenthalts verlangt, könnte gefolgert werden, dadurch erkenne § 2 AuslG das individuelle Interesse des Staatsfremden an der Gewährung des Aufenthalts an. Dann müßte der Fremde allein durch seine Beteiligung an dem Aufenthaltsgenehmigungsverfahren einen Anspruch auf ermessensfehlerfreie Entscheidung erwerben[276]. Es ist aber nicht verständlich, inwiefern der Umstand der Beteiligung einen Schluß dahingehend gestatten soll, die Ablehnung eines Antrages (auf dessen Erfüllung kein Anspruch besteht) berühre die Rechte des Abgewiesenen. Aus jener Antragsvoraussetzung könnte allenfalls folgen, daß jemand, der *ohne Antrag* eine Aufenthaltserlaubnis erhalten hat, deswegen in seinen Rechten verletzt sei, weil ihm ein Recht auf Mitwirkung eingeräumt worden sei. Die Notwendigkeit eines Antrags verschafft dem einzelnen noch nicht eine rechtlich geschützte Position, die einen Anspruch auf fehlerfreie Ermessensentscheidung begründen kann. Die h. M. lehnt es deshalb zu Recht ab, aus der gesetzlichen Einräumung der Beteiligung am Verwaltungsverfahren ein Recht auf ermessensfehlerfreie Entscheidung herzuleiten[277].

Die Regelung über die Genehmigung zum Aufenthalt ähnelt der Normierung des § 8 RuStAG zur Einbürgerung eines Fremden, die auch

---

[275] B. II. 2. c), aa), bbb).

[276] So grds. Morner, NJW 1973, S. 1208; ähnlich wohl auch Hoffmann / Becking, JuS 1973, S. 615 f. (616 f.).

[277] Wolff, VerwR I, § 43 I b 2 mit zahlreichen Nachweisen; BVerwG, DöV 1969, S. 428.

keinen Rechtsanspruch auf Einbürgerung vorsieht. Da kein Recht auf sachgerechte Behandlung bestehe, verneint hier ein Teil der Literatur im Zusammenhang mit der Einbürgerung ein subjektives Recht des Ausländers auf ermessensfehlerfreie Entscheidung[278]. Die Erteilung einer Aufenthaltsgenehmigung berührt aber die staatlichen Interessen in der Regel ungleich weniger als die Einbürgerung von Ausländern; durch die Gestattung zum Aufenthalt wird grundsätzlich nur ein zeitlicher Aufenthalt ermöglicht, während sich aus der Einbürgerung dauerhaftere Verpflichtungen des Staates gegenüber dem Eingebürgerten ergeben. Bei der *Auslegung der §§ 2, 5 AuslG* im Hinblick darauf, ob auch der Schutz des Ausländers bezweckt ist, sind zudem die Grundrechte als *verfassungsrechtliche Wertentscheidungen zu berücksichtigen*. Dabei besteht wegen der Geltung der Generalklausel des Art. 19 IV GG eine Vermutung dafür, daß ein als rechtsschutzwürdig erkanntes Interesse auch rechtlich geschützt und deshalb vom Individuum durchsetzbar ist[279]. Ein Recht auf Einreise und Aufenthalt besteht nach dem GG für den Ausländer zwar nicht. Art. 3 I GG ist aber verletzt, wenn ein Ausländer bei der Entscheidung über die Erteilung der AE ermessensfehlerhaft behandelt wird. Denn die Staatsangehörigkeit des Fremden kann nicht die ermessensfehlerhafte Behandlung von Ausländern untereinander rechtfertigen. In ständiger Verwaltungsübung werden zudem Aufenthaltsgenehmigungen erteilt, wenn den Ausländerbehörden dies unbedenklich erscheint. Mithin verstieße es gegen den verfassungsrechtlichen Grundsatz der Gleichbehandlung, wenn von dieser Übung im Einzelfall willkürlich abgewichen würde. Wenn die Ausländerbehörde durch § 2 AuslG ermächtigt wird, beim Vorliegen bestimmter vom Gesetz vorgesehener Umstände dem Ausländer die Vergünstigung der AE zu gewähren, so kann die Behörde nicht willkürlich die Vergünstigung zubilligen oder versagen. Dieser verfassungsrechtlichen Verpflichtung der Behörde zu sachgerechter Entscheidung entspricht beim Ausländer ein schutzwürdiges Interesse; denn die §§ 2, 5 AuslG sind unter Berücksichtigung der Grundrechte *auszulegen*, und Art. 3 i. V. m. Art. 19 IV GG dienen dazu, auch derartige Interessen zu schützen[280]. Damit unterliegt auch die Entscheidung der Ausländerbehörde über die AE nach Maßgabe des § 114 VwGO der

---

[278] Schneider, ZaöRV 1958, S. 449 ff. (455 ff.); a. A. st. Rspr.: BVerwG, DöV 1958, 340 m. w. N.; OVG Lüneburg, NJW 1956, 238; OVG Berlin, JZ 1967, S. 751; Maunz / Dürig / Herzog, Art. 19 IV GG, Rdnr. 36, Fußnote 1 m. w. N.

[279] Maunz / Dürig / Herzog, Art. 19 IV GG, Rdnr. 36.

[280] Maunz / Dürig / Herzog, Art. 19 IV, Rdnr. 36, Fußn. 1; BFinH 61, 198; Wolff, VerwR I, § 43 I b) 2. mit zahlreichen Nachweisen; vgl. auch Lorenz, Der Rechtsschutz des Bürgers und die Rechtsweggarantie, 1973, S. 54 ff. m. w. N. (Lorenz meint allerdings, über den Schutzzweck des Gesetzes entscheide *nur* die Verfassung — S. 63); a. A. Isensee, VVdStRL 1974, S. 67, Fußn. 44.

verwaltungsgerichtlichen Nachprüfung. Das Korrektiv eines zu weitgehenden gerichtlichen Eingriffs bei § 2 AuslG (z. B. bei einem Gegeneinander der Rechtsprechung und der Exekutive in außenpolitischen Fragen bei Erteilung der AE) wird man darin erblicken können, daß selten der äußerst weite Ermessensspielraum überschritten oder ein Mißbrauch vorkommen wird. Die Gerichte müssen aber andererseits die Möglichkeit behalten, wirklich sachfremde Erwägungen auch bei politischen Entscheidungen der Kontrolle zu unterziehen.

bb) Die Rechtsschutzgarantien im einzelnen

Konkret führt die grundsätzliche Rechtsschutzgewährung in Ausländersachen zu folgenden Feststellungen:

aaa) Rechtsschutz bei AE in Form des Sichtvermerks

Obwohl § 23 II AuslG bei Versagung der Aufenthaltserlaubnis in Form des Sichtvermerks weder Begründung noch Rechtsmittelbelehrung vorsieht, ist die Klage zulässig[281]. Das ist allerdings umstritten.

Ein Teil der Literatur versagt den Rechtsschutz, da Art. 19 IV GG nur innerhalb der BRD Geltung beanspruchen könne[282] und es an einer hoheitlichen Entscheidung gegenüber dem Ausländer fehle, weil die deutsche Auslandsvertretung im Ausland aus völkerrechtlichen und staatsrechtlichen Gründen keine Hoheitsgewalt ausüben dürfe[283].

Es ist aber gerade die völkerrechtlich zulässige Funktion der deutschen Auslandsvertretungen, im ausländischen Staatsgebiet diese Verwaltungsaufgaben für die Bundesrepublik wahrzunehmen[284]. Andernfalls wäre die Vorschrift des § 50 I Nr. 3 VwGO, der die Klagen gegen den Bund auf Gebieten, die in die Zuständigkeit der diplomatischen und konsularischen Auslandsvertretungen der BRD fallen, betrifft, gegenstandslos. Es ist auch nicht einsichtig, weshalb eine hoheitliche, durch Über- und Unterordnung gekennzeichnete Rechtsbeziehung nur zu einem deutschen Staatsangehörigen, nicht aber zu einem im Ausland lebenden Ausländer bestehen könnte. Zwar stehen der diplomatischen Vertretung keine Zwangsmittel zur Verfügung, um die getroffene Anordnung durchzusetzen. Dies setzt jedoch ein öffentlich-rechtliches Gewaltverhältnis nicht begriffsnotwendig voraus. Nur im Bereich der Eingriffsverwaltung ist dies der Fall. Auf dem Gebiet der Leistungs-

---

[281] VG Köln, DVBl. 1962, 606; OVG Münster v. 2. 2. 1965, Schüler / Wirtz, S. 18 ff.; Marxen, S. 63; Erdmann, Verw.Arch. 1968, S. 329; vgl. auch Amtl. Begründung zu § 22 II E AuslG, BT-Drucks. IV/868, S. 18.

[282] Weissmann, Komm., S. 78.

[283] So Schiedermair, S. 226, 232, 578.

[284] Vgl. Tomuschat, der darauf hinweist, daß insoweit „ die Ausschließlichkeit der Gebietshoheit des Aufenthaltsstaates durchbrochen" sei; Rezension Schiedermair, ZaöRV 1973, S. 395 ff.

verwaltung besteht hingegen kein Raum für Maßnahmen, die der getroffenen Regelung zwangsweise Geltung verschaffen sollen. Das ist nicht anders, wenn ein Ausländer bei einer deutschen Auslandsvertretung die Erteilung eines Einreisevisums beantragt. Will ein Ausländer in die Bundesrepublik einreisen, so muß er notgedrungen die deutschen Rechtsvorschriften über die Einreise anerkennen und sich der Entscheidungsgewalt der deutschen Auslandsvertretung unterwerfen. Dieses Über- und Unterordnungsverhältnis unterscheidet sich nicht von einem öffentlich-rechtlichen Gewaltverhältnis, in das ein im Inland lebender Deutscher eintritt, wenn er von einer Behörde eine Leistung begehrt. Das AuslG steht in § 23 II nicht entgegen, da wegen § 58 VwGO die fehlende Rechtsbehelfsbelehrung nur zur Folge hat, daß die Frist zur Einlegung des Rechtsbehelfs nunmehr 1 Jahr beträgt. Die Versagung der Sichtvermerks-AE stellt deshalb eine hoheitliche Verfügung dar, gegen die Art. 19 IV GG uneingeschränkt den gerichtlichen Rechtsschutz zuläßt.

bbb) Die Problematik des eiligen Rechtsschutzes bei Ablehnung der AE

Gegen die Nichterteilung der Aufenthaltserlaubnis (im Inland) kann ebenfalls Klage vor dem Verwaltungsgericht erhoben werden[285]. Widerspruch und Anfechtungsklage kommt entgegen § 80 I VwGO keine aufschiebende Wirkung zu[286]. § 21 III 2 AuslG stellt einen Fall des Ausschlusses der aufschiebenden Wirkung von Rechtsmitteln durch Bundesgesetz nach § 80 II Nr. 3 VwGO dar. Das hat zur Konsequenz, daß der bis zur Ablehnung des Antrags der AE als „vorläufig erlaubt geltende Aufenthalt“ (§ 21 III 1 AuslG) endet; nach § 12 I AuslG muß der Ausländer das Bundesgebiet unverzüglich verlassen. Hiergegen ist der Antrag auf Wiederherstellung der aufschiebenden Wirkung über § 80 V AuslG zulässig[287]. Die Entscheidung nach § 80 V VwGO richtet sich nach der Abwägung der öffentlichen Interessen und der Privatinteressen des antragstellenden Ausländers an dem Suspensiveffekt des Rechtsbehelfs. Grundlage dieser Abwägung stellt nach früher h. M.[288] die gesetzgeberische Wertung des § 21 III 2 AuslG dar: Danach ist

---

[285] H. M.: z. B. OVG Rheinl.-Pfalz, DöV 1966, 207.
Dasselbe gilt auch für Zurückweisung und Zurückschiebung (§ 18 AuslG), vgl. Marxen, Komm., S. 208; a. A. allerdings Schiedermair, S. 202/203.

[286] Dazu: Stein, Die rechtliche Wirkung von Rechtsbehelfen gegen die Versagung der Aufenthaltserlaubnis, die Ausweisung ..., MDR 1968, S. 189 ff. (190); Marxen, S. 227; Weissmann, Komm., S. 151. Dies gilt nicht für EWG-Staatsangehörige, vgl. § 12 IX AufenthaltsG/EWG; siehe dazu: OVG Münster, GewA 1973, S. 109.

[287] Vgl. OVG Bremen, DVBl. 1972, S. 519; BVerwG v. 18. 12. 1969, Schüler / Wirtz, S. 358 ff.; a. A. neuerdings VG Freiburg, NJW 1975, S. 1089 f.

[288] OVG Bremen, DVBl. 1972, S. 519 m. w. N.; Kloesel / Christ, § 21 AuslG, Anm. 7.

einem Ausländer regelmäßig nicht die Möglichkeit zu gewähren, befugterweise die Entscheidung über seinen Rechtsbehelf im Bundesgebiet abzuwarten[289].

Der durch Art. 19 IV verbürgte umfassende und effektive gerichtliche Schutz wird aber illusorisch, wenn die Verwaltungsbehörden irreparable Maßnahmen durchführen, bevor die Gerichte deren Rechtmäßigkeit geprüft haben[290]. Der Rechtsschutzanspruch des Bürgers ist um so stärker, je schwerwiegender die ihm auferlegte Belastung ist und je mehr die Maßnahmen der Verwaltung Unabänderliches bewirken. Daraus folgt, daß für den Regelfall bei Verwaltungsakten, deren Vollziehung „vollendete Tatsachen" schafft, die aufschiebende Wirkung nach § 80 V VwGO wiederherzustellen ist[291]. Dies ergibt sich aus folgenden Erwägungen: Die Rechtsverfolgung vom Ausland her ist durch unüberwindliche Kommunikationsschwierigkeiten und erheblich erhöhte finanzielle Aufwendungen erschwert. Art. 19 IV garantiert aber jedermann die Effektivität des Rechtsschutzes[292]. Art. 103 GG gewährleistet auch dem Ausländer Anspruch auf rechtliches Gehör. Zwar schreibt Art. 19 IV GG die persönliche Anwesenheit der Partei im gerichtlichen Verfahren nicht zwingend vor, die Vertretung durch einen bevollmächtigten Rechtsanwalt reicht aber wegen der Kommunikationserschwerung für das rechtliche Gehör nicht aus[293]. Abgeschobene Ausländer können ihr Fragerecht (§ 97 VwGO) gegenüber Zeugen nicht ausüben und vor allem stehen sie dem Gericht nicht für eine Vernehmung zur Verfügung. Da der Bedeutung der Grundrechte auch bei der Vollziehung von Ausweisungsverfügungen Rechnung zu tragen ist, kann deshalb § 21 III 2 AuslG nicht Grundlage der Wertung nach § 80 V VwGO sein. Aus der Rechtsschutzgarantie des Art. 19 IV GG folgt daher, daß ein Ausländer regelmäßig das Recht hat, befugterweise die Entscheidung über seinen Rechtsbehelf im Bundesgebiet abzuwarten. Diese verfassungskonforme Begrenzung des § 21 III 2 AuslG[294] entspricht auch der Intention des Gesetzgebers, der lediglich dem Mißbrauch der Fiktion des § 21 III 1 AuslG begegnen wollte[295].

---

289 OVG Bremen, ebd.; anders neuestens: VGH Bad.-Württ. v. 3. 5. 1973, DVBl. 1973, 703; zu diesem Problemfeld: Rittstieg, in: DVBl. 1972, 520 f., NJW 1972, 2160 und JZ 1972, 355; Kanein, NJW 1973, 734.

290 BVerfGE 35, 400; so schon vorher: Rittstieg, JZ 1972, 354; Kanein, ebd.; Schuster, Bl. f. dte. und internationale Politik 1972, S. 1143.

291 BVerwGE 1, S. 11; 16, 289 (292 ff.); BVerfGE 35, 382 (400 f.).

292 BVerfGE 15, 275; 10, 264 (267); 24, 367 (401 f.).

293 Rittstieg, JZ 1972, S. 355; BVerfGE 35, 400 f.; BVerfG NJW 1974, 1809 f.

294 a. A. Rittstieg, der von der Verfassungswidrigkeit der Norm ausgeht, vgl. JZ 1972, S. 355 und DVBl. 1972, S. 521.

295 So wohl auch Kanein, NJW 1973, S. 734; ebenso OVG Bremen, DöV 1975, S. 280.

ccc) Eiliger Rechtsschutz bei der Ausweisung

Im Gegensatz zur Rechtslage bei Versagung der Aufenthaltserlaubnis oder deren Verlängerung, haben Widerspruch und Anfechtungsklage gegen eine Ausweisungsverfügung grundsätzlich aufschiebende Wirkung nach § 80 I VwGO. Allerdings entfällt die aufschiebende Wirkung, wenn die sofortige Vollziehung von der Ausländerbehörde gemäß § 80 II Nr. 4 VwGO angeordnet wird. Dabei soll nach einer früheren Rspr. die sofortige Vollziehung schon dann im öffentlichen Interesse liegen, wenn die Ausweisung eines Ausländers „offensichtlich rechtmäßig" ist[296]. Rechtmäßigkeit ist aber unabdingbare Voraussetzung eines jeden Verwaltungsaktes[297]. Wie das BVerfG in seiner grundlegenden Entscheidung vom 18. Juli 1973[298] festgestellt hat, dürfen die Anforderungen an das für die sofortige Vollziehung erforderliche öffentliche Interesse im Hinblick auf die Rechtsschutzgarantie des Grundgesetzes nicht weniger streng sein als die Anforderungen an die Gründe der Ausweisung selbst. Die Anordnung der sofortigen Vollziehung setzt also vielmehr ein außergewöhnliches Interesse gerade an dem sofortigen Vollzug der Ausweisung voraus. Nur in dem Ausnahmefall, in dem der begründete Verdacht besteht, die von dem Ausländer ausgehende, mit der Ausweisung bekämpfte Gefahr werde sich schon in dem Zeitraum bis zur richterlichen Entscheidung über die Rechtmäßigkeit der Ausweisungsverfügung realisieren, kann die Anordnung der sofortigen Vollziehung angebracht sein[299]. Da die sofortige Vollziehung der Ausweisung den Ausländer in seiner Rechtsverfolgung im Hauptsacheverfahren behindern kann, wird für den Regelfall wegen des Prinzips des effektiven Rechtschutzes davon auszugehen sein, daß die Ausländerbehörde die gerichtliche Entscheidung abzuwarten hat. Dem kann nicht entgegengehalten werden, die sofortige Vollziehung von Ausweisungsverfügungen sei regelmäßig mit solchen Nachteilen verbunden und anders sei den Gefahren für die Bundesrepublik nicht zu begegnen. Die Bedeutung der Grundrechte darf durch die Ausweisungspraxis nicht vermindert werden. Zudem können etwaige Gefahren durch die Anordnung der Abschiebungshaft vermieden werden.

Gegen die Anordnung des sofortigen Vollzugs steht dem Ausländer der Rechtsbehelf des § 80 V VwGO zur Verfügung. Die aufschiebende Wirkung des Rechtsbehelfs kann auch nachträglich wiederherzustellen sein, wenn eine zunächst gerechtfertigte Anordnung der sofortigen Vollziehung verfassungswidrig wird[300]. Zu der rechtsstaatlich gebotenen

[296] VGH Bad.-Württ. v. 23. 12. 1965, Schüler / Wirtz, S. 271 ff.

[297] VG Hannover, DVBl. 1972, S. 519 f.

[298] BVerfG E 35, 400; ebenso: BVerfG, NJW 1974, S. 1809 f.

[299] BVerfG E 35, S. 401 f.; dazu Menger, Verw.Arch. 1974, S. 329.

[300] BVerfG, ebd.

Effektivität des Rechtsschutzes gehört auch, daß er alsbald verwirklicht wird. Andernfalls würde der beim sofortigen Vollzug ohnehin in seiner Bedeutung geminderte Rechtsschutz durch die Verzögerung der Sachentscheidung noch mehr entwertet. Deshalb besteht für die Widerspruchsbehörden und Verwaltungsgerichte die Pflicht, die Hauptsacheverfahren mit möglichster Beschleunigung zu betreiben. Müssen aber die Hauptsacheverfahren mit der gebotenen Eile gefördert werden, so folgt aus dem Verhältnismäßigkeitsgrundsatz, daß die Verwaltungsbehörde bei der sofortigen Vollziehung prüfen muß, ob die Anordnung gemäß § 80 II Nr. 4 VwGO in der sich daraus ergebenden Zeitspanne notwendig ist. Ist die Ausweisung unter Mißachtung der oben genannten Grundsätze schon vollzogen, so kann das Verwaltungsgericht nach § 80 V S. 3 VwGO die Rückführung des Ausländers anordnen.

ddd) Rechtsschutz bei der Abschiebung

Die Abschiebung und ihre Androhung als Verwaltungsvollstreckungsmaßnahmen können selbständig vor dem Verwaltungsgericht angefochten werden[301]. Die Ausweisungsverfügung hat das Erlöschen der AE zur Folge (§ 9 I AuslG). Das Fehlen der AE begründet eine Pflicht zur Ausreise gemäß § 12 I AuslG. Nach § 13 AuslG stellt die Ausreisepflicht die erste Voraussetzung zur Abschiebung dar: Man könnte daher die Abschiebung für zulässig halten, ohne daß dazu die Unanfechtbarkeit der Ausweisung vorliegt oder ihre sofortige Vollziehung angeordnet wurde[302]. Dies würde aber im Gegensatz zu der Regelung bei den sonstigen Zwangsmitteln des allgemeinen Vollstreckungsrechts stehen. Nach h. M. setzt deshalb die Abschiebung die Vollziehbarkeit der Ausweisungsverfügung voraus[303]. Diese liegt vor bei Ablauf der Rechtsbehelfsfrist, Rechtskraft eines verwaltungsgerichtlichen Urteils und bei Anordnung des sofortigen Vollzuges, sofern die aufschiebende Wirkung nicht vom Verwaltungsgericht wiederhergestellt wurde. D. h. Rechtsmittel gegen die Ausweisungsverfügung, für die der sofortige Vollzug angeordnet und die Wiederherstellung der aufschiebenden Wirkung abgelehnt wurde, hindern die Abschiebung nicht[304]. Die Abschiebung stellt eine Vollzugshandlung dar, die von einer Landesbehörde ausgeführt wird. Nach den Ausführungsbestimmungen zur VwGO ist in Baden-Württemberg (§ 9 AGVwGO), Bremen (Art. 11 AGVwGO), Hamburg (§ 75 I 2 Verw.Vollstr.G), Hessen (§ 12 AGVwGO), Nordrhein-Westfalen (§ 8 AGVwGO), Rheinland-Pfalz (§ 16 V VwVG),

---

301 h. M.: vgl. Stein, MDR 1968, S. 191; Kloesel / Christ, § 13 AuslG, Anm. 7; a. A. Schiedermair, S. 175.

302 So auch Stein, S. 191.

303 Davon hängt ja auch das Erlöschen der AE nach § 9 I AuslG ab! Entgegen Stein vgl. Schiedermair, S. 177; Kanein, Komm., S. 132; ebenso Vwv. AuslG, Zu § 13, Ziff. 2 a.

304 So auch Schiedermair, S. 177.

Saarland (§ 18 AGVwGO) und Schleswig-Holstein (§ 223 des Allg. Verwaltungsgesetzes) die aufschiebende Wirkung gegen Verwaltungsvollstreckungsmaßnahmen ausgeschlossen. Mit Ausnahme der Länder Bayern, Berlin und Niedersachsen kann somit die Abschiebung trotz Widerspruch und Anfechtungsklage fortgesetzt werden.

eee) Rechtsschutz bei der Abschiebungshaft

Die Anordnung der Abschiebungshaft obliegt den ordentlichen Gerichten. Die Umstände jedoch, die die vorangegangene Ermessensentscheidung über die Ablehnung der AE oder deren Verlängerung oder die Ausweisung tragen, können nach h. M. vom Verwahrungsgericht (Amtsgericht) nicht auf ihre Rechtmäßigkeit überprüft werden[305]. Das folgt aus der Bindung an die Tatbestandswirkung der Verwaltungsakte der Ausländerbehörde, da ordentliche Gerichte nicht befugt sind, Anordnungen der Verwaltungsbehörden aufzuheben; die Überprüfung letzterer erfolgt allein durch die Verwaltungsgerichte. Die Tatbestandswirkung bindet die ordentlichen Gerichte lediglich bei vollziehbaren Verwaltungsakten[306], nicht dagegen bei nichtigen Verfügungen[307]. Die Kontrolle durch das Verwahrungsgericht ist somit grundsätzlich auf die speziellen Abschiebungsvoraussetzungen des § 16 AuslG beschränkt.

III. Das Aufenthaltsrecht des Ausländers in Italien

1. Verfassungsrecht und Aufenthaltsrecht in Italien

Nach dem italienischen Aufenthaltsrecht ist Ausländer jeder nicht inländische Staatsangehörige[1]. Diese Bestimmung, die in der italienischen Republik mangels ausdrücklicher gesetzlicher Klarstellung von Literatur und Rechtsprechung entwickelt wurde, erkennt somit auch den Staatenlosen als Objekt aufenthaltsrechtlicher Normierungen. Die Regelung des Testo unico delle leggi di pubblica sicurezza (T.U.P.S.) — Regio Decreto 18 giugno 1931, n. 773 — und des Regolamento per l'esecuzione del testo unico delle leggi di pubblica sicurezza — Regio

305 KG, DVBl. 1968, S. 470; BayObLG v. 18. 2., 10., 16. und 24. 4. 1974, NJW 1974, S. 1624, 1621 und 1620. Aus der Lit.: Kanein, S. 149; Kloesel / Christ, § 16 Zu Abs. II., S. 3; Schiedermair, S. 194; Marxen, S. 197.

306 Marxen, ebd.; BayObLG DöV 1959, S. 114; a. A. Kloesel / Christ, S. 3.

307 So auch Kloesel / Christ, ebd.

1 Consiglio di Stato, Ad.plen., 15. 9. 1956, n. 12, in: Foro amm. 1957, I, Sez. IV, S. 10 ff. (13); Giuliano: La giurisdizione civile italiana e lo straniero, Milano 1961, S. 54; Romanelli, Soggiorno degli stranieri ..., Riv. di polizia 1955, S. 329; Sabatini, Stranieri (Soggiorno nel territorio della Repubblica), Novissimo Digesto Italiano, Bd. XVIII, 1971, S. 545.

Decreto 6 maggio 1940, n. 635 — bestimmen die aufenthaltsrechtliche Stellung des Fremden. Der Ausländer unterliegt einer Sonderregelung. Diskriminierungen des Ausländers im Vergleich zum Inländer normiert auch die italienische Verfassung.

a) Staatsbürger- und Menschenrechte

Die italienische Verfassung unterscheidet Verfassungsartikel, die sich nur auf die „cittadini" beziehen[2], solche, die ein Recht „jedermann" zubilligen[3], und solche Normierungen, die allgemeine Formulierungen ohne Hinweis auf den Anwendungsbereich verwenden[4]. Verfassungsartikel, die „jedermann" geltend machen kann, sowie solche, die bezüglich des personalen Anwendungsbereichs neutrale Wendungen gebrauchen, stehen allen Menschen unabhängig von ihrer Staatsangehörigkeit zu[5]. Soweit es hingegen um die Staatsbürgerrechte der italienischen Verfassung geht, soll es sich nach einer Meinung in der Literatur um bewußte Beschränkungen handeln. Aus dem klaren Wortlaut folge der Ausschluß der Anwendbarkeit für Ausländer[6]. Demgegenüber hat der italienische Verfassungsgerichtshof für Art. 3 Ital.Verf., der den Gleichheitsgrundsatz für „Staatsbürger" zum Inhalt hat, ausgesprochen, daß das Prinzip der Gleichheit auch auf Ausländer anzuwenden sei, soweit es sich um ein „unverletzliches Menschenrecht" handele[7]. Enthalten Grundrechte als Kern unverletzliche Menschenrechte, sollen auch den Ausländern insoweit Rechte zustehen[8].

Art. 2 Ital.Verf. verbürgt die unverletzlichen Menschenrechte. Zwar bestimmt die Überschrift, Parte I der italienischen Verfassung die „diritti e doveri dei cittadini", und Art. 10 II Ital.Verf. sieht eine besondere Regelung des ausländerrechtlichen Status vor. Das bedeutet,

---

[2] Vgl. Art. 3 (Gleichheitsgrundsatz), Art. 4 (Recht auf Arbeit), Art. 16 (Freizügigkeit), Art. 17 (Versammlungsfreiheit), Art. 18 (Vereinigungsfreiheit) usw.

[3] z. B. Gedanken- und Meinungsfreiheit: Art. 21 Ital.Verf.; Rechtsschutz: Art. 24 Ital.Verf.; Glaubensfreiheit: Art. 19 Ital.Verf.

[4] Art. 13 Ital.Verf. — Prinzip der Unverletzlichkeit der Person; Art. 41 Ital.Verf. — Freiheit der wirtschaftlichen Betätigung.

[5] Vgl. Biscottini, Diritto amministrativo internazionale, Tomo II: La circolazione degli uomini e delle cose, Padova 1966, S. 66.

[6] Biscottini, Diritto amministrativo internazionale, S. 64; ders., I diritti fondamentali dello straniero, in: Diritto Internazionale, Vol. XVII, 1963, S. 10 ff. (10); siehe auch: Grassi, Il decreto legge 5. 2. 1948, n. 50, in tema di alloggio degli stranieri e degli apolidi, in: Giurisprudenza Costituzionale 1969, S. 1579 ff. (1588).

[7] Corte Costituzionale v. 23. 11. 1967, Nr. 120, in: Giurisprudenza Costituzionale 1967, S. 1577; ebenso: Corte Costituzionale v. 26. 6. 1969, Nr. 104, in: Giurisprudenza Costituzionale 1969, S. 1565.

[8] Vgl. ebenso: Mor, Allgemeines zum Aufbau der italienischen Verfassung und Verwaltung, Ziff. 40.00, S. 3, Nr. 8, Jura Europae, Niederlassungsrecht, 1973.

daß die verfassungsrechtliche Rechtsstellung des Ausländers mit der des Inländers nicht identisch sein kann. Daß aber die Staatsbürgerrechte der italienischen Verfassung die personale Ausweitung der jeweiligen Verfassungsartikel, soweit es um den menschenrechtlichen Kern geht, ausschließen, kann daraus zwingend nicht begründet werden. Eine Verdrängung des allgemeinen Prinzips der Unverletzlichkeit der Menschenrechte wäre nur dann überzeugend, wenn der personale Geltungsbereich von genereller und spezieller Verfassungsnorm identisch wäre. Das ist aber bei Art. 2 Ital.Verf. im Verhältnis zu Art. 3, 4, 16, 17, 18 Ital.Verf. gerade nicht der Fall. Nach Art. 2 Ital.Verf. garantiert die italienische Republik (jedermann) die unverletzlichen Menschenrechte. Art. 3, 4, 16, 17 und 18 Ital.Verf. verbürgen diese Grundrechte dagegen nach ihrem Wortlaut nur dem Inländer. Da zudem die Auffassung, die auch den Staatsbürgerrechten einen menschenrechtlichen Kern zuerkennt, die verfassungsrechtliche Verschiedenheit von Ausländer- und Inländerstatus nicht leugnet und damit nicht im Widerspruch zu Art. 10 II Ital.Verf. steht, ist der These des Verfassungsgerichtshofes, nach dem Art. 2 Ital.Verf. Auswirkungen bei der Auslegung der Staatsbürgerrechte hat, zu folgen. Wieweit der aus der Menschenrechtsgarantie begründete Kern eines Staatsbürgerrechts reicht, soll Gegenstand der folgenden Untersuchung sein.

b) Die einzelnen Grundrechte

aa) Das Freizügigkeitsrecht

Nach Art. 16 Ital.Verf. steht nur Staatsangehörigen das Grundrecht der Freizügigkeit zu. Dabei gilt es vorab, zwischen Eintritt (ingresso) und Aufenthalt (soggiorno, circolazione, locomozione) zu differenzieren. Während Art. 16 I Ital.Verf. den Aufenthalt betrifft, regelt Art. 16 II Ital.Verf. die Ausreise- und Einreisefreiheit; in beiden Fällen ist nach dem Wortlaut die Geltung auf die Staatsbürger beschränkt. Die Problematik der Unterscheidung von Eintritt und Aufenthalt wird in der italienischen Rechtslehre merkwürdigerweise nur für die einfachen Gesetze erörtert[9], ohne daß auf die verfassungsrechtliche Fragestellung der personalen Geltung eingegangen würde. Nach früherer Auffassung zählte das Einreiserecht der Ausländer zu den unveräußerlichen Menschenrechten[10]. Demgegenüber wird heute überwiegend vertreten, das Freizügigkeitsrecht gelte nur für die Staatsbürger[11]. Ein Menschenrecht

[9] Insbes. Virga, Il diritto di soggiorno degli stranieri, Rivista di polizia 1952, S. 542 ff.

[10] Vgl. u. a. Contuzzi, Espulsione di stranieri, in: Digesto italiano, Vol. X, Torino 1895 - 1898, S. 1008 ff., 1017 m. w. N.

[11] Mazziotti di Celso, Sulla soggettività e tutela dello straniero nell'ordinamento italiano, in: Rassegna di diritto pubblico 1964, S. 81 ff., 114 m. w. N.; Mazziotti, La libre circulation des travailleurs, Italie, Milano 1974, S. 7.

auf Freizügigkeit besteht nach italienischer Rechtsprechung und Lehre nicht[12].

bb) Der Gleichheitssatz

Für den italienischen Rechtskreis muß Ausgangspunkt der Überlegungen zum Gleichheitssatz die Feststellung sein, daß Art. 3 Abs. I Ital.Verf. nach seinem Wortlaut nur auf Staatsbürger Anwendung findet. Ähnlich der Rechtsentwicklung zu Art. 109 I Weimarer Reichsverfassung, der auch auf Deutsche beschränkt war[13], ist in Italien die Frage der personalen Ausweitung der Grundrechtsträgerschaft bei Art. 3 Ital.Verf. auf Ausländer umstritten[14]. Nach einer Auffassung, die die Geltung des Gleichheitssatzes für Ausländer leugnet[15], kennt die italienische Verfassung weder ein Recht auf Gleichbehandlung zwischen Fremden und Staatsangehörigen noch zwischen Ausländern untereinander[16].

Paladin[17] folgert demgegenüber aus einem der Verfassung immanenten Prinzip des Differenzierungsverbots von Personen die uneingeschränkte Geltung des Gleichheitssatzes auch für Ausländer[18]. Die wohl dominierende Mittelmeinung lehnt zwar die generelle Anwendbarkeit des Gleichheitssatzes für Ausländer ab, bejaht aber seine fremdenrechtliche Geltung, soweit es sich um unverletzliche Menschenrechte handele, die nach Art. 2 Ital.Verf. jedermann zustehen[19]. Die ungleiche Behandlung von Staatsbürgern und Ausländern bei Einreise und Aufenthalt in Italien zählt nach der Rechtsprechung des Verfassungsgerichtshofes jedoch nicht zum Menschenrechtskern[20], so daß auch nach

[12] Vgl. Corte Cost. v. 23. 11. 1967, Nr. 120, Giurisprudenza Costituzionale 1967, S. 1577; Corte Cost. v. 26. 6. 1969, Nr. 104, Giur. Cost. 1969, S. 1565; Mor, a.a.O.

[13] Vgl. im einzelnen Ipsen, Gleichheit, S. 133 m. w. N.

[14] Siehe dazu: Rossano, L'eguaglianza giuridica nell'ordinamento costituzionale, Napoli 1966, S. 394 ff.; Mazziotti, Manlio: Etude sur l'adaptation du système juridique italien ..., S. 16 ff.

[15] So Mazziotti di Celso, Sulla soggettività e tutela dello straniero nell'ordinamento italiano, Rassegna di diritto pubblico 1964, S. 81 ff. (102), 103 mit vielen weiteren Nachweisen; ebenso wohl: Grassi: Il decreto legge 5. 2. 1948 n. 50 ..., Giurisprudenza costituzionale 1969, S. 1579 ff. (1588).

[16] Vgl. Biscottini, I diritti fondamentali dello straniero, in: Diritto Internazionale, 1963, S. 10 ff. (13/14); ders., Diritto amministrativo internazionale, Bd. II, S. 68.

[17] Il principio costituzionale d'eguaglianza, Milano 1965, S. 205 ff., 208 ff.

[18] Siehe dazu die überzeugende Kritik von Rossano, S. 400 ff.

[19] Corte Costituzionale v. 23. 11. 1967, Nr. 120, Giurisprudenza Costituzionale 1967, S. 1577; Corte Costituzionale v. 26. 6. 1969, Nr. 104, Giurisprudenza Costituzionale 1969, S. 1565; ebenso Pretura di Sampierdarena v. 22. April 1969 (ord.), in: Giurisprudenza di merito 1970, III, S. 10 ff. (19).

[20] Corte Cost., ebd.; ebenso Mor, Allgemeines zum Aufbau der italienischen Verfassung und Verwaltung, Ziff. 40.00, S. 3, Nr. 8; a. A. offenbar Pretura di Roma v. 18. 3. 1966 (Vorlagebeschluß), in: Sentenze e ordinanze della Corte costituzionale 1966, S. 149 ff. (150/151); siehe dazu: Corte Costituzionale v. 11. 3. 1968, Nr. 3 (ord.), in: Diritto internazionale 1970, Fasc. 3, S. 62 f.

italienischem Verfassungsrecht die sondergesetzliche diskriminierende Regelung des Aufenthaltsrechts keinen Verstoß gegen das Gleichheitsgebot des Art. 3 I Ital.Verf. beinhaltet.

cc) Das Grundrecht auf Schutz von Ehe und Familie

Art. 29 I Ital.Verf. normiert den Schutz von Ehe und Familie. Nach seinem Wortlaut ist der Anwendungsbereich dieses Artikels nicht auf Staatsangehörige beschränkt. Verfassungsrechtlich sind somit auch Ehe und Familie des Ausländers geschützt. Zu der Beziehung von Art. 29 I Ital.Verf. und dem Aufenthaltsrecht der Ausländer in Italien nehmen Rechtsprechung und Literatur, soweit ersichtlich, keine Stellung. Da sich Art. 6 GG und Art. 29 Ital.Verf. funktional nicht unterscheiden, und Art. 8 I EMRK auch in Italien gilt, müßte das für den deutschen Bereich Ausgeführte auch hier Geltung beanspruchen. D. h.: Gemäß Art. 16 i. V. m. Art. 29 Ital.Verf. steht dem ausländischen Ehepartner eines Inländers ein derivatives Aufenthaltsrecht zu. Bei der Ausweisung ausländischer Ehepartner eines(r) Italieners (Italienerin) muß das Ehe- und Familienschutzgebot mit den Interessen des Staates an der Entfernung abgewogen werden[21].

dd) Das Problem des Rechts auf Arbeit

Art. 4 und Art. 41 Ital.Verf. begrenzen die Freiheitsrechte auf Arbeit und auf wirtschaftliche Betätigung auf den Inländer. Daraus folgert die h. M., daß das „Recht auf Arbeit“ verfassungsrechtlich nicht dem Ausländer garantiert ist[22].

Trotz des klaren Wortlauts der Verfassung wird von einem Teil der italienischen Lehre die personale Ausweitung der Rechte aus Art. 4 und 41 Ital.Verf. auf den Fremden erörtert[23]. Da auch der Fremde unverletzliche Persönlichkeitsrechte besitze, bei den heutigen sozialen Gegebenheiten aber nahezu jeder Erwachsene von der eigenen Arbeit lebe, stelle das Recht auf Arbeit geradezu die Grundlage sämtlicher verfassungsmäßiger Rechte dar. Deshalb beziehe sich Art. 4 Ital.Verf. als unverletzliches Persönlichkeitsrecht auch auf den Ausländer[24]. Da jedoch die italienische Verfassung kein Einreise- und Aufenthaltsrecht des Ausländers kennt, soll das Recht auf Arbeit, das übrigens kein Recht auf Erhalt eines Arbeitsplatzes beinhaltet[25], auch nach der italienischen Literatur nur in den Grenzen der Regelung des

[21] Im einzelnen s. o. B. II. 1. b), dd).

[22] Mazziotti, La libre circulation des travailleurs, Italie ..., Milano 1974, S. 7 f. m. w. N.

[23] Vgl. Mor, Voraussetzungen für die Niederlassung und die Berufsausübung natürlicher Personen — Italien —, Ziff. 40.30, S. 1 (Nr. 1), Jura Europae, 1973.

[24] Mor, Ziff. 40.30, S. 2; ähnlich: Mazziotti di Celso, Sulla soggettività e tutela dello straniero ..., S. 131.

[25] Pistoj, Il diritto al lavoro e la circolazione in Italia ..., Rivista di diritto europeo 1970, S. 217 ff. (222).

Aufenthalts bestehen[26]. Bedingung des Rechts auf Arbeit stellt damit die Erteilung der Aufenthaltserlaubnis dar, die mit dem ausdrücklichen Vermerk der Zulässigkeit der Arbeitsaufnahme versehen sein muß[27]. Der Grad der Gewährung des Verfassungsschutzes der Art. 4 und 41 Ital.Verf. hängt somit von der Dauer des Aufenthalts und von den Beschränkungen ab, mit denen die Aufenthaltsgenehmigung an den Fremden erteilt wurde[28]; d. h. bei kurzem touristischen Aufenthalt kann das Recht auf Arbeit gänzlich versagt werden, nicht aber in den Fällen eines verlängerten Aufenthalts[29], sofern der Ausländer eine Arbeitserlaubnis hat.

ee) Die aufenthaltsrechtliche Bedeutung der Freiheit der Person

Anders als in Art. 2 I GG, der das Recht auf freie Entfaltung der Persönlichkeit gewährleistet, kennt die italienische Verfassung dazu keine analoge Bestimmung[30]. Vielmehr konzentriert sich die italienische Verfassungsliteratur auf die Problematik des Verhältnisses von Art. 13 I Ital.Verf., der die Unverletzlichkeit der Freiheit der Person garantiert, und Art. 16 Ital.Verf. (Freizügigkeitsrecht). Für die verfassungsrechtlichen Schranken des Aufenthaltsrechts des Fremden gewinnt diese Fragestellung entscheidende Bedeutung. Läßt sich nämlich das Aufenthaltsrecht unter Art. 13 Ital.Verf. subsumieren, so fordert jede Einschränkung der Freiheitssphäre des Ausländers eine richterliche Entscheidung. Gilt dagegen Art. 13 Ital.Verf. nicht, so unterliegt das Einreise- und Aufenthaltsrecht nur dem Art. 16 Ital.Verf., der jedoch auf Staatsbürger beschränkt ist, so daß der Ausländer daraus keine Verfassungsrechte herzuleiten vermag[31].

Art. 13 Ital.Verf. ist auch auf den Fremden anwendbar: Zwar bestimmt die Überschrift, Parte I der italienischen Verfassung „diritti e doveri dei cittadini“, doch folgt dies zwingend aus dem Wortlaut des Art. 13, dem Gegenschluß aus den Artikeln 16, 17 und 18 Ital.Verf., die den ausschließlichen Bezug auf die Staatsbürger ausdrücklich festlegen und der Tatsache, daß Art. 13 Ital.Verf. Prinzipien enthält, die zu den unveräußerlichen Menschenrechten zählen[32]. Demgegenüber ist das Anwendungsverhältnis von Art. 13 und Art. 16 Ital.Verf. streitig[33]: Nach Mortati bezieht sich die Freizügigkeit auf den Menschen

26 So Mor, S. 2.

27 Vgl. Mazziotti di Celso, S. 115, Anm. 64, ebenso S. 132.

28 Mazziotti di Celso, S. 131.

29 Vgl. Mor, Ziff. 40.30, S. 2.

30 Allenfalls könnte an Art. 2 Ital.Verf. gedacht werden, der die unverletzlichen Menschenrechte garantiert. Diese Verfassungsnorm entspricht aber eher Art. 1 II GG.

31 Vgl. Mazziotti, Manlio: Circolazione e soggiorno (libertà di), in: Enciclopedia del diritto, Vol. VII, Milano 1960, S. 14 ff. (16).

32 Cassia, Espulsione ed allontanamento dello straniero dal territorio dello Stato, La Giustizia Penale, 1966, S. 392 ff. (403).

33 Zum folgenden vgl. Mazziotti, Manlio, Circolazione ..., S. 16.

in Relation zu bestimmten Lokalitäten, während die „libertà personale“ ihren Bezugspunkt in der Person selbst finde; für Virga schützt Art. 16 Ital.Verf. die Freiheit des Verkehrs, Art. 13 aber die Sicherheit (sicurezza) der Person; nach a. A. wiederum betrifft das Freizügigkeitsrecht den Schutz der notwendigen menschlichen Aktivitäten, Art. 13 Ital.Verf. jedoch bezwecke die Protektion von Leben, Integrität und Freiheit. Pergolesi demgegenüber verbindet Art. 16 Ital.Verf. mit der Unverletzlichkeit der Wohnung (Art. 14 Ital.Verf.). Mazziotti schließlich erkennt den Unterschied zwischen Art. 13 und Art. 16 Ital.Verf. darin, daß die positive Verpflichtung des Aufenthalts in einem bestimmten Teil des Territoriums die Freiheit der Person begrenze, während das Freizügigkeitsrecht in den Fällen der negativen Verpflichtung, in einem bestimmten Teil des Staatsgebietes sich *nicht* aufzuhalten, Anwendung finde[34]. Eine ausführliche Erörterung dieser sehr strittigen Abgrenzung ist im Rahmen dieser Arbeit unmöglich und auch nicht nötig: Unbestritten gilt nämlich, daß die aufenthaltsrechtlichen Einschränkungen der Ausländer verfassungsrechtlich Beschränkungen i. S. d. Art. 16 Ital.Verf. darstellen, so daß Art. 13 Ital.Verf. insoweit nicht anwendbar ist[35]. Aus Art. 13 I Ital.Verf. folgen demnach in bezug auf das Aufenthaltsrecht der Ausländer in Italien keine verfassungsrechtlichen Beschränkungen.

2. Das Aufenthaltsrecht des Ausländers in Italien nach einfachem Gesetzesrecht

a) Die Rechtsgrundlagen

Während das Recht der Einreise, des Aufenthaltes und der Ausweisung in der Bundesrepublik Deutschland durch formelles Gesetz mit Ermächtigungen zum Erlaß von Ausführungsnormen geregelt ist, findet sich die Normierung des Ausländerpolizeirechts in Italien in verschiedenen Dekreten. Bedeutung haben folgende Rechtsgrundlagen: Testo unico delle leggi di pubblica sicurezza — Regio Decreto 18 giugno 1931, n. 773; Regolamento per l'esecuzione del testo unico delle leggi di pubblica sicurezza — Regio Decreto 6 maggio 1940, n. 635; Norme sulla circolazione e il soggiorno dei cittadini degli Stati membri della Comunità economica europea — D.P.R. (decreto del Presidente della Repubblica), 30 dicembre 1965, n. 1656[36].

---

[34] Vgl. Mazziotti, ebd., S. 16 mit ausführlicher Darstellung noch weiterer Auffassungen; siehe auch: Galizia, La libertà di circolazione e soggiorno dall'unificazione alla Costituzione repubblicana, in: La tutela del cittadino, II — La pubblica sicurezza ..., Milano 1967, S. 483 ff. (547 ff.).

[35] Mazziotti, ebd., S. 18.

[36] Zusammenfassende Veröffentlichung: vgl. Zanobini, Codice delle leggi amministrative, Vol. II, Milano 7 a ed., 1972.

Vorschriften über Erteilung und Versagung von Aufenthaltserlaubnissen ebenso wie über das Erfordernis von Sichtvermerken sind unveröffentlicht. Die Regelung dieser Sachverhalte erfolgt durch nicht publizierte Verwaltungsvorschriften (circolari)[37]. Damit begründet die Zersplitterung von ausländerpolizeilichen Vorschriften und die Unvorhersehbarkeit ausländerrechtlichen Verwaltungshandelns (wegen der mangelnden Publizität) eine rechtsstaatlich unerwünschte Schranke für den rechtssuchenden Ausländer[38], die in Anbetracht von Hunderttausenden italienischer Arbeitnehmer im Ausland — wie in der italienischen Literatur z. T. betont wird — Italien schlecht anstehe[39].

b) Aufenthaltsrecht und Polizeirecht

Das italienische Aufenthaltsrecht ist dem materiellen Polizeirecht zuzuordnen. Das ergibt sich formal schon aus der Tatsache, daß die entscheidenden aufenthaltsrechtlichen Regelungen im V. Titel, Art. 142 bis 152 des Testo unico über die öffentliche Sicherheit (pubblica sicurezza), zu finden sind. Funktion der öffentlichen Sicherheitsbehörden stellt der „Schutz der öffentlichen Ordnung (ordine pubblico), der Sicherheit (sicurezza) und der Unversehrtheit (incolumità) der Staatsbürger" dar[40]. Kompetent zur Wahrnehmung polizeilicher Aufgaben sind der Innenminister als oberste Verwaltungsinstanz, die Präfekten, die als oberste Regierungsbeamte in der Provinz die Regierung repräsentieren und die Quästoren (Polizeipräsidenten), die den Präfekten unterstehen. Allen diesen Organen sind auch aufenthaltsrechtliche Kompetenzen zugewiesen.

c) Regelungsinstitute des italienischen Aufenthaltsrechts im einzelnen

Ausländer und damit den Regelungsinstituten des italienischen Aufenthaltsrechts unterworfen ist jede natürliche Person, die nicht die italienische Staatsbürgerschaft besitzt[41]. Der Eintritt des Ausländers in Italien unterliegt verschiedenen Beschränkungen:

---

[37] Maßgebend vor allem: Circolare n. 38 del 8 settembre 1947 (Ministero degli Affari Esteri, Direzione generale dell'emigrazione): Norme relative all'ingresso e al transito degli stranieri in Italia; Circolare riservata N. 0007 del 28. 12. 1970 (Ministero degli Affari Esteri, Ufficio VIII): Norme per l'ingresso, il soggiorno e il transito degli stranieri in Italia.

[38] Vgl. ähnlich: Erdmann, Das Ausländergesetz von 1965 im internationalen Vergleich, Verw.Arch. 59 (1968), S. 311 ff. (312).

[39] Vgl. schon: Raneletti, La polizia di sicurezza, in: Diritto amministrativo italiano a cura di V. E. Orlando, Vol. 4, Parte I, Milano 1904, S. 1005: „Non è l'Italia che possa rendere difficile o amaro agli stranieri il soggiorno sul suo territorio ..." Andererseits könnte gerade die Arbeitsmarktsituation *in* Italien zu dem gegenteiligen Schluß nötigen; vgl. etwa in diesem Sinne: Buccafuri, Il lavoratore straniero in Italia, Rassegna del lavoro 1959, II, S. 1601 ff. (1603).

[40] Vgl. Art. 1 T.U.P.S. (Übersetzung des Verf.).

aa) Reisedokument

Grundsätzlich muß jeder Fremde, der nach Italien einreisen will, im Besitz eines gültigen Reisedokuments (Paß)[42] sein, das von den Heimatbehörden seines Landes ausgestellt wird[43].

bb) Visum

Zudem erfordert prinzipiell jeder Einlaß in das Territorium der italienischen Republik, daß dieses Reisedokument mit dem Sichtvermerk der dafür zuständigen italienischen Behörden versehen ist. Dieses Grunderfordernis ergibt sich allein aus den nicht veröffentlichten Verwaltungsvorschriften (!)[44]. Das Visum begründet eine Erlaubnis, nach Italien einzureisen. Verschiedene Arten der Sichtvermerke kennzeichnen das italienische Einreiserecht:

(1) Visa zur Durchreise[45],

(2) Visa zwecks eines zeitlich begrenzten Aufenthalts (bis 60 Tage, für außereuropäische Staatsangehörige erhöht sich diese Frist auf 120 Tage)[46],

(3) Visa für einen längeren oder unbegrenzten Aufenthalt oder aus Gründen der Arbeitsaufnahme[47].

Die Sichtvermerke, die im Reisepaß oder jedem anderen Reisedokument eingetragen werden, erteilen die diplomatischen Vertretungen Italiens im Ausland in den Fällen (1) und (2) direkt, während die Visa für einen längeren oder unbegrenzten Aufenthalt bzw. zur Arbeitsaufnahme von den diplomatischen Vertretungen erst *nach* erfolgter Einwilligung des Ministeriums des Innern, das andere interessierte Behörden und Ministerien zu hören hat, ausgestellt werden dürfen[48]. Nach

[41] Vgl. Giuliano, La giurisdizione civile italiana e lo straniero, Milano 1961, S. 54; Jannitti / Piromallo, Manuale delle leggi di Pubblica sicurezza, Milano 1953, S. 519; Romanelli, Soggiorno degli stranieri nello Stato e potere discrezionale dell'autorità di P.S. in materia, Rivista di polizia 1952, S. 329; Sabatini, Stranieri (Soggiorno nel territorio della Repubblica) aus: Novissimo Digesto Italiano, Bd. XVIII, 1971, S. 545.

Eine Legaldefinition gibt es im italienischen Ausländerrecht nicht.

[42] Ebenso: Fremdenpaß, tessera di frontiera (Ausweise für den kleinen Grenzverkehr), Seefahrtbücher usw.

[43] Caponera, Gli stranieri in Italia, Milano 1957, S. 5/6.

[44] Circolare n. 38 vom 8. 9. 1947, Vorbemerkung; ebenso Circolare riservata N. 0007 vom 28. 12. 1970, S. 11.

[45] Visti di transito.

[46] Visti per un soggiorno e durata limitata.

[47] Visti d'ingresso per soggiorno di maggiore durata, di durata illimitata o per ragioni di lavoro.

[48] Circolare n. 38 vom 8. 9. 1947, unter I, II für die Fälle 1 und 2, unter III für Fall 3.

den Richtlinien des Außenministeriums ist das Transitvisum[49] oder das Visum für den begrenzten Aufenthalt dann zu versagen, wenn nicht gewährleistet ist, daß der Ausländer — aus welchen Gründen auch immer — in sein Heimatland zurückkehren kann[50]. Ablehnungsgrund stellt ebenso die „Gefahr für die öffentliche Sicherheit und Ordnung" dar[51]. Visa für einen längeren oder unbegrenzten Aufenthalt werden nur bei Befürwortung durch das Innenministerium erteilt, das die Erlaubnis unter Berücksichtigung bloßer Opportunitätsgesichtspunkte verweigern kann[52]. Einreisesichtvermerke zum Zwecke der Arbeitsaufnahme sollen lediglich in „absoluten Ausnahmefällen" erteilt werden[53].

cc) Ausnahmen vom Visumzwang

Die oben aufgestellten Erfordernisse zur Einreise des Ausländers nach Italien sind jedoch in vielfacher Hinsicht durchbrochen:

aaa) Der Visumzwang gilt nicht im Verhältnis zu denjenigen Staaten, mit denen Italien — auf der Basis der Reziprozität — ein Abkommen zu dessen Abschaffung geschlossen hat. Diese zwischenstaatlichen Vereinbarungen betreffen i. d. R. nur die Abschaffung des Visums für den *kurzen* Aufenthalt des Ausländers in Italien (nämlich bis zu 3 Monaten)[54].

---

49 Gültigkeitsdauer für die einfache Durchreise beträgt 8 Tage, bei doppeltem Transit 4 Monate, bei dem aber der Aufenthalt auf italienischem Territorium 8 Tage nicht überschreiten darf — circolare ebd.

50 Circolare ebd.

51 Mor, Einreise und Aufenthalt: Italien, in: Jura Europae, Ziff. 40. 21, I., 1.

52 Vgl. Mazziotti di Celso, Sulla soggettività e tutela dello straniero nell'ordinamento italiano, in: Rassegna di diritto pubblico 1964, S. 81 ff. (112); ... „sulla base di considerazioni di mera opportunità". Vgl. circolare (1947), III.

53 Circolare n. 38, 8. 9. 1947, Vorbemerkung: „assoluta eccezione"; vgl. ähnlich: Circolare Ministero Lavoro, 4 dicembre 1963, n. 51/22/IV, premessa (veröffentlicht in Codice del lavoro, Vol. I, Tomo 1, 2 a edizione, Roma 1966 [Jandi-Sapi-Editore], Titolo III, Capo I, S. 494).

54 Vgl. Abkommen vom 24. 3. 1949 mit Australien, 3. - 5. Juli 1952 mit Griechenland, 10. 10. 1952 mit Kanada, 22. 7. 1952 mit Finnland, 4. 11. 1959 bzgl. Singapur, 21. 12. 1959 mit Malaysia, 10. 3. 1960 bzgl. der Schweiz, 21. 4. 1960 mit Brasilien, 18. 5. 1960 mit Irland, 25. 2. 1961 mit Neuseeland.

Andere Staaten, mit denen Italien ähnliche Abkommen geschlossen hat, sind: Die folgende Aufzählung ergibt sich aus der bisher nicht veröffentlichten Circolare riservata N. 0007 del 28 dicembre 1970, Ministero degli Affari Esteri, Ufficio VIII, Stand April 1973: Obervolta, Argentinien, Österreich, Belgien, Bolivien, Ceylon (provisorische Übereinkunft), Chile, Zypern, Kolumbien, Costa Rica, Elfenbeinküste, Dahome, Dänemark, Ecuador, Fidschi-Inseln, Philippinen, Frankreich, Gambia, BRD, Jamaica, Japan, Großbritannien, Honduras, Island, Jugoslawien, Kenia, Liechtenstein, Luxemburg, Malta, Marokko, Mauritius, Mexiko, Monaco, Niger, Norwegen, Niederlande, Paraguay, Peru, Portugal, El Salvador, Samoa, San Marino, Spanien, USA, Swaziland, Schweden, Togo, Trinidad und Tobago, Tunesien, Türkei, Uganda, Uruguay.

bbb) Ein Visum ist auch bei jenen Ausländern nicht erforderlich, die mit Flugzeug oder einem Schiff das italienische Territorium bereisen, sofern sie den Flug- oder Schiffshafen nicht verlassen[55].

ccc) Abschaffung des Visumzwangs gilt auch für Diplomaten fremder Staaten — auf der Basis von Reziprozitätsverträgen —[56] und für Funktionäre internationaler Organisationen (z. B. UN).

ddd) Weder Visum noch Paß zur Einreise benötigen jene Personen, die Inhaber des Ausweises für den kleinen Grenzverkehr (tessera di frontiera) sind sowie andere Ausländer solcher Staaten, die in zwischenstaatlichen Verträgen mit der Republik Italien auch das Paßerfordernis abgeschafft haben. In diesen Fällen reicht ein bloßer Identitätsausweis aus[57].

dd) Folgerungen

Jeder Ausländer, der in die italienische Republik einreisen will, bedarf somit — von Ausnahmen abgesehen —[58] einer Erlaubnis (Visum). Auf die Erteilung des Sichtvermerks besteht kein Anspruch. Die Entscheidung darüber liegt im Ermessen der kompetenten Behörden, d. h. es besteht nach absolut h. M. kein „Recht auf Einreise".

ee) Der Streit um das „Recht auf Einreise"

Streitig ist hingegen in der italienischen Literatur die Frage, ob der Sichtvermerk neben der Einreiseerlaubnis auch eine *Aufenthaltserlaubnis* darstellt und welche Konsequenzen aus dem Verhältnis Sichtvermerk/Aufenthaltserlaubnis grundsätzlich für die Problematik „Recht auf Einreise" zu ziehen sind.

aaa) Verwaltungspraxis

Für die Verwaltungspraxis stellt sich die Rechtslage eindeutig dar: Danach stellt der Sichtvermerk lediglich eine Einreiseerlaubnis dar.

Faktisch werden Staatsangehörige — auch ohne ausdrückliche Vereinbarung — aus folgenden Staaten ebenso behandelt: Algerien, Andorra (wie Spanien oder Frankreich), Barbados, Botswana, Guayana, Kuwait, Lesotho.

D. h. Visumzwang im o. a. Sinne gilt für alle Ostblockstaaten (ausgenommen Jugoslawien) ebenso wie für fast alle asiatischen Länder, z. T. auch für afrikanische und südamerikanische Staaten.

Ungenau: Lanfranchi, Il trattamento dello straniero ..., Riv. di diritto intern. privato e processuale 1968, S. 331 ff. (333, Anm. 4).

[55] Caponera, Gli stranieri in Italia, 1957, S. 11.

[56] Inhaltlich entspricht dies dem Wiener Übereinkommen vom 18. 4. 1961 über diplomatische Beziehungen, veröffentlicht in der BRD in BGBl. II, 1964, S. 957 ff.

[57] z. B. Abkommen mit dem Vatikan, Konkordat vom 11. 2. 1929, Vereinbarung mit San Marino vom 31. 3. 1939, mit Frankreich vom 18. 3. 1956 usw.

[58] Für europäische und nordamerikanische Staatsangehörige bedeutet diese Ausnahme allerdings den Regeltatbestand.

Daneben bedarf jeder Ausländer, gleichgültig ob er mit oder ohne Sichtvermerk eingereist ist, einer Aufenthaltserlaubnis (foglio di soggiorno). Nach Art. 142 T.U.P.S. muß jeder Fremde innerhalb von 3 Tagen nach Eintritt in das italienische Territorium vor der jeweils örtlich zuständigen Sicherheitsbehörde (i. d. R. Polizeidirektion [Questura], Ufficio di Pubblica Sicurezza [ufficio stranieri]; wenn nicht vorhanden, dann Bürgermeister) eine Aufenthalts*erklärung* abgeben (Abs. I). Dieses „foglio di soggiorno degli stranieri in Italia" enthält die Personaldaten des Erklärenden, seine Staatszugehörigkeit und seinen Herkunftsort, das Einreisedatum in Italien, den Zweck des Aufenthalts und den Aufenthaltsort in Italien[59]. Das „foglio di soggiorno", das auf Verlangen den Beamten der Polizeibehörden vorgezeigt werden muß, begründet den Beweis der Anmeldung[60]. Eine Verpflichtung zur Aufenthaltserklärung besteht erneut auch dann, wenn der Ausländer seinen Aufenthaltsort in Italien wechselt (Art. 142 T.U.P.S.). Die Erteilung des foglio di soggiorno steht immer im Ermessen der Ausländerbehörde.

bbb) Die Rechtsnatur des „permesso di soggiorno"

In der Literatur ist demgegenüber der Rechtscharakter des „foglio di soggiorno" umstritten[61].

α) Mindermeinung: Literatur

Aus der Tatsache, daß in Art. 142 T.U.P.S. nur von einer Aufenthalts*erklärung* die Rede ist, nicht aber von einer Aufenthaltserlaubnis[62], folgert ein Teil der Lehre, daß der Ausländer nicht dem Regelungssystem einer im Ermessen der erteilenden Behörde stehenden Aufenthaltserlaubnis unterliege[63]. Danach hat die Erteilung des foglio di

---

[59] Vgl. Art. 261 Reg. T.U.P.S.

[60] Art. 262 II, III.

[61] Vgl. dazu ausführlich meinen Aufsatz: La natura giuridica del permesso di soggiorno ..., Rivista di polizia 1974, S. 73 ff.

[62] Der Begriff des „permesso di soggiorno" findet sich in den relevanten Normen nicht.

[63] Vgl. Jemolo, L'espulsione dello straniero, in: Il foro italiano, 1952, III, S. 108 ff.; Barile, Il soggetto privato nella Costituzione italiana, Padova 1953, S. 58; Crisafulli, In tema di incolato dell'apolide, in: Il foro amministrativo 1957 I Sez. IV, S. 16; Grassi, Il decreto legge 5 febbraio 1948 n. 50, in tema di alloggio degli stranieri e degli apolidi, in: Giurisprudenza costituzionale 1969, S. 1579 ff. (1591, Anm. 53); differenzierend Virga, Il diritto di soggiorno degli stranieri, Rivista di polizia, 1952, S. 542 ff. (545); vgl. auch (allerdings sehr unbestimmt) Mor, Ziff. 40.21, I 4.

Vor allem zum gesamten Problembereich: Biscottini, La revoca del permesso di soggiorno degli stranieri, Rivista di diritto internazionale 1957, Vol. XI, S. 432 ff. (435); ders., Diritto amministrativo internazionale, Tomo II: La circolazione degli uomini e delle cose, Padova 1966, S. 79 ff.; ders., L'ammissione ed il soggiorno dello straniero, in: Scritti giuridici in memoria di V. E. Orlando, Vol. I, Padova 1957, S. 149 ff. (184 ff.).

soggiorno nur die Funktion einer „Bescheinigung“ über die erfolgte Aufenthaltserklärung[64]. Zu der Erteilung dieser formalen Bescheinigung ist die Behörde ohne Ermessensspielraum verpflichtet[65]. Nach dieser Ansicht, die damit an die ältere italienische Literatur anknüpft[66], steht dem Ausländer somit ein *Recht auf Einreise und Aufenthalt* zu, *wenn er ein Visum hat* bzw. *vom Visumzwang befreit ist*. Begründet wird diese Meinung, abgesehen von dem Hinweis auf den Wortlaut der Art. 142 ff. T.U.P.S., der wegen des Gesetzesvorbehalts des Art. 10 Abs. II Italienische Verfassung[67] in dubio pro libertate zugunsten der Rechtsstellung des Ausländers ausgelegt werden müsse, mit dem Hinweis auf das Rechtsinstitut des Visums: Da Opportunitätsgesichtspunkte die Sichtvermerkserteilung trügen, die im Einzelfall sogar von den Ministerien beurteilt werde, sei nicht einsichtig, daß örtliche *untere* Verwaltungsinstanzen eine erneute Beurteilung von Ermessensargumenten bei der Erteilung der Aufenthaltserlaubnis vornehmen oder die erste Entscheidung gar revidieren könnten[68]. Lediglich bei Vorliegen von Ausweisungsgründen sei die Verweigerung der Aufenthaltserlaubnis zulässig[69]. Eine erneute Autorisation zum Aufenthalt für jeden Wohnungswechsel sei außerdem mit dem Vertrauensschutz des Betroffenen bei längerem Aufenthalt nicht vereinbar[70].

β) Kritik

Wenn aber die Verweigerung des „foglio di soggiorno“ nur bei Vorliegen der Ausweisungstatbestände zulässig sein soll, so erfordert gerade die Prüfung dieser Ausweisungsgründe die Berücksichtigung von Ermessensgesichtspunkten[71]. Damit eröffnet die dargestellte Literaturmeinung wiederum die Möglichkeit von Ermessensbeurteilungen, die gerade verhindert werden soll. Dies erscheint widersprüchlich. Was zudem die Argumentation zu dem Verhältnis von Sichtvermerk und

[64] Mazziotti di Celso, S. 113.

[65] Vgl. für alle Barile, S. 58; Biscottini, Diritto amministrativo internazionale, S. 81; Grassi, S. 1591.

[66] Vgl. Raneletti, La Polizia di sicurezza, in: Diritto amministrativo italiano a cura di V. E. Orlando, Vol. IV, Parte I, Milano 1904, S. 1006; a. A. Guidi, Espulsione, repulsione, internamento di stranieri, in: Enciclopedia giuridica italiana, Vol. V., Parte III, Milano 1911.

Zum gesamten Problemkreis des „diritto d'incolato“ mit ausführlichen Literaturangaben siehe: Esperson, Condizione giuridica dello straniero secondo le legislazioni e le giurisprudenze italiana ed estere, Vol. I, Parte 1: Diritti e doveri dello straniero in Italia e dell'italiano all'estero, Milano 1889, S. 51 ff.

[67] La condizione giuridica dello straniero è regolata dalla legge ...“

[68] Biscottini, Rivista di diritto internazionale 1957, S. 435.

[69] So u. a. Jemolo, S. 108 ff.; anders Biscottini, Diritto amm., S. 81.

[70] Biscottini, ebd.

[71] Bis auf die richterliche Ausweisung steht die Entscheidung über die Ausweisungstatbestände auch nach italienischem Aufenthaltsrecht im Ermessen der zuständigen Behörde.

Aufenthaltserlaubnis angeht, so ist zunächst davon auszugehen, daß, wie dargestellt, heute faktisch für einen Großteil der Angehörigen verschiedener Staaten ein Sichtvermerkszwang zur Einreise nach Italien nicht mehr besteht[72]. Einem Großteil von Fremden stünde also ein Recht auf Einreise in Italien zu. Denn nach der Literaturmeinung *muß* die Ausländerbehörde auch in dem Fall, in dem der Ausländer vom Visumzwang befreit ist, die AE erteilen, da das foglio di soggiorno lediglich eine Bescheinigung über die erfolgte Aufenthaltserklärung darstelle. Es erscheint daneben nicht einleuchtend, die Prüfung bei der Erteilung des Visums als Ermessensakt anzusehen, die Beurteilung *nach* erfolgter Einreise aber als gebundenen Verwaltungsakt, da die Funktion dieser beiden Tatbestände — nämlich Kontrolle der Ausländer —[73] identisch ist.

Andererseits fordert das Vertrauensschutzprinzip[74], daß der Ausländer nicht durch Visum und Aufenthaltserlaubnis einer materiell identischen doppelten Prüfung unterzogen wird, so daß es etwa zur Verweigerung des foglio di soggiorno für einen mit dem Einreisesichtvermerk ausgestatteten Ausländer trotz unveränderter Ausgangssituation kommen könnte. In diesem Fall gebietet in der Tat der Vertrauensschutz, eine Verweigerung des permesso di soggiorno nur bei Vorliegen neuer Tatsachen zuzulassen[75]. Eine widersprüchliche Kompetenzüberschneidung ist damit ausgeschlossen. Bei der Erteilung der Aufenthaltserlaubnis erfolgt somit nicht eine doppelte Prüfung, sondern nur die Kontrolle darüber, ob neue Tatsachen zur Verweigerung dieser Erlaubnis entstanden sind, beziehungsweise die Feststellung des faktischen Einreisetages. Berücksichtigt man letztlich, daß dem Vertrauensschutz bei längerem Aufenthalt innerhalb der Ermessensbeurteilung Rechnung getragen wird, so erscheint die Meinung, die in dem foglio di soggiorno einen bloßen Identitätsnachweis sieht, nicht haltbar. Dies ergibt sich auch aus einer rechtssystematischen Überlegung. Würde man nämlich der Meinung von Biscottini folgen, der das Vorliegen von Ausweisungsgründen bei Prüfung der Aufenthaltserlaubnis unberücksichtigt lassen will[76], so führt dies zu der Konsequenz, daß die Behörde zur Erteilung des permesso di soggiorno verpflichtet ist, sofort anschließend aber die Ausweisung verfügt wird[77]. Das kann aber nicht Sinn der Regelung der Art. 142 ff. T.U.P.S. sein.

---

[72] Das ist aber kein prinzipielles Argument.

[73] So auch Biscottini, Diritto amm., S. 80.

[74] sog. concetto d'affidamento, vgl. dazu Biscottini, Riv. di diritto internazionale 1957, S. 435.

[75] Anders: Carbone (Sull'allontanamento degli stranieri dal territorio dello Stato, Rassegna Mensile dell'Avvocatura di Stato, 1953, S. 65 ff.), der das Visum als vorläufige, die Aufenthaltserlaubnis als endgültige Erlaubnis ansieht. Zur Unhaltbarkeit dieser These siehe: Biscottini, In memoria di Orlando, S. 184 ff.

[76] Biscottini, Diritto amm., S. 81.

γ) Die herrschende Meinung: „foglio di soggiorno" als Aufenthaltserlaubnis

Dementsprechend hält die h. M. den „foglio di soggiorno" für eine echte „Erlaubnis" zum Aufenthalt[78]. Nach Art. 262 Reg. T.U.P.S. darf der foglio di soggiorno nur erteilt werden, „sofern einem Verbleib des Ausländers in Italien nichts entgegensteht"[79]. Würde es sich bei dem foglio di soggiorno um einen bloßen Identitätsnachweis handeln, so wäre diese Norm unverständlich. Aus Art. 262 Reg. T.U.P.S. ist demnach logischerweise zu folgern, daß damit eine Ermessensbewertung bei dem Erlaß einer *Erlaubnis* — über die bloße Nachprüfung von Dokumenten hinaus — bezweckt ist[80]. Der ordnungsgemäße Aufenthalt des Ausländers erfordert also zwei Akte: Erstens den Antrag des Fremden, der durch die Aufenthaltserklärung gestellt wird, und zweitens die Erteilung des permesso di soggiorno als Aufenthaltserlaubnis[81]. Dem Ausländer steht kein Recht auf Eintritt und Aufenthalt in Italien zu[82]. Dies entspricht auch den Notwendigkeiten der Staatssicherheit, die Fremden bei ihrem Aufenthalt in der italienischen Republik bestimmten Kontrollen zu unterwerfen[83]. Sichtvermerk und Aufenthaltserlaubnis, die im Ermessen der zuständigen Behörden stehen, stellen somit die rechtstechnischen Regelungsinstitute des Eintritts in Italien dar[84].

---

77 Die Tatsache, daß hierbei eine andere Behörde tätig wird, kann keine andere Bewertung zur Folge haben.

78 Aus der Rspr.: Consiglio di Stato — Sezione IV —, 27 febbraio 1952, N. 208, aus: Il foro padano 1954, S. 88 ff. (ebenso in: Il foro italiano 1952, III, S. 107); Consiglio di Stato, adunanza plenaria, 15 settembre 1956, in: Rivista di diritto internazionale 1957, S. 430 ff.; Corte costituzionale, 26 giugno 1969, n. 104, in: Rivista di diritto internazionale 1969, S. 573 ff. (574).

In der Lit.: Albano, Rassegna di giurisprudenza sulle leggi di pubblica sicurezza, Milano, 2 a ed. 1971, S. 525; Bonichi, Gli stranieri, in: Rivista di polizia 1961, S. 611 ff. (625 f.); Caponera, S. 15; Carbone, S. 65 ff.; Cassese, Sul soggiorno del rifugiato politico in Italia, in: Rivista di diritto internazionale 1959, S. 653 ff. (658); Romanelli, Soggiorno degli stranieri nello Stato e potere discrezionale dell'autorità di P.S. in materia, in: Rivista di polizia 1955, S. 329 ff.

79 ... qualora nulla osti alla permanenza di lui nel regno ...

80 Consiglio di Stato, 27. 2. 1952, N. 208, S. 92; Bonichi, S. 626; Romanelli, S. 331.

81 Consiglio di Stato, S. 93/94.

82 h. M.; vgl. Consiglio di Stato, 15. 9. 1956, S. 431.

83 Consiglio di Stato, S. 431; Bonichi, S. 627.

84 Consiglio di Stato, S. 431, leider ohne Berücksichtigung der Problematik der doppelten Ermessensprüfung (siehe dazu oben); diese Frage war aber für den zu fällenden Einzelentscheid unerheblich.

Der h. M. kann auch nicht entgegengehalten werden, wegen mangelnder Strafbewehrung sei der Eintritt des Ausländers in Italien grundsätzlich frei (vgl. z. B. Mazziotti di Celso, S. 113), da indirekt über die Möglichkeit der Ausweisung doch ein Verbot besteht. Vgl. auch Mazziotti di Celso, ebd.; ebenso Moretti, La nuova legge di pubblica sicurezza, Napoli 1970, S. 410.

Ausführlich zum gesamten Problemkreis: Schuster, La natura giuridica del permesso di soggiorno ..., Riv. di polizia 1974, S. 73 ff.

ff) Privilegierungen bei der Einreise

Die oben dargestellte Regelung findet keine Anwendung für bestimmte privilegierte Ausländer:

aaa) EWG-Angehörige

Dazu zählen in erster Linie die Angehörigen von EWG-Mitgliedstaaten. Für diese gilt die Sonderregelung des Dekrets vom 30. 12. 1965, n. 1656[85]. Danach haben folgende EWG-Inländer ein „Recht auf Aufenthalt" in Italien[86]:

(1) An einer Niederlassung in Italien interessierte Personen, die dort eine selbständige Tätigkeit ausüben wollen, für die keine Beschränkung in den EWG-Ländern mehr bestehen (Art. 1 D.P.R., a.a.O.).

(2) Arbeitnehmer, für welche die gem. Art. 48/49 des EWG-Vertrages erlassenen Verordnungen Anwendung finden (Art. 2).

(3) EWG-Inländer, die nach Italien einreisen wollen, um dort Dienstleistungen zu erbringen oder solche entgegenzunehmen (Art. 3).

(4) Andere Marktbürger, die nach der zur Zeit geltenden italienischen Gesetzgebung eine Tätigkeit in Italien ausüben dürfen (Art. 4).

Das Recht auf Aufenthalt erstreckt sich — unabhängig von der Staatsangehörigkeit — in den Fällen (1) und (3) auf den Ehegatten und die Kinder unter 21 Jahren des Berechtigten sowie auf die Verwandten aufsteigender und absteigender Linie sowohl des EWG-Inländers wie seines Ehepartners, denen er Unterhalt gewährt. Für Arbeitnehmer, für welche Art. 2 D.P.R. 1965, n. 1656 anzuwenden ist, gilt das Recht auf Aufenthalt zusätzlich auch für Kinder des Berechtigten *über* 21 Jahren, sofern sie von diesem unterhalten werden.

Anknüpfungspunkt für das Einreiserecht ist somit letztlich immer der Erwerbszweck des Aufenthalts[87]: Ein Recht auf Einreise besteht demnach nicht für EWG-Inländer, die keinen Erwerbszweck mit ihrem Aufenthalt verbinden[88]. Arbeitnehmer, für die die Art. 48/49 EWGV

---

[85] i. d. F. vom 29. 12. 1969, n. 1225 — Norme sulla circolazione e il soggiorno dei cittadini degli Stati membri della C.E.E. — veröffentlicht in Zanobini, Vol. II, S. 3263 ff., § 337.

[86] Vgl. D.P.R. 30. 12. 1965, n. 1656, Art. 1 ff. Dazu: Mazziotti, M.: Etude sur l'adaptation du système juridique italien à la liberté d'établissement et à la libre prestation des services ... in: La liberté d'établissement ... Milano 1970, S. 3 ff. (52); Siletti, La libera circolazione della manodopera fra gli stati membri della C.E.E., Milano 1962, S. 124.

[87] Vgl. dazu: Mazziotti, La libre circulation des travailleurs, Italie, Milano 1974, S. 10.

[88] Quadri, Monaco, Trabucchi: Trattato istitutivo della Comunità Economica Europea — Commentario —, Vol. I, Milano 1965; Bearbeiter: Ruggiero-De Dominicis, Art. 52, S. 411.

Anwendung finden, erhalten gebührenfrei eine sog. „Carta di soggiorno di cittadino di uno Stato membro della C.E.E.“[89]. Diese gilt bzgl. des gesamten italienischen Territoriums für die Dauer von 5 Jahren und wird automatisch erneuert. Die Erteilung setzt die Vorlage des Reisedokuments, mit dem der Arbeitnehmer nach Italien eingereist ist und der Einstellungs- oder Arbeitsbescheinigung des Arbeitgebers voraus (vgl. Art. 2). Diese Arbeitnehmer besitzen damit ein „Recht auf Daueraufenthalt“[90].

Während die Arbeitnehmer grundsätzlich somit für ihren Aufenthalt mit der besonderen „Aufenthaltsbescheinigung für Ausländer aus EWG-Mitgliedstaaten“ ausgestattet werden, gilt demgegenüber für Personen, die eine selbständige Tätigkeit ausüben oder die in Italien Dienstleistungen erbringen oder entgegennehmen wollen, die allgemeine Erlaubnis- und Anzeigepflicht des Aufenthalts, vgl. Art. 1 letzter Absatz D.P.R. 1965, Art. 3 letzter Absatz[91]. Die Sonderstellung des Marktbürgers und sein „Recht auf Einreise“ offenbart sich aber auch hier: Denn die öffentliche Sicherheitsbehörde ist grundsätzlich nach Feststellung der Identität des Erklärenden zur Ausstellung der Anmeldebescheinigung[92] verpflichtet[93]. Diese „ricevuta di segnalazione di presenza“ hat die Gültigkeitsdauer von 5 Jahren und wird automatisch verlängert (Art. 5)[94].

Die Regelung des „Rechts auf Einreise und Aufenthalt“ der EWG-Inländer ist aber nicht unbegrenzt (Art. 6). Aus Gründen der öffentlichen Ordnung (ordine pubblico), der Sicherheit (sicurezza) und öffentlichen Gesundheit (sanità) darf das Einreise- und Aufenthaltsrecht beschränkt werden. Diese Gründe können jedoch lediglich auf das

[89] Aufenthaltsbescheinigung für Ausländer aus EWG-Mitgliedstaaten.

[90] Richtig: Mor, Ziff. 40.20, Nr. 19, S. 9.

[91] Dieselbe Regelung gilt für Arbeitnehmer, die eine unselbständige Tätigkeit für die Dauer von bis zu 3 Monaten ausüben und Saisonarbeiter: Diese bedürfen dementsprechend nicht der „carta di soggiorno ...“. Hier genügt es, daß das Einreisedokument mit einer Erklärung des Arbeitgebers versehen wird, die die Dauer der vorgesehenen Beschäftigung angibt.

Der allgemeinen Anzeigepflicht des Aufenthalts unterliegen auch diejenigen Arbeitnehmer, die ein Arbeitsverhältnis von 3 Monaten bis zu 1 Jahr eingehen oder einer Tätigkeit bei einem Arbeitgeber nachgehen, der selbst Dienstleistungen erbringt. — In diesen Fällen hat die Aufenthaltsbescheinigung (wenigstens) Gültigkeit für die Dauer der Beschäftigung; vgl. Art. 3 D.P.R. 1965.

[92] In diesem Fall handelt es sich eindeutig um einen bloßen Identitätsnachweis, vgl. Formular zur Ausstellung der Anmeldebescheinigung: „Ricevuta di segnalazione di presenza“ — D.P.R., 30. 12. 1965, n. 1656, allegato A. Diese Anmeldebescheinigung ist mit dem „foglio di soggiorno“ nicht vergleichbar.

[93] Vgl. Wortlaut Art. 1, letzter Absatz.

[94] Art. 142 II T.U.P.S., der eine neue Erlaubnis bei Aufenthaltswechsel vorsieht, findet keine Anwendung: Art. 5, letzter Absatz. Vgl. Sabatini: Stranieri, aus: Novissimo Digesto Italiano, Bd. XVIII, 1971, S. 546, Anm. 2.

eigene Verhalten des betroffenen Ausländers gestützt werden; die bloße Existenz von Strafen reicht nicht aus. Nur eine bestimmte abgegrenzte Anzahl von Krankheiten, die vor der Einreise in Erscheinung getreten sein müssen, kann derartige Beschränkungen rechtfertigen[95].

bbb) Flüchtlinge, Asylanten

Privilegierungen gelten auch für Flüchtlinge und Asylanten. Dies ergibt sich aus Art. 10 Abs. III der italienischen Verfassung: „Der Ausländer, dem in seinem Heimatland die effektive Ausübung der von der Verfassung garantierten demokratischen Rechte verwehrt ist, hat unter den vom Gesetz aufgestellten Bedingungen ein Recht auf Asyl im Staatsgebiet der Republik[96].“ Daraus folgert die Rechtslehre, daß dem Ausländer in diesem Falle ein echtes „Recht auf Eintritt“ in Italien zustehe, ohne daß dem Gesetzgeber Beschränkungen erlaubt seien[97]. Dieses Recht beinhalte aber keine Berechtigung zum *dauernden* Aufenthalt, da die Zulassung nur provisorischen Charakter habe[98]. Auch Flüchtlinge und Asylberechtigte sind von der allgemeinen Verpflichtung der Ausländer, sich eine Aufenthaltserlaubnis zu beschaffen, nicht ausgenommen[99].

ccc) Andere Privilegierte

Sonderregelungen gelten auch für Einreise und Aufenthalt von Staatsangehörigen des Vatikan und der Republik San Marino[100]. Danach besteht für deren Bürger das Recht auf freien Eintritt nach Italien[101]. Ebenso unterliegen die Kardinäle der katholischen Kirche (sacro collegio) und die Mit-

---

[95] Vgl. D.P.R. 1965, n. 1656, allegato B.; vgl. dazu EWG-Richtlinie 64/221 v. 25. 2. 1964 — veröffentl. in: ABl. Eur.Gem. April 1964, 850/64.

[96] Übers. d. Verf.

[97] Mazziotti di Celso, Sulla soggettività ..., S. 109; Udina, L'asilo politico territoriale nel diritto internazionale e secondo la Costituzione Italiana, in: Diritto internazionale 1967, Vol. XXI, Milano, S. 258 ff. (269); Mor, Ziff. 40.20, Nr. 13, S. 6; Mortati, Istituzioni di diritto pubblico, Vol. II, Padova, 8 a ed., S. 1048 f.

[98] Udina, S. 269; Mor, Nr. 14, S. 6; anders wohl Mortati, S. 1049.

[99] Mit der Verweigerung der Aufenthaltserlaubnis besteht für die Behörde die Möglichkeit, den unerwünschten Ausländer „zu den Grenzen eines Staates zu bringen, in dem er der Gefahr der Verfolgung nicht mehr ausgesetzt ist“. Vgl. Mor, ebd.

[100] Vgl. Lateranvertrag vom 11. 2. 1929; Konvention über freundschaftliches und gutnachbarliches Verhältnis vom 31. 3. 1939; vgl. dazu Biscottini, Diritto amministrativo ..., S. 97/98.

[101] Andere Niederlassungs- und Freundschaftsverträge normieren keine vergleichbaren Bestimmungen, da regelmäßig die Berücksichtigung der nationalen ausländerrechtlichen Rechts- und Verwaltungsvorschriften der Vertragsparteien vom Eintritt und Aufenthalt abhängig gemacht werden. — vgl. Trattato di amicizia, commercio e navigazione Italia-Panama, 7. 10. 1965, Art. 1 (aus: Rivista di diritto internazionale 1969, Vol. LII, S. 125 ff.); ebenso Trattato di amicizia, commercio e navigazione Italia-Germania, 21. 11. 1957, Art. 2 (BGBl. 1959, II, 949); ebenso: Europäisches Übereinkommen über die Regelung des Personenverkehrs zwischen den Mitgliedstaaten des Europarates vom 13. 12. 1957, Art. 3 und 6 (BGBl. 1959, II, 389); materiell ähnlich unter Bezugnahme auf Gründe der öffentlichen Ordnung, der Sicherheit, der Volksgesundheit oder der Sittlichkeit, Europäisches Niederlassungsabkommen vom 13. 12. 1955, Art. 1 (BGBl. 1959, II, 997).

glieder der diplomatischen und konsularischen Corps nicht den Bestimmungen der Art. 142 ff. T.U.P.S. über den Aufenthalt von Ausländern (vgl. Art. 149 T.U.P.S.). Für letztere erteilt als Ersatz des „foglio di soggiorno" das Außenministerium einen speziellen Ausweis[102].

gg) Ausweisung

Ist mit der Übersicht über die Rechtsinstitute des Visums und der Aufenthaltserlaubnis ein erster Einblick in das italienische Aufenthaltsrecht gewonnen, so bleibt noch das Ausweisungsrecht darzustellen: Über die Rechtsstellung des Ausländers *während* seines Aufenthalts findet sich nämlich keine gesetzlich normierte Sonderregelung. Die „Ausweisung" beinhaltet die Aufforderung, das Territorium des Staates zu verlassen[103]. Sie bildet eine Schranke, mit der indirekt der Aufenthalt des Ausländers in der Italienischen Republik geregelt wird.

aaa) Begriffsklärung

Dabei gilt es vorab eine Begriffsklärung vorzunehmen[104]. Im Rahmen des Aufenthaltsrechts sind zu untersuchen: Die repulsione (Abweisung), die espulsione (Ausweisung) und der rimpatrio (Heimschaffung, Form der Ausweisung). Begriffe wie espatrio (Auswanderung) und estradizione (Auslieferung, also Überstellung eines Straffälligen auf Grund eines an den Aufenthaltsstaat gerichteten Ersuchens des verfolgenden Staates) bleiben insoweit hier unberücksichtigt.

bbb) Ausweisung als strafrechtliche und polizeirechtliche Maßnahme

Sowohl das Strafgesetzbuch als auch die Gesetze zur öffentlichen Sicherheit enthalten Normen zur Ausweisung. Damit kann die Ausweisung sowohl persönliche Sicherheitsmaßnahme i. S. des Strafrechts sein (Art. 235 und 312 codice penale)[105] als auch polizeirechtliche Verwaltungsverfügung (Art. 150 - 152 testo unico delle leggi di pubblica sicurezza, Regio Decreto 18/6/1931, n. 773 und Art. 267 - 271 regolamento, Regio Decreto 6/5/1940, n. 635, a.a.O.)[106]. Diese beiden Ausweisungsinstitute unterscheiden sich grundlegend.

α) Die richterliche Ausweisung

Die richterliche Ausweisung ist abschließend für bestimmte Fälle vorgesehen. Nur das Gericht darf sie anordnen, wenn

---

[102] Tessera di riconoscimento; vgl. dazu Biscottini, L'ammissione ed il soggiorno dello straniero, S. 204.

[103] Caponera, S. 80.

[104] Dies vor allem wegen der teilweisen Verwechselungen in der praktisch kaum vorhandenen deutschen Literatur.

[105] Vgl. z. B. Nicolò e Leone, I cinque codici, Milano 1968.

[106] Siehe: Mazzanti, Espulsione dello straniero, in: Enciclopedia del Diritto, XV, Milano 1966, S. 913.

(1) der Fremde wegen eines Vergehens zu einer Haftstrafe von mindestens 10 Jahren verurteilt wird (Art. 235 I c. p.) oder

(2) der Ausländer — unabhängig von der Strafhöhe — zu einer Haftstrafe wegen eines Vergehens bestraft wird, das sich gegen den Staat richtet (Art. 312 c. p.)[107].

Nach dem italienischen Strafgesetzbuch handelt es sich bei Vergehen um diejenigen Straftaten, die das Gesetz mit lebenslangem Zuchthaus, Freiheits- oder Geldstrafe ahndet; demgegenüber rechtfertigen Übertretungen nur Haft oder Geldbuße. Die Ausweisung wird zusammen mit der Verurteilung ausgesprochen[108]. Der Richter ist in den genannten Fällen zur Ausweisung *verpflichtet*[109]; damit hängt die Anwendung dieser Maßnahme nicht von einer Einzelbewertung der sozialen Gefährlichkeit des Verurteilten ab[110], sondern letztere wird durch die Verwirklichung des jeweiligen Delikts unwiderlegbar vermutet. Nach Verbüßung der Strafe wird die Ausweisung vollzogen, indem Polizeibeamte den Ausländer zur Grenze begleiten[111]. Die richterliche Ausweisung, die im Strafregister eingetragen wird[112], hat den Effekt, auch für die Zukunft die Einreise des ausgewiesenen Ausländers zu verhindern. Dies gilt nur dann nicht, wenn später ausdrücklich diese Folge aufgehoben wird[113]. Verstößt der Ausländer gegen die richterliche Ausweisungsverfügung und reist er z. B. trotz Verbots ein, so wird er mit Haft von 2 bis 6 Monaten bestraft und nach Verbüßung erneut ausgewiesen (Art. 235 II c. p. i. V. m. Art. 151 T.U.P.S.)[114]. Gründe der politischen Erforderlichkeit zwingen dazu, auch den öffentlichen Sicherheitsbehörden die Kompetenz zur Ausweisung von Ausländern auf Grund der Gesetze der öffentlichen Sicherheit zu geben[115].

---

107 Vgl. 2. Buch, Titel 1: Dei delitti contro la personalità dello Stato, Codice Penale, Art. 241 ff.; die Normen entsprechen — cum grano salis — den §§ 80 ff. StGB.

108 Biscottini, L'ammissione ed il soggiorno dello straniero, Scritti ... in memoria di Orlando, S. 149 ff. (202).
Bei Freispruch, Straftilgung und Strafaussetzung zur Bewährung ist demnach eine *richterliche* Ausweisung ausgeschlossen.

109 Caponera, S. 80; Mazzanti, S. 914; Mor, Ziff. 40.20, Nr. 7, S. 3; Biscottini, L'ammissione ..., S. 189.

110 Vgl. Biscottini, Diritto amministrativo internazionale, S. 94.

111 In der italienischen Literatur herrscht Uneinigkeit, ob dazu ein neuer Beschluß des Präfekten mit vorheriger Einwilligung des Innenministers erforderlich ist; so: Sabatini, Espulsione degli stranieri, Novissimo Digesto Italiano, 1971, S. 544; anders und wohl richtiger Biscottini, Diritto amministrativo internazionale, S. 95.

112 Vgl. Art. 604 Codice Procedura Penale, in Nicolò und Leone, 1968, S. 159.

113 str., ob dabei Art. 207 c. p. (Widerruf der persönlichen Sicherheitsmaßnahmen durch den Justizminister) oder Art. 178 c. p. (Rehabilitationsverfahren) anzuwenden sind; vgl. dazu Mazziotti di Celso, S. 116; Biscottini, ... Scritti Orlando, S. 203 ff.

114 Ebenso bei Flucht des Ausländers während des Vollzugs der richterlichen Ausweisung: vgl. Art. 235 II c. p., 152 III, S. 2, IV T.U.P.S.

β) Die verwaltungspolizeirechtliche Ausweisung („espulsione")

Diese verwaltungspolizeirechtliche Ausweisung findet ihre Rechtsgrundlage in Art. 150 T.U.P.S. i. V. m. Art. 267 Reg. T.U.P.S. Danach unterscheidet man 3 Fälle:

(1) Ausweisung des wegen eines Vergehens verurteilten Ausländers; Vergehen sind nach Art. 39 und Art. 17 Codice Penale diejenigen Straftaten, die das Strafgesetzbuch mit lebenslänglichem Zuchthaus, Freiheits- oder Geldstrafe ahndet[116]. Die Art des Vergehens und dessen Bestrafung bleiben unberücksichtigt (Art. 150 I T.U.P.S.)[117].

(2) Ausweisung aus Gründen des „ordine pubblico" (150 II T.U.P.S.).

(3) Auch die *Anzeige* wegen Verstoßes gegen Bestimmungen des Aufenthaltsrechts (Titolo V, Capo I T.U.P.S.) kann die Ausweisung rechtfertigen (Art. 150 IV). Im Gegensatz zu Art. 150 I, in dem die rechtskräftige Verurteilung des Ausländers verlangt ist[118], begründet im Falle des Art. 150 IV schon die Anzeige bei einer Gerichtsbehörde die Möglichkeit, den Ausländer außer Landes zu weisen.

Die verwaltungspolizeiliche Ausweisung liegt, anders als die richterliche Ausweisung, die obligatorisch ist, im Ermessen der handelnden Behörde. Verschiedene kompetente Stellen werden bei der Ermessensbewertung der Ausweisungstatbestände tätig: Im Falle (2) — Ausweisung aus Gründen des „ordine pubblico" — besitzt lediglich der Innenminister, der außerdem noch in Übereinstimmung mit dem Außenministerium und dem Ministerpräsidenten handeln muß, die Kompetenz, die Ausweisung zu verfügen (Art. 150 V T.U.P.S.). Bei den beiden anderen Ausweisungstatbeständen ist der örtlich zuständige Präfekt zur Entscheidung berufen, der aber zum Erlaß des Ausweisungsdekrets eine *vorherige* Einwilligung des Innenministers einzuholen hat (Art. 267 I Reg. T.U.P.S.)[119]. Hält der Präfekt eine Ausweisung trotz

---

115 Vgl. Relazione ministeriale al Codice penale, aus: Jannitti / Piromallo, Manuale delle leggi di pubblica sicurezza, Milano 1953, S. 529, Anm. 7; vgl. auch Art. 200 letzter Absatz c. p.

116 Der Codice Penale unterscheidet 2 Arten von reati: Vergehen und Übertretungen. Bei Übertretungen können Haftstrafen und Geldbußen verhängt werden.

117 Die strafbare Verwirklichung einer Übertretung reicht demgegenüber nicht aus.

118 Vgl. Sabatini, S. 544.

119 Dies gilt auch für den Fall des Art. 150 IV (Ausweisung bei *Anzeige* wegen des Verstoßes gegen Aufenthaltsrecht), obwohl Art. 267 I Reg. T.U.P.S. nur die „Verurteilung" wegen eines Delikts oder Übertretung ausdrücklich betrifft. Dieser Widerspruch erklärt sich historisch daraus, daß bei Erlaß der Verordnung das Gesetz zur öffentlichen Sicherheit die *Verurteilung* des Ausländers als Notwendigkeit der Ausweisung forderte.

Letztlich muß aber Art. 267 I auch im Falle der bloßen Anzeige Anwendung finden: Würde man dies nämlich verneinen, so käme man zu dem

der Verurteilung des Ausländers wegen irgendeines Vergehens oder des Verstoßes gegen das Aufenthaltsrecht nicht für opportun, so hat er hiervon den Innenminister zu informieren.

Ähnlich wie bei der gerichtlichen Ausweisung hat die verwaltungspolizeiliche espulsione die Folge, daß der Ausländer ohne ausdrückliche Erlaubnis des Innenministers nicht wieder einreisen darf (Art. 151 T.U.P.S.). Der Verstoß gegen Art. 151 T.U.P.S. rechtfertigt die Verhängung einer Haftstrafe von 2 bis 6 Monaten und nach Verbüßung die sofortige erneute Ausweisung, wobei der Ausländer von Polizeibeamten zur Grenze überführt wird.

Die dargestellten Ausweisungsgründe erhellen, daß den italienischen Sicherheitsbehörden in der Ausweisungsmaterie ein weiter Ermessensspielraum zugebilligt ist. Jede rechtskräftige Verurteilung wegen eines Vergehens kann eine Ausweisung des Ausländers rechtfertigen. Bei Verstößen gegen das Aufenthaltsrecht genügt sogar die bloße Anzeige, die von derselben Behörde sein kann, ohne daß es auf die Untersuchung der Strafbarkeit ankommt. Vor allem bietet die Generalklausel des „ordine pubblico“ einen äußerst weiten Handlungsspielraum[120].

γ) Der rimpatrio

Neben den oben dargestellten Eingriffsmöglichkeiten der Sicherheitsbehörden bei der Ausweisung von Ausländern steht dem Präfekten zusätzlich noch ein weiteres Zwangsmittel zur Verfügung, mit dem er den Ausländer außer Landes weisen kann. Nach Art. 152 T.U.P.S. hat der örtlich zuständige Präfekt das Recht, Ausländer mit einem sog. „foglio di via obbligatorio“ (Zwangsentfernungsschein)[121] an die Grenze zu schicken (sog. „rimpatrio“).

Das Rechtsinstitut des rimpatrio bildet in der italienischen Literatur den Gegenstand heftiger Auseinandersetzungen; dies beruht vor allem auf dem unklaren Wortlaut der Norm[122] und deren ungeklärtem Ver-

Ergebnis, daß im Falle der Verurteilung wegen eines Vergehens eine besondere ministerielle Autorisation zur Ausweisung durch den Präfekten notwendig ist, während in dem weniger schwerwiegenden Fall der bloßen Anzeige wegen einer Übertretung dem Präfekten unbeschränkte Ausweisungsbefugnisse zustehen. Rechtssystematisch erscheint dies nicht haltbar. So auch Biscottini, Diritto amm. intern., S. 90/91, Anm. 62 mit unklarer Begründung.

Zum Erfordernis der vorherigen Einwilligung des Innenministers: vgl. Sabatini, S. 544; unrichtig, da gegen den klaren Wortlaut des Art. 267 I Reg. T.U.P.S.: Mor, Ziff. 40.20, Nr. 9, der eine „Genehmigung“, also die nachträgliche Zustimmung, ausreichen lassen will.

120 Zur näheren Analyse dieses Begriffs, insbesondere im Vergleich zu dem Begriff der „Belange der BRD“ i. S. d. AuslG vgl. unten Teil C. I. 3. b), dd).

121 d. h. also einen behördlichen Befehl, sich auf einem bestimmten Weg zur Grenze zu begeben.

122 Art. 152 I: „I prefetti delle province di confine possono, per motivi di ordine pubblico, allontanare, mediante foglio di via obbligatorio, dai comuni

hältnis zur Ausweisung i. S. d. Art. 150 T.U.P.S.[123]. Die Aufgliederung des Art. 152 T.U.P.S. führt zur Feststellung verschiedener Tatbestände des rimpatrio. Absatz I unterscheidet nach einhelliger Auffassung 2 Fälle:

(1) Ausweisung durch den Präfekten einer Grenzprovinz aus Gründen des „ordine pubblico“ (Art. 152 Abs. I 1. Alt); diese setzt Dringlichkeit voraus. Der Präfekt ist zur Ausweisung ohne vorherige Einwilligung des Innenministers autorisiert, er hat von der erfolgten Ausweisung lediglich dem Innenminister Mitteilung zu machen.

(2) Abweisung der nicht mit Ausweispapieren ausgestatteten oder bedürftigen Ausländer durch die Präfekten der Grenzprovinzen (Art. 152 Abs. I 2. Alt. — Fall der repulsione); Dringlichkeit ist nicht erforderlich[124].

Die Klärung der rimpatrio-Fälle des Art. 152 Absatz II bereitet demgegenüber größere Schwierigkeiten. Danach steht auch anderen Präfekten das Recht zu, „aus denselben Gründen“[125] die Ausweisung des Ausländers auszusprechen[126]. Theoretisch können „dieselben Gründe“ i. S. d. Abs. II sein: (1) allein ordine pubblico, (2) ordine pubblico und Dringlichkeit, (3) dringliche Motive des ordine pubblico und Dringlichkeit in den Fällen des bedürftigen Ausländers oder des Fremden ohne Ausweispapiere und schließlich (4) ordine pubblico und

---

di frontiera, nel caso di urgenza, riferendone al ministro, gli stranieri di cui all'art. 150 e respingere dalla frontiera gli stranieri che non sappiano dare contezza di sè o siano sprovvisti di mezzi.“

Art. 152 II: „Per gli stessi motivi, i prefetti hanno facoltà di avviare alla frontiera, mediante foglio di via obbligatorio, gli stranieri che si trovano nelle rispettive province.“

123 Vgl. u. a. Mor, Ziff. 40.20, Nr. 11, der wegen dieser Unklarheit Art. 152 nur auf bedürftige Ausländer und Fremde ohne Ausweispapiere für anwendbar hält. Diese restriktive Interpretation erscheint aber im Hinblick auf den eindeutig weiteren Wortlaut der Norm und der Unzulässigkeit der Vorwegnahme gesetzgeberischer Entscheidungsbefugnis unhaltbar.

124 Dies folgt aus dem Wortlaut des Art. 152 I T.U.P.S., da die beiden Alternativen durch ein „und“ getrennt sind und somit das Erfordernis der Dringlichkeit grammatikalisch sich nur auf die 1. Alt. des Art. 152 I beziehen kann. Vgl. ebenso Cassia, Espulsione ed allontanamento dello straniero dal territorio dello Stato, in: La Giustizia Penale 1966, S. 392 ff. (398), mit genauer Problemerörterung unter Hinweis auf die Systematik: Es sei nicht einsichtig, Dringlichkeit sowohl für die Ausweisung durch den Grenzpräfekten aus Gründen des ordine pubblico als auch für den Fall der bloßen Abweisung, die den Fremden i. d. R. viel weniger belastend trifft, zu verlangen.

125 Wie die des Abs. I.

126 a. A. Jemolo: L'espulsione dello straniero, in: Il foro italiano 1952, III, S. 108 ff. (109 f.), der Art. 152 II restriktiv in dem Sinne versteht, daß nur Präfekten aus den Grenzprovinzen in dringenden Fällen die Ausweisung aussprechen dürfen. Eine Meinung, die schon deshalb unhaltbar erscheint, da danach Abs. I und II trotz des Wortlauts identischen Regelungsinhalt hätten. — Vgl. auch Biscottini, Scritti Orlando ..., S. 190, Anm. 77.

Dringlichkeit auf der einen Seite und Bedürftigkeit oder Fehlen von Ausweispapieren des Ausländers auf der anderen Seite[127].

Daß die Präfekten aus Nicht-Grenzprovinzen Ausländer auf der Basis des Art. 152 II nicht allein aus Gründen des ordine pubblico außer Landes weisen können, erhellt sowohl der Vergleich zu Art. 152 I als auch zu Art. 150 II, IV: Wenn schon für die Grenzpräfekte das zusätzliche Erfordernis der Dringlichkeit gilt, so muß dies erst recht für die anderen Präfekten gelten. Zudem darf nach Art. 150 II, V T.U.P.S. nur der Innenminister in Übereinstimmung mit dem Außenminister und dem Ministerpräsidenten die Ausländer aus ordine-pubblico-Motiven ausweisen. Eine kongruente Kompetenzzuweisung unter gleichen Tatbestandsvoraussetzungen an verschiedene staatliche Stellen kann aber nicht Intention des Gesetzes sein[128]. „Dieselben Gründe" i. S. d. Art. 152 II nur auf den Fall 2 (ordine pubblico und Dringlichkeit) zu begrenzen, steht ebenso im Widerspruch zum Wortlaut: Abs. I des Art. 152 kennt neben den Entfernungsgründen der 1. Alternative noch die Abweisungsgründe der 2. Alternative. Problematisch bleibt somit nur noch, ob die Worte „gli stessi motivi" i. S. d. Art. 152 II Dringlichkeit auch für die Ausweisung von bedürftigen Ausländern oder Fremden ohne Ausweispapiere fordern[129]. Wie dargestellt, handelt es sich bei der 1. und 2. Alt. des Art. 152 Abs. I um 2 verschiedene Rechtsinstitute des rimpatrio (Abweisung und Ausweisung aus Grenzprovinzen); wenn nun Abs. II auf diese 2 Institute global verweist, so liegt es näher, *jeweils* die Voraussetzungen der 1. und 2. Alternative als „dieselben Gründe" i. o. g. Sinne anzuerkennen[130]. Unter „denselben Gründen" i. S. d. Art. 152 Abs. II T.U.P.S. sind demnach Motive des ordine pubblico, sofern diese dringlich sind, und die Bedürftigkeit oder das Fehlen von Ausweispapieren des Ausländers zu verstehen.

Die Ausweisung nach Art. 152 T.U.P.S. steht grundsätzlich im Ermessen der jeweiligen zuständigen Präfekten, ohne daß sie einer vorherigen Einwilligung des Innenministers bedürfen[131]. Eine Verpflichtung zur Abweisung in Anwendung des Art. 152 I 2. Alt. besteht

---

[127] Cassia, S. 399.

[128] So Cassia, ebd.; anders: Cappiello, L'allontanamento dello straniero dal territorio dello Stato e la necessità dell'urgenza, in: Monitore dei tribunali 1969, S. 946 ff.

[129] So wohl Bonichi, S. 623, der aber auf die Problematik nicht eingeht. Ebenso offenbar: Pretura Como, 21. 1. 1969 (aus: Monitore dei tribunali 1969, S. 646 ff.); das Gericht macht aber nicht klar, welchen Fall der Alternativen des Art. 152 I i. V. m. Abs. II es behandelt. — a. A. wohl h. M.: vgl. Capiello, S. 948; Cassia, m. w. N.

[130] Ebenso: Disegno di legge n. 1773 del 12 luglio 1966: „modifiche alle disposizioni del T.U.P.S. delle leggi di Pubblica Sicurezza", Art. 56 — aus: Mininni, Codice di polizia, Padova 1969, S. 1003.

[131] Vgl. Wortlaut Art. 152 I und II: „possono, hanno facoltà."

ausnahmsweise nur bei einreisewilligen Ausländern, die bedürftig sind, der Prostitution nachgehen oder als Landstreicher oder Bettler leben (vgl. Art. 271 Reg. T.U.P.S.). In der Art der Durchführung der Ausweisung sind den Präfekten Schranken gesetzt. Während die Ausweisung (espulsione) nach Art. 150 T.U.P.S. durch Begleitung des Ausländers zur Grenze vollzogen wird und damit den höheren Grad der Gefährlichkeit des Ausländers anzeigt, erhalten die nach Art. 152 T.U.P.S. i. V. m. Art. 269 Reg. T.U.P.S. Ausgewiesenen einen Zwangsentfernungsschein, der ihnen lediglich einen bestimmten Weg zur Grenze vorschreibt[132]. In diesem Fall wird der Fremde somit keiner anderen zusätzlichen Beschränkung, abgesehen von dem Zwang auszureisen, ausgesetzt. Verstößt er gegen das Ausreisegebot oder entfernt er sich vom angegebenen Weg, so wird er zu einer Arreststrafe von 2 bis 6 Monaten bestraft und nach Verbüßung nunmehr in Begleitung von Polizeibeamten zur Grenze überführt (Art. 152 III, IV T.U.P.S.). Im Gegensatz zur espulsione i. S. d. Art. 150 hat der rimpatrio des Art. 152 keine „permanente" Wirkung: Da Art. 151 T.U.P.S. keine Anwendung findet, bedarf der nach Art. 152 ausgewiesene Ausländer zur erneuten Einreise keiner besonderen Erlaubnis des italienischen Innenministeriums.

Trotz dieser Unterschiede bleibt festzustellen, daß die Maßnahme des rimpatrio in der Praxis ähnliche Resultate für den Betroffenen wie die der espulsione zeitigt. Dies mutet vor allem insoweit merkwürdig an, wenn man die einzelnen Wirksamkeitsvoraussetzungen der Ausweisung des Art. 150 mit den wesentlich geringeren des Art. 152 vergleicht, insbesondere in Anbetracht der Tatsache, daß der rimpatrio gerade Anwendung findet, wenn die Voraussetzungen für die espulsione nicht vorliegen (Art. 269 Reg. T.U.P.S.)[133].

δ) Das Problem des „allgemeinen Widerrufs" als Ausweisungsgrund

Ungeachtet dieser wenig sachgerecht differenzierten Regelung lassen die Rechtsprechung und ein Teil der Literatur neben den oben aufgezeigten Ausweisungsgründen noch einen weiteren Ausweisungsgrund zu. Die Ausweisungsbehörde sei berechtigt, die Aufenthaltsbefugnis eines Ausländers aus bloßen Opportunitätsgründen jederzeit durch

---

132 a. A. Mazziotti di Celso, Sulla soggettività e tutela dello straniero nell'ordinamento italiano, Rassegna di diritto pubblico 1964, S. 81 ff. (118, Anm. 67), ebenso Jemolo, S. 109, die den foglio di via obbligatorio als Befehl, Aufenthalt im *Innern* des Landes zu nehmen, interpretieren.

Zur Unvertretbarkeit dieser These, die im Widerspruch mit dem Wortlaut, der historischen Entwicklung des Art. 152 T.U.P.S. als Abweisungstatbestand und dem Sinn der Norm (Verhinderung und Abwendung von Gefahren für den ordine pubblico) steht vgl. u. a. Cassia, S. 401/402.

133 Vgl. Biscottini, Scritti Orlando, S. 197/198.

Widerruf der Aufenthaltserlaubnis zu beenden[134]. Dogmatisch findet diese Ansicht ihre Rechtfertigung in dem Rechtscharakter des „foglio di soggiorno“. Da dieser eine Erlaubnis darstelle[135], verwaltungsrechtliche Erlaubnisse nach der italienischen Verwaltungsdoktrin aber immer widerrufbar sind, müsse auch ein Widerruf des permesso di soggiorno zulässig sein; der Widerruf der Aufenthaltserlaubnis soll einen zusätzlichen Ausweisungstatbestand begründen[136].

Demgegenüber vertritt die Literatur die Auffassung, daß neben den dargestellten gesetzlichen Ausweisungsfällen ein anderer zusätzlicher Ausweisungsgrund nicht anerkannt werden könne[137]. Für diejenigen, die schon den Erlaubnischarakter der Aufenthaltserklärung leugnen, ergibt sich diese Feststellung aus der Definition des foglio di soggiorno[138]. Aber auch wenn man den foglio di soggiorno als eine verwaltungsrechtliche Erlaubnis ansieht, so präjudiziert dies nicht die Zulässigkeit des allgemeinen verwaltungsrechtlichen Widerrufs, da dessen Anwendbarkeit noch vom Fehlen abschließender ausländerrechtlicher Spezialwiderrufsgründe abhängt[139]. Auf diese Frage des Ausschlusses des allgemeinen Widerrufsrechts wegen vorhandener abschließender Spezialregelungen geht die Rechtsprechung gar nicht erst ein. Das italienische Aufenthaltsrecht kennt aber neben der richterlichen Ausweisung noch die dargestellten Verwaltungsmaßnahmen der espulsione und des rimpatrio. Würde man einen zusätzlichen allgemeinen Widerrufsgrund anerkennen, der keinerlei Schranken bezüglich Form, Inhalt und Ausführung ausgesetzt ist, so bliebe Funktion und Sinn der Art. 150 T.U.P.S. und vor allem Art. 152 T.U.P.S. mit ihren zahlreichen Wirksamkeitserfordernissen widersprüchlich. Der allgemeine Widerrufsgrund der Ausweisung hätte substanziell dieselben Wirkungen wie espulsione und rimpatrio, ohne den in den Spezialtatbeständen normierten Erfordernissen zu entsprechen[140]. Das

---

[134] Consiglio di Stato, Sez. IV, 27. 2. 1952, n. 208, in: Il foro padano 1954, S. 88 ff.; Consiglio di Stato (Ad.plen.) 15. 9. 1956, in: Rivista di diritto internazionale 1957, S. 430 ff.

Aus der Lit.: Cassese, Sul soggiorno del rifugiato politico in Italia, Rivista di diritto internazionale 1959, S. 653 ff. (658); Carbone, Sull'allontanamento degli stranieri dal territorio dello Stato, Rassegna Mensile dell'Avvocatura di Stato 1953, S. 65 ff.; vgl. auch kurz Erdmann, Das Ausländergesetz von 1965 im internationalen Vergleich, Verw.Arch. 59 (1968), S. 311 (327), allerdings völlig ohne Problemerörterung.

[135] Vgl. oben die Darstellung der Streitfrage des Rechtscharakters des foglio di soggiorno.

[136] Consiglio di Stato 27. 2. 1952, n. 208; Consiglio di Stato (Ad.plen.) 15. 9. 1956; Carbone, ebd.

[137] Zu diesem Problem vgl. Cassia, S. 396 m. w. N.

[138] Nachweise vgl. oben bei der Erörterung des Rechtscharakters der Aufenthaltserklärung, Anm. 63.

[139] Dieser Gesichtspunkt bleibt m. E. in der gesamten Widerrufsdiskussion zu unbeachtet.

[140] Vgl. Biscottini, Diritto amministrativo internazionale, S. 86.

kann aber aus rechtsstaatlichen Gesichtspunkten nicht überzeugen. Für die Unzulässigkeit des allgemeinen Widerrufs der Aufenthaltserlaubnis als Ausweisungsgrund sprechen auch folgende Gründe: Die Aufenthaltserlaubnis wird i. d. R. von der Questura erteilt. Würde nun der allgemeine Widerrufsgrund zugelassen, so müßte konsequenterweise die Widerrufsbehörde mit der damaligen Erteilungsbehörde identisch sein; dieser Überlegung ungeachtet spricht die Rechtsprechung das Recht des Widerrufs dem Präfekten ohne weitere Begründung zu.

Nach Art. 150 III T.U.P.S. dürfen „italiani non regnicoli" nicht nach Art. 150 I und II sowie, da Art. 152 I 1. Alt. auf Art. 150 verweist, auch nicht durch das Rechtsinstitut des rimpatrio ausgewiesen werden. Würde man den allgemeinen Widerrufsgrund ohne Berücksichtigung der Spezialnormen anerkennen, käme man zu dem dem Art. 150 III widersprechenden Ergebnis, diese Privilegierung contra legem aufzuheben. Somit stellen Art. 150 und Art. 152 T.U.P.S. *abschließende Spezialregelungen* dar; neben diesen besteht für die Anwendung des allgemeinen Widerrufsgrundes kein Raum[141]. Ausweisungstatbestände beinhalten neben der richterlichen Ausweisung abschließend die beiden verwaltungsrechtlichen Rechtsinstitute der espulsione und des rimpatrio.

hh) Privilegierungen bei der Ausweisung

Grundsätzlich gelten die dargelegten Ausweisungsfälle für alle in der italienischen Republik sich aufhaltenden Ausländer. Bestimmte Ausländergruppen sind aber privilegiert:

aaa) EWG-Staatsangehörige

Für EWG-Staatsangehörige, denen ein Einreiserecht nach dem D.P.R. 30. 12. 1965, n. 1656 zusteht, gelten bezüglich der Ausweisung Sonderregelungen. Danach darf die Ausweisung nur aus Gründen des ordine pubblico, der sicurezza pubblica oder der sanità pubblica ausgesprochen werden (Art. 6 I). Die Ausweisung muß auf dem persönlichen Verhalten des Ausländers basieren (Art. 6 I letzter Satz); die Tatsache der bloßen Bestrafung allein genügt für die Rechtfertigung der Ausweisung nicht (Abs. II). Der Ablauf der Gültigkeitsdauer von Identitätsdokumenten kann die Entfernung des Ausländers aus Italien nicht tragen (Abs. V). Krankheiten, die nach der Zulassung des EWG-Aus-

141 So die h. Lit.: vgl. u. a. Jemolo, L'espulsione dello straniero, Il foro italiano 1952, II, S. 108 ff.; Virga, Il diritto di soggiorno degli stranieri, Rivista di polizia 1952, S. 542 ff.; Biscottini, La revoca del permesso di soggiorno degli stranieri, Rivista di diritto internazionale 1957, Vol. XL, S. 432 ff.; ders., Sull'espulsione degli stranieri, Il foro padano 1954, S. 87 ff.; Cassia, ebd.

Ausführlich dazu: Schuster, La natura giuridica del permesso di soggiorno e problemi della sua revoca, Riv. di polizia 1974, S. 73 ff. (78 f.).

länders in Italien auftreten, rechtfertigen die Ausweisung nicht (Abs. III, IV). Von Dringlichkeitsfällen abgesehen muß die Frist zur Ausweisung im Fall der Verweigerung der Zulassung zum Aufenthalt bei bereits erfolgter Einreise mindestens 15 Tage und bei Verweigerung der Wiedererteilung einer Aufenthaltserlaubnis oder der Entfernung vom italienischen Territorium mindestens einen Monat betragen (Art. 8). Die Gründe, die nach dem Dekret von 1965 die Ausweisung eines EWG-Staatsangehörigen rechtfertigen, reichen auch zur Begründung der *Ab*weisung aus[142]. Die Ausweisung von Marktbürgern darf — dringende Fälle ausgenommen — nur von den zuständigen Stellen nach Anhörung einer besonderen Kommission beim Innenminister verfügt werden; vor dieser kann der Betroffene selbst oder durch einen Vertreter seine Gegengründe zur Vermeidung der Ausweisung zur Geltung bringen (Art. 9 im einzelnen).

bbb) Flüchtlinge, Asylberechtigte

Flüchtlinge werden nach italienischem Ausländerrecht unter Berücksichtigung der Konvention von Genf über die Rechtsstellung der Flüchtlinge vom 28. 7. 1951 nur aus Gründen der nationalen Sicherheit und des ordine pubblico ausgewiesen, unter Beachtung der vom Gesetz vorgesehenen Formen (Art. 32 Konvention)[143]. Dem Auszuweisenden werden dabei, sofern keine Gründe der nationalen Sicherheit entgegenstehen, alle Verteidigungsrechte zugestanden. Besondere dem Flüchtling gewährte Fristen sollen dabei dem Betroffenen die Möglichkeit der Ausreise in einen anderen Staat eröffnen. Gemäß Art. 33 der Genfer Konvention hat sich der italienische Staat verpflichtet, keinen Flüchtling in Gebiete auszuweisen, in denen sein Leben oder seine Freiheit aus rassischen, religiösen oder nationalen Motiven oder wegen seiner Zugehörigkeit zu einer sozialen Gruppe oder seiner politischen Überzeugung bedroht ist. Ist dem Flüchtling das Asylrecht endgültig zugebilligt worden, so darf er nicht mehr ausgewiesen werden[144].

ccc) Staatenlose

Über das Gleichbehandlungsgebot des Art. 3 Genfer Konvention kommt die Literatur zur Erstreckung der die Ausweisung einschränkenden Garantien der Konvention von Genf auch auf den Staatenlosen[145]. Die richterliche Ausweisung der Art. 235/312 Codice penale ist auf Staatenlose nicht anwendbar, da Art. 4 des Codice penale bei der Anwendung des Strafgesetzbuches die Staatenlosen wie italienische Staatsangehörige ansieht[146].

---

142 Vgl. unveröffentlichte circolare N. 443/150 153/IV vom 31. 3. 1966 (Ministero dell'Interno), S. 4, Teil III.

143 Vgl. Caponera, S. 116.

144 Vgl. Sabatini, Espulsione degli stranieri, aus: Novissimo Digesto Italiano, Bd. XVIII, 1971, S. 543 mit Problemdarstellung und abweichenden Ansichten. Ebenso übrigens: Disegno di legge n. 1773 del 12 luglio 1966 „modifiche alle disposizione del T.U.P.S. delle leggi di P.S.“, aus: Mininni, Codice di polizia, 1967, S. 1001 ff. — Art. 55 I, 56 I.

145 Caponera, S. 109.

146 Caponera, ebd.

ddd) Italiani non appartenenti alla Repubblica

Eine Sonderregelung gilt auch für die sog. „italiani non regnicoli" (heute: „italiani non appartenenti alla Repubblica"). Dieser Begriff wird für jene Kategorie von Ausländern gebraucht, die aus geographischen, ethnischen und geistigen Gründen als Italiener betrachtet werden (z. B. Italoschweizer, Staatsangehörige aus San Marino)[147]. Die italienische Rechtsordnung billigt diesen privilegierten Ausländern besondere Rechte zu[148]. Nach Art. 150 III T.U.P.S. finden Art. 150 Abs. I (Ausweisung wegen Verurteilung zu einer Straftat) und Abs. II (Ausweisung aus Gründen des ordine pubblico) keine Anwendung. Da auch Art. 152 I 1. Alt. (rimpatrio aus dringenden Gründen des ordine pubblico durch den Grenzpräfekten) auf Art. 150 verweist[149], kommt auch bzgl. dieses Ausweisungsfalles den italiani non appartenenti alla Repubblica eine Privilegierung zu[150]. Dies beinhaltet aber keinen generellen Ausschluß der Ausweisung[151]. Von der Ausschlußwirkung des Art. 150 III ist nicht erfaßt: Die richterliche Ausweisung, die espulsione nach Art. 150 IV (Anzeige wegen Übertretungen gegen Aufenthaltsrecht) und Art. 152 I 2. Alt.[152] für den Fall des rimpatrio wegen Bedürftigkeit oder eines „italiano non appartenente alla Repubblica", der über keine Ausweispapiere verfügt.

eee) Einschränkung der Ausweisung durch Niederlassungsverträge

Besondere Voraussetzungen zur Ausweisung setzen auch zahlreiche Niederlassungsverträge, die für den Fall des ordnungsgemäßen längeren Aufenthalts (i. d. R. 5 Jahre) eine Ausweisung nur aus konkreten Gründen der nationalen Sicherheit oder anderen Gründen, die besonders schwer wiegen, zulassen[153].

Für das Recht der Einreise und der Ausweisung im italienischen Aufenthaltsrecht läßt sich somit in einem ersten Überblick pauschaliert feststellen, daß die Verweigerung der Aufenthaltserlaubnis grundsätzlich auf jeden einfachen Verdacht oder auf Präventionsgesichts-

---

[147] Biscottini: La condizione giuridica degli Italiani non appartenenti alla Repubblica, Annali Camerino 1950, S. 83 ff. (85). Vgl. auch Art. 51 II Ital.Verf.

[148] z. B. Erleichterungen beim Erwerb der Staatsangehörigkeit, begünstigende Konzessionen bei einer Reihe von Rechten, die sonst nur dem italienischen Staatsbürger zustehen.

[149] „Stranieri di cui all'art. 150 ..."

[150] Dies gilt auch für Art. 152 I 1. Alt. T.U.P.S. i. V. m. Art. 152 II.

[151] Unrichtig Caponera, S. 119; ungenau Biscottini, Scritti Orlando, S. 193/194 (Fußn. 81) und ders., in: Annali Camerino, S. 85.

[152] Ebenso i. V. m. Art. 152 II.

[153] z. B. Freundschaftsvertrag Italien/Panama vom 7. 10. 1965, Art. 1, Nr. 2 (veröffentlicht in: Rivista di diritto internazionale 1969, S. 125 ff.); Freundschaftsvertrag Deutschland/Italien vom 21. 11. 1957, Art. 2, Nr. 2 (BGBl. 1959, II, S. 949). Vgl. dazu: Lanfranchi, Il trattamento dello straniero nelle clausole ..., in: Rivista di diritto internazionale privato e processuale 1968, S. 331 ff. (334/335).

punkte, mithin reine Opportunitätserwägungen, gegründet sein kann, während espulsione und rimpatrio ihre Rechtfertigung in bestimmten konkreten positiven Fakten finden müssen[154]. Die Regelung zieht damit — auf der Basis des Verhältnismäßigkeitsprinzips — aus dem verstärkten Vertrauensschutz des bereits zugelassenen Ausländers die notwendige Konsequenz.

d) Der Rechtsschutz im italienischen Aufenthaltsrecht

Die dargestellte Rechtslage der Ausländer in Italien kann nur ausgewogen betrachtet werden, wenn das Rechtsschutzsystem mitberücksichtigt wird. Denn selbst vorhandene Rechtspositionen haben nur effektive Relevanz, wenn sie auch gerichtlich durchsetzbar sind. In Anbetracht der erst kürzlich erfolgten Neugliederung des italienischen Verwaltungsrechtssystems[155] sind dabei sowohl Darstellungen neueren Datums zum Rechtsschutz[156] wie die Rechtsprechung von vor Dezember 1971 nicht mehr verwertbar.

aa) Zweigleisigkeit des Rechtsschutzsystems

Ähnlich dem deutschen Rechtsschutzsystem verläuft auch die italienische Rechtskontrolle zweigleisig: Der Betroffene kann vor Zivil- und Verwaltungsgerichten seine Rechte verfolgen. Während aber Unterscheidungskriterium der Rechtswegezuweisung nach der VwGO u. a. der Begriff der Streitigkeit auf dem Gebiet des öffentlichen Rechts ist, trennt das italienische Recht nach der Art der betroffenen Rechtsposition. Verletzt die Maßnahme ein „subjektives Recht" („diritto soggettivo perfetto") einer Privatperson, so kann sie vor den Zivilgerichten auf Schadensersatz[157] klagen. Handelt es sich bei der Rechtsposition lediglich um ein „rechtlich geschütztes Interesse" („interesse legittimo"), so ist ausschließlich die Klage vor dem Verwaltungsgericht zulässig. Die Unterscheidung zwischen subjektivem Recht und rechtlich geschütztem Interesse bereitet Schwierigkeiten. Gemeinhin wird als wichtiges Kriterium bei der Beurteilung einer von der Verwaltung in

---

[154] Vgl. Biscottini, Diritto amm. internazionale, S. 88.

[155] Vgl. D.P.R. 24. 11. 1971, n. 1199 — Semplificazione dei procedimenti in materia di ricorsi amministrativi, G.U., n. 13 (17. 1. 1972); Legge 6 dicembre 1971 n. 1034 — Istituzione dei tribunali amministrativi regionali — G.U., n. 314 (13. 12. 1971); zusammenfassend veröffentlicht in Sandulli, I tribunali amministrativi regionali ..., Napoli 1972; vgl. auch Virga, I ricorsi amministrativi ... Milano 1972; Alessi, La giurisdizione amministrativa dopo l'istituzione dei tribunali amministrativi regionali, Milano 1972.

[156] So z. B. Auby und Fromont: Les Recours contre les Actes Administratifs dans les pays de la CEE, Italie, 1971, Paris, S. 285 - 336; überholt auch: Platz, EWG-Niederlassungsrecht und individuelle Rechtspositionen, Köln/Berlin 1966, S. 84 ff.

[157] Nicht dagegen auf Aufhebung der Maßnahme.

einem Subordinationsverhältnis angewandten Norm das Bestehen von „Ermessen“ angesehen. Der der Verwaltung im konkreten Fall eingeräumte Ermessensspielraum begrenzt die Rechtsposition des Betroffenen auf ein bloßes „rechtlich geschütztes Interesse“[158]. Wie oben dargelegt und wie auch die Möglichkeit der Ausweisung bestätigt, steht dem Ausländer grds. kein Recht auf Einreise und Aufenthalt in Italien, sondern nur ein rechtlich geschütztes Interesse zu. Damit verengt sich die gerichtliche Kontrolle in Aufenthaltssachen auf den Verwaltungsrechtsschutz.

bb) Rechtsbehelfe

Da das Gesetz zur öffentlichen Sicherheit kein ausdrückliches Widerspruchsrecht in Angelegenheiten der pubblica sicurezza verfügt[159], kommen als Rechtsbehelfe nur die allgemeinen in Betracht. Dabei gilt es die verwaltungsrechtlichen (ricorso gerarchico und ricorso straordinario al Presidente della Repubblica) und die gerichtlichen (ricorso al tribunale amministrativo regionale und appello al Consiglio di Stato) Rechtsbehelfe zu unterscheiden.

aaa) Der ricorso gerarchico

Das neue Dekret vom 24. 11. 1971, n. 1199[160] trifft Bestimmungen über den ricorso gerarchico. Danach hat der Betroffene das Recht, gegen „nicht definitive“ Verwaltungsakte Widerspruch an die nächsthöhere Instanz einzulegen (Art. 1 I). „Endgültig“ in diesem Sinne können verwaltungsrechtliche Maßnahmen aus 3 Gründen sein[161]. Erstens aus der Natur des den Verwaltungsakt erlassenden Organs (subjektive Definitivität): Das ist der Fall, wenn der Akt von einem an der Spitze der Verwaltungshierarchie befindlichen Organ erlassen worden ist (im staatlichen Bereich: Minister). Dasselbe gilt zweitens bezüglich des Aktes, für den das Gesetz dies ausdrücklich normiert (explizite Definitivität). Endgültigkeit kann drittens auch aus der Natur des verfügten Aktes folgen (implizite Definitivität), etwa wenn eine Behörde tätig geworden ist, der in diesem Bereich die ausschließliche

---

[158] Vgl. Landi / Potenza: Manuale di diritto amministrativo, 4. ed., Milano 1971, S. 150 f. mit vielen weiteren Nachweisen.

Dieser Satz ist aber nicht umkehrbar: Wo kein Ermessen besteht, existieren nicht notwendig subjektive Rechte; vgl. Landi / Potenza, S. 151; so aber ungenau Mor, Allgemeines zum Aufbau der italienischen Verfassung und Verwaltung, Ziff. 40.00, Nr. 14, S. 5, Jura Europae. Rechtlich geschützte Interessen (interessi legittimi) sind nicht mit den „interessi semplici“ zu verwechseln: Letzterer Begriff kennzeichnet die rein tatsächlich begünstigenden Reflexe (Landi / Potenza, S. 151).

[159] Dieses Rechtsinstitut der „opposizione“ oder „rimonstranza“ findet sich nur in Ausnahmefällen.

[160] s. o. ebd., Anm. 155.

[161] Zum folgenden Virga, La tutela giurisdizionale nei confronti della pubblica amministrazione, Milano 1971, S. 218 ff.

Kompetenz zusteht oder der Akt von einer Kollegialbehörde erlassen wurde[162].

Der Widerspruchsbehörde obliegt die Prüfung des Verwaltungsaktes im Hinblick auf Gesetzmäßigkeit *und* Sachverhalt (Art. 1 I). Bei Gesetzesverletzungen erklärt sie den Akt für nichtig, aus Sachverhaltsgründen hat die Behörde die Wahl, den Verwaltungsakt zu annullieren oder ihn zu ändern und an die Erlaßbehörde zurückzugeben (Art. 5). Auch in den Fällen, in denen die Verwaltungshierarchie mehrere übergeordnete Behörden umfaßt, erstreckt sich der ricorso gerarchico nur auf eine Instanz[163]. Widerspruch ist innerhalb von 30 Tagen nach der Zustellung des Verwaltungsaktes formgerecht zu stellen[164]; er wird nur zugelassen, wenn der Widersprechende ein aktuelles Interesse an der Sache hat (Art. 1 I, letzter Absatz) und geschäftsfähig ist[165]. Grundsätzlich begründet die bloße Stellung des ricorso gerarchico keinen Suspensiveffekt. Von Amts wegen oder auf Antrag des Betroffenen kann aber die Suspensivwirkung aus schwerwiegenden Gründen angeordnet werden (Art. 3).

bbb) Der ricorso straordinario al Presidente della Repubblica

Demgegenüber steht den Betroffenen gegen „endgültige" Verwaltungsakte im o. g. Sinne der „außerordentliche Widerspruch an den Präsidenten der Republik" (ricorso straordinario)[166] zur Verfügung. Für Form und sonstige Voraussetzungen gelten ähnliche Regelungen wie oben. Die Entscheidung über diesen Widerspruch obliegt dem Präsidenten auf Vorschlag des jeweils kompetenten Ministers. Es findet lediglich eine Gesetzmäßigkeitskontrolle statt (Art. 8 I). Eine Möglichkeit persönlicher Verteidigung (Akteneinsicht usw.) besteht nicht[167]. Dabei begutachtet der Consiglio di Stato (Staatsrat, Verwaltungsgerichtshof) die anstehende Frage. Dieses obligatorische Gutachten bindet insoweit den Präsidenten, als eine davon abweichende Entscheidung erst nach einem entsprechenden Beschluß des Consiglio dei ministri (Ministerrat) erlassen werden darf (Art. 14 D.P.R., a. a. O.). Trotz fehlender ausdrücklicher Normierung kann nach h. Lit. auch beim ricorso straordinario aus schwerwiegenden, irreparablen Gründen die aufschiebende Wirkung des Verwaltungsakts hergestellt werden[168].

---

162 Im einzelnen Virga, La tutela . . ., S. 219.

163 Vgl. Wortlaut Art. 1 I D.P.R.: „in unica istanza"; Virga, I ricorsi amministrativi, Milano 1972, S. 29.

164 Art. 2 I D.P.R.; Art. 6 T.U.P.S., der in Angelegenheit der öffentlichen Sicherheit eine Widerspruchsfrist von 10 Tagen verlangt, dürfte nach dem Grundsatz „lex posterior derogat legi priori" unanwendbar geworden sein.

165 Vgl. Virga, I ricorsi amministrativi, S. 10 ff.

166 Innerhalb von 120 Tagen nach Zustellung des Verwaltungsaktes, Art. 9.

167 Moretti, La nuova legge di pubblica sicurezza, Napoli 1970, S. 26.

168 Virga, I ricorsi amministrativi, S. 61 ff. (64/65) mit der Begründung der Analogie zu Art. 21 Abs. VII des Gesetzes 6. 12. 1971, n. 1034.

ccc) Die gerichtlichen Rechtsbehelfe

Neben diesen verwaltungsrechtlichen Widerspruchsverfahren eröffnet das italienische Verwaltungsrechtssystem dem in seinen rechtlich geschützten Interessen Betroffenen die Möglichkeit einer Klage vor dem regionalen Verwaltungsgericht[169]. Grundsätzlich darf das Verwaltungsgericht lediglich eine Gesetzmäßigkeitsprüfung anstellen. Diese beschränkt sich auf die 3 klassischen Rechtmäßigkeitsfehler: 1. Inkompetenz, 2. Ermessensfehler (Ermessensmißbrauch, Unlogik oder Widersprüchlichkeit des Aktes, Widersprüche unter zahlreichen Verwaltungsakten untereinander, Ungleichbehandlung, Nötigung, Irrtum, manifeste Ungerechtigkeit) und 3. Verletzung materiellen Rechts[170]. Ist ausnahmsweise dem Gericht ausdrücklich durch Gesetz auch die Kompetenz zur Prüfung des Sachverhalts zugewiesen, so kann es den Verwaltungsakt für nichtig erklären, ändern und sogar ersetzen (Art. 26 II Gesetz 1971, n. 1043). Im Regelfall der bloßen Rechtmäßigkeitskontrolle wird das Gericht bei Inkompetenz die behördliche Entscheidung annullieren; in den anderen Fällen der Gesetzesverletzungen kommt auch eine teilweise Nichtigerklärung in Betracht (Art. 26 II a. a. O.). Gegen den Entscheid des Verwaltungsgerichts kann der Betroffene vor dem Consiglio di Stato (Verwaltungsgerichtshof) klagen. Der Rechtsbehelf[171] muß die Frist von 60 Tagen nach Zustellung des Urteils wahren (Art. 28 Abs. II). Der Verwaltungsgerichtshof hat dieselben Prüfungs- und Entscheidungsrechte wie die tribunali amministrativi regionali (Art. 28 IV). Sowohl bei den regionalen Verwaltungsgerichten wie beim Consiglio di Stato kann aus schweren und irreparablen Gründen der Suspensiveffekt erwirkt werden (Art. 21 VII, Art. 33 III).

ddd) Das Verhältnis der Rechtsbehelfe zueinander: Prinzip der Alternativität

Ricorso gerarchico und die gerichtlichen Rechtsbehelfe stehen in einem Alternativitätsverhältnis. D. h. legt der Betroffene verwaltungsrechtlichen Widerspruch ein, so bleibt ihm eine gerichtliche Kontrolle verschlossen, bei Verfolgung des Rechtsschutzes auf gerichtlichem Weg, scheidet der ricorso gerarchico aus[172]. Auch der ricorso gerarchico und

---

[169] sog. tribunale amministrativo regionale.

[170] Vgl. Virga, La tutela giurisdizionale ..., S. 175; auch Auby / Fromont, S. 316 ff.

[171] Ricorso al Consiglio di Stato.

[172] Vgl. Art. 20 Legge 6. 12. 1971, n. 1034; Sandulli, I tribunali amministrativi regionali, Napoli 1972, S. 45 ff. mit ausführlichen Darstellungen; ebenso Virga, I tribunali amministrativi regionali, Milano 1972, S. 57 f. — „electa una via, non datur recursus ad alteram".

Dieses Alternativitätsverhältnis gilt zwar nur bei Akten von „organi periferici dello Stato o di enti pubblici a carattere ultraregionale" und damit nicht für von Ministern erlassene Verwaltungsakte, aber dies ist fakder außerordentliche Widerspruch an den Präsidenten schließen einander aus[173]. Ebenso ist der ricorso straordinario nur zulässig, wenn der Bürger eine gerichtliche Anfechtung unterläßt[174].

cc) Der Rechtsschutz im speziellen Bereich des Ausländerrechts

Da Art. 113 Abs. I Ital. Verfassung ohne Unterschied der Staatszugehörigkeit allen das Recht auf Rechtsschutz gewährt, ist auch der Ausländer zur Geltendmachung der allgemeinen Rechtsbehelfe befugt[175].

aaa) Rechtsschutz im Aufenthaltsrecht

Für die Problematik des Rechtsschutzes im Aufenthaltsrecht, zu der es bis dato wegen der Neuregelung weder italienische Literatur noch Rechtsprechung gibt, bedeutet dies:

Wird einem Ausländer ein Einreisevisum nicht erteilt, so kann er vor dem Verwaltungsgericht klagen oder Widerspruch (ricorso gerarchico) beim Außenminister erheben. Bei Verweigerung der Aufenthaltserlaubnis durch die zuständigen Polizeibehörden kann der Ausländer alternativ den ricorso gerarchico beim Präfekten einlegen[176] oder die gerichtliche Klage anstrengen[177]. Die Ausweisung nach Art. 150 I T.U.P.S. (Bestrafung wegen eines Deliktes) und Abs. IV (Anzeige wegen Übertretung gegen Aufenthaltsrecht) und der rimpatrio nach Art. 152 T.U.P.S. durch den Präfekten rechtfertigen dieselben Rechtsbehelfe[178]. Widerspruchsbehörde für den ricorso gerarchico ist hier der Innenminister. Daß der Präfekt gemäß Art. 267 Reg. T.U.P.S. i. V. m. Art. 150 I und IV T.U.P.S. nur nach vorheriger Autorisation durch den Innenminister handeln darf, ändert nichts an der Zulässigkeit des ricorso gerarchico, da es sich dabei um bloße Verwaltungsinterna handelt. Hier reduzieren sich aber die Erfolgsaussichten des Widerspruchs beträchtlich, da das Ministerium „quasi in eigener Sache" entscheidet. Wird eine Ausweisung durch den Innenminister nach Art. 150 II T.U.P.S. verfügt, so

---

tisch insoweit irrelevant, als wegen der „Definitivität" der ricorso gerarchico in diesem Fall sowieso unzulässig wäre.

173 Dies folgt per definitionem aus dem Kriterium der „Endgültigkeit".

174 Das Alternativitätsprinzip ist hier unabhängig von der Art der Erlaßbehörde des Verwaltungsaktes zu berücksichtigen, vgl. Wortlaut Art. 8 II D.P.R., 24. 11. 1971, n. 1199; ebenso Virga, I tribunali ..., S. 57.

Der oben dargestellte Grundsatz ist umkehrbar: Im Fall des gerichtlichen Rechtsschutzes wird der ricorso straordinario unzulässig, vgl. Art. 20, Abs. III Legge 6. 12. 1971, n. 1034.

175 Vgl. auch Landi / Potenza, Manuale di diritto amministrativo, 1971, S. 85.

176 Damit erschöpft sich aber dieser Rechtsbehelf, eine weitere Kontrolle im Wege des Widerspruchs zum Innenminister ist nicht zulässig.

177 Der ricorso straordinario bleibt dagegen mangels Definitivität ausgeschlossen.

178 So auch Virga, I ricorsi amministrativi, S. 29.

scheidet wegen der Definitivität des Aktes ein ricorso gerarchico aus. Dem Ausländer bleibt nur die Wahl zwischen dem Widerspruch beim Präsidenten der Republik und der Klage vor den Verwaltungsgerichten[179]. Da eine ausdrückliche Zuweisung der Erforschung des tatsächlichen Sachverhalts des Rechtsstreites durch das Gesetz zur öffentlichen Sicherheit fehlt, erstreckt sich die gerichtliche Prüfung lediglich auf eine Gesetzmäßigkeitskontrolle. Für die ministerielle Ausweisung beschränkt sich somit die Rechtskontrolle, da auch der ricorso straordinario keine Sachprüfung zuläßt, auf eine reine Legalitätsprüfung. Demgegenüber besteht für Rechtsbehelfe gegen Maßnahmen der Quästoren und Präfekten über den ricorso gerarchico eine erweiterte Überprüfungsmöglichkeit (Rechts- und Sachverhaltskontrolle). Bei dieser wird aber lediglich eine verwaltungsinterne Kontrollinstanz tätig.

Die bloße Einlegung eines ricorso bewirkt keinen aufschiebenden Effekt bzgl. der Durchführung des angefochtenen Verwaltungsaktes[180]. Auf Antrag kann der Ausländer eine Entscheidung über den Suspensiveffekt erzwingen; die zuständige Widerspruchsstelle stellt die aufschiebende Wirkung aber nur bei Vorliegen schwerwiegender Gründe her[181]. Die dargelegte — relativ komplizierte — Rechtslage offenbart die erheblichen Lücken[182] und den geringen Rechtsschutz, der den Ausländern im italienischen Aufenthaltsrecht zugestanden wird.

bbb) Problem des Ausschlusses des gerichtlichen Rechtsschutzes im Aufenthaltsrecht

Nichtsdestoweniger will ein Teil der Literatur unter Hinweis auf den Rechtscharakter der Entscheidungen im Aufenthaltsrecht als „politische Akte" den Rechtsschutz der Ausländer beschneiden. Diese politischen Akte sollen der gerichtlichen Kontrolle entzogen sein[183].

Der recht vage Begriff des „atto politico" findet seine Charakterisierung in zumindest 2 notwendigen Kriterien: Erstens muß der Akt von

---

179 Mangels örtlicher Zuständigkeit anderer Verwaltungsgerichte muß die Klage gegen den Verwaltungsakt eines Ministers vor dem tribunale amministrativo di Roma eingelegt werden.

180 Vgl. auch Art. 6 II T.U.P.S.

181 Vgl. Art. 3 D.P.R., 24. 11. 1971, n. 1199; Art. 21, Abs. VII und Art. 33, Abs. III, Legge 6. 12. 1971, n. 1034.
Mit dieser Neuregelung ist Art. 6, Abs. II T.U.P.S. gemäß dem Prinzip lex posterior derogat legi priori insoweit obsolet geworden.

182 Insbes. in der Sachkontrolle.

183 So Jannitti-Piromallo, Manuale delle leggi di pubblica sicurezza, Milano 1953, S. 531; Caponera, S. 83; Bonichi, Gli stranieri, Rivista di polizia 1961, S. 611 ff. (622); Sabatini, Espulsione degli stranieri, Novissimo Digesto Italiano, Bd. XVIII, 1971, S. 543 f. (544); vgl. zum gesamten Problemkreis: Biscottini, Diritto amm. internazionale, S. 92 f. m. w. N.
Die Verweigerung der gerichtlichen Überprüfungsmöglichkeit läßt die verwaltungsrechtlichen Widerspruchsrechte der Ausländer unberührt (so auch Jannitti-Piromallo, ebd.).

einem Organ der Staatsregierung erlassen sein, und zweitens muß die Verfügung auf der Ausübung der sog. „politischen Regierungsgewalt“[184] beruhen[185]. Die bloße politische Zielsetzung bei Erlaß eines Verwaltungsaktes durch ein Regierungsorgan begründet noch nicht den Charakter eines „politischen Aktes“[186]. Das Erfordernis der 1. Voraussetzung erhellt, daß ein Großteil von ausländerrechtlichen Entscheidungen, die Quästor und Präfekt treffen, nicht als politische Akte angesehen werden können. Auch der Innenminister wird bei der Ausweisung nach Art. 150 II T.U.P.S. nicht auf Grund jener apostrophierten politischen Regierungsgewalt tätig, da es hierbei nicht um „höchste Interessen der Zielsetzung und der fundamentalen Institutionen des Staates“[187] geht. Da zudem das neue Gesetz zur Errichtung der regionalen Verwaltungsgerichte[188] diese Kategorie der nicht anfechtbaren Verwaltungsakte nicht kennt und letztlich Art. 113 Ital. Verfassung für jedermann den uneinschränkbaren Rechtsschutz gegen verwaltungsrechtliche Maßnahmen garantiert[189], kann diese Ansicht nicht für begründet erachtet werden[190]. Der Rechtsschutz der Ausländer konkretisiert sich somit in dem dargestellten Rahmen der verwaltungsrechtlichen und gerichtlichen Widerspruchs- und Kontrollmöglichkeiten.

---

184 „Potere politico“ (Übers. d. Verf.).

185 So Virga, La tutela giurisdizionale ..., S. 214/215; ebenso: Cassia, Espulsione ed allontanamento ..., La Giustizia Penale 1966, S. 405.

186 Vgl. Cassia, ebd.

187 Vgl. Consiglio di Stato IV, 78, 4. 3. 1933, zit. nach Cassia, S. 405.

188 n. 1034, 1971.

189 Mit Betonung auf diese Gesichtspunkte vgl.: Alessi, La giurisdizione amministrativa dopo l’istituzione dei tribunali amministrativi regionali, Milano 1972, S. 10 f.

190 So auch Biscottini, Diritto amm. internazionale, S. 92/93.

C. Die aufenthaltsrechtliche Rechtsposition des Ausländers nach deutschem und italienischem Recht — ein Rechtsvergleich unter spezieller Berücksichtigung der Verwaltungspraxis

I. Der Vergleich des einfach-gesetzlichen Aufenthaltsrechts und der Verwaltungspraxis in Italien und der Bundesrepublik Deutschland

Vorbemerkung:

Im Rahmen einer Verwaltungspraxisuntersuchung zum Aufenthaltsrecht führte der Verfasser eine Fragebogenaktion an alle Innenministerien der Länder, das Bundesinnenministerium und einige Ausländerbehörden sowie an kompetente Stellen in Italien durch. Schriftliche Stellungnahmen trafen u. a. vom Innenministerium Baden-Württemberg (Akt.Z. Nr. III 660/390) v. 21. 2. 1973, Senator für Inneres Bremen (2306 — Dr. Kr./Sch.) v. 9. 1. 1973, von der Behörde für Inneres Hamburg (E 13) v. 3. 7. 1973, vom Innenministerium Nordrhein-Westfalen (I C 3/43. 104) v. 3. 1. 1973, vom Bundesminister des Innern (V II 6-125320 — II) v. 12. 4. 1973 sowie vom Ministero dell' Interno, Ufficio centrale per gli affari legislativi e le relazioni internazionali (Dir.Rel.Int., Servizio IV — 11. 1. V. B. 1 —) v. 15. 3. 1973 ein (im folgenden zitiert: Untersuchung + auskunftgebende Behörde).

1. Die Problematik des Rechts auf Einreise

Sowohl das deutsche wie italienische Aufenthaltsrecht basieren auf dem Grundsatz, daß dem Ausländer kein Recht auf Einreise und Aufenthalt zusteht. Dieses Prinzip erfährt allerdings nicht unerhebliche Durchbrechungen. Die Relevanz dieser Ausnahmen zeigt deutlich die zahlenmäßige Übersicht: Am 30. 9. 1972 waren in der BRD von 3 449 623 Ausländern 748 080 EWG-Staatsangehörige. Offizielle Zahlen für EWG-Bürger in Italien wurden nicht mitgeteilt. Nach Falchi[1] kamen 1970 von 37 000 ausländischen *Arbeitnehmern* ca. 12 000 aus der EWG. Die Freizügigkeit in der EWG ist vorrangig funktional ökonomisch ausge-

[1] Le régime définitif de la libre circulation ..., in: Droit social 1971 — Europe Sociale 1971, S. 19.

richtet[2]. Mit der EWG-Verordnung 1251/70[3] über das Verbleiberecht der Arbeitnehmer *nach* Beendigung des Arbeitsverhältnisses, die unmittelbar in der BRD und Italien gilt[4], ist allerdings eine Tendenz sichtbar, die wirtschaftliche Zielsetzung der EWG-Freizügigkeit auszuweiten. Flüchtlinge und Asylberechtigte haben in der BRD und in Italien prinzipiell uneingeschränkt eine Befugnis zum Aufenthalt[5]. Kein Recht zum Aufenthalt, wohl aber wesentliche Erleichterungen des Einreiserechts begründen schließlich die Regelungen des touristischen Aufenthalts in der Bundesrepublik und der Republik Italien: Transitreisende und Touristen, die Mitglieder der in der DVAuslG aufgezählten Staaten sind, bedürfen in der BRD bis zu einer Dauer von 3 Monaten keiner Erlaubnis zum Aufenthalt (§ 1 I und II 1 DVAuslG). Demgegenüber muß in Italien *jeder* Ausländer auch bei einem touristischen Aufenthalt bis zu 3 Monaten die Aufenthaltserlaubnis beantragen[6]; die Aufenthaltsgenehmigung braucht allerdings bei Wohnortwechsel dann nicht erneuert zu werden[7].

2. Einreiseverbot und Erlaubnisvorbehalt

a) Der Grundsatz

Das deutsche und italienische Aufenthaltsrecht regeln den Zuzug des Ausländers durch Festlegung eines Genehmigungsvorbehalts. Diese

---

[2] Vgl. Quadri / Monaco / Trabucchi, Trattato istitutivo della CEE, Vol. I, 1965, Art. 52, S. 420.

[3] In: ABl. Eur. Gems. Nr. L 142 v. 30. 6. 1970.

[4] Art. 189 II EWGV; vgl. auch RdErl. d. Innenministers NRW v. 19. 9. 1970 — I C 3/43. 163, MBl. NW 1970, S. 1772 und circolare del Ministero dell'Interno 443/215 162/V v. 10. 1. 1973 (unveröffentlicht).

[5] Die Ausländerstatistik (BRD) vom 30. 9. 1972 zählt 15 559 Asylberechtigte, am 31. 12. 1971: 18 659 — so Untersuchung Bad.-Württ., S. 1; anders Untersuchung BMI, das am 31. 12. 1971 etwa 21 000 Asylberechtigte registriert. Das Bundesamt für die Anerkennung ausländischer Flüchtlinge in Zirndorf (AZ: 02-050-1-0, v. 14. 2. 1973) teilte mir nur Zahlenmaterial bis einschließlich 31. 12. 1970 mit; danach wurden vom 2. 2. 1953 bis 31. 12. 1970 56 727 Asylanträge gestellt, von denen in 15 298 Fällen die Asylberechtigung anerkannt wurde (22 762 Ablehnungsfälle, 13 854 Fälle der Erledigung des Verfahrens durch Antragrücknahme bzw. Einstellung, 4813 Asylverfahren noch in Bearbeitung); hinzu kommen noch 14 065 Asylanträge ungarischer Staatsangehöriger aus dem Jahre 1956, von denen in ca. 50 % der Fälle den Anträgen stattgegeben wurde.

Die Zahl der heimatlosen Ausländer (vgl. Gesetz v. 25. 4. 1951) betrug am 31. 12. 1971 in der BRD 59 479, am 30. 9. 1972 55 362 — so Untersuchung Bad.-Württ., S. 1; anders Untersuchung BMI, S. 1, das von ca. 76 000 heimatlosen Ausländern am 31. 12. 1971 ausgeht.

[6] Vgl. Art. 142 III T.U.P.S., der nach seinem Wortlaut allerdings nur für den touristischen Aufenthalt bis zu *2* Monaten gilt. Die circolare Nr. 443/51265 v. 25. 8. 1931 des Ministero dell'Interno (unveröffentlicht) verlängert jedoch diese Frist um einen Monat Toleranzzeit. — Zitiert nach Bonichi, Gli stranieri, Rivista di polizia 1961, S. 611 ff. (617, Anm. 1).

[7] Kritisch dazu: Moretti, La nuova legge di pubblica sicurezza, Napoli 1970, S. 414.

„Einreiseschleuse" hängt in Italien von einer reinen Ermessensentscheidung, die auf einer Opportunitätsabwägung beruht, ab. Da der Begriff der „Belange der BRD" nach h. M. Zweckmäßigkeitserwägungen der Fremdenpolitik betrifft, kommt dem Erlaubnisvorbehalt in § 2 I 2 AuslG funktional identische Bedeutung zu.

Zur verwaltungspraktischen Relevanz des Genehmigungsvorbehalts konnten lediglich Zahlen für das Bundesland Hamburg eruiert werden: Danach wurden im Jahre 1972 (1971/1970) in Hamburg 47 112 (47 549/42 609) Aufenthaltserlaubnisse erteilt oder verlängert, 1792 (4196/739) Anträge abgelehnt[8].

b) Der Sichtvermerk

Beide Rechtskreise kennen als präventive Zuzugsschranke das Rechtsinstitut des Sichtvermerks. Prinzipiell unterscheiden sich allerdings die deutsche und italienische Regelung dadurch, daß das Visum in Italien lediglich eine *Einreise*erlaubnis vermittelt, während in der BRD der Sichtvermerk auch zum Aufenthalt berechtigt.

Die Länge der Geltungsdauer der Einreiseerlaubnis in Italien beträgt i. d. R. 3 Monate, in Ausnahmefällen bis zu einem Jahr. Verlängerungen bis zu einem Monat werden vom prefetto selbständig entschieden, darüber hinausgehend entscheidet der Innenminister[9]. In der Bundesrepublik wird die Sichtvermerks-Aufenthaltserlaubnis vielfach auf einen Monat befristet erteilt. Ob die kurze Befristung vor dem Verhältnismäßigkeitsgrundsatz Bestand haben kann, erscheint zweifelhaft. Der Zweck der kurzen Geltungsdauer kann nämlich nur in der Kontrolle darüber bestehen, ob z. B. der Ausländer seiner Meldepflicht und ggf. medizinischen Untersuchungspflicht nachgekommen ist. Diesen berechtigten Belangen der Ausländerbehörden kann durch die Möglichkeit, die Sichtvermerks-AE mit Bedingungen und Auflagen zu versehen, Genüge getan werden. Dadurch entfällt die für den Ausländer belastende Unsicherheit über den künftigen Aufenthalt[10]. Bei der vielfach geübten deutschen Praxis der Befristung der Sichtvermerks-AE auf einen Monat, erhält diese Aufenthaltserlaubnis eher den Charakter einer Einreiseerlaubnis, so daß die faktischen Unterschiede in der BRD und in Italien als gering einzuschätzen sind.

Beide Staaten gehen von der Notwendigkeit des Visums zur Einreise aus, um eine Kontrolle des Zuzugs von Ausländern zu ermöglichen. Der Kontrollmechanismus orientiert sich in der BRD und in Italien an dem Grad der vermuteten Gefährdung, die die Einreise des Ausländers mit sich bringt. Differenzierungskriterien sind Dauer und Zweck des Auf-

---

[8] Untersuchung Hamburg, S. 1.

[9] Untersuchung Ufficio stranieri, Pavia, Unterredung v. 12./13. 4. 1973.

[10] Hess. MdI, III A 31 - 23 d. vom 22. 10. 1970, StAnz. 45/1970, S. 2139.

enthalts sowie die Staatsangehörigkeit des Fremden. Deshalb unterliegt der beabsichtigte längere Aufenthalt wesentlich intensiveren Kontrollen als die bloße Durchreise des Ausländers durch das Staatsgebiet.

Visti di transito und per un soggiorno e durata limitata können nach der circolare n. 38 vom 8. 9. 1947[11] von den diplomatischen Vertretungen Italiens im Ausland selbständig erteilt werden, während Visa für längeren und unbegrenzten Aufenthalt der vorherigen Einwilligung des Innenministeriums bedürfen. Kein Visumzwang besteht in Fällen des kürzeren Aufenthalts bis zu drei Monaten (ebenso § 1 II 1 DVAuslG in der BRD) bei Abschluß von entsprechenden (gegenseitigen) zwischenstaatlichen Verträgen.

Bezweckt der Aufenthalt des Ausländers die Aufnahme einer Erwerbstätigkeit, so erfolgt in der BRD und Italien eine präventive Zweckmäßigkeitsprüfung in Form des Visums[12]: Die diplomatischen Vertretungen sind zur Einholung der vorherigen Zustimmung der örtlich zuständigen Ausländerbehörde (BRD: § 5 V Ziff. 1 DVAuslG) bzw. des italienischen Innenministers, der andere Behörden zu hören hat, verpflichtet[13]. Die Regelung in der Bundesrepublik, die bei Staatsangehörigen aus Anwerbestaaten vom Erfordernis des Visums absieht (vgl. § 5 IV AuslG/DV)[14] beinhaltet nur eine scheinbare Ausnahme, da die Kontrollfunktion inhaltlich vorab durch die Deutsche Anwerbekommission im Ausland wahrgenommen wird.

Schließlich bestimmt die Staatsangehörigkeit des Fremden den Grad der staatlichen Kontrollen. Die Notwendigkeit des Visums hängt von diesbezüglichen Vereinbarungen in bilateralen Verträgen ab; faktisch wird damit das Erfordernis „Sichtvermerk“ zu einem Problem der Reziprozität, das von fremdenpolitischen und damit außenpolitischen

[11] Riv. di polizia 1948, S. 120 f.

[12] Dies gilt nicht für die Arbeitsaufnahme ausländischer Studenten aus Staaten, mit denen die BRD diplomatische Beziehungen unterhält, sofern es sich um Praktika oder Ferienbeschäftigungen handelt. — Innenminister NRW v. 20. 7. 1965, MBl. NW 1965, S. 887; ebenso RdErl. Innenminister NRW v. 28. 2. 1968, MBl. NW 1968, S. 302; vgl. auch Nds. MBl. Nr. 37/1965, S. 1101 (Nds. MdI v. 24. 9. 1965) und Nds. MBl. Nr. 24/1967, S. 626 (Nds. MdI v. 9. 6. 1967).

[13] Vgl. circolare n. 38 v. 8. 9. 1947. Zum Erfordernis eines „nulla osta“ vom Ufficio Provinciale del Lavoro, das der zukünftige Arbeitgeber beantragen muß, zwecks Erlangung des Visums zur Arbeitsaufnahme vgl. genauer unten Teil C. I. 2. c), aa).
Eine Pflicht der Ausländerbehörden zur Koordination mit den zuständigen Gewerbeüberwachungsbehörden und Arbeitsämtern gilt ebenso nach deutschem Recht: vgl. Erlaß v. 9. 10. 1970, Ziff. 4.1.2. und 4.1.5., MBl. NW 1970, S. 1866 ff. (1871 f.); Kloesel / Christ, B.2.2., AEVO, § 5, S. 4.

[14] Zur faktischen Relevanz siehe: Ausländische Arbeitnehmer (Hrsg. Höpfner, Ramann, Rürup-Gesellschaft für regionale Strukturentwicklung) Bonn Juli 1973, S. 21: „Über 80 % der ausländischen Arbeitnehmer kommen aus den sog. Anwerbeländern.“

Erwägungen festgelegt ist. In diesem Bezugsrahmen muß der Beschluß der Ständigen Konferenz der Innenminister der Länder v. 3./4. Juni 1965 zum Grundsatz der Nichtbeschäftigung von Staatsangehörigen der Ostblockstaaten und außereuropäischen Staaten gesehen werden[15]. Erleichterte Einreisebedingungen bestehen demgegenüber für Staatsangehörige von Staaten, mit denen sich der Gaststaat besonders verbunden fühlt. In der Bundesrepublik sind dies z. B. Australien, Kanada, Österreich, Schweiz und die USA[16]. Entsprechendes gilt in der italienischen Republik z. B. für Schweizer-Bürger und Staatsangehörige aus San Marino[17].

c) Die Genehmigung zum Aufenthalt speziell in der Verwaltungspraxis

aa) Aufenthaltserlaubnis und Arbeitserlaubnis

Dem Verhältnis von Aufenthaltserlaubnis und Arbeitsmarktsituation kommt in der Verwaltungspraxis allerwichtigste Bedeutung zu[18]. In der Bundesrepublik gilt ein sog. two permits-system, d. h. der erwerbswillige Ausländer bedarf zur unselbständigen Arbeitsaufnahme sowohl

---

15 Der Grundsatz gilt nicht für Jugoslawien, USA, Kanada, Israel, Australien und Neuseeland. Die Türkei zählt zu Europa; so Grundsätze der Ausländerpolitik, Erlaß Bad.-Württ. v. 25. 7. 1966, Nr. III 685/303; ebenso Ausländererlaß Berlin v. 10. 3. 1972, III C 1 - 0345/32, Zu § 5, Ziff. 4. und 5. (beide unveröffentlicht).

Im einzelnen (auch zu den Ausnahmen): Richtlinien der Ausländeraufsicht, Erlaß Niedersachsens, II/I. (d) - 125.404 Gült. L 29/141, in: Klee, Gastarbeiter, Analysen und Berichte, Suhrkamp, Frankfurt 1972, S. 227 f. Die Grundsätze der Ausländerpolitik sind nunmehr auch in der Dokumentation zum Ausländerrecht, Asta Stuttgart 1972, S. 61 f. publiziert.

16 Vgl. die jeweiligen Sichtvermerksabkommen: RdErl. NW MdI v. 12. 1. 1966, MBl. NW 1966, S. 348 und RdErl. Nds. MdI v. 10. 8. 1969, Nds. MBl. Nr. 33/1969, S. 751 und MABl. Nr. 25/1969, S. 397, Zu § 5, zu Nr. 2, Entschl. d. BStMdI v. 8. 7. 1969.

17 Circolare Ministero del Lavoro 4. 12. 1963, Nr. 51/22/IV, Capo I, f., aus: Codice del Lavoro, Vol. I, Tomo 1, Roma, 2 a ed., 1966, S. 498.

18 Das zeigt die zahlenmäßige Übersicht: In der BRD lebten am 30. 9. 1972 2 352 231 beschäftigte Ausländer (nach BfA-Statistik — I b 2-4201 — Vormeldung). Zur nationalökonomischen und soziopolitischen Problematik der Gastarbeiterbeschäftigung vgl.: Merx, Ausländerbeschäftigung und Flexibilität des Arbeitsmarktes der Bundesrepublik Deutschland, Inst. f. Wirtschaftspolitik Uni Köln, Köln 1972; Mehrländer, Beschäftigung ausländischer Arbeitnehmer in der Bundesrepublik ..., Forschungsberichte des Landes NRW, Nr. 2073, Opladen 1972; Salowsky / Schiller: Ursachen und Auswirkungen der Ausländerbeschäftigung, Köln 1972; Höpfner, Ramann, Rürup: Ausländische Arbeitnehmer ..., Bonn (Gesellschaft für regionale Strukturentwicklung), Juli 1973; Stadtentwicklungsreferat München, Kommunalpolitische Aspekte des wachsenden ausländischen Bevölkerungsanteils in München, Problemstudie, München, April 1972; Bingemer, Meistermann, Neubert (Hrsg.): Leben als Gastarbeiter, Geglückte und mißglückte Integration, Köln/Opladen 1970; BfA (Hrsg.): Ausländische Arbeitnehmer, Beschäftigung, Anwerbung, Vermittlung, Erfahrungsberichte 1967 bis 1973, (Beilagen zur ANBA, Nürnberg).

der Aufenthaltserlaubnis als auch einer Arbeitserlaubnis[19]. Letztere wird von den Arbeitsämtern auf i. d. R. längstens 2 Jahre befristet erteilt; ihre Geltung kann für eine bestimmte berufliche Tätigkeit in einem bestimmten Betrieb beschränkt werden[20]. Ein Rechtsanspruch auf Arbeitserlaubnis besteht nicht[21]. Aus Gründen der Arbeitsmarktlage ist der Widerruf der Arbeitserlaubnis zum Ablauf des ersten oder zweiten Jahres ihrer Geltungsdauer zulässig (§ 7 AEVO).

Es gibt 4 Wege über welche Gastarbeiter in die BRD zum Zwecke der Arbeitsaufnahme kommen können:

(1) Die deutsche Anwerbekommission im Ausland vermittelt die Bewerber direkt an deutsche Firmen[22]. Die angeworbenen Ausländer erhalten eine Legitimationskarte, die die Arbeitserlaubnis ersetzt (§ 10 AEVO).

(2) Durch eine Anwerbevereinbarung wird die Möglichkeit der Einreise auf Grund einer mit Zustimmung der Ausländerbehörde erteilten Sichtvermerks-Aufenthaltserlaubnis nicht ausgeschlossen (sog. „Zweiter Weg"). Im Einvernehmen mit der Bundesanstalt für Arbeit soll aber nur in Ausnahmefällen von der Einreise auf dem „Zweiten Weg" Gebrauch gemacht werden[23].

(3) „Der dritte Weg ist illegal und führt meist über die Einreise eines Gastarbeiters als Tourist ... zur Schwarzarbeit[24]."

(4) Arbeitnehmer aus EWG-Staaten und heimatlose Ausländer bedürfen zur Arbeitsaufnahme in der BRD keiner Arbeitserlaubnis[25].

---

19 Vgl. Verordnung über die Arbeitserlaubnis für nichtdeutsche Arbeitnehmer (AEVO) v. 2. 3. 1971, in: Kloesel / Christ, B. 2.2.

20 Zum Verbot der Erteilung einer Arbeitserlaubnis an nichtdeutsche *Leih*arbeiter — vgl. RdErl. BfA v. 20. 8. 1973 — 292/73.1, in: BB 1973, S. 1216.

21 Vgl. § 1 AEVO. Zu den Ausnahmen s. § 2 AEVO: ausl. Arbeitnehmer, die 5 Jahre rechtmäßig in der BRD gearbeitet haben oder mit einem Deutschen verheiratet sind, ebenso Asylberechtigte.

22 Die von den Arbeitgebern zu entrichtende Vermittlungsgebühr beträgt ab 1. 9. 1973 statt bisher DM 300 jetzt DM 1000. Für Angehörige aus EWG-Staaten verbleibt es bei DM 60 Vermittlungspauschale. Vgl. Frankfurter Rundschau v. 31. 8. 1973, S. 8.

23 Berliner Erlaß v. 10. 3. 1972, Zu § 5, Ziff. 3.2. (unveröffentlicht): z. B. bei Akademikern, Spezialkräften, ausländischen Arbeitnehmern, die mit deutschen Staatsangehörigen verheiratet sind etc. Nur wenn das Arbeitsamt die Erteilung der Arbeitserlaubnis zusichert, darf die Ausländerbehörde der Sichtvermerks-AE zustimmen, sofern kein anderer Verweigerungsgrund vorliegt.
Die Sichtvermerkseinreise zu Arbeitszwecken ist im November 1972 administrativ gesperrt worden; vgl. Franz, Fremdenrecht und Fremdarbeiterpolitik, DVBl. 1973, S. 662 ff. (665).

24 So Bingemer, Institutionen und Behörden, S. 73 ff. (79) in Bingemer / Meistermann-Seeger / Neubert. Eine Legalisierung kommt nur in besonderen Ausnahmefällen in Betracht, vgl. Kanein, Komm., S. 67; Kloesel / Christ, § 2 AuslG, S. 4 c.

25 Kloesel / Christ, § 1, Ziff. 2 AEVO (S. 1) unter Hinweis auf EWG-VO Nr. 1612/68 i. V. m. § 3 AufenthaltsG/EWG und § 17 I HAG.

Im italienischen Recht ist der Fremde ebenfalls nicht zur freien Ausübung unselbständiger Tätigkeiten befugt: Da nämlich der permesso di soggiorno nur zu dem vom Ausländer angegebenen Zweck des Aufenthalts erteilt wird (z. B. Tourismus, Verwandtenbesuch, medizinische Kuren usw.), beinhaltet die italienische Aufenthaltsgenehmigung ein Arbeitsverbot[26]. Dementsprechend findet sich auf dem Aufenthaltserlaubnis-Formular[27] ein ausdrückliches Arbeitsverbot. Dieses Verbot steht unter dem Vorbehalt der Erlaubnis des Ufficio provinciale del lavoro. Nur ausnahmsweise (z. B. bei besonders qualifizierten ausländischen Fachkräften)[28] wird auf Anfrage des Arbeit*gebers* dieser „permesso di lavoro" nach Ablauf einer Frist von 30 Tagen bei Unverfügbarkeit geeigneter inländischer Arbeitnehmer erteilt[29]. Die „autorizzazione al lavoro" stellt ein konstitutives Element sowohl der Erteilung des Einreisevisums zu Arbeitszwecken[30] als auch des „permesso di soggiorno per motivi di lavoro" dar[31]. Da die Geltung der Arbeits-

---

[26] So Biscottini, L'ammissione ed il soggiorno dello straniero, Scritti Orlando, S. 180 f.; ders., Diritto amm. internazionale, S. 213.

[27] Modulario I. — P.S. — 201; ebenso I. — P.S. — 457; Norme per il soggiorno in Italia degli stranieri appartenenti a paesi con i quali vige l'abolizione dei visti.

[28] Vgl. Circolare Ministero Lavoro, 4. 12. 1963, Nr. 51/22/IV, in: Codice del Lavoro, S. 494. Dazu N. N., L'adattamento ..., Rassegna del lavoro 1965, I, S. 71.

[29] Vgl. Circolare, Capo I. a), S. 494/495.
Dazu: Nota illustrativa, Codice del lavoro, S. 445/446; Parenti, La libera circolazione dei lavoratori nel quadro del trattato di Roma ..., Economia internazionale 1960, S. 103 ff. (114).
Diese Regelung darf nicht mit der aus Art. 145 T.U.P.S. i. V. m. Art. 2 D. L. 11. 2. 1948, Nr. 50 folgenden Anzeigepflicht des Arbeitgebers bei Beschäftigung von Ausländern verwechselt werden. — Zur Verfassungsmäßigkeit *dieser* Regelung: vgl. Tribunale di Udine v. 30. 1. 1970, La Giustizia penale 1970, Parte II, S. 368; Cassese, Sulla costituzionalità dell'obbligo di segnalare lo straniero all'autorità di pubblica sicurezza, Riv. di diritto internazionale 1969, S. 576 ff. (582/583 f.); ders., Aspetti della disciplina dell'eguaglianza tra cittadini e stranieri ..., Giurisprudenza di merito 1970, III, S. 10 f. (12 f.); Corte Costituzionale, 2. 7. 1970, n. 144, Raccolta ufficiale delle sentenze e ordinanze ..., Vol. XXXII, 1970, S. 424 ff. (434).

[30] Im einzelnen siehe: Circolare, Capo I. a), in: Codice del lavoro, S. 494/495.

[31] Circolare, S. 496/497; Buccafurri, Il lavoratore straniero in Italia, Rassegna del lavoro 1959, II, S. 1601 ff. (1611 f.).
In dem Fall, in dem der Ausländer sich schon in Italien befindet und nunmehr einer unselbständigen Beschäftigung nachgehen will, muß er einen entsprechenden Antrag bei der Questura, dem eine „dichiarazione di indisponibilità di lavoratori locali" beigefügt ist, stellen; letztere wird auf Anfrage des Arbeitgebers oder des Ausländers selbst (dann ist eine Einstellungserklärung des Arbeitgebers mitzusenden) vom Ufficio provinciale del lavoro erteilt.
Dieser Sonderfall wird aber nur bei Staatsangehörigen Großbritanniens praktisch, da diese dergestalt privilegiert sind, daß der Grundsatz, der den permesso di lavoro nach Einreise verbietet (Circolare, Premessa, S. 494), keine Anwendung findet. — Circolare, Capo I, f), S. 498. Sehr ungenau zum

erlaubnis in Italien regelmäßig auf die Arbeit bei einem bestimmten Arbeitgeber beschränkt ist, führt der Wechsel des Arbeitgebers zum Erlöschen der Aufenthaltserlaubnis zu Arbeitszwecken[32]. Verlängerungen des permesso di lavoro erfolgen grds. unter den gleichen Bedingungen wie die Erstgewährung. Die Arbeitsaufnahme des Ausländers in Italien setzt schließlich (zusätzlich) den Besitz eines Arbeitsbuches (libretto di lavoro) voraus, das vom Ufficio dell' Ispettorato del lavoro erteilt wird[33]. Das Arbeitsbuch benötigen alle unselbständig Tätigen in der Republik Italien, um sich in die „liste di collocamento" (Arbeitsplatz-Warteliste) einschreiben zu können[34]. Dies gilt auch für Ausländer[35].

Von der dargestellten grundsätzlichen Regelung normiert die Circolare Ministero Lavoro vom 4. 12. 1963, Nr. 51/22/IV Ausnahmen: Schweizer-Bürger und Staatsangehörige aus San Marino benötigen keine Arbeitserlaubnis im obigen Sinne[36]. Arbeitnehmer, die bereits seit 5 Jahren rechtmäßig in Italien arbeiten, erhalten eine notwendig werdende Verlängerung der autorizzazione al lavoro automatisch, auch wenn im betreffenden Gebiet geeignete, arbeitslose italienische Arbeitskräfte zur Verfügung stehen[37]. Eine automatische Erteilung der Arbeitserlaubnis erfolgt auch an ausländische Arbeitnehmer, die in Italien bei Firmen ihres Heimatstaates tätig werden wollen[38]. Schließlich bedürfen EWG-Staatsangehörige keiner autorizzazione al lavoro, da das Prinzip der nationalen Arbeitsmarktpriorität insoweit keine Geltung hat[39]. Art. 145

---

gesamten Problemkreis: Schulz, Freier Arbeitsmarkt und Niederlassungsfreiheit ..., Diss. jur., Würzburg 1967, S. 118.

[32] Buccafurri, S. 1614; Circolare, Capo I, c), S. 496.
Vergleiche zum gesamten Problemkreis kritisch: Mazziotti, La libre circulation des travailleurs, Italie ..., Milano 1974, S. 8 f.

[33] Vgl. Art. 2, Abs. III, Legge 10. 1. 1935, Nr. 112 — Istituzione del libretto del lavoro, in: Codice del lavoro, S. 1353 ff.

[34] Vgl. Legge 29. 4. 1949, Nr. 264, Provvedimenti in materia di avviamento al lavoro ..., i. d. F. v. 10. 2. 1961, Nr. 5 (in: Codice del lavoro, S. 487 ff.).

[35] Vgl. Art. 3, Legge 10. 2. 1961, Nr. 5, Codice del lavoro, S. 492.

[36] Circolare, Capo I, f), Codice del lavoro, S. 498; Schweizer müssen aber im Besitz des „permesso di soggiorno, anche per motivi *non* di lavoro" sein.

[37] Circolare, Capo II, a), S. 500; ebenso Hampel, Einwanderungsgesetzgebung und innereuropäische Wanderung, Kiel 1957, S. 225.

[38] Circolare Ministero del Lavoro v. 18. 9. 1966, Nr. 109/55, Div. IV, in: Rassegna del lavoro 1966, II, S. 161.
Zur Sonderstellung der Flüchtlinge vgl. circolare, Min. Lav. v. 4. 12. 1963, Capo III, Codice del lavoro, S. 502.

[39] Vgl. circolare Min. Lav. Prev. Soc., Nr. 79/33 — IV v. 18. 7. 1964 — Div. IV, Ziff. 4, in Codice del lavoro, S. 673.
Die o. a. circolare ist jedoch z. T. überholt, da noch von der Notwendigkeit eines „nulla osta" zur Arbeitsaufnahme von Marktbürgern ausgegangen wird (Ziff. 9). Mit der circolare Nr. 443/186 247 v. 11. 3. 1969 — Ministero dell'Interno (unveröffentlicht) wurde dieses Erfordernis abgeschafft. Dazu: Mazziotti, La libre circulation des travailleurs ..., Italie, Milano 1974, S. 73, insbes. S. 76 ff., 82 f.

T.U.P.S. (Anzeigepflicht des Arbeitgebers ausländischer Arbeitnehmer) findet demgegenüber auch auf EWG-Angehörige Anwendung[39a].

bb) Die Ausgestaltung der Aufenthaltsgenehmigung in praxi

aaa) Der räumliche Geltungsbereich

Sowohl in der Bundesrepublik wie in Italien gilt die Aufenthaltserlaubnis für das gesamte nationale Territorium. Verlegt der aufenthaltsbefugte Ausländer seinen Wohnsitz in den Bereich einer anderen Ausländerbehörde, so hat er nach italienischem Aufenthaltsrecht eine neue Genehmigung zu beantragen (Art. 142 II T.U.P.S.). Demgegenüber führt nach dem AuslG die neu zuständige Ausländerbehörde die Personalakte des Ausländers weiter, hat aber vorher zu prüfen, ob auf Grund der *besonderen örtlichen* Verhältnisse ausländerbehördliche Maßnahmen geboten sind[40]. Wegen der notwendigen Berücksichtigung der besonderen lokalen Verhältnisse im Hinblick auf die Aufnahmefähigkeit der sozialen Infrastruktur in überlasteten Siedlungsgebieten[41] wird z. Z. die Einführung einer sog. „Ausländer-Ballungsgebietsklausel"[42] diskutiert[43]. In Italien ist demgegenüber dieses Problem wegen der geringen Zahl der Ausländer, der Pflicht zur Beschaffung einer neuen Aufenthaltserlaubnis bei Wohnsitzwechsel und wegen Art. 145 T.U.P.S., der jeden italienischen Bürger zur Anzeige der Aufnahme und Beherbergung eines Ausländers verpflichtet, nicht aktuell.

bbb) Befristungen der Genehmigung zum Aufenthalt

Zum für den aufenthaltsrechtlichen Rechtsstatus des Fremden faktisch äußerst relevanten Problem der Befristung der Aufenthaltsgenehmigung findet sich in den einschlägigen italienischen Normierungen keine veröffentlichte Regelung; in der Bundesrepublik eröffnet § 7 AuslG nur

---

39a Albano, Rassegna di giurisprudenza sulle leggi di pubblica sicurezza, Milano 1971, S. 525.

40 Zum Spezialfall der Verlegung des Aufenthalts nach *Ablehnung* des Antrags auf AE siehe: RdErl. MdI NRW v. 15. 1. 1970 (MBl. 1970, S. 124); ebenso RdErl. Nds. MdI v. 6. 3. 1970, Nds. MBl. 1970, S. 270.

41 Vgl. Ausländer im Bundesgebiet, in: Wirtschaft und Statistik H. 8/72, S. 435 ff. (437/447).

„Nach den Ergebnissen der Volkszählung von 1970 lebten rund 50 % aller Ausländer auf nicht ganz 4 % der Fläche des Bundesgebietes", so Stingl, Genug der Diskussion um die Ausländer?, Rheinischer Merkur v. 1. 6. 1973, S. 48. Vgl. dazu auch Franz, Fremdenrecht und Fremdarbeiterpolitik, DVBl 1973, S. 662 ff. (663).

42 z. B. Arbeits- und/oder Aufenthaltserlaubnis räumlich gültig mit Ausschluß von ...

43 Vgl. Aktionsprogramm der Bundesregierung für Ausländerbeschäftigung v. 6. 6. 1973, Bulletin v. 8. 6. 1973, Nr. 70, S. 693.

Eine solche Klausel wird seit dem 1. 4. 1975 in Bad.-Württ., Bayern, Hessen und NRW bei 12 % Ausländeranteil in die AE als Auflage aufgenommen — vgl. FAZ v. 29. 3. 1975, S. 1.

die grundsätzliche Möglichkeit einer Befristung, ohne im einzelnen die Ausländerbehörde gesetzlich zu binden. Die Verwaltungspraxis zeigt, daß die Geltungsdauer der Aufenthaltserlaubnisse regelmäßig zeitlich begrenzt wird.

In Italien sind 3 Formen des permesso di soggiorno unterscheidbar: Kurzfristige Aufenthaltserlaubnis (Fall 1), zweitens Aufenthaltsgenehmigung auf bestimmte und drittens unbestimmte Zeit. Der permesso di soggiorno für den Zeitraum *bis* zu einem Jahr (Fall 1) wird selbständig von der Questura erteilt: Kürzere Verlängerungen (bis zu 3 Monaten) können von der Sicherheitsbehörde nur in Ausnahmefällen gestattet werden, wenn der Fremde die notwendigen Vorbereitungen (z. B. Beschaffung von Ausweisen usw.) zur Ausreise trifft oder seinen Aufenthalt zu den Zwecken fortzusetzen wünscht, für die ihm die Einreiseerlaubnis erteilt wurde[44], oder letztlich ihn Gründe höherer Gewalt (z. B. Krankheit, Streik etc.) an der Ausreise hindern[45]. Verlängerungen über 3 Monate hinaus entscheidet das Innenministerium durch Vermittlung der Sicherheitsbehörden unter denselben Gesichtspunkten, die die Ersterteilung der Einreiseerlaubnis bestimmen[46].

Die Gültigkeitsdauer einer befristeten AE beträgt in der Bundesrepublik bei Erstgewährung in aller Regel 1 Jahr[47]. Verlängerungen werden jeweils für 2 Jahre erteilt[48]. Mit deutschen Ehegatten verheiratete Ausländer erhalten regelmäßig schon bei der Ersterteilung eine AE für 3 Jahre[49]. Damit entspricht diese deutsche Praxis dem italienischen „permesso di soggiorno a tempo determinato" (Fall 2). Letztere Aufenthaltserlaubnisform wird von den italienischen Sicherheitsbehörden nach vorheriger Autorisation durch das Innenministerium[50] in praxi jeweils auf 1 Jahr erteilt[51]. Verlängerungen haben

---

[44] Das setzt ausreichende finanzielle Sicherung voraus.

[45] Caponera, Gli stranieri in Italia, Milano 1957, S. 24; Biscottini, Diritto amm. intern., S. 83, Anm. 46.

[46] Caponera, S. 25.

[47] Gems.ABl. Bad.-Württ. 1967 (Erlaß MdI v. 2. 8. 1967), S. 395, Nr. 3 zu § 7; Vwv. AuslG v. 7. 7. 1967, Zu § 7, Ziff. 4 und 7. 04/1, MBl. NRW 1967, S. 1259 ff. (1265); Untersuchung Bremen, S. 2; Untersuchung BMI, S. 2; Untersuchung Bad.-Württ., S. 3; vgl. Schüler, Ermessensentscheidung ..., S. 58.

[48] Untersuchung BMI, S. 2. So auch Berliner Erlaß v. 10. 3. 1972 (III C 1-0345/32) unveröffentlicht, A. zu § 7, Ziff. 1.1., allerdings nur in den Fällen, in denen der ausländische Arbeitnehmer in einem „festen Arbeitsverhältnis" steht.

Anders offenbar die Praxis in NRW (so Untersuchung Ausländerbehörde Bonn, Unterredung v. 8. 1. 1973): Eine Verlängerung der AE auf 2 Jahre wird hier sogar bei privilegierten Arbeitnehmern aus Anwerbestaaten sowie Österreichern und Schweizern erst nach Ablauf eines weiteren Jahres nach Erstgewährung erteilt.

[49] Untersuchung Bad.-Württ., S. 3; Berliner Erlaß, A. Zu § 2, Ziff. 5.3.

[50] Caponera, S. 26.

[51] Untersuchung Pavia, Unterredung v. 12./13. 4. 1973.

regelmäßig die Gültigkeitsdauer von wiederum 1 Jahr. Nach 3jährigem ununterbrochenen Aufenthalt[52] besteht die Möglichkeit der Erteilung einer Aufenthaltserlaubnis „a tempo indeterminato" (Fall 3), die nur durch das Innenministerium verfügt werden darf[53].

Diese Grundsätze gelten aber nicht für die Aufenthaltserlaubnis, die auch die Arbeitsaufnahme erfaßt. Letztere ist regelmäßig an die Arbeitstätigkeit bei einem bestimmten Arbeitgeber gebunden, d. h. die AE erlischt bei Beendigung des Arbeitsverhältnisses[54]. Die Wiedererteilung hängt davon ab, ob der Beendigungsgrund im Verantwortungsbereich des ausländischen Arbeitnehmers oder des Arbeitgebers lag[55]. Lediglich in dem Sonderfall, in dem der Ausländer Inhaber einer Aufenthaltserlaubnis ist, die ihm die Ausübung jeglicher gegenwärtiger oder zukünftiger Arbeitstätigkeit gestattet (sog. ammissione allo stabilimento), ist der Fremde aufenthaltsrechtlich bzgl. der Arbeitsaufnahme dem Inländer gleichgestellt[56]. EWG-Staatsangehörige schließlich erhalten die AE ohne Beschränkung auf 5 Jahre[57].

Auch das deutsche Aufenthaltsrecht kennt die unbefristete AE[58]. Diese Form der AE ist aber in praxi im Gegensatz zur italienischen Regelung sehr selten, da sie nur in Betracht kommt, wenn „besondere schutzwürdige Bindungen persönlicher, wirtschaftlicher oder sonstiger Art im Bundesgebiet bestehen"[59]. Ähnlich geringe praktische Relevanz hat die Aufenthaltsberechtigung: So besaßen nach Franz[60] am 30. 9. 1968 von 1 924 229 registrierten Ausländern, von denen knapp ein Viertel 5 Jahre und länger im Bundesgebiet beschäftigt waren, nur 5 187 eine Aufenthaltsberechtigung[61]. Der Grund dieser Verwaltungspraxis liegt in

---

52 Untersuchung Pavia, ebd.

53 Caponera, S. 27.

54 Biscottini, Problemi della circolazione ..., Rivista di diritto internazionale 1970, S. 162/163.

55 N. N., L'adattamento e la integrazione ..., Rassegna del lavoro 1965, I, S. 261 ff. (275).

56 Biscottini, Riv. Dir. intern., S. 163; z. B. bei Flüchtlingen, Arbeitnehmern, die bereits 5 Jahre rechtmäßig in Italien arbeiten.

57 D.P.R., 30. 12. 1965, Nr. 1656, Art. 5. Ebenso für den deutschen Bereich, § 3 AufenthaltsG/EWG.

58 In praxi gilt die sog. „unbefristete" AE bis zum 31. 12. 1999; vgl. RdErl. MdI/NRW v. 15. 12. 1967 — MBl. NRW 1968, S. 16, II, 2.; ebenso Entschl. BStMdI v. 8. 7. 1969, MABl. Nr. 25/1969, S. 402, Zu den Mustern, I.

59 Vwv. AuslG v. 7. 7. 1967, Zu § 7, Ziff. 9, MBl. NRW 1967, S. 1259 ff. (1265).

60 Anmerkung zu BVerwG v. 18. 12. 1969, DVBl. 1970, S. 626; ähnlich für Berlin: Schüler, Die Ermessensentscheidung ..., S. 183 f.

61 Zahlen über den Aufenthaltsstatus — Aufenthaltsberechtigung — wurden mir trotz wiederholter Bitte vom BMI nicht mitgeteilt. Über das Ausländerzentralregister in Köln konnte aber z. B. für den Bereich der Ausländerbehörde Bonn in Erfahrung gebracht werden, daß am 30. 9. 1972 von 17 316 Aufenthaltserlaubnissen 5 Aufenthaltsberechtigungen erteilt wurden.

der im Widerspruch zur Realität stehenden ausländerpolitischen Konzeption, die Bundesrepublik sei kein Einwanderungsland[62]. Deshalb normieren die Grundsätze für die Erteilung der Aufenthaltsberechtigung[63] trotz der gesetzlichen Festlegung der Mindestdauer des Aufenthalts von 5 Jahren (§ 8 AuslG) eine 8jährige Aufenthaltsdauer, machen die Erteilung von der Zustimmung der Regierungspräsidenten abhängig[64] und setzen eine „besonders sorgfältige Prüfung voraus, ob das dauernde Verbleiben des Ausländers im Bundesgebiet erwünscht erscheint"[65].

ccc) Auflagen und Bedingungen in der Verwaltungspraxis

Aufenthaltserlaubnisse werden mit solchen Auflagen und Bedingungen versehen, die das Erreichen des Zwecks oder Ziel des Inlandaufenthalts sicherstellen sollen[66]. In der Bundesrepublik erhalten deshalb alle als Arbeitnehmer angeworbenen Ausländer eine Auflage mit dem Inhalt, daß die selbständige Gewerbeausübung untersagt wird[67]. Dies gilt nicht für EWG-Staatsangehörige, Asylberechtigte sowie österreichische und schweizerische Staatsbürger[68]. Im italienischen Aufenthaltsrecht, das keine gesetzliche Regelung über Auflagen und Bedingungen kennt, obwohl diese in praxi verfügt werden, folgt das Gewerbeverbot automatisch aus dem der Aufenthaltserlaubnis inhärenten Arbeitsverbot[69]. Während demnach grundsätzlich in der Republik Italien der permesso di soggiorno das Verbot *jeglicher* Erwerbstätigkeit enthält, das jedoch im Einzelfall aufgehoben werden kann, wird in der BRD ein Arbeitsverbot in der *Aufenthaltsgenehmigung* regelmäßig nur

---

[62] Vgl. dazu die zahlenmäßige Statistik und vor allem die Aufenthaltsdauer der Ausländer: Am 31. 12. 1971 hielten sich von insgesamt 3 170 155 Ausländern 19 % über 8 Jahre, 32 % über 5 Jahre im Bundesgebiet auf. — So Mitteilung des Min. f. Arbeit, Gesundheit und Sozialordnung Bad.-Württ. v. 30. 1. 1973 (II/3-2648. 4/73).

[63] RdErl. MdI NRW v. 2. 10. 1969 —, MBl. NW 1969, S. 1746 (identisch mit: Nds. MBl. 1969, S. 1134; Hess. Staatsanzeiger 1969, S. 1541; Gems.ABl. Bad.-Württ. 1969, S. 641).

[64] RdErl. Nds. MdI v. 28. 8. 1967, AuslG Vwv. Nr. 3 zu § 8, Nds. MBl. 1967, S. 852.

[65] AuslG Vwv. v. 7. 7. 1967, Zu § 8, Ziff. 4, MBl. NW 1967, S. 1266.

[66] So Untersuchung, Hamburg, S. 2: Die Aufenthalts*berechtigung* wird i. d. R. mit Auflagen nicht versehen.

[67] Untersuchung Bremen, S. 2; Bad.-Württ., S. 3; Hamburg, S. 2; Ausländererlaß Berlin v. 10. 3. 1972, A. Zu § 7, Ziff. 2.1.; Gems.ABl. 1969, S. 2, Erl. MdI Bad.-Württ. v. 6. 12. 1968.
Diese Gewerbeverbotsklausel lautet: „Gewerbeausübung nicht gestattet" oder (Bad.-Württ.) „Selbständige Erwerbstätigkeit oder vergleichbare unselbständige Erwerbstätigkeit nicht gestattet".

[68] Ebenso für ausl. Flüchtlinge, im einzelnen s. MABl. 1969, S. 397 (Entschl. d. BStMdI v. 8. 7. 1969), Zu § 7, Zu Nr. 13, S. 1.

[69] Bzgl. der Ausnahmen gilt dasselbe wie oben zur „Arbeitserlaubnis".

in 2 Fällen verfügt[70]: Aufenthaltserlaubnisse zum Zwecke der Aus- und Fortbildung sind mit der Auflage zu versehen, daß eine Erwerbstätigkeit — ausgenommen Ferienbeschäftigungen — untersagt ist[71]. Ehegatten ausländischer Arbeitnehmer, die auf dem Wege der Familienzusammenführung in die Bundesrepublik gekommen sind, erhalten mit der Aufenthaltserlaubnis die Auflage, daß die Arbeitsaufnahme für 12 Monate nicht gestattet ist[72].

Die Bindung der Aufenthaltserlaubnis an die Tätigkeit bei einem bestimmten Arbeitgeber (Arbeitsplatzklausel), die den Verlust der Aufenthaltsbefugnis bei Beendigung des Arbeitsverhältnisses und damit regelmäßig die Ausreiseverpflichtung, sofern keine neue Autorisation erteilt wird, für den ausländischen Arbeitnehmer zur Folge hat, stellt in Italien übliche Verwaltungspraxis dar[73]. Bis vor kurzem wurde auch in der Bundesrepublik das AuslG dergestalt praktiziert. Wohl vor allem unter dem Einfluß der ausländerrechtlichen Literatur, die die Verknüpfung des Arbeitsverhältnisses mit der AE als Verstoß gegen Art. 12 II GG (unzulässiger Arbeitszwang) beurteilt[74], hat diese Praxis sich gewandelt: Heute verfügt die Ausländerbehörde nur noch in Ausnahmefällen eine Arbeitsplatzauflage, wenn unter Anwendung der Ausnahmerichtlinien für die Beschäftigung von Staatsangehörigen der Ostblockstaaten oder der außereuropäischen Staaten[75] oder aus anderen Gründen[76] ausnahmsweise eine AE für Arbeitszwecke erteilt wird[77].

Der Nachzug von Familienangehörigen ausländischer Arbeitnehmer in das Bundesgebiet unterliegt Schranken, die durch eine Auflage, die die Familienzusamenführung nur mit Erlaubnis der Ausländerbehörde gestattet, geregelt sind. Die Richtlinien der Ausländeraufsicht[78] verlangen, daß Ehegatten und Kinder unter 21 Jahren erst nachfolgen dürfen, wenn sich der ausländische Arbeitnehmer mindestens 3 Jahre

[70] Es ist aber zu berücksichtigen, daß der erwerbswillige Ausländer zur unselbständigen Arbeitsaufnahme ja einer Arbeitserlaubnis bedarf.

[71] Berliner Ausländererlaß v. 10. 3. 1972, A. Zu § 2, 4.1.2.; MBl. NRW 1967, S. 1266, AuslG Vwv. v. 7. 7. 1967, Zu § 7, Nr. 14 und 7.14/1; Ausländererlaß Schleswig/Holstein MdI v. 14. 4. 1969 (IV 46 b - 4332) in: Dokumentation zum Ausländerrecht, Stuttgart 1969, S. 83 f., IV.

[72] Vgl. Klee, Gastarbeiter, Aus der Praxis der Ausländerpolizei, S. 235 f.

[73] Untersuchung Pavia, Unterredung v. 12./13. 4. 1973; Circolare Min. Lav. 4. 12. 1963, Nr. 51/22/IV, Capo I, c), in: Codice del lavoro, S. 496.

[74] Vgl. Zuleeg, DöV 1973, S. 368 m. w. N.; vgl. dazu aber oben Teil B. II. 1. b), ee).

[75] Vgl. dazu: Richtlinien der Ausländeraufsicht, Erl. Nds. MdI v. 6. 12. 1966 (II/1(d) - 125404, Gült. L 29/141), in Klee, S. 227 ff.

[76] z. B. bei einem Arbeitnehmer, der als Tourist einreist, jedoch wegen besonderer Ausnahmegründe dennoch eine AE zu Arbeitszwecken erhält.

[77] Berliner Ausländererlaß, A. zu § 7, Ziff. 1.2., dies gilt nicht für den mit einem deutschen Staatsangehörigen verheirateten Ausländer.

[78] Veröffentlicht bei Klee, S. 227 ff. (232 f.).

rechtmäßig in der BRD aufgehalten hat und Aussicht besteht, daß er noch längere Zeit beschäftigt wird. Die Regelung ist mit Art. 6 GG unvereinbar, da keine übergeordneten Gemeinschaftsinteressen ersichtlich sind, die diesen Eingriff in die Eigenverantwortung der Ehe- und Familiengemeinschaft rechtfertigen[79]. Dem stehen die „Belange der BRD“ nicht entgegen: In dem gleichen Maße, in dem die BRD ihrer Wirtschaft ausländische Arbeitskräfte zuführt, muß sie die Folgelasten hinnehmen, die sich aus rechtsstaatlichen und sozialen Prinzipien zwingend ergeben. Der dargestellte Grundsatz findet keine Anwendung auf EWG-Staatsangehörige, Österreicher und Schweizer sowie Familienangehörige eines ausländischen Arbeitnehmers, die ihrerseits mit Sichtvermerk oder Legitimationskarte zur Arbeitsaufnahme einreisen[80]. Ausnahmen von der 3jährigen Mindestaufenthaltsfrist gelten auch für Ausländer, die als Mitglieder des Führungspersonals oder des wissenschaftlichen Personals beschäftigt sind und für ausländische Arbeitnehmer aus den Anwerbestaaten (bei letzteren reicht ein 1jähriger Aufenthalt aus)[81]. Ähnliche Fristen als Bedingung der Familienzusammenführung kennt die aufenthaltsrechtliche Praxis in Italien nicht.

Der Nachzug von Familienangehörigen in die Bundesrepublik setzt zusätzlich voraus, daß der ausländische Arbeitnehmer über eine Wohnung verfügt, die den normalen Anforderungen vergleichbarer deutscher Arbeitnehmer an eine angemessene Wohnung entspricht[82]. Diese zulässige[83] Voraussetzung findet auch auf EWG-Angehörige Anwendung[84]. Demgegenüber hängt in der italienischen Verwaltungspraxis die Familienzusammenführung von Ausländern (auch EWG-Bürgern) nicht vom Nachweis einer angemessenen Wohnung ab[85].

---

[79] s. o. Teil B. II. 1. b), dd); dazu: Tomuschat, Freizügigkeit ..., DöV 1974, S. 762 f.

[80] Der Nachzug *nicht* erwerbstätiger ausländischer Ehe*männer* ist — von den aufgezählten Ausnahmen abgesehen — prinzipiell verboten. — So Ausländererlaß MdI Rheinland-Pfalz v. 25. 1. 1972 (Nr. 405-50/0, S. 6), zitiert nach Pätzoldt, Dokumente zur Verschärfung ..., Berliner Extra-Dienst Nr. 75 bis 78, VI. Jg., 1972; ebenso Berliner Ausländererlaß, A. Zu § 2, Ziff. 6.5.2.

[81] So Berliner Ausländererlaß, A. Zu § 2, Ziff. 6.2.1.

[82] Untersuchung Hamburg, S. 2; Berliner Ausländererlaß, A. zu § 2, Ziff. 6, insbes. 6.4.; Richtlinien zur Eingliederung ausländischer Arbeitnehmer und ihrer Familien, Koordinierungskreis „Ausländische Arbeitnehmer“ beim Bundesministerium für Arbeit und Sozialordnung v. 20. 4. 1972, Ziff. B. 3., in: Dokumentation zum Ausländerrecht 1972, S. 17 ff. (20).

Zur Wohnsituation ausländischer Arbeitnehmer in NRW vgl. Zieris, So wohnen unsere ausländischen Mitbürger ..., 3. Aufl. 1972, Düsseldorf.

[83] Stange, Die aufenthaltsrechtliche Stellung ..., S. 65.

[84] § 7 I AufenthaltsG/EWG; vgl. dazu auch RdErl. Nds. MdI v. 14. 2. 1966, Ziff. 5, Nds. MBl. Nr. 8/1966, S. 149.

[85] So Circolare Ministero dell'Interno 443/18 62 47/V v. 6. 10. 1969 in Abänderung der Circolare Ministero dell'Interno 443/18 62 47 v. 11. 3. 1969 — beide unveröffentlicht.

Die Auflage einer Sicherheitsleistung wird von den Ausländerbehörden der einzelnen deutschen Bundesländer in praxi unterschiedlich gehandhabt: In Hamburg z. B. werden Sicherheitsleistungen normalerweise nicht verlangt[86], während dies in Baden-Württemberg und in Nordrhein-Westfalen bei Ausländern aus außereuropäischen Staaten die Regel darstellt[87]. EWG-Staatsangehörige und Arbeitnehmer aus den Anwerbestaaten sowie Studenten und Praktikanten aus Entwicklungsländern sind von der Sicherheitsleistung ausgenommen[88]. In der Republik Italien ist die Auflage einer Sicherheitsleistung sehr selten; praktisch kommt sie in Ausnahmefällen nur dann in Betracht, wenn begründeter Verdacht besteht, daß der Fremde sich durch Straftaten seinen Lebensunterhalt verschafft, und deshalb demnächst seine Ausweisung zu erwarten ist[89].

3. Die Ausweisung in Aufenthaltsrecht und -praxis Italiens und der BRD

a) Die Relevanz der Ausweisung

Der Ausweisung, die nach italienischer und deutscher Rechtsauffassung keine Straf-, sondern eine Präventionsmaßnahme darstellt[90], kommt als Negierung des Aufenthalts nicht bloß rechtliche, sondern auch faktische Bedeutung zu: Nach Madeo[91] sollen im Jahre 1971 angeblich mehr als 5000 Ausländer aus Italien verwiesen worden sein[92]. Offizielle Zahlen wurden weder vom Ministero dell'Interno

---

[86] Untersuchung Hamburg, S. 2.

[87] Untersuchung Bad.-Württ., S. 3; Erlaß des Bad.-Württ. MdI, Nr. III 670/96 v. 20. 3. 1968, aus: Dokumentation zum Ausländerrecht, 1969, S. 81 f.; Untersuchung NRW, S. 2.
In Bremen wiederum wird „im Einzelfall" bei Außereuropäern eine Sicherheit gefordert. — So Untersuchung Bremen, S. 2; ebenso Untersuchung BMI, S. 2.

[88] Vgl. zu den beiden ersten Personengruppen: AuslG Vwv., Ziff. 6, RdErl. Nds. MdI v. 28. 8. 1967, Nds. MBl. 1967, S. 852; bzgl. der Studenten: Untersuchung Bad.-Württ., S. 2.
Wird nach Beendigung der Ausbildung zum Arzt oder in technischen Fächern ausnahmsweise eine AE zur Facharztweiterbildung oder eine 1jährige Verlängerung der AE nach Abschluß einer technischen Ausbildung an Ausländer aus Entwicklungsländern erteilt, ist für die Rückreisekosten Sicherheit zu leisten. In diesen Fällen hat sich der Ausländer zudem schriftlich zu verpflichten, daß er nach Ablauf der AE seiner Ausreiseverpflichtung unverzüglich nachkommt. — Vgl. BStMdI Erlaß v. 22. 2. 1972, Nr. I A 2-2084-60/0, Ziff. 5.2.5., aus: Dokumentation zum Ausländerrecht, 1972, S. 80 ff. (83).

[89] Untersuchung Pavia, Unterredung v. 12./13. 4. 1973.

[90] Raneletti, La polizia di sicurezza, S. 1020; ebenso Rittstieg, Aktuelle Fragen des Ausländerrechts, NJW 1972, S. 2153 ff. (2158).

[91] Corriere della Sera v. 16. 3. 1973, S. 1.

[92] Von Januar bis Oktober 1972 ist nach Madeo, ebd., die Zahl der Ausweisungen auf 7000 Personen gestiegen.

noch vom BMI mitgeteilt[93]. — Nach Untersuchung Hamburg (S. 2) sind im Jahre 1972 (1971/70) bei 47 112 (47 549/42 609) Aufenthaltserlaubnissen (also: *gemeldeten* Ausländern) 762 (394/403) Ausweisungen verfügt worden[94].

b) Die einzelnen Ausweisungsgründe

aa) Die Ausweisung bei Straftaten des Ausländers

Die gesetzlich normierten Gründe, die zu der Ausweisung eines Ausländers wegen Verwirklichung einer Straftat[95] führen können, sind im deutschen und italienischen Aufenthaltsrecht funktional sehr ähnlich: Ordnungswidrigkeiten und Übertretungen reichen nicht aus. Die Tatsache, daß das italienische Recht eine obligatorische richterliche Ausweisung kennt, rechtfertigt keine wesentlich andere Bewertung, da in den Fällen einer Verurteilung von mindestens 10 Jahren Haft und bei Straftaten gegen den Staat (Art. 235 I und Art. 312 Codice penale) auch in der deutschen Verwaltungspraxis die Ermessensentscheidung der Ausländerbehörden regelmäßig zur Ausweisung führt. Erheblich divergieren demgegenüber die kompetenzrechtliche Zuweisung der Ausweisungsbefugnis und teilweise die Verwaltungspraxis bei der Beurteilung der Delikte als tatbestandsmäßige Voraussetzung der Ausweisung: Während in der BRD die örtlichen Ausländerbehörden sowohl die AE erteilen als auch die Ausweisung anordnen, wird in Italien die Aufenthaltsgenehmigung von der Questura gewährt, sind aber nur die Provinzpräfekten, die bei der verwaltungsrechtlichen espulsione zudem die vorherige Einwilligung des Innenministers einzuholen haben, zur Ausweisung berechtigt. Diese Praxis gewährleistet eine größere Einheitlichkeit, die wegen der besseren Voraussehbarkeit des Verwaltungshandelns faktisch der Rechtssicherheit zugutekommt. Im Unterschied zur deutschen Verwaltungspraxis setzt die Ausweisung in Italien die Rechtskraft des Strafurteils voraus[96].

---

[93] Derartige Zahlen lägen zwar vor, könnten aber nach Schreiben des BMI v. 6. 7. 1973 (Gesch.Z. V II 6-125. 320-II), da „eine Auswertung der durch das Ausländerzentralregister erhobenen Statistik gezeigt (habe), daß diese Ergebnisse noch fehlerhaft seien“ ..., nicht zur Grundlage einer ausländerrechtlichen Untersuchung gemacht werden.
Ausführliches Zahlenmaterial bei Schüler, Die Ermessensentscheidung ..., 1974, S. 206 ff.

[94] Andere Zahlen konnten nur von der Ausländerbehörde Bonn (Unterredung v. 8. 1. 1973) erfahren werden: 1972 (1971) bei ca. 18 000 (ca. 16 000) gemeldeten Ausländern etwa 120 (82) Ausweisungen.
Siehe demgegenüber Franz, Fremdenrecht und Fremdarbeiterpolitik, DVBl. 1973, S. 662 ff. (665): Nach Franz (mit Nachweisen Anm. 32) sind allein im Februar und März 1971 40 000 illegale ausländische Arbeitnehmer ausgewiesen worden.

[95] In der deutschen Verwaltungspraxis ist dies der Hauptfall der Ausweisung. — Untersuchung Ausländerbehörde Bonn, Unterredung v. 8. 1. 1973.

[96] s. o. B. II. 2. c), bb), bbb) und B. III. 2. c), gg), bbb).

In Italien muß das Delikt eine gewisse Schwere mit dem Effekt des „turbamento dell' ordine sociale" in praxi haben[97]. Deshalb haben i. d. R. nur vorsätzliche Straftaten Ausweisungswirkung. Bei diesen Delikten wird die Beeinträchtigung des ordine sociale vermutet. Demgegenüber können in der Bundesrepublik schon der Erlaß eines Strafbefehls sowie die bloße Verhängung einer Geldstrafe unabhängig von der Deliktsart grundsätzlich die Ausweisung begründen[98]. Soll eine Ausweisung wegen „nicht erheblicher Verurteilung" erfolgen, so ist die deutsche Ausländerbehörde lediglich gehalten, die Strafakten zur näheren Prüfung beizuziehen[99].

bb) Die Ausweisung bei Verstößen gegen das Aufenthaltsrecht

Bestehen somit bei der Ausweisung des Ausländers auf Grund von Straftaten in der italienischen und deutschen Verwaltungspraxis erhebliche Unterschiede, so ist dies nicht der Fall beim Ausweisungsgrund des Verstoßes gegen das Aufenthaltsrecht (§ 10 I 6 AuslG, Art. 150 IV und Art. 152 II i. V. m. 152 I 2. Alt. T.U.P.S.). Die einmalige Verletzung des Aufenthaltsrechts führt weder in der BRD noch in Italien i. d. R. zur Ausweisung; erforderlich ist vielmehr ein mehrmaliger Verstoß, wobei Verschulden erschwerend wirkt[100].

cc) Andere Ausweisungsgründe — § 10 I Ziff. 3 - 5, 7 - 10 AuslG — des deutschen und italienischen Ausweisungsrechts

Zu den spezialnormierten Einzeltatbeständen des § 10 I Ziff. 3 (Maßregeln der Sicherung und Besserung usw.), Ziff. 4 (Verstoß gegen Zollrechtsbestimmungen etc.), Ziff. 7 (Täuschung) und Ziff. 9 AuslG (Gefährdung der Gesundheit etc.)[101] kennt das italienische Recht keine

---

97 So Biscottini, Scritti Orlando, S. 191; ebenso Untersuchung Pavia, Unterredung v. 12./13. 4. 1973.

98 Vgl. z. B. VGH Bad.-Württ. v. 6. 12. 1965 — II 423/65, Schüler / Wirtz, S. 269 (Strafbefehl wegen Körperverletzung mit 150,— DM Geldstrafe); Hess. VGH v. 11. 3. 1968 — II TH 10/68, Schüler / Wirtz, S. 287 (Verletzung von Straßenverkehrsvorschriften); BVerwG v. 15. 1. 1970 — I C 18/69, Schüler / Wirtz, S. 321 (Ausweisung wegen eines Verkehrsdeliktes).
Vgl. dazu aber auch: Schüler, Die Ermessensentscheidung ..., Berlin 1974, S. 217/218.

99 Berliner Ausländererlaß, A. Zu § 10 I, Nr. 2, Ziff. 3. Zur Beiziehung der Strafakten im einzelnen siehe: Hess. MdI v. 17. 1. 1969, Hess. StAZ 1969, S. 170.

100 Dies gilt allerdings nicht für den Fall des Art. 152 II i. V. m. I 2. Alt. T.U.P.S. — Ausländer ohne Ausweispapiere — (dem entspricht § 10 I 6 i. V. m. § 3 AuslG), der in der italienischen Praxis ohne weiteres — von Asylfällen usw. abgesehen — die Entfernung (hier ausnahmsweise auch ohne Autorisation durch den Innenminister) begründet.
Vgl. dazu Schüler, Die Ermessensentscheidung ..., Berlin 1974, S. 229 ff. (234).

101 Siehe RdErl. MdI NRW v. 18. 12. 1969, Gesundheitliche Überwachung der Ausländer, MBl. NW 1970, S. 138.

ausdrücklich normierten Entsprechungen. In diesen Fällen kommt eine Ausweisung aus Italien nur in Betracht, wenn entweder gleichzeitig ein Straftatbestand (Art. 150 I T.U.P.S.) oder der „ordine pubblico“ tangiert ist (Art. 150 II T.U.P.S.). D. h. in praxi: Die Unterbringung in einer Heil- oder Pflegeanstalt führt in aller Regel nicht zur Ausweisung, wohl aber die Durchführung der Fürsorgeerziehung in einem Heim. Die Fälle des § 10 I Ziff. 4 AuslG rechtfertigen die Ausweisung nur, sofern es sich um schwerwiegende Tatbestände — hierzu zählt normalerweise jedes Schmuggeldelikt — handelt. Die Gefährdung der öffentlichen Gesundheit oder Sittlichkeit sowie die Täuschung einer amtlichen Stelle sind in aller Regel Ausweisungsgrund[102]. Eine Ausweisungs*pflicht* der Präfekten besteht bei Ausländern, die bedürftig sind[103], der Prostitution, Landstreicherei oder Bettelei nachgehen (Art. 271 Reg. T.U.P.S.). Insoweit erweist sich § 10 I Nr. 8 und 10 AuslG in der deutschen aufenthaltsrechtlichen Praxis als wesentlich enger, da die Entscheidung über die Ausweisung im Ermessen der Ausländerbehörde steht und „nur mit der gebotenen Zurückhaltung von der Möglichkeit der Rückschaffung eines hilfesuchenden Ausländers Gebrauch gemacht werden soll ...“[104]. Eine Ausweisung wegen Inanspruchnahme von öffentlicher Jugendhilfe kommt i. d. R. nur dann in Betracht, wenn ein zumutbarer Kostenbeitrag vom Ausländer nicht geleistet wird, eine Unterbringung in einem Heim wegen grober Vernachlässigung der Sorgepflicht erforderlich wird oder wenn ausländische Kinder von vornherein mit der Absicht, sie unter Inanspruchnahme öffentlicher Mittel in Heimen unterzubringen, nachgeholt werden[105]. Nach § 10 I Nr. 5 AuslG begründet der Verstoß gegen Vorschriften der Berufs-, Gewerbe- oder unselbständigen Erwerbstätigkeitsausübung einen Ausweisungstatbestand. Eine Verletzung i. S. d. Nr. 5 liegt insbesondere vor, wenn ein Ausländer ohne die erforderliche Arbeitserlaubnis einer Beschäftigung nachgeht[106]. Rein arbeitsrechtliche Auseinandersetzungen (z. B. Lohnstreitigkeiten) können dagegen nicht Anlaß für Maßnahmen der deutschen Ausländerbehörden sein, sofern im Einzelfall nicht die öffentliche Sicherheit bedroht ist[107]. Der T.U.P.S. enthält ausdrücklich keine analogen Regelungen. Da aber die Arbeitsaufnahme eines Fremden, der nur eine AE z. B. zu Tourismuszwecken erhalten hat, eine Verletzung des Aufenthaltsrechts be-

---

102 So Untersuchung Pavia, Unterredung v. 12./13. 4. 1973.

103 Das ist der in der Verwaltungspraxis häufigste Anwendungsfall der Ausweisung. — Untersuchung Pavia.

104 So Rdschr. d. BMI v. 24. 7. 1962, Sozialhilfe für ... Ausländer und Staatenlose, GMBl. 1962, S. 329, Ziff. 8.

105 Berliner Ausländererlaß, A. zu § 10, Nr. 10.

106 Vgl. Kanein, Komm., § 10 AuslG, B., Ziff. 5, S. 122.

107 So Hess. MdI v. 30. 6. 1969, StAZ Hess. 1970, S. 1099.

inhaltet, begründet auch in Italien die Arbeitsaufnahme ohne Arbeitserlaubnis einen Ausweisungsgrund.

Streitig ist demgegenüber in Italien das Problemfeld von Ausweisung bei Arbeitslosigkeit. Da Art. 4 Ital.Verf. das Recht auf Arbeit nur dem Staatsbürger zuerkennt, müsse Art. 38 Ital.Verf., der verfassungsrechtlich die Gewährung von Arbeitslosenunterstützung garantiert, als Anspruchsgrundlage auf Entschädigung für die fehlende Vergebung des Arbeitsplatzes angesehen werden[108]. Daraus folgert die h. M., daß dem Fremden bei Arbeitslosigkeit keine Befugnis zum weiteren Aufenthalt im italienischen Staat zukomme[109]. Dem wird von einer Literaturmeinung der Menschenrechtscharakter des Art. 4 Ital. Verf. entgegengehalten, so daß auch der Ausländer für den Zeitraum und zu den Zwecken, für die ihm der Aufenthalt gestattet wurde, die Arbeitslosenunterstützung beanspruchen kann[110]. In der Verwaltungspraxis führt die Arbeitslosigkeit in aller Regel nicht zur Ausweisung, wohl aber zur Nichtverlängerung der Aufenthaltserlaubnis bei Ablauf ihrer Geltungsdauer[111]. Demgegenüber ist in der BRD die AE in der Regel um 1 Jahr zu verlängern, wenn der arbeitslose ausländische Arbeitnehmer Leistungen der Arbeitslosenversicherung (Arbeitslosen-geld oder -hilfe) erhält[112]. Dies gilt nur dann nicht, wenn Ansprüche auf Leistungen für Arbeitslosenversicherung nur für einen wesentlich kürzeren Zeitraum bestehen[113]. Von Ausweisungen allein wegen Arbeitslosigkeit hat die Ausländerbehörde abzusehen[114].

dd) Die Ausweisung wegen Beeinträchtigung erheblicher Belange der BRD und aus Gründen des ordine pubblico

Italienisches und deutsches Aufenthaltsrecht kennen beide einen Ausweisungstatbestand, der auf einer Generalklausel beruht. Aus Gründen des „ordine pubblico“ kann gem. Art. 150 II, 152 I 1. Alt. und

---

108 So Pistoj, Il diritto al lavoro ..., Rivista di diritto europeo 1970, S. 217 f. (225 m. w. N.).

109 Biscottini, I diritti fondamentali ..., Diritto Internazionale 1963, S. 10 ff. (S. 23).

110 Mazziotti di Celso, Sulla soggettività ..., Rassegna di diritto pubblico 1964, S. 81 ff. (132, Anm. 91 letzter Absatz).

111 Untersuchung Pavia.

112 Das setzt allerdings voraus, daß Ausweisungsgründe des § 10 AuslG nicht vorliegen: vgl. RdErl. MdI NRW v. 8. 1. 1968, Ziff. 2, MBl. NRW 1968, S. 288; Berliner Ausländererlaß, A. Zu § 2, Ziff. 3.1.

113 Berliner Ausländererlaß, ebd.

114 RdErl. MdI NRW v. 8. 1. 1968, Ziff. 4. Ist der Ausländer dagegen auf die Inanspruchnahme von Sozialhilfe (nicht nur für einen begrenzten Zeitraum) angewiesen, so ist die Geltungsdauer der AE zu verkürzen oder die Ausweisung zu verfügen (Ziff. 5.).

Vgl. ausführlich zum Problemkreis Arbeitserlaubnis und Arbeitslosigkeit: Kretschmer, Die Arbeitserlaubnis, Ev. Akademie Hofgeismar, Protokoll Nr. 88/1974, Der Ausländer im internationalen Recht, S. 7 ff. (11 f.).

152 II T.U.P.S.[115] ein Ausländer des Landes verwiesen werden. § 10 I Nr. 11 AuslG normiert den Ausweisungsgrund der Beeinträchtigung erheblicher Belange der BRD. Zwar werden ausländerrechtliche Maßnahmen in aller Regel auf den jeweils im Einzelfall erfüllten Spezialtatbestand gestützt[116], doch seien „Fälle nicht nur denkbar, sondern auch schon praktisch geworden, in denen auf den unbestimmten Rechtsbegriff ‚Belange der BRD' nicht verzichtet werden kann"[117]. Der Begriff der erheblichen Belange der BRD umfaßt die innere und äußere Sicherheit, die öffentliche Ordnung, die Sicherung wichtiger gesamtwirtschaftlicher Interessen und die Beziehungen zum Ausland[118], m. a. W. da § 10 I Nr. 11 AuslG sich nur quantitativ vom Begriff der einfachen Belange i. S. d. § 2 I 2 AuslG unterscheidet[119], nach h. M. alle *erheblichen* Zweckmäßigkeitsgesichtspunkte der Fremdenpolitik.

Die Gleichsetzung dieses Begriffs mit dem ordine pubblico erweist sich als äußerst fraglich[120]. Wie der Begriff „ordine pubblico" zu definieren ist, ist in der italienischen Doktrin umstritten[121]. Dabei gilt es vorab eine Differenzierung zwischen dem ordine pubblico *generale* und dem ordine pubblico im engen Sinne zu treffen; denn einen einheitlichen Begriff des ordine pubblico gibt es nicht[122]. Der ordine

115 In praxi kommt die Entfernung durch den Präfekten gemäß Art. 152 T.U.P.S. wesentlich häufiger als die Ausweisung nach Art. 150 II T.U.P.S. vor. — So Untersuchung Pavia, Unterredung v. 12./13. 4. 1973.

116 Untersuchung: Bad.-Württ., S. 5; Bremen, S. 3; NRW, S. 4; vgl. auch AuslG Vwv. v. 7. 7. 1967, Zu § 10, Ziff. 15, Satz 1, MBl. NW 1967, S. 1259 ff. (1268); ebenso Schüler, Die Ermessensentscheidung ..., Berlin 1974, S. 254.

117 So Untersuchung Hamburg, S. 3; z. B. bei der Ausweisung *vor* Abschluß eines Strafverfahrens aus Gründen der Generalprävention (beispielsweise bei Verstößen gegen waffenrechtliche Bestimmungen) — so AuslG Vwv. v. 10. 5. 1972, Zu § 10, Nr. 18 a, in GMBl. 1972, S. 331; ebenso RdErl. MdI NRW v. 30. 4. 1971, MBl. NW 1971, S. 967. Vgl. andere Fälle aus der Rspr.: BVerwG v. 25. 2. 1969 — I C 11/68 —, Schüler / Wirtz, S. 303 (Ausweisung wegen familiärer Streitigkeiten bei Bedrohung mit einem Messer); BVerwG v. 25. 2. 1969 — I C 35/68 —, Schüler / Wirtz, S. 304 (Ausweisung auch bei strafrechtlich nicht geklärten strafbaren Handlungen); ebenso BVerwG v. 16. 6. 1970 — I C 47/69 —, Schüler / Wirtz, S. 325 ff. (327).
Gesichtspunkte der geordneten Bahnen der Einreise rechtfertigen nicht nur die Nichterteilung der AE, sondern auch die Ausweisung aus Gründen des § 10 I Nr. 11 AuslG (h. M.). Eine Beeinträchtigung erheblicher Belange der BRD soll nach st. Rspr. auch bei längerem Aufenthalt des Ausländers begründet sein können, da die Bundesrepublik kein Einwanderungsland sei.

118 AuslG Vwv. v. 7. 7. 1967, Zu § 10, Ziff. 15, MBl. NW 1967, S. 1268.

119 s. o. Teil B. II. 2. c), bb), bbb).

120 Interessanterweise verwendet der Übersetzer des deutschen Ausländergesetzes in italienische Sprache nicht die Worte „ordine pubblico", sondern „supremi interessi della Repubblica". — So in: Rivista di diritto internazionale 1966, Bd. XLIX, S. 231 ff. (234).

121 Zur Kritik an der Weite und Unbestimmtheit dieses Konzepts siehe schon: Esperson, Espulsione ..., Rivista penale 1896, Vol. XLIII, S. 5 ff (16); ebenso Barile, La pubblica sicurezza, in: Atti del congresso ..., Milano 1967, S. 11 ff. (49).

pubblico generale bezeichnet die gute Ordnung und den guten Fortgang des gesellschaftlichen Lebens[123] und betrifft mithin nicht nur das Leben in ungestörter Ordnung, sondern erfaßt die Voraussetzungen, die zur Verwirklichung der Bedingungen „in virtù delle quali la società può prosperare e perfezionarsi" beitragen[124]. Demgegenüber kommt dem Begriff des ordine pubblico i. e. S., der Teil des ordine pubblico generale ist, ein engerer Bedeutungsinhalt zu[125]: Dieser erfaßt den generellen Stand der Gesellschaft, in dem die Ausübung der rechtlich anerkannten und geschützten Aktivitäten der gesamten Sozietät und deren einzelnen Mitglieder garantiert sind vor jeder Verletzung oder Drohung der Verletzung, die das Gesetz als *Delikt* oder *Übertretung* ansieht[126]. Nur dieser engere Begriffsinhalt des ordine pubblico ist Gegenstand der Aufgaben der Sicherheitspolizei und damit auch der Ausländerpolizei, während der Verwaltung allgemein die Sorge um den ordine pubblico generale obliegt[127]. Aus dem notwendigen „Deliktsbezug" des ordine pubblico i. S. d. Art. 150 II, 152 T.U.P.S. folgt daraus im Vergleich zu den „erheblichen Belangen der BRD", daß letzterer Begriff der handelnden deutschen Ausländerbehörde einen weiteren Bewertungsspielraum offenläßt als die italienische Generalklausel.

c) Ausweisung und Ermessen

Hat ein Ausländer einen Ausweisungstatbestand erfüllt, so steht die Entscheidung über die Entfernung nach deutschem Recht immer, nach der italienischen Regelung in aller Regel[128] im pflichtgemäßen Ermessen der handelnden Behörde. Zwei Problemkreisen in diesem Zusammenhang kommt wegen ihrer Bedeutung in der Verwaltungspraxis besondere Aufmerksamkeit zu: Erstens die aufenthaltsrechtliche Behandlung illegaler Ausländer und zweitens das Verhältnis von längerem Aufenthalt und Ausweisung.

aa) Ausweisung und illegale Ausländer

Die Zahl der Illegalen in der Bundesrepublik, also Ausländer, die ohne Sichtvermerk eingereist sind und eine nicht erlaubte Tätigkeit

[122] Vgl. Jannitti-Piromallo, Manuale delle leggi di P.S., Milano 1953, S. 7; ebenso Raneletti, La polizia di sicurezza, Diritto amm., Milano 1904, S. 428.

[123] Vgl. Raneletti, S. 428. Dazu: Ganino, L'ordine pubblico ..., tesi di laurea, Milano 1965/66, S. 118; Mascini, Oggetto e destinatari ..., Riv. di diritto europeo 1966, S. 285 ff. - 293/294; Paladin, Ordine pubblico, Novissimo digesto italiano, Vol. XII, 1965, S. 130 f. - 131.

[124] Jannitti-Piromallo, S. 7.

[125] Raneletti, S. 428; Jannitti-Piromallo, ebd.

[126] Raneletti, S. 435, 1012; Jannitti-Piromallo, S. 39; Albano, Rassegna di giurisprudenza ..., S. 3.

[127] Jannitti-Piromallo, S. 39; Raneletti, S. 428.

[128] Mit Ausnahme der richterlichen Ausweisung und Art. 271 Reg. T.U.P.S.

ausüben oder sich ohne Aufenthaltserlaubnis aufhalten, beträgt nach Schätzungen zwischen 50 000 und 300 000 Personen[129]. Illegale Ausländer sind grundsätzlich aus der Bundesrepublik[130] auszuweisen und gegebenenfalls abzuschieben[131]. Zwar setzt die Anwendung dieses Prinzips eine *schuldhafte* Verletzung der Einreisebestimmung voraus[132], da jedoch der Nachweis des Nicht-Verschuldens vom Ausländer zu erbringen ist[133], fallen die Einzelfälle der Legalisierung des Aufenthalts zahlenmäßig nicht ins Gewicht[134]. Der o. a. Grundsatz findet allerdings keine Anwendung für illegale Zuwanderer aus den Ostblockstaaten (außer Jugoslawien), die keine Asylgründe geltend machen können und nicht in ihren Heimatstaat zurückkehren wollen: Letztere erhalten in aller Regel eine Duldung (§ 17 AuslG), die bei einwandfreier Führung nach Ablauf von etwa 2 Jahren in eine Aufenthaltserlaubnis umgewandelt werden kann[135].

---

[129] So Majer (für den Stand v. 30. 9. 1968 (!) bei 1 924 229 insgesamt registrierten Ausländern), Zur Situation des Ausländerrechts, in: Das Standesamt 1971, S. 38 ff. (43); siehe neuerdings: Franz, Fremdenrecht und Fremdarbeiterpolitik, DVBl. 1973, S. 662 ff. (665); vgl. auch Weissmann (in: Kalte Schulter für Fremde, Ev. Stadtakademie Düsseldorf 1971, S. 35 ff. [40]), der von einer Zahl von 30 000 illegalen Türken nur in Berlin ausgeht.

Wegen der völlig unbekannten Dunkelziffer wurden im Rahmen der vom Verf. durchgeführten Verwaltungspraxisuntersuchung von den jeweiligen Ministerien selbst Schätzwerte nicht angegeben.

Nach Untersuchung Hamburg, S. 2 halten sich rund 60 % der Ausgewiesenen illegal in der BRD auf. Zahlen der illegal in das Bundesgebiet eingereisten ausländischen Arbeitnehmer, die in den genannten Zeiträumen abgeschoben worden sind, betragen (laut Informationen zur Ausländerbeschäftigung, H. 10/11, 1971, S. 31 ff., Antwort der Bundesregierung auf kleine Anfrage von Abgeordneten der CDU): Vom 1. 10. 1970 bis 31. 3. 1971 in: Bad.-Württ.: 139; Berlin: 27; Bremen: 15; Hamburg: 117; Hessen: 115; Nds.: 37; Saarland: 52; Schleswig-Holstein: 20. Zahlen von Abschiebungen wegen illegaler Einreise und aus anderen Gründen: Bayern: 930 (2. Halbjahr 1970); NRW: 2058 (1970 insgesamt). Nicht berücksichtigt ist hierbei die erhebliche Zahl derjenigen Illegalen, die zur freiwilligen Ausreise veranlaßt wurden (S. 32).

Siehe dazu aber auch Franz, DVBl. 1973, S. 662 ff. (665), nach dem „allein im Februar und März 1971 aus dem Bundesgebiet 40 000 illegal Beschäftigte ausgewiesen worden" sind.

Vgl. hierzu die Sonderausgabe: Illegale Ausländerbeschäftigung v. 17. 10. 1973, in: Evang. Pressedienst: Entwicklungspolitik, Nachrichten/Analysen/Meinungen, Frankfurt.

[130] Dasselbe gilt für Italien; hier ist das Problem aber in praxi kaum relevant.

[131] Richtlinien der Ausländeraufsicht, Ziff. IV, Nds. MdI v. 6. 12. 1966 (II/1 (d) — 125404 — Gült. L 29/141), in: Klee, S. 227 ff. (232 f.).

Nach den Beschlüssen der Länderinnenministerkonferenz vom 9. 12. 1974 sollen Ausländer, die ohne den erforderlichen Sichtvermerk eingereist sind, innerhalb von 6 Monaten ausgewiesen werden. — So Westdeutsche Zeitung/Generalanzeiger v. 10. 12. 1974, S. 1.

[132] Richtlinien der Ausländeraufsicht, ebd.

[133] Grundsätze der Ausländerpolitik, MdI Bad.-Württ. v. 25. 7. 1966 (Nr. III 685/303), Ziff. V, C., 2. (S. 11) — unveröffentlicht.

[134] Informationen zur Ausländerbeschäftigung, H. 10/11, 1971, S. 32.

bb) Ausweisung und längerer Aufenthalt

Die Verweildauer ausländischer Arbeitnehmer in der Bundesrepublik zeigt eine zunehmende Tendenz: Nach einer vom Ministerium für Arbeit, Gesundheit und Sozialordnung Baden-Württemberg vorgenommenen Auswertung betrugen die Zahlen über die Aufenthaltsdauer im Bundesgebiet (bei 3 170 155 Ausländern) und in Bad.-Württ. (bei 728 962 Fremden) am 31. 12. 1971 bei 3 - 4 Jahren Aufenthalt in der BRD 12 % (Bad.-Württ. 14 %), 4 - 5 Jahren 4 % (5 %), 5 - 8 Jahren 13 % (13 %), 8 - 10 Jahren 6 % (6 %), über 10 Jahren 13 % (11 %)[136]. Die Repräsentativuntersuchung 1972 der Bundesanstalt für Arbeit bestätigt, daß sich Anfang 1972 knapp die Hälfte der ausländischen Arbeitnehmer bereits seit 1968 im Bundesgebiet aufhielt[137]. Ungeachtet der Tatsache der länger werdenden Verweildauer fehlen sowohl im AuslG wie in der Vwv. und den Erlassen die notwendigen rechtlichen Einschränkungen der Ermessensbeurteilung bei Ausweisung und Verlängerung der Aufenthaltserlaubnis. Der fehlende ausländerpolitische Integrationsauftrag führt dazu, daß sich die deutschen Ausländerbehörden in ihrem Selbstverständnis notwendigerweise als bloße Wahrer der ausländerpolizeilichen Sicherstellung der Belange der BRD erkennen[138].

In Italien begründet wegen der geringen Anzahl der Fremden die Integrationsproblematik geringes aktuelles und praktisches Interesse. Gleichwohl ist in der Rechtslehre (die Rechtsprechung hat noch keine Stellung genommen) streitig, welche Auswirkungen der längere Aufenthalt eines Fremden bezüglich der Begrenzung der behördlichen Ausweisungsbefugnis hat. Da Art. 150 II T.U.P.S. nach seinem Wortlaut nur die Ausweisung aus Gründen des ordine pubblico gegenüber „stranieri di passaggio o residenti nel territorio dello Stato" zulasse, sei die espulsione von „stranieri domiciliati", also Ausländern, die in Italien den Hauptsitz ihrer Geschäfte und Interessen haben[139], ausgeschlossen[140]. Dem hält die h. Lit. entgegen, daß der Gesetzgeber bei Schaffung des Art. 150 T.U.P.S. keine Ausländergruppe von der Ausweisung habe ausnehmen wollen; vielmehr handele es sich bei dem

---

135 So Berliner Ausländererlaß, B. II. Allgemeines, Ziff. 3.1. und 3.1.2.; eine ähnliche Regelung galt auch für Griechen (B. III., Ziff. 1.).

136 So Schreiben vom 30. 1. 1973 — II/3-2648. 4/73.

137 Ausländische Arbeitnehmer — Erfahrungsbericht 1973, Beilage zur ANBA 1973.

138 So Untersuchung Bremen, S. 4; Untersuchung Ausländerbehörde Bonn, Unterredung v. 8. 1. 1973.

139 Caponera, I diritti del rifugiato, Riv. di polizia 1959, S. 221 f. (225) unter Hinweis auf Art. 43 codice civile.

140 So Esperson, Condizione giuridica ..., S. 74/80; Guidi, Espulsione, repulsione, internamento di stranieri, Enciclopedia Giuridica italiana, Vol. V., Parte III, Milano 1911, S. 379; Jannitti-Piromallo, Manuale ..., S. 530.

Konzept „domicilio" um einen Begriff mit rein rechtlichem Bezug, während das Gesetz in Art. 150 T.U.P.S. auf die *tatsächliche* Anwesenheit des Ausländers abstelle[141]. Deshalb komme die Berücksichtigung des längeren Aufenthalts lediglich bei der Ermessensbeurteilung zum Tragen.

d) Privilegierungen bei der Ausweisung

Einschränkungen bei der Ausweisung von Asylberechtigten und Flüchtlingen etc. bestehen, wie dargestellt, im italienischen wie im deutschen Aufenthaltsrecht. Hier soll nur noch das Spezialproblem der Privilegierung von EWG-Bürgern und insbesondere die Frage der EWG-Rechtswidrigkeit von § 12 I AufenthaltsG/EWG erörtert werden. Nach dieser Norm ist eine Ausweisung auch aus Gründen der Beeinträchtigung „erheblicher Belange der BRD" zulässig, obwohl Art. 48 III und Art. 56 EWGV und die einschlägigen EWG-Richtlinien lediglich eine Sonderregelung aus Gründen der „öffentlichen Ordnung, Sicherheit oder Gesundheit" vorsehen. Die Bundesregierung rechtfertigt die Aufnahme des zusätzlichen Merkmals mit dem Hinweis, daß „der im deutschen Recht entwickelte Begriff der öffentlichen Ordnung wesentlich enger ist als der dem romanischen Rechtskreis entstammende, in den EWGV und die dazu erlassenen Richtlinien aufgenommene Begriff ‚ordre public', der die Gesamtheit der im Interesse des öffentlichen Wohls erlassenen Vorschriften umfaßt"[142]. Dementsprechend werden in der Verwaltungspraxis die Begriffe der „sonstigen erheblichen Belange der BRD" i. S. d. § 12 I AufenthaltsG/EWG als identisch mit den „erheblichen Belangen der BRD" i. S. d. § 10 I Nr. 11 AuslG angesehen[143].

Diese Auffassung wird zu Recht von einer wachsenden Literatur bestritten[144]. Nach dem klaren Wortlaut beinhalten die erheblichen Belange der BRD andere Gründe als diejenigen, die durch die Begriffe öffentliche Sicherheit und Ordnung charakterisiert sind[145]. Motive der

---

141 Bonichi, Gli stranieri, Riv. di polizia 1961, S. 611 ff. (621); Biscottini, L'ammissione ..., Scritti Orlando, S. 194 f.

142 Amtl. Begr. zum AufenthaltsG/EWG, BT-Drucks. V/4125; in: RdErl. MdI NRW v. 30. 7. 1969 — I C 3/43. 115, MBl. NW 1969, S. 1400 f. (1401: Anlage 1).

143 Untersuchung NRW, S. 3; Bad.-Württ., S. 4; Hamburg, S. 3; MdI BRD, S. 3.
Ebenso in der Lit.: Weißmann, Komm., S. 97; Sabass, Familieneinheit im Ausländerrecht ..., Bonn, Diss. 1969, S. 66, Anm. 1.

144 So insbes. Grabitz, Europäisches Bürgerrecht ..., 1970, S. 93 ff.; Selmer, Die öffentliche Sicherheit und Ordnung ..., DöV 1967, S. 328 ff. (331 f.); Rolvering, Die Rechtsgarantien für eine politische Betätigung ..., Tübingen, Diss. 1970, S. 68 ff.; Bleckmann, Etude sur l'adaption du système juridique ..., Milano, S. 156, 167 ff.; Tomuschat, Rezension von: Grabitz, Europäisches Bürgerrecht ..., ZaöRVR, 1973, S. 380.

145 Grabitz, S. 94.

öffentlichen Sicherheit und Ordnung i. S. d. EWG-Rechts sind nach richtiger Ansicht nur solche, die „erhebliche Selbstschutzinteressen des Staates oder der Allgemeinheit verkörpern und zwingend gebieten, den Grundsatz der Freizügigkeit hintan zu stellen“[146]. Deshalb ist die Annahme unrichtig, daß der EWGV in Art. 56 und Art. 48 III den romanisch weiteren Begriff des ordre public bzw. ordine pubblico — wie oben herausgearbeitet wurde, gilt für den sicherheitspolizeilichen Bereich in Italien gerade eine engere Definition[147] — übernommen habe[148]. § 12 I AufenthaltsG/EWG steht demnach, soweit er die Ausländerbehörde aus Gründen der „erheblichen Belange“ der Bundesrepublik zu Maßnahmen ermächtigt, im Widerspruch zum EWG-Recht.

4. Abschiebung/Abschiebungshaft und Duldung

Die Anordnung der Abschiebung zwecks Durchsetzung der Entfernung des Ausländers stellt in der deutschen Verwaltungspraxis die Regel dar[149]. Zwar trifft das italienische Aufenthaltsrecht keine entsprechende ausdrückliche Normierung, faktisch allerdings unterscheidet sich die Durchführung der richterlichen und verwaltungsrechtlichen espulsione (Art. 150 T.U.P.S.) nicht von der deutschen Abschiebung. In praxi wesentlich häufiger kommt jedoch der „rimpatrio“ nach Art. 152 T.U.P.S. vor[150], der lediglich die Aufforderung beinhaltet, das Land auf einem vorgeschriebenen Weg zu verlassen.

Auch eine dem § 16 AuslG — Abschiebungshaft[151] — analoge Regelung kennt das italienische Recht nicht; allerdings liegt in den Fällen der Ausweisung aus deliktischen Gründen oftmals ein Haftgrund vor. Eine „Vorbereitungshaft“ entsprechend § 16 I AuslG gibt es in Italien nicht.

Ebenso fehlt in der italienischen Republik ein der Duldung (§ 17 AuslG) entsprechendes Rechtsinstitut[152].

---

146 Selmer, S. 331; Quadri / Monaco, (Bearb.) Ruggiero-De Dominicis, Trattato istitutivo della CEE, Vol. I, Milano 1965, Art. 56, Ziff. 2, S. 437.

147 s. o. C. I. 3. b), dd).

148 Ebenso Rolvering, S. 70; Selmer, S. 330 f.

149 Untersuchung BMI, S. 3; Ausländerbehörde Bonn, Unterredung v. 8. 1. 1973. Nach Untersuchung NRW wurden 1970 (1971) insgesamt 2071 (2968) Ausländer abgeschoben.

150 So Untersuchung Pavia, Unterredung v. 12./13. 4. 1973.

151 Nach Untersuchung Hamburg, S. 3 hat die Behörde für Inneres im Jahre 1972 (1971/1970) 490 (200/94) Haftanträge gestellt. — Die regelmäßige Haftdauer in den einzelnen Bundesländern ist unterschiedlich: z. B. Untersuchung Bremen, S. 3: i. d. R. 1 - 3 Monate; Untersuchung NRW, S. 3: durchschnittlich 14 Tage.

152 Besondere praktische Relevanz hat die Duldung in der Bundesrepublik nicht: So wurden 1972 bei 17 316 registrierten Ausländern im Bereich der Ausländerbehörde Bonn 5 Duldungen erteilt. — Unterredung v. 8. 1. 1973.

5. Der Rechtsschutz im deutschen und italienischen Aufenthaltsrecht

a) Der Grundsatz

Das deutsche Rechtsschutzsystem eröffnet dem Ausländer die Befugnis der tatsächlichen und rechtlichen Überprüfung der ausländerrechtlichen Maßnahme vor dem Verwaltungsgericht und Oberverwaltungsgericht, die noch durch die Revision zum BVerwG um eine weitere rechtliche Kontrolle ergänzt wird. Die Versagung der Sichtvermerks-Aufenthaltserlaubnis, der Aufenthaltsgenehmigung, die Anordnung der Ausweisung und der Abschiebung sowie ihre Androhung können als hoheitliche Verfügungen selbständig vor den Verwaltungsgerichten angefochten werden. Gegen die Festsetzung der Abschiebungshaft steht dem Ausländer das Recht zu, klageweise vor dem Amtsgericht vorzugehen. Demgegenüber gestattet der italienische Rechtsschutz zwar auch die Klage vor dem tribunale amministrativo regionale und dem Consiglio di Stato gegen die Verweigerung des Visums und des permesso di soggiorno sowie gegen die Verfügung der Ausweisung. Sowohl das regionale Verwaltungsgericht als auch der Verwaltungsgerichtshof dürfen aber nur eine rechtliche Überprüfung vornehmen, da das Gesetz zur öffentlichen Sicherheit keine ausdrückliche Zuweisungskompetenz zur Prüfung des tatsächlichen Sachverhalts bestimmt. Die Kontrolle der Verwaltungsgerichte beschränkt sich somit lediglich auf die Überprüfung von Rechtmäßigkeitsfehlern der ausländerbehördlichen Verwaltungsakte. Eine gerichtliche Aufhebung der Versagung des Visums und der Aufenthaltserlaubnis sowie der Ausweisung findet demnach nur statt, wenn die verfügende Behörde inkompetent ist, Ermessensfehler vorliegen oder das materielle Recht verletzt ist. Im Vergleich zum deutschen Rechtsschutz beinhaltet dies eine erhebliche Minderung des rechtsstaatlichen Status des Ausländers in Italien. Hinzu kommt, daß nach dem italienischen Rechtsschutzsystem eine gerichtliche Überprüfung nur zulässig ist, wenn der Fremde es unterläßt, verwaltungsrechtlichen Widerspruch — ricorso gerarchico oder ricorso straordinario al Presidente della Repubblica — einzulegen (Alternativitätsprinzip). Die erweiterte Überprüfungsmöglichkeit der Rechts- und *Sachverhalts*fragen wird lediglich über den ricorso gerarchico bei einer *verwaltungsinternen* Kontrollinstanz zugelassen. Verfolgt der Ausländer den Rechtsschutz dagegen auf gerichtlichem Weg, so scheiden der ricorso gerarchico und der ricorso straordinario aus[153]. Der Rechtsschutz in Italien im ausländerrechtlichen Aufenthaltsrecht erweist sich somit als wesentlich enger als das deutsche Rechtsschutzsystem.

---

[153] Im einzelnen s. o. Teil B. III. 2. d), bb); Zum Verfassungsrechtsschutz in Italien siehe: Platz, EWG-Niederlassungsrecht ..., S. 117 f.

b) Die Problematik des Begründungszwangs aufenthaltsbeschränkender und -verbietender Verfügungen

Der erheblich geringere Rechtsschutz in Italien ist in seiner Effektivität zusätzlich dadurch beschränkt, daß in der Verwaltungspraxis vielfach aufenthaltsbeschränkende oder -verbietende Verfügungen nicht begründet werden[154]. Gegenüber EWG-Staatsangehörigen besteht demgegenüber eine Pflicht zur Begründung aufenthaltsrechtlicher Maßnahmen[155]. Nur aus der Begründung können die die Entscheidung tragenden Motive bezüglich der Zulässigkeit und den Erfolgsaussichten einer Klage beurteilt werden. Das Recht auf Verteidigung ist auch den Ausländern durch Art. 24 Ital.Verf. garantiert. Da die fehlende Begründung das Recht des Fremden auf Rechtsschutz beeinträchtigt, hält die h. Lit. die Begründung von ausländerrechtlichen Maßnahmen für unverzichtbar[156]. Durch die Rechtsprechung ist diese Frage noch nicht abschließend geklärt worden, da bei gerichtlicher Anfechtung der ausländerrechtlichen Verfügung in praxi immer eine Begründung, zumindest gegenüber dem Gericht, ergeht. Das Recht auf Verteidigung schließt aber notwendig ein, über die gerichtliche Anfechtung überhaupt entscheiden zu können; dies setzt aber die Kenntnis der Begründung der Verfügung voraus. Dementsprechend hat die Corte Costituzionale[157] für polizeirechtliche Maßnahmen gegenüber Staatsbürgern entschieden, daß diese Verfügungen begründet werden müssen. Wegen der Grundsätzlichkeit der Formulierung gilt der Begründungszwang danach auch für aufenthaltsrechtliche Maßnahmen gegenüber Fremden[158]. Nach deutschem Aufenthaltsrecht werden aufenthaltsbeschränkende oder -verbietende Maßnahmen grundsätzlich (Ausnahme: § 23 II AuslG) mit einer Begründung versehen[159]. Die teilweise bei einigen Ausländerbehörden (z. B. München) geübte Praxis, „Vordrucke“ für Ausweisungen zu verwenden, in die nur die Personaldaten des betreffenden Aus-

---

154 Vgl. dazu Cassia, Espulsione ed allontanamento ..., La Giustizia Penale 1966, S. 392 ff. (406 f.). Die Rspr. billigt z. T. diese Praxis: Consiglio di Stato (Ad.plen.) v. 15. 9. 1956, in: Riv. di diritto internazionale 1957, S. 430 f. (für den allgemeinen Widerruf als Ausweisungsgrund); ebenso Albano, Rassegna di giurisprudenza ..., Milano 1971, einerseits S. 525, andererseits S. 564 f.

155 So Circolare Ministero dell'Interno Nr. 443/150 153/IV v. 31. 3. 1966, unveröffentlicht.

156 So vor allem: Biscottini, Sull'espulsione degli stranieri, Il Foro padano 1954, S. 87 ff.; Jemolo, L'espulsione dello straniero, Il foro italiano 1952, III, S. 108 ff.; Mazziotti di Celso, Sulla soggettività ..., Rassegna di diritto pubblico 1964, S. 81 ff. (119, Anm. 69); Bonichi, S. 622.

157 v. 14. 6. 1956, n. 2, Raccolta Ufficiale ... 1956, S. 41 ff. (47).

158 Vgl. grds. auch Circolare Ministero dell'Interno Nr. 10.8254/11500 A vom 6. 2. 1957, Teil B, Ziff. 2, in: De Paola, Codice delle leggi di pubblica sicurezza, 1971, S. 1571.

159 AuslG Vwv., Zu § 23, Ziff. 1, in Kanein, Komm., S. 414.

länders eingetragen werden, ist aber mit dem Erfordernis einer Einzelfallbegründung nicht vereinbar.

c) Eiliger Rechtsschutz und Suspensiveffekt

Weder die verwaltungsrechtlichen noch gerichtlichen ricorsi gegen ausländerrechtliche Maßnahmen bewirken nach italienischem Recht einen Suspensiveffekt; auf Antrag kann aber die aufschiebende Wirkung von der zuständigen Widerspruchsstelle aus schwerwiegenden Motiven hergestellt werden[160]. Von dieser Rechtslage unterscheidet sich die deutsche aufenthaltsrechtliche Praxis funktional nicht: Zwar haben grundsätzlich Widerspruch und Anfechtungsklage gem. § 80 I VwGO aufschiebende Wirkung. § 21 III 2 AuslG normiert aber davon bei der Versagung der Aufenthaltserlaubnis einen Ausnahmefall, so daß der Ausländer lediglich die Wiederherstellung der aufschiebenden Wirkung nach § 80 V VwGO beantragen kann[161]. Auch gegenüber der Ausweisung kommt in praxi nur der Rechtsbehelf nach § 80 V VwGO in Betracht, da die Ausweisungsverfügung im Regelfall für sofort vollziehbar (§ 80 II Nr. 4 VwGO) erklärt wird[162]. Die Abschiebung setzt die Vollziehbarkeit der Ausweisungsverfügung voraus. Letztlich hängt damit auch die gerichtliche Anfechtung der zwangsweisen Durchsetzung der Entfernung des Ausländers von der Entscheidung nach § 80 V VwGO ab.

II. Zusammenfassung und Gesamtwürdigung

Sowohl die deutsche als auch die italienische Verfassung lassen die Sonderregelung des aufenthaltsrechtlichen Status des Fremden im Vergleich zum Inländer zu. Durch die Differenzierung nach Menschenrechten, Institutsgarantien und Inländergrundrechten wird der Fremde diskriminiert. Zwar finden die Inländergrundrechte auch auf Ausländer Anwendung, soweit unverletzliche Menschenrechte berührt sind. Da die ungleiche Behandlung von Staatsbürgern und Ausländern bei Einreise und Aufenthalt aber sowohl nach dem GG als auch nach der italienischen Verfassung nicht zum Menschenrechtskern gehört, hat

---

160 Vgl. im einzelnen oben Teil B. III. 2. d), bb).

161 EWG-Staatsangehörige sind allerdings insoweit privilegiert als nach § 12 IX AufenthaltsG/EWG die Anwendung des § 21 III 2 AuslG ausgeschlossen ist.

162 Untersuchung NRW, S. 3; Bremen, S. 3; Ausländerbehörde Bonn, Unterredung v. 8. 1. 1973; AuslG Vwv. Zu § 10, Ziff. 10.5/1, MBl. NW 1967, S. 1259 ff. (1267); anders jedoch Untersuchung Hamburg, S. 3, nach der die Anordnung der sofortigen Vollziehung „vom Einzelfall“ abhängen soll.

der Fremde kein Recht auf Zuzug und Aufenthalt. Die Republik Italien und die Bundesrepublik Deutschland verleihen also im Grundsatz dem Fremden keinen aufenthaltsrechtlichen Status, der über die völkerrechtlichen Verpflichtungen hinausgeht.

Dieser Grundsatz hat aber in Italien und Deutschland unterschiedliche Problemdimensionen. Anders als in Italien ist der Zuzug und Aufenthalt ausländischer Arbeitskräfte in der BRD ein Massenphänomen. Aufenthaltsrecht in Deutschland ist primär mit der Frage der Gastarbeiter verknüpft. Dadurch gewinnt das deutsche Aufenthaltsrecht eine starke soziale Dimension. Dagegen stellt sich das Problem von „Arbeit und Aufenthalt" in Italien mit veränderten Akzenten. Italien ist ein „Abgabeland" von Arbeitskräften. Soziale Probleme ergeben sich aus der Auswanderung von Erwerbspersonen, nicht aber wegen des Zuzugs ausländischer Arbeiter. Zwar ist der Aufenthalt Fremder in Italien auch ein Massenphänomen; dabei handelt es sich aber um Ausländer, die sich nur vorübergehend in Italien aufhalten (Touristen). Probleme, die aus der längeren Aufenthaltsdauer der ausländischen Arbeitnehmer erwachsen, haben in Italien geringe praktische Bedeutung.

Bei Berücksichtigung dieser völlig unterschiedlichen Ausgangspositionen überrascht die weitgehende Ähnlichkeit der aufenthaltsrechtlichen Regelung in Italien und der Bundesrepublik Deutschland. In beiden Rechtskreisen wird der Zuzug von Fremden durch den Genehmigungsvorbehalt der Aufenthaltserlaubnis geregelt. Die Aufenthaltserlaubnis hat dabei die Funktion einer Einreiseschleuse. Die Genehmigung zur Einreise steht grundsätzlich im souveränen Ermessen des aufnehmenden Gaststaates. Hauptsächlich außenpolitische Rücksichtnahmen begrenzen in der Verwaltungspraxis dieses Ermessen. Daneben setzt das Willkürverbot der generellen Ermessensfreiheit weitere Schranken. Differenzierungen aus Gründen der Rasse, der Religion und des Geschlechts sind wegen Art. 3 III GG und Art. 3 Ital.Verf., der insoweit personal ausgeweitet ist, unzulässig. Da Art. 6 GG und Art. 29 Ital.Verf. den Schutz von Ehe und Familie verankern, ist das freie Ermessen der Staaten bei der Regelung des Zuzugs und Aufenthalts verfassungsrechtlich begrenzt. In Italien und in Deutschland beeinflussen beabsichtigte Dauer und Zweck des Aufenthalts sowie die Staatszugehörigkeit des Fremden die Ermessensentscheidung über die Einreise. Bezweckt der Aufenthalt die Aufnahme einer unselbständigen Erwerbstätigkeit, so unterliegt der Ausländer in beiden Ländern einer doppelten Erlaubnisschranke: In der Bundesrepublik Deutschland bedarf der Fremde neben der Aufenthaltserlaubnis einer Arbeitserlaubnis. Die Geltung dieser Arbeitsgenehmigung ist grundsätzlich an die jeweilige Arbeitsmarktsituation gekoppelt. Mit Ablauf einer längeren Aufenthaltsdauer zu Arbeitszwecken verfestigt sich der Status des Fremden, so daß der Anknüpfung an die Arbeitsmarktlage geringeres Gewicht zukommt. Das italienische Aufenthaltsrecht unterscheidet sich von dieser Regelung prinzipiell wenig. Wegen der gegenwärtigen Arbeitsmarktsituation hat der Ausländer jedoch wesentlich höhere Schranken zu überwinden. Der „permesso di soggiorno per motivi di lavoro“ steht unter dem Vorbehalt der „autorizzazione al lavoro“, die der *Arbeitgeber* erwirken muß. Dieser „permesso di lavoro“ wird nur in besonderen Ausnahmefällen bei Unverfügbarkeit geeigneter inländischer Arbeitskräfte erteilt. Der Wechsel des Arbeitgebers führt immer zum Erlöschen der Aufenthaltsgenehmigung zu Arbeitszwecken. Während somit die Regelung der Arbeitsaufnahme des Ausländers in Italien wesentlich enger ist als in der Bundesrepublik Deutschland, erweist sich die aufenthaltsrechtliche Praxis Italiens bei der Verfügung von Bedingungen und Auflagen als liberaler. Zwar wird die Gewerbeverbotsklausel in beiden Rechtskreisen gleichermaßen in der Regel angeordnet, auch stellt die Arbeitsplatzklausel — im Gegensatz zur neueren deutschen Praxis — in Italien übliche Verwaltungspraxis dar, jedoch kennt die aufenthaltsrechtliche italienische Praxis weder eine Wartefrist zur Familienzusammenführung, noch hängt die Familienzusammenführung vom Nachweis einer angemessenen Wohnung ab. Ebenso ist die Auflage einer Sicherheitsleistung zur Deckung der Heimreisekosten im Vergleich zur deutschen Praxis außerordentlich selten.

Die Befristung der Aufenthaltsgenehmigung wiederum unterscheidet sich in der Bundesrepublik Deutschland und in Italien nicht erheblich. Allerdings wird die Erteilung einer *zeitlich unbeschränkten* Aufenthaltserlaubnis in der italienischen Republik unter wesentlich geringerer Zurückhaltung der Behörden und nach beträchtlich kürzerer Aufenthaltsdauer verfügt. Dabei bleibt jedoch zu berücksichtigen, daß dies grundsätzlich nicht für die Aufenthaltserlaubnis gilt, die auch die Arbeitsaufnahme erfaßt. Davon abgesehen ist die aufenthaltsrechtliche Handhabung der Befristung der Aufenthaltserlaubnis in Italien ausländerfreundlicher als in der BRD. Ein abgestuftes System der Genehmigungen zum Aufenthalt mit der Dauer des Aufenthalts, ähnlich wie in der Schweiz[1] und in Schweden[2], wird dagegen weder in Italien noch in der Bundesrepublik Deutschland praktiziert. Dieser Überblick zeigt, daß die Regelungen des Zuzugs und des Aufenthalts in Italien und in der

[1] Das schweizerische Bundesgesetz über Aufenthalt und Niederlassung von Ausländern vom 26. März 1931 unterscheidet zwischen der „Toleranzbewilligung“ (stets befristet, jederzeit widerruflich, i. d. R. bedingt), der „Aufenthaltsbewilligung“ (ähnlich der deutschen AE) und der „Niederlassungsbewilligung“.

[2] Vgl. jetzt auch den Entwurf eines Gesetzes über die Rechtsstellung der Ausländer in der BRD vom 12. 5. 1974, vorgelegt vom Düsseldorfer Initiativkreis für die Reform des Ausländerrechts.

BRD sowohl hinsichtlich der rechtssystematischen Technik als auch im Hinblick auf die Verwaltungspraxis funktional kaum Unterschiede aufweisen. Deshalb ist es nicht möglich, aus der Rechtsvergleichung Vorschläge für eine vergleichbar beste Regelung zu gewinnen.

Bei der Frage der Ausweisung lassen sich dagegen, wenn auch geringfügige Unterschiede feststellen. Der in der Verwaltungspraxis in Italien und der BRD häufigste Ausweisungsfall der Begehung einer Straftat ist im italienischen Recht zweispurig ausgestaltet: Erstens die richterliche und zweitens die verwaltungsrechtliche Ausweisung. Bei Schwerstkriminalität und Delikten gegen den Staat und seine Einrichtungen (z. B. Hoch-, Landesverrat) ist der *Strafrichter* in Italien *verpflichtet*, neben der Verurteilung den Ausländer außer Landes zu verweisen. Nach Verbüßung der Strafe wird die Ausweisung vollzogen. Es fragt sich, ob eine derartige Regelung in das deutsche Aufenthaltsrecht übernommen werden sollte. Zunächst ist davon auszugehen, daß in der deutschen Verwaltungspraxis regelmäßig ähnlich verfahren wird: Die Ausweisung wird gemäß § 10 I Nr. 2 AuslG von der Ausländerbehörde verfügt. Die Entscheidung über die Ausweisung steht jedoch im pflichtgemäßen Ermessen der Verwaltungsbehörde. Für die italienische Regelung spricht, daß dadurch eine weitgehende Rechtseinheitlichkeit erreicht wird. Gleichzeitig dient dieses Verfahren auch der Verwaltungsvereinfachung. Andererseits bleibt dadurch die Einzelbewertung der sozialen Gefährlichkeit des Verurteilten unberücksichtigt. Zudem ist die Ausweisung eine Präventionsmaßnahme zur Abwehr von Gefahren für den Gaststaat. Die Zuweisung der Ausweisungsbefugnis an den deutschen Strafrichter würde diesem einen verwaltungsrechtlichen Aufgabenkreis vermitteln, der außerhalb des Strafrechts liegt. Aus diesen Gründen erscheint demnach die Übernahme einer derartigen Regelung nicht empfehlenswert.

Dagegen ist die ausdrückliche Abstufung, die das italienische Ausweisungsrecht bei der Ausweisung wegen der Begehung von Straftaten vornimmt, vorbildlich: Bei hohen Haftstrafen und schweren Delikten ist der Strafrichter zur Ausweisung verpflichtet. Bei anderen Vergehen steht die Ausweisung im pflichtgemäßen Ermessen des ausweisenden Präfekten, der die vorherige Einwilligung des Innenministers einzuholen hat. D. h. je höher die Strafe und je schwerer das Delikt sind, desto eher besteht eine Vermutung für eine Beeinträchtigung erheblicher Interessen der Italienischen Republik, die die Ausweisung rechtfertigt. In § 10 I Nr. 2 AuslG heißt es dagegen undifferenziert: „Ein Ausländer kann ausgewiesen werden, wenn er wegen einer Straftat ... verurteilt worden ist ..." In der deutschen Praxis werden zwar Strafhöhe und Deliktschwere bei der Ermessensabwägung inzident berücksichtigt. Eine ausdrückliche Abstufung würde aber der Rechtsklarheit dienen und die

Berücksichtigung des Grundsatzes der Verhältnismäßigkeit deutlich machen.

Ein wesentlicher Unterschied zwischen dem deutschen und italienischen Ausweisungsrecht besteht ferner darin, daß nach italienischem Recht die Ausweisung die *Rechtskraft* des Strafurteils bedingt. Dieses Erfordernis sollte auch in der Bundesrepublik Deutschland als Voraussetzung der Ausweisung nach § 10 I Nr. 2 AuslG gelten. Dafür spricht, daß erst nach Rechtskraft des Strafurteils letztlich feststeht, ob der Ausländer endgültig verurteilt worden ist oder nicht. Bei vorzeitigem Vollzug der Ausweisung werden dem Fremden vielfach seine Rechtsverteidigungsmöglichkeiten im strafgerichtlichen Berufungs- oder Revisionszug erschwert. Darauf könnte entgegnet werden, der Schutz vor Beeinträchtigung erheblicher Belange der Bundesrepublik Deutschland fordere zwingend, einen verurteilten Ausländer auch vor Rechtskraft des Urteils ausweisen zu können. Die italienische Praxis beweist aber, daß dies zum Schutz des Staatswesens nicht zwingend erforderlich ist. Zudem erscheint die Ausweisung vor Rechtskraft des Strafurteils in den Fällen, in denen sich der Ausländer in Untersuchungshaft befindet, nicht notwendig; denn dann sind Belange der BRD nicht mehr beeinträchtigt. Ist der Ausländer aber nicht in Untersuchungshaft, so wird es sich regelmäßig um ausländische Straftäter handeln, von denen keine so große Gefahr ausgeht, daß sie vor Ablauf der Rechtskraft ausgewiesen werden müßten.

Weitere Unterschiede ergeben sich aus der zentralisierten Kompetenzverteilung in Italien. Nicht die örtlichen Ausländerbehörden wie in der Bundesrepublik Deutschland, sondern nur die Provinzpräfekten, die die vorherige Einwilligung des Innenministers (Ausnahme: Bei Dringlichkeit usw.) einzuholen haben und der Innenminister bei der Ausweisung aus Gründen des ordine publico, sind zur Ausweisung befugt. Das führt zu einer größeren Rechtseinheitlichkeit in Italien. Das AuslG bestimmt in den §§ 25, 26 lediglich eine begrenzte Weisungs- und Mitwirkungsbefugnis des Bundesinnenministers im Einzelfall. Einer Übernahme der italienischen Kompetenzverteilung auf das Ausweisungsrecht der Bundesrepublik Deutschland stehen aber verfassungsrechtliche Gründe (Verstoß gegen Art. 83 ff. GG und gegen das Bundesstaatsprinzip) entgegen. Der Bund besitzt lediglich eine Gesetzgebungszuständigkeit auf dem Gebiete des Fremdenrechts gemäß Art. 74 Nr. 4 GG.

Im übrigen sind die Ausweisungsgründe des deutschen und italienischen Aufenthaltsrechts funktional im wesentlichen identisch. Zwar läßt die italienische Ausweisungsgeneralklausel des „ordine pubblico" der handelnden Behörde einen engeren Handlungsspielraum als der Begriff der „erheblichen Belange der Bundesrepublik Deutschland". Daraus können aber keine Konsequenzen bezüglich der Liberalität des

Ausweisungsrechts in Italien gezogen werden, denn nach noch herrschender Meinung ist — im Gegensatz zur deutschen Regelung — der allgemeine Widerruf der Aufenthaltserlaubnis aus reinen Opportunitätsgesichtspunkten anerkannt. Abgesehen von den dargestellten Unterschieden lassen sich keine anderen wesentlichen Differenzen im deutschen und italienischen Ausweisungsrecht feststellen, so daß aus der Rechtsvergleichung keine weiteren Vorschläge für eine vergleichbar beste Regelung gewonnen werden können.

Dagegen zeigen sich erhebliche Unterschiede hinsichtlich des Rechtsschutzes im deutschen und italienischen Aufenthaltsrecht. Hier erweist sich das deutsche Recht als vorbildlich. Zwar ist der eilige Rechtsschutz in Italien und der Bundesrepublik Deutschland funktional identisch ausgestaltet. Im Gegensatz zu den weiten Kontrollmöglichkeiten der deutschen Gerichte wird aber der Rechtsschutz vor den italienischen Gerichten dadurch wesentlich verkürzt, daß in Italien, wie dargestellt, lediglich eine rechtliche Überprüfung der ausländerbehördlichen Maßnahme vorgenommen werden kann und eine gerichtliche Prüfung des tatsächlichen Sachverhalts grundsätzlich ausgeschlossen ist. Wegen des Alternativitätsprinzips ist eine Kontrolle durch die italienischen Verwaltungsgerichte nur zulässig, wenn der Ausländer auf die *verwaltungsinterne* Überprüfung hinsichtlich der Rechts- *und Sachverhalts*fragen verzichtet.

Sieht man von den unterschiedlichen Rechtsschutzsystemen ab, so zeigt sich, daß deutsches und italienisches Aufenthaltsrecht funktional einander weitgehend ähneln. Bei der, wie bereits dargestellten, völlig unterschiedlichen Bedeutung, die der Aufenthalt Fremder in den beiden Staaten hat, ist dies überraschend. Die geringen Unterschiede können darauf zurückgeführt werden, daß das Aufenthaltsrecht Italiens und der Bundesrepublik Deutschland weitgehend davon bestimmt ist, dem Staat die notwendigen rechtstechnischen Mittel offen zu lassen, einen ungezügelten Zuzug und Aufenthalt Fremder im Gastland verhindern zu können. Sowohl in der Republik Italien als auch in der Bundesrepublik Deutschland hat das Aufenthaltsrecht primär die Funktion, Einreise und Aufenthalt der Ausländer zu steuern. Berücksichtigt man die Problemdimensionen, die eine totale Freizügigkeit, sobald sie sich zu einem Massenphänomen entwickelt, mit sich bringt, so erscheint diese vordringliche Steuerungsfunktion des Aufenthaltsrechts durchaus legitim. Aufenthaltsrecht wird deshalb in Italien und der BRD primär von der Interessenlage des Gaststaates bestimmt. Die Rechtsstellung des Fremden ist dagegen relativ schwach entwickelt. Regelungen zur Integrationsproblematik finden sich weder im italienischen noch deutschen Ausländerrecht. Dabei ist aber für das italienische Aufenthaltsrecht zu beachten, daß in Italien wegen der geringen Aufenthaltsdauer der Ausländer (Touristen!) die Frage nach der Integration keine aktuelle Bedeutung hat. Aus der Funktion des Aufenthaltsrechts wird die Notwendigkeit der weitgehend unbestimmten Generalklauseln deutlich. Die Schlüsselbegriffe des deutschen und italienischen Aufenthaltsrechts „Belange der Bundesrepublik Deutschland" und „ordine pubblico" haben für alle wichtigen Bereiche des Ausländerrechts — den Zuzug, Aufenthalt und die Ausweisung — entscheidende Bedeutung. Dadurch ist es den Staaten ermöglicht, weitgehend frei und flexibel über die Einreise, den Aufenthalt und die Beendigung des Aufenthalts Fremder zu bestimmen. Staatspolitische Interessen stehen dabei im Vordergrund. Da die begriffliche Spannbreite der Generalklauseln alle fremdenpolitischen Belange des Gaststaates deckt, kann das Aufnahmeland, ohne durch eine aufsehenerregende Änderung von aufenthaltsrechtlichen Normen außenpolitische Nachteile erwarten zu müssen, den Zuzug und den Aufenthalt der erwünschten Ausländer steuern. Die weitgehende Begriffsbreite der beiden Generalklauseln „Belange der Bundesrepublik" und „ordine pubblico" birgt auf der anderen Seite die Gefahr der uneinheitlichen Rechtsanwendung in Italien und der BRD. In vielen materiellen Einzelfragen bestimmen deshalb, wie dargestellt, Verwaltungsvorschriften das deutsche und italienische Aufenthaltsrecht. Diese Vorschriften, die in Italien und in der Bundesrepublik Deutschland zum größten Teil unveröffentlicht bleiben, haben den Vorteil, kurzfristig bei Wechsel der politischen Situation ohne Aufsehen geändert werden zu können. Andererseits erschweren sie die Vorhersehbarkeit des ausländerbehördlichen Verwaltungshandelns und beeinträchtigen dadurch die Rechtsschutzmöglichkeiten des einzelnen Ausländers erheblich. Zusammen mit der Generalklausel „Belange der BRD" bzw. „ordine pubblico" erfüllen somit die Verwaltungsvorschriften eine übereinstimmende Funktion, die dem deutschen und italienischen Aufenthaltsrecht zugrundeliegt, nämlich Zuzug und Aufenthalt der Fremden vorrangig unter national- und staatspolitischen Gesichtspunkten zu steuern. Daneben erscheint die Befugnis des Ausländers, sich im Staatsgebiet aufzuhalten, sowohl in der Republik Italien als auch in der Bundesrepublik Deutschland als ein vergleichsweise schwaches, unterentwickeltes Recht[3].

[3] Erdmann, VerwA 1968, S. 341.

Literaturverzeichnis

Albano, Raffaele: Rassegna di giurisprudenza sulle leggi di pubblica sicurezza, Milano, 2 a edizione aggiornata e rinnovata 1971

Alessi, Renato: La giurisdizione amministrativa dopo l'istituzione dei tribunali amministrativi regionali, Milano, Giuffrè 1972

Angerer, Hermann: Das neue Ausländerrecht der Bundesrepublik Deutschland, BayVBl. 1965, S. 325 f.

Anghel, I. M.: Le régime juridique de l'étranger dans la législation de la République socialiste de Roumanie, Journal du droit international 1971, S. 541 ff.

Arbeitsgemeinschaft für Völkerrecht beim Institut für Internationale Beziehungen an der Akademie für Staats- und Rechtswissenschaft der DDR, Völkerrecht Lehrbuch, Teil 1, Berlin 1973

Asta-Auslandsreferat: Uni Stuttgart und Evangelische Studentengemeinde Stuttgart, Dokumentation zum Ausländerrecht 1969 und 1972, Stuttgart 1969/1972

Auburtin, Victor: Italienisches Fremdenrecht, Diss. jur., Göttingen 1931

Auby, Jean Marie und Michel *Fromont:* Les recours contre les actes administratifs dans les pays de la Communauté Economique Européenne, Paris 1971

Audinet, Jacques: Le droit d'établissement dans la Communauté économique européenne, in: Journal du Droit International 1959, S. 982 ff.

Bachof, Otto: Freiheit des Berufs, in: Die Grundrechte, Bd. III/1, 1958, S. 155 ff.

— Neue Tendenzen in der Rechtsprechung zum Ermessen und zum Beurteilungsspielraum, JZ 1972, S. 641 ff.

Barile, Paolo: Il soggetto privato nella Costituzione italiana, Padova, Cedam 1953

— La pubblica sicurezza, in: Atti del congresso celebrativo del centenario delle leggi amministrative di unificazione; La tutela del cittadino, II, Milano 1967, S. 11 ff.

Basdevant, Suzanne: Théorie générale de la condition de l'étranger, in: Répertoire de Droit International, Tome VIII, 1930, Paris, S. 1 - 63

Becker, Hans-Joachim: Ausweisung, in: Staatslexikon Recht, Wirtschaft, Gesellschaft, Hrsg. Görres-Gesellschaft, 6. Aufl., 1957, Bd. I, Freiburg

Berber, Friedrich: Lehrbuch des Völkerrechts, Bd. I, München/Berlin, Beck, 1960

— Artikel: Fremdenrecht, in: EvStL, S. 575 - 579, Stuttgart/Berlin 1966

Bingemer, Karl, *Meistermann-Seeger* und Edgar *Neubert* (Hrsg.): Leben als Gastarbeiter, Geglückte und mißglückte Integration, Köln/Opladen 1970

Biscottini, Giuseppe: La condizione giuridica degli Italiani non appartenenti alla Repubblica, in: Annali dell'università degli studi di Camerino 1950, S. 83 ff.

— Sull'espulsione degli stranieri, in: Il Foro Padano, 1954, S. 87 ff.

— La revoca del permesso di soggiorno degli stranieri, Nota: Consiglio di Stato (Ad.plen.), 15. 9. 1956, in: Rivista di diritto internazionale 1957, Vol. XL, S. 432 - 436

— L'ammissione ed il soggiorno dello straniero, in: Scritti giuridici in memoria di V. E. Orlando, Vol. I, Padova, Cedam, 1957, S. 149 ff.

— I diritti fondamentali dello straniero, in: Diritto Internazionale, Vol. XVII, 1963, S. 10 - 29.

— Diritto amministrativo internazionale, Tomo II: La circolazione degli uomini e delle cose, Trattato di diritto internazionale, Sez. 2, Vol. 6, 2, Padova 1966

— Problemi della circolazione e dello stabilimento nel Trattato di Roma, in: Rivista di diritto internazionale 1970, Vol. LIII, S. 161 - 174

Bleckmann, Albert: Etude sur l'adaptation du système juridique allemand à la liberté d'établissement et à la libre prestation des services prévues par le traité instituant la Communauté Economique Européenne, in: La liberté d'établissement et la libre prestation des services dans les Pays de la C.E.E., Milano, Giuffrè, 1970, S. 97 ff.

— Deutsche Rechtsprechung in völkerrechtlichen Fragen 1969 - 1970, ZaöRV 1972, Nr. 1, Juli, S. 71 ff.

— Deutsche Rechtsprechung in völkerrechtlichen Fragen 1971, ZaöRV 1972, Nr. 2 - 4, Dez. 1972, S. 583 ff.

— La libre circulation des travailleurs du traité C.E.E. dans le système juridique allemand, in: Mazziotti u. a. La libre circulation des travailleurs dans le Pays de la C.E.E., Giuffrè, Milano 1974, S. 409 ff.

Blondel, André: Expulsion, in: Répertoire de Droit International, Tome VIII, 1930, Paris, S. 105 - 163

Bluntschli, Johann Caspar: Das moderne Völkerrecht der civilisierten Staaten, Nördlingen 1868

de Boeck, Ch.: L'expulsion et les difficultés internationales qu'en soulève la pratique, in: Recueil des Cours, Bd. 18, 1927, III, S. 443 ff.

Böckenförde, Dieter: Ausländerrecht, 2. Aufl., Wiesbaden 1972

Boehmer, Gerhard und Hannfried *Walter:* Völkerrechtliche Praxis der Bundesrepublik Deutschland in den Jahren 1949 bis 1955, ZaöRV 1963 (23), S. 175 ff.

Bonfils, Henry: Manuel de Droit International Public, 6. Aufl., Paris 1912

Bonichi, Ettore: Gli stranieri, Rivista di polizia 1961, S. 611 - 627

Borchard, Edwin M.: The diplomatic protection of citizens or the law of international claims, New York 1915

Bordewin, Arno: Das Aufenthaltsrecht der Ausländer, Diss., Köln 1962

Bovio, Corso: Commento alla legge di pubblica sicurezza — testi di legge — dottrina — giurisprudenza, Napoli, Jovene, 1936

Braun, Bernd: Niederlassungsrecht der Bundesrepublik Deutschland, 1973

Brownlie, Jan: Principles of Public International Law, 2nd ed., Oxford 1973

Buccafurri, Giulio: Il lavoratore straniero in Italia, Rassegna del lavoro 1959, II, S. 1601 - 1618

Bülow, Erich: Die Rechtstellung des Einzelnen in der EWG — am Beispiel der Freizügigkeit, in: Zur Stellung der Mitgliedsstaaten im Europarecht, Hrsg. H. Bülck, Berlin: Duncker & Humblot, 1967, S. 80 ff.

Bullinger, Martin: Der Gerichtsschutz gegenüber der vollziehenden Gewalt in rechtsvergleichender Sicht, in: Gerichtsschutz gegen die Exekutive, Bd. III, S. 199 ff., Köln/Berlin/Bonn/München 1971

Bundesanstalt für Arbeit (Hrsg.): Ausländische Arbeitnehmer, Beschäftigung, Anwerbung, Vermittlung-Erfahrungsberichte 1967 bis 1973, Beilagen zu: Amtliche Nachrichten der Bundesanstalt für Arbeit (ANBA), Nürnberg

Bundesvereinigung der Deutschen Arbeitgeberverbände (Hrsg.): Informationen zur Ausländerbeschäftigung, Loseblatt-Ausgabe, Bergisch-Gladbach: Heider Verlag, seit 1965

Buschbeck, Konrad: Verschleierte Auslieferung durch Ausweisung — Ein Beitrag zur Abgrenzung von Auslieferungsrecht und Fremdenpolizeirecht, Berlin: Duncker & Humblot, 1973

Calamandrei, Piero und Paolo *Barile:* Die Grundfreiheiten in Italien, in: Bettermann / Neumann / Nipperdey: Die Grundrechte, Bd. I, 2. Halbbd., Berlin: Duncker & Humblot, 1967, S. 659 ff.

Camphausen, Winfried: Wann können den Ausländerbehörden strafbare Handlungen als Begründung von Ausweisungen § 10, Abs. 1, Nr. 11 Ausländergesetz dienen? in: Staats- und Kommunalverwaltung 1972, S. 182 ff.

Caponera, Dante A.: Gli stranieri in Italia, Condizione giuridico-amministrativa secondo la legislazione italiana, Milano: Giuffrè, 1957, 2. Aufl.

— I diritti del rifugiato in Italia, Rivista di polizia 1959, S. 221 ff.

Cappiello, Antonio: L'allontanamento dello straniero dal territorio dello Stato e la necessità dell'urgenza, in: Monitore dei tribunali 1969, S. 946 bis 948.

Carbone: Sull'allontanamento degli stranieri dal territorio dello Stato, in: Rassegna Mensile dell'Avvocatura di Stato, 1953, S. 65 ff.

Cassese, Antonio: Sul soggiorno del rifugiato politico in Italia, in: Rivista di diritto internazionale 1959, Vol. XLII, S. 653 - 661

— L'art. 10 della Costituzione italiana e l'incostituzionalità di atti normativi contrari a norme interne di adattamento al diritto internazionale generale, in: Rivista trimestrale di diritto pubblico 1964, S. 349 - 382

— Sulla costituzionalità dell'obbligo di segnalare lo straniero all'autorità di pubblica sicurezza, in: Rivista di diritto internazionale 1969, Vol. LII, S. 576 - 583

— Aspetti della disciplina dell'eguaglianza tra cittadini e stranieri, dettata dalla Costituzione e dalla Convenzione europea dei diritti dell'uomo, in: Giurisprudenza di merito 1970, III, S. 10 ff.

Cassia, Aldo: Espulsione ed allontanamento dello straniero dal territorio dello Stato, in: La Giustizia Penale 1966, S. 392 ff.

Chhangani, R. C.: Expulsion of Uganda Asians and international Law, in: Indian Journal of International Law, 1972, S. 400 f.

Codice del Lavoro: Raccolta completa della legislazione vigente corredata di ampie note illustrative e commentata articolo per articolo con la giurisprudenza, la prassi amministrativa e la bibliografia, Vol. I, Tomo 1, Roma, 2. Aufl. 1966, Jandi-Sepi-editore

O'Connell, D. P.: International Law, 2nd ed., Bd. I u. II, London 1970

— International Law for Students, London 1971

Contuzzi, Francesco Paolo: Espulsione di stranieri, in: Digesto italiano, Vol. X, Torino 1895 - 1898, S. 1008 ff.

Crisafulli, Vezio: In tema di incolato dell'apolide, in: Il Foro amministrativo 1957, I, Sez. IV, S. 10 - 16

Dahlberg, Kenneth A.: The EEC commission and the politics of the free movement of labour, in: Journal of Common Market Studies, Oxford 1968, S. 310 - 333

Dahm, Georg: Völkerrecht, Band 1, Stuttgart: Kohlhammer, 1958

Deletré, Yves: Le statut civil de l'étranger en France, in: Le statut de l'étranger et le Marché Commun, Paris 1959, S. 74 ff.

Desmedt, Herwig: Les deux directives du Conseil de CEE concernant la police des étrangers, in: Cahiers de droit européen, 1966, S. 55 - 71

Deutscher Städtetag: Hinweise zur Hilfe für ausländische Arbeitnehmer, Sozialpolitische Schriften des Deutschen Städtetags Nr. 6, Köln 1971

Doehring, Karl: Ausweisung, in: Strupp-Schlochauer, Wörterbuch des Völkerrechts, 2. Aufl., Bd. I, 1960, S. 129

— Die allgemeinen Regeln des völkerrechtlichen Fremdenrechts und das deutsche Verfassungsrecht, Köln/Berlin: Heymanns, 1963

— Neuregelungen des deutschen Fremdenrechts durch das „Ausländergesetz" von 1965, ZaöRVR 25, 1965, S. 478 f.

— Fordert das allgemeine Völkerrecht innerstaatlichen Gerichtsschutz gegen die Exekutive? in: Gerichtsschutz gegen die Exekutive, Bd. III, hrsg. von H. Mosler, Köln/Berlin/Bonn/München 1971, S. 227 ff.

— Die staatsrechtliche Stellung der Ausländer in der Bundesrepublik Deutschland, Bericht und Leitsätze, VVdStRL 1974, Heft 32, S. 7 ff.

v. *Doemming / Füßlein / Matz:* Entstehungsgeschichte der Artikel des Grundgesetzes, JÖR, NF, Bd. I, Tübingen 1951

Dohna, Bernt Graf zu: Die Grundprinzipien des Völkerrechts über die freundschaftlichen Beziehungen und die Zusammenarbeit zwischen den Staaten, Berlin 1973

Dolde, Klaus-Peter: Die politischen Rechte der Ausländer in der Bundesrepublik, Schriften zum öffentlichen Recht, Bd. 189, Berlin: Duncker & Humblot, 1972

— Zur Beteiligung von Ausländern am politischen Willensbildungsprozeß, DöV 1973, S. 370 ff.

— Die neue Rechtsprechung zum Ausländerrecht, NJW 1974, S. 780 f.

— Anmerkung zu BVerfG, NJW 1974, S. 227, NJW 1974, S. 1043 f.

Drews, Bill und Gerhard *Wacke:* Allgemeines Polizeirecht — Ordnungsrecht — der Länder und des Bundes, 7. Aufl., Berlin/Köln/München/Bonn 1961

Dürig, Günter: Freizügigkeit, in: Die Grundrechte, Handbuch der Theorie und Praxis der Grundrechte, Hrsg.: Neumann / Nipperdey / Scheuner, 2. unveränderte Auflage, Bd. 2, Berlin: Duncker & Humblot, 1968, S. 507 f.

Eichner, Dieter und Karl-Heinz *Holjewiken:* Anwerbung, Vermittlung und Hilfen zur Eingliederung ausländischer Arbeitnehmer durch die Bundesanstalt für Arbeit, BArbbl. 1970, S. 240 ff.

Eiswirth, Karl: Entwicklung und System der Niederlassungsbestimmungen in den Staatsverträgen Deutschlands, Diss. jur., Mainz 1956

Erdmann, Ulrich: Das Ausländergesetz von 1965 im internationalen Vergleich, Verw.Arch. 59, 1968, S. 311

— Europäisches Fremdenrecht, Frankfurt a. M. 1969

Esperson, Pietro: Condizione giuridica dello straniero secondo le legislazioni e le giurisprudenze italiana ed estere, Vol. I, Parte 1: Diritti e doveri dello straniero in Italia e dell'italiano all'estero, Milano, Vallardi, 1889

— Espulsione degli stranieri secondo la legislazione italiana e le legislazioni stranieri, in: Rivista Penale 1896, Vol. XLIII, S. 5 ff.

Everling, Ulrich: Die Regelung der selbständigen beruflichen Tätigkeit im Gemeinsamen Markt, BB 1958, S. 817 ff.

— Das Niederlassungsrecht im Gemeinsamen Markt, Berlin/Frankfurt: Vahlen, 1963

Falchi, Giovanni: Le régime définitif de la libre circulation et l'immigration des pays tiers, in: Droit social 1971, Europe sociale 1971, S. 16 - 28

Fauchille, Paul: Traité de Droit International Public, 8. Aufl., Bd. I, Teil 1 — Paix —, Paris 1922

Favino, Luigi: Stranieri non „denunciati" e cittadini condannati, in: Il Foro Italiano 1970, I, S. 1316

Feblot, Jean: Das deutsch-französische Niederlassungsabkommen, Herne/Berlin 1963

Fehrlin, Wolfram: Die Rechtsgleichheit der Ausländer in der Schweiz, Diss., Bern 1952

Fiore, Pasquale: Le Droit International codifiè et sa sanction juridique, Paris 1911

Fleck, Rudolf und H. J. *Meyer-Marsilius:* Internationales Niederlassungsrecht, Handbuch des Niederlassungsrechts, Köln: Deutscher Wirtschaftsdienst, seit 1953 fortlaufend, Stand XII, 1972

Fleck, Rudolf: Das Niederlassungsrecht, Grundzüge seiner Systematik dargestellt am deutschen Recht, Köln 1956

Fleischmann, Max: Ausweisung, in: Wörterbuch des Deutschen Staats- und Verwaltungsrechts, v. Stengel-Fleischmann, Bd. I, 2. Aufl., Tübingen: Mohr, 1911

Forch, Hubert: Die Freiheitsrechte der ausländischen Arbeitnehmer in Deutschland, Diss., Mainz 1968

Forschungsinstitut der Friedrich-Ebert-Stiftung (Hrsg.): Ausländergesetz '65 — Alternativentwurf '70 — Kritik und Reform; Sonderdruck von ‚Studentische Politik', H. 1/1970, Bonn-Bad Godesberg 1970

Franz, Fritz: Zur Reform des Ausländer-Polizeirechts, DVBl. 1963, S. 797 ff.

— Das Völkerrecht als Quelle des innerdeutschen Aufenthalts- und Niederlassungsrechts der Fremden, DVBl. 1965, S. 457 ff.

— Alternativentwurf '70 zum Ausländergesetz '65, ZRP 1970, S. 229 ff.

Franz, Fritz: Anmerkung zu BVerwG, Urt. v. 18.12.1969 — I C 33.69, DVBl. 1970, S. 625

— Anmerkung zu VGH München vom 4.6.1969 — Nr. 1 VIII 68, NJW 1970, S. 1012 f.

— Rückfall in den Polizeistaat, in: Ausländergesetz '65 — Alternativentwurf '70 — Kritik und Reform; Sonderdruck ‚Studentische Politik', H. 1, 1970, Bonn-Bad Godesberg 1970, S. 27 ff.

— Verfall des Asylrechts, in: Studentische Politik: Ausländergesetz '65 — Alternativentwurf '70, Bonn 1970, S. 62 ff.

— Reform des Ausländerrechts?, in: Evang. Stadtakademie Düsseldorf: Kalte Schulter für Fremde?, Düsseldorf 1971, S. 29 ff.

— Kritik am Ausländergesetz von 1965, in: JIR, Bd. 15, Göttingen 1971, S. 319

— Thesen zum Aufenthaltsrecht der Fremden in der BRD, in: Dokumentation zum Ausländerrecht, 1972, Hrsg.: Asta-Uni Stuttgart und Evang. Studentengemeinde Stuttgart, Stuttgart 1972, S. 93 ff.

— Die Rechtsstellung der ausländischen Arbeitnehmer in der Bundesrepublik Deutschland, in: Gastarbeiter, Analysen und Berichte, Hrsg.: Ernst Klee, Frankfurt 1972, S. 36 ff.

— Fremdenrecht und Fremdarbeiterpolitik, DVBl. 1973, S. 662 ff.

— Die aufenthaltsrechtliche Stellung der ausländischen Arbeiter, in: Ansay / Gessner: Gastarbeiter in Gesellschaft und Recht, München 1974, S. 39 ff.

— Energiekrise und Ausländerbeschäftigung, DVBl. 1974, S. 350 f.

— Anmerkung zu BVerfG, NJW 1974, S. 1809, NJW 1974, S. 1810

Friauf, Karl-Heinrich: Das Verbot mit Erlaubnisvorbehalt OVG Lüneburg, Verw.Rspr. 12, Nr. 6, JuS 1962, S. 422 ff.

Fricke, Hans-Joachim: Die (erheblichen) Belange der Bundesrepublik Deutschland im Ausländergesetz und das Bestimmtheitsgebot, Diss., Münster 1973

Friederichsen, Hans H.: Die Stellung des Fremden in deutschen Gesetzen und völkerrechtlichen Verträgen seit dem Zeitalter der französischen Revolution, Diss., Göttingen 1967

Frisch, Hans von: Das Fremdenrecht, Berlin, Heymanns, 1910

— Artikel Fremdenrecht, in: Wörterbuch des Völkerrechts und der Diplomatie v. J. Hatschek und K. Strupp, Berlin/Leipzig 1924, Bd. I, S. 330 ff.

Fritzsche, M. E.: Ausländer in Deutschland — Deutsche im Ausland, Düren, Schweiger-Verlag, 1961

Fröhlich, Stephan: Niederlassungsrecht und Freizügigkeit in der EWG und EFTA, Diss., Zürich 1965

Fuld, Edgar: Die Stellung der Fremden nach Völkerrecht, Diss., Würzburg 1932

Galizia, Mario: La libertà di circolazione e soggiorno dall'unificazione alla Costituzione repubblicana, in: Atti del congresso celebrativo del centenario delle leggi amministrative di unificazione, La tutela del cittadino, II — La pubblica sicurezza a cura di Paolo Barile, Milano 1957, S. 483 f.

Ganino, Mario: L'ordine pubblico come limite alla libertà costituzionale, tesi di laurea, Università degli Studi di Milano, 1965/1966

Gaul, Dieter: Zur Beschäftigung ausländischer Arbeitnehmer, Recht der Arbeit, 1961, S. 324 ff.

Giuliano, Mario: La giurisdizione civile italiana e lo straniero, Milano, Giuffrè, 1961

Glahn, Gerhard von: Law Among Nations, An Introduction to Public International Law, 2nd ed., London 1970

Golsong, Heribert: Völkerrechtliche Vertragsbestimmungen über den innerstaatlichen gerichtlichen Rechtsschutz des Einzelnen gegenüber der vollziehenden Gewalt, in: Gerichtsschutz gegen die Exekutive, Bd. III, S. 251 ff., Köln/Berlin/Bonn/München 1971

Grabitz, Eberhard: Europäisches Bürgerrecht zwischen Marktbürgerschaft und Staatsbürgerschaft, Köln 1970

Grassi, Stefano: Il decreto legge 5 febbraio 1948, n. 50, in tema di alloggio degli stranieri e degli apolidi, in: Giurisprudenza costituzionale 1969, S. 1579 ff.

Grawert, Rolf: Staat und Staatsangehörigkeit — Verfassungsgeschichtliche Untersuchung zur Entstehung der Staatsangehörigkeit, Berlin 1973

Green, Maryan N. A.: International Law, Law of Peace, London 1973

Greig, D. W.: International Law, London 1970

Gucciardi, Gaspare: Lavoro senza frontiera, in: Il Foro napoletano, Bd. XVI, 1969, Parte III, S. 103 ff.

Guggenheim, Paul: Lehrbuch des Völkerrechts, Bd. I, Basel 1948

Guidi, Guido: Espulsione, repulsione, internamento di stranieri, in: Enciclopedia Giuridica italiana, Vol. V, Parte III, Milano 1911

Guradze, Heinz: Die Europäische Menschenrechtskonvention — Konvention zum Schutz der Menschenrechte und Grundfreiheiten nebst Zusatzprotokollen, Berlin/Frankfurt 1968

de Haan, Eberhard: Integration, Assimilation oder was?, in: Arbeitsplatz Europa, Hrsg.: Bildungswerk Europäische Politik, Köln 1966, S. 52 ff.

Haesler, Thomas: The exhaustion of local remedies in the case law of international courts and tribunals, Leyden, 1968

Hamann, Andreas und Helmut *Lenz:* Das Grundgesetz für die Bundesrepublik Deutschland vom 23. 5. 1949, 3. Aufl., Neuwied/Berlin 1970

Hampel, Gustav: Einwanderungsgesetzgebung und innereuropäische Wanderung, Institut für Weltwirtschaft an der Universität Kiel, Kiel 1957

Handbuch der EWG, Euratom und Montan-Union: Niederlassungsrecht, A. 332, 4. Erg. Lfg., Frankfurt, seit 1961 fortlaufend, S. 1 ff.

Harz, Moses: Die Grundrechte und Grundpflichten der Ausländer nach der Weimarer Reichsverfassung, Diss. jur., Breslau 1930

Hatschek, Julius: Völkerrecht als System rechtlich bedeutsamer Staatsakte, Leipzig/Erlangen 1923

Hauser, Mathilde: Die den Ausländern in der Schweiz garantierten Freiheitsrechte, Diss., Zürich 1961

Heffter, August-Wilhelm: Das europäische Völkerrecht der Gegenwart, 6. Ausgabe, Berlin 1873

Heinevetter, K. und H. *Hinzen:* Ausländerrecht, Zusammenstellung von Gesetzen, Verordnungen, Abkommen, Vereinbarungen, Verträgen und anderen Vorschriften zum Ausländerrecht, Bielefeld 1966

Heinze, Richard: Die Grundrechte der Ausländer nach der deutschen Reichsverfassung vom 11. August 1919, Diss. jur., Marburg 1929

Heldmann, Hans Heinz: Das Ausländergesetz 1965, aus: Dokumentation zum Ausländerrecht, Hrsg.: Asta-Uni Stuttgart und Evang. Studentengemeinde Stuttgart, 1969, S. 22 ff.

Hesse, Konrad: Grundzüge des Verfassungsrechts der Bundesrepublik Deutschland, 6. Aufl., Karlsruhe 1973

Heuer, Gerhard: Politische Betätigung von Ausländern und ihre Grenzen, Köln/Berlin/Bonn/München: Heymanns, 1970

Hildmann, Rainer: Die rechtliche Stellung der Arbeitnehmer aus den Mitgliedstaaten der EWG und aus Drittstaaten beim Zugang zur Beschäftigung in der Bundesrepublik, Diss. jur., Zürich 1969

Hilf, Meinhard und Kay *Hailbronner:* Völkerrechtliche Praxis der Bundesrepublik Deutschland im Jahre 1966, ZaöRV 1969 (29), S. 71 ff.

Higgins, Rosalyn: The right in international law of an individual to enter, stay in and leave a country, in: International Affairs, London, Vol. 49, July 1973, Nr. 3, S. 341 ff.

Hoffmann-Becking, Michael: Der Ausspruch auf fehlerfreie Ermessensentscheidung — BVerwG E 39, 235, in: JuS 1973, S. 615 ff.

Höpfner, Klaus / Bernd *Ramann* und Bert *Rürup:* Ausländische Arbeitnehmer, Gesamtwirtschaftliche Probleme und Steuerungsmöglichkeiten, Bonn, Juli 1973 (Gesellschaft für regionale Strukturentwicklung)

Internationale-Juristen-Kommission: Ausweisung von Ausländern, in: Zeitschrift der internationalen Juristen-Kommission 1969, Heft 3, S. 1

Ipsen, Hans Peter: Gleichheit, in: Die Grundrechte, Hrsg.: Neumann / Nipperdey / Scheuner, Bd. II: Die Freiheitsrechte in Deutschland, Berlin: Duncker & Humblot, 1954, S. 111 ff.

Isay, Ernst: Das deutsche Fremdenrecht, Berlin: Stilke, 1923

Isensee, Josef: Die staatsrechtliche Stellung des Ausländers in der Bundesrepublik Deutschland, Mitbericht und Leitsätze, VVdStRL 1974, Heft 32, S. 49 ff.

Jaenicke, Günther: Die Grundsätze über den gerichtlichen Rechtsschutz des Einzelnen gegen die Exekutive im System der Völkerrechtsordnung, in: Gerichtsschutz gegen die Exekutive, Bd. III, S. 285 ff., Köln/Berlin/Bonn/München 1971

Jahn, Eberhard: The work of the Asian-African Legal consultative Committee on the Legal Status of Refugees, in: ZaöRV 1967 (27), S. 122 ff.

Jannitti-Piromallo, Alfredo: Manuale delle leggi di pubblica sicurezza, esegesi critica, Milano, Giuffrè, 1953

Jellinek, Walter: Die Bundesverweisung, in: Festschrift Carl Bilfinger, Köln/Berlin: Heymanns, 1954, S. 109 ff.

Jemolo, Arturo Carlo: L'espulsione dello straniero, in: Il Foro Italiano 1952, III, S. 108 - 111

Kanein, Werner: Aktuelle Fragen des neuen Fremdenrechts, DVBl. 1966, S. 617 ff.

— Das Ausländergesetz und die wesentlichen fremdenrechtlichen Vorschriften, Kommentar, München/Berlin: Beck, 1966

— Neues Fremdenrecht, NJW 1967, S. 1057 ff.

— Das Ausländergesetz im Meinungsstreit, NJW 1973, S. 729 ff.

— Ausländergesetz mit den übrigen Vorschriften des Fremdenrechts, Erläuterte Ausgabe, 2. Aufl., München, Beck, 1974

Kelsen, Hans und Robert W. *Tucker*: Principles of International Law, New York, Chicago, San Francisco, Toronto, London, 2. Aufl., 1966

Kempen, Otto Ernst: Anmerkung zum Urteil des BVerwG vom 18. 12. 1969 (GewA 1970, S. 113), GewA 1970, S. 248 f.

Kimminich, Otto: Völkerrechtsfragen der exilpolitischen Betätigung, Archiv des Völkerrechts, 1962/63, S. 132 ff.

— Zur Theorie der immanenten Schranken des Asylrechts, JZ 1965, S. 739 ff.

— Das Aufenthalts- und Niederlassungsrecht der Ausländer: Art. 74, Nr. 4 GG, in: Bonner Kommentar, 20. Lieferung/Zweitbearbeitung, Mai 1968

— Kommentierung zu Art. 16 GG, in: Bonner Kommentar, 20. Lieferung/ Zweitbearbeitung, Mai 1968

Klassert, Otto-Heinrich: Die Freizügigkeit im Rahmen der europäischen Wirtschaftsgemeinschaft — rechtliche Probleme, Gemeinschaftsregelungen und Verordnungen, in: Ausländische Arbeitnehmer, Schriften des deutschen Vereins für öffentliche und private Fürsorge Nr. 247, Frankfurt 1970, S. 15 ff.

Klee, Ernst (Hrsg.): Gastarbeiter, Analysen und Berichte, Frankfurt a. M.: Suhrkamp, 1972

Klinkhardt, Ingo: Die politische Meinungsfreiheit der Ausländer, DVBl. 1965, S. 467 ff.

Kloepfer, Michael: Kettenverwaltungsakte und Widerrufsvorbehalt — Zur Zulässigkeit befristeter Verwaltungsakte —, DVBl. 1972, S. 371 ff.

Kloesel, Arno und Rudolf *Christ*: Deutsches Ausländerrecht, Kommentar zum Ausländergesetz und zu den wichtigsten ausländerrechtlichen Vorschriften, Loseblatt-Ausgabe, 6. Lfg., März 1971, Stuttgart/Berlin/Köln/ Mainz

Kobarg, Werner: Ausweisung und Abweisung von Ausländern, Diss., Göttingen 1930

Kretschmer, Manfred: Die Arbeitserlaubnis, Ev. Akademie Hofgeismar, Protokoll Nr. 88, 1974, Der Ausländer im internationalen Recht, S. 7 ff.

Krishna, V. R. Iyer: Mass Expulsion as violation of Human Rights, in: Indian Journal of International Law 1973, S. 169 ff.

Landi, Guido und Giuseppe *Potenza*: Manuale di diritto amministrativo, 4. Aufl., Milano: Giuffrè, 1971

Lanfranchi, Fausto: Il trattamento dello straniero nelle clausole relative allo stabilimento degli accordi bilaterali in vigore tra l'Italia e gli Stati esteri, in: Rivista di Diritto Internazionale Privato e Processuale, 1968, Anno IV, Padova, S. 331 - 350

Langhard, J.: Das Niederlassungsrecht der Ausländer in der Schweiz, Zürich 1913

Lanzara, Fabio: Ministero dell'Interno e prefetto nelle leggi di polizia, Rivista di polizia 1965, S. 300 - 310

Lauterpacht, H.: International law and human rights, London 1950

Leibholz, Gerhard: Das Verbot der Willkür und des Ermessensmißbrauchs im völkerrechtlichen Verkehr der Staaten, in: ZaöRVR 1929, Bd. I, Teil 1, S. 77 ff.

Leibholz-Rinck: Grundgesetz für die Bundesrepublik Deutschland, Kommentar an Hand der Rechtsprechung des Bundesverfassungsgerichts, 4. Aufl., Köln 1971

Lewin, K.: The free movement of workers, in: Common Market Law Review, Vol. II, 1964/65, S. 300 ff.

Liszt, Franz von: Das Völkerrecht, Berlin 1915

Lorenz, Dieter: Der Rechtsschutz des Bürgers und die Rechtsweggarantie 1973, Beck, München

Löwer, Wolfgang: Die Verfassungsmäßigkeit des § 6 II AuslG, JA 1973, S. 45 ff.

Lyon-Caen, Gérard: La réserve d'ordre public en matière de liberté d'établissement et de libre circulation, in: Revue trimestrielle de droit européen, 1966, 2e année, S. 693 - 705

— Le régime définitif de la libre circulation des travailleurs, in: Revue trimestrielle de droit européen, 1969, 5e année, S. 92 ff.

Madeo, Alfonso: L'ostracismo agli stranieri „scomodi", in: Corriere della Sera v. 16. 3. 1973, S. 1 f.

Maestripieri, Cesare: Liberté d'établissement et libre prestation des services dans la CEE au lendemain de la période de transition, in: Revue du marché commun, 1971, S. 48 - 58

Majer, Diemut: Anmerkung zu OVG Lüneburg, Urt. v. 17. 2. 1970 — II OVG A 127/69 (in NJW 1970, S. 1515), NJW 1970, S. 1515 f.

— Zur Situation des Ausländerrechts, in: Das Standesamt 1971, S. 38 - 44

— Umstrittenes Ausländerrecht, ZRP 1972, S. 252 f.

v. Mangoldt, Hermann und Friedrich *Klein:* Das Bonner Grundgesetz, 2. Aufl., 1966, Berlin/Frankfurt

Marxen, Walter: Deutsches Ausländerrecht, Kommentar, München 1967

Mascini, Massimo: Oggetto e destinatari del diritto di stabilimento nel Trattato della Communità Economica Europea, in: Rivista di diritto europeo 1966, S. 285 ff.

Maunz / Dürig / Herzog: Grundgesetz, Kommentar, Bd. I, Art. 1 — 53 GG, Loseblattsammlung, 13. Lieferung, Stand: Dezember 1973, München

Mazzanti, Manlio: Espulsione dello straniero, in: Enciclopedia del Diritto, Bd. XV, Milano 1966

Mazziotti, Manlio: Circolazione e soggiorno (libertà di), in: Enciclopedia del Diritto, Vol. VII, Milano, Giuffrè, 1960, S. 14 ff.

Mazziotti, Manlio: Etude sur l'adaptation du système juridique italien à la liberté d'établissement et à la libre prestation des services, prévues par le traité instituant la Communauté économique européenne, in: La liberté d'établissement et la libre prestation des services dans les Pays de la CEE, Milano: Giuffrè, 1970, S. 3 ff.

— La libre circulation des travailleurs Italie, in: Mazziotti u. a., La libre circulation des travailleurs dans les Pays de la C.E.E., Milano 1974, S. 3 ff.

Mazziotti di Celso, Fabio: Sulla soggettività e tutela dello straniero nell'ordinamento italiano, in: Rassegna di diritto pubblico, 1964, S. 81 - 137

Mehrländer, Ursula: Beschäftigung ausländischer Arbeitnehmer in der Bundesrepublik Deutschland unter spezieller Berücksichtigung von Nordrhein-Westfalen, Forschungsberichte des Landes Nordrhein-Westfalen Nr. 2073, Westdeutscher Verlag, Opladen 1972

Menger, Friedrich: Zum vorläufigen Rechtsschutz im Ausländerrecht, Verw.Arch. 1974, S. 329 ff.

Merten, Detlef: Der Inhalt des Freizügigkeitsrechts (Art. 11 des Grundgesetzes), Schriften zum öffentlichen Recht, Bd. 119, Berlin: Duncker & Humblot, 1970

Merx, Volker: Ausländerbeschäftigung und Flexibilität des Arbeitsmarktes der Bundesrepublik Deutschland, Inst. für Wirtschaftspolitik der Universität Köln, Untersuchungen Nr. 23, Köln 1972

Meyer-Marsilius, Hans-Joachim: Das Niederlassungsrecht in der Europäischen Wirtschaftsgemeinschaft, Baden-Baden/Bonn 1960

Miller, Rudolf: Völlige Freizügigkeit der Arbeitskräfte in den Europäischen Gemeinschaften, BArbbl. 1968, S. 590 ff.

Mininni, Mattia: Codice di polizia con la legislazione complementare e la giurisprudenza della Corte Costituzionale, Padova, Cedam, 1967

Ministerium für Arbeit, Gesundheit und Soziales des Landes Nordrhein-Westfalen (Hrsg.): Maßnahmen zur Eingliederung ausländischer Arbeitnehmer, Düsseldorf 1972

Monaco, Riccardo: Manuale di Diritto Internationale Pubblico, 2a ed., Torino 1971

Mor, Gianfranco: Allgemeines zum Aufbau der italienischen Verfassung und Verwaltung, Ziff. 40.00, Jura Europae, Niederlassungsrecht, 1973

— Einreise und Aufenthalt von Ausländern mit dem Ziel der Niederlassung und dem Erbringen von Dienstleistungen — Italien —, Ziff. 40.20, Jura Europae, Niederlassungsrecht, 1973

— Voraussetzungen für die Niederlassung und die Berufsausübung natürlicher Personen — Italien, Ziff. 40.30, Jura Europae, Niederlassungsrecht, 1973

Moretti, Michele: La nuova legge di pubblica sicurezza, Ristampa della III edizione con appendice di aggiornamento, Napoli: Jovene, 1970

Morner, Eberhard: Anmerkung zu BVerwG, Urt. v. 7. 1. 1972 — NJW 1973, S. 724, NJW 1973, S. 1207 f.

Mortati, Costantino: Istituzioni di diritto pubblico, Vol. I und II, Padova, Cedam, 8. Aufl., 1969

Morvay, Werner: Entscheidungen nationaler Gerichte in völkerrechtlichen Fragen — Rechtsprechung nationaler Gerichte zur Europäischen Konvention zum Schutz der Menschenrechte und Grundfreiheiten vom 4. 11. 1950 (MRK) nebst Zusatzprotokoll vom 20. 3. 1953 (ZP), ZaöRV 1961 (21), S. 316 ff.

Mosler, Hermann: (Hrsg.): Gerichtsschutz gegen die Exekutive, Bd. 1, Länderberichte 1969, Bd. 3, Rechtsvergleichung, Völkerrecht 1971, Heymanns, Köln/Berlin/Bonn/München

Müller, Michael: Disziplinierung der Ausländer, Das Ausländergesetz als Herrschaftsinstrument, in: Die Neue Gesellschaft, Mai 1973, S. 378 ff.

Münch, Fritz: Entscheidungen nationaler Gerichte in völkerrechtlichen Fragen — Deutsche Rechtsprechung — 1951 - 1957 (Teil A), ZaöRV 1959/60 (20), S. 186 ff.

Nicolaysen, Gert: Europäisches Gemeinschaftsrecht, Teil B., 4.: Niederlassungsrecht und freier Dienstleistungsverkehr, NJW 1964, S. 966 ff.

— Niederlassungsrecht und Rechtsangleichung, in: Aktuelle Fragen des europäischen Gemeinschaftsrechts — Gemeinschaftsrecht und nationales Recht, Niederlassungsfreiheit und Rechtsangleichung, Europa-rechtl. Koll., 1964, Abhandl. Ges. Bürgerl. Recht, H. 29, 1965, Stuttgart

Nicolò, Rosario und Giovanni *Leone:* I cinque codici, Milano: Giuffrè, 1968

N. N.: L'adattamento e la integrazione sociale del lavoratore migrante e della sua famiglia, in: Rassegna del lavoro, 1965, I, S. 69 ff. und S. 261 ff.

N. N.: Die Menschenrechte in der Praxis des Europarates — Nachschlagewerk der Rechtsprechung zur Europäischen Menschenrechtskonvention (1955 - 1967) — Wien/Stuttgart: Braumüller, 1972

Oppenheim, L. und H. *Lauterpacht:* International Law, Vol. I — Peace, 8. Aufl., 1955

Ossenbühl, Fritz: Tendenzen und Gefahren der neueren Ermessenslehre, DöV 1968, S. 618 ff.

Overbeck, Alfred von: Niederlassungsfreiheit und Ausweisungsrecht, Karlsruhe 1907

Pätzoldt, Bjorn: Dokumente zur Verschärfung der Ausländergesetzgebung, aus: Berliner Extra-Dienst, Nr. 75 - 78, VI. Jg., 1972

Paladin, Livio: Il principio costituzionale d'eguaglianza, Milano: Giuffrè, 1965

— Ordine pubblico, in: Novissimo digesto italiano, Diretto da Antonio Azara e Ernesto Eula, Vol. XII, Torino 1965, S. 130 ff.

de Paola, Vincenzo: Codice delle leggi di pubblica sicurezza, Raccolta di leggi, decreti, regolamenti, circolari di comune applicazione nella attività della polizia di sicurezza, Morano editore, 1971

Parenti, Giuseppe: La libera circolazione dei lavoratori nel quadro del trattato di Roma, premesse e modi di attuazione, in: Economia internazionale, 1960, S. 103 ff.

Partsch, Karl-Josef: Die Rechte und Freiheiten der europäischen Menschenrechtskonvention, in: Die Grundrechte I/1, 1966, S. 235 ff., Berlin

— Rassendiskriminierung, Die UN-Konvention und ihre Wirkungsweise, Bonn 1971

Pistoj, P.: Il diritto al lavoro e la circolazione in Italia dei lavoratori della Comunità Economica Europea, Rivista di diritto europeo, 1970, S. 217 ff.

Pizzi, Annarosa: Probleme des Schutzes der Menschenrechte und Grundfreiheiten in der Rechtsprechung des italienischen Verfassungsgerichtshofes, in: Journal der Internationalen Juristenkommission, Bd. IV, 1963, S. 307

Platz, Klaus Wilhelm: EWG-Niederlassungsrecht und individuelle Rechtspositionen, Beiträge zum ausländischen öffentlichen Recht und Völkerrecht, Bd. 45, Köln/Berlin: Heymanns, 1966

Quadri, Rolando: Diritto internazionale pubblico, 3 a ed., Palermo 1960

Quadri, Rolando, Riccardo *Monaco* und Alberto *Trabucchi*: Trattato istitutivo della Comunità Economica Europea — Commentario —, Vol. I, Art. 1 - 84, Milano: Giuffrè, 1965

Raneletti, O.: La polizia di sicurezza, in: Diritto amministrativo italiano a cura di V. E. Orlando, Vol. IV, Parte I, Milano, Società editrice libraria, 1904

Rasch, Ernst: Polizei und Ausländerrecht, Stuttgart: Boorberg, 1972

Renato, Giuseppe: Il diritto di stabilimento nella Comunità economica europea, in: Rassegna del lavoro, 1966, II, S. 1421 ff. und S. 1717 ff.

Ress, Georg: Mangelhafte diplomatische Protektion und Staatshaftung, ZaöRV 1972, S. 420 ff.

Rittstieg, Helmut: Grenzen ausländerbehördlichen Ermessens, JZ 1971, S. 113 ff.

— Rechtsstaat nicht für Ausländer?, JZ 1972, S. 353 - 355

— Anmerkung zu VG Hannover, Beschl. vom 21. 12. 1971 — IV D 44/71, DVBl. 1972, S. 520 f.

— Aufenthaltsrecht durch Heirat, NJW 1972, S. 993 f.

— Aktuelle Fragen des Ausländerrechts, NJW 1972, S. 2153 ff.

— Gesellschaftliche und politische Perspektiven des Ausländerrechts, in: Ansay / Gessner: Gastarbeiter in Gesellschaft und Recht, München 1974, S. 56 ff.

Rohleder, Anton: Die Beschäftigung ausländischer Arbeitnehmer als wirtschaftliches Problem, in: Evang. Stadtakademie Düsseldorf: Kalte Schulter für Fremde?, 1971, Düsseldorf, S. 19 ff.

Rolvering, Heinrich: Die Rechtsgarantien für eine politische Betätigung von Ausländern in der Bundesrepublik Deutschland, Tübingen, Diss., 1970

Romanelli, Franco: Soggiorno degli stranieri nello Stato e potere discrezionale dell'autorità di P.S. in materia, in: Rivista di polizia, 1955, S. 329 bis 332

Rose, Hans-Joachim: Ausländerrecht in Grenzen oder grenzenloses Ausländerrecht?, JZ 1971, S. 721 f.

— Notwendigkeit einer Reform des Ausländerrechts?, in: Recht und Politik, Vierteljahreshefte für Rechts- und Verwaltungspolitik, H. 2/1973, S. 62 f.

— Aspekte und Lösungen ausländerpolitischer und ausländerrechtlicher Fragen, JR 1973, S. 221 ff.

Rosenbauer, Heinz: Die wirtschaftliche Betätigungsfreiheit des Ausländers in der Bundesrepublik, Diss., Würzburg 1963

Rossano, Claudio: L'eguaglianza giuridica nell'ordinamento costituzionale, Napoli 1966, pubblicazioni della facoltà giuridica dell'università di Napoli, Nr. 82

Roth, Andreas H.: The minimum standard of international law applied to aliens, Diss., Genf 1949

Rupp, Laszlo: Aufenthaltsrecht der Bundesrepublik Deutschland, aus: Ausländergesetz '65 — Alternativentwurf '70 — Kritik und Reform, Sonderdruck ‚Studentische Politik', H. 1/1970, Bonn/Bad Godesberg 1970, S. 69 ff.

Ruppel, Peter: Der Grundrechtsschutz der Ausländer im deutschen Verfassungsrecht, Diss., Würzburg 1968

Sabass, Jürgen: Familieneinheit im Ausländerrecht der Bundesrepublik Deutschland, Bonn, Diss., 1969

Sabatini, Giuseppe: Stranieri (Espulsione degli), aus: Novissimo Digesto Italiano, Bd. XVIII, 1971, S. 543 ff.

— Stranieri (Soggiorno nel territorio della Repubblica), in: Novissimo Digesto Italiano, Bd. XVIII, 1971, S. 545 ff.

Salowsky, Heinz und Günter *Schiller:* Ursachen und Auswirkungen der Ausländerbeschäftigung, Köln, Deutsche-Industrieverlags-GmbH, 1972

Sandulli, Aldo M.: I tribunali amministrativi regionali — Prime note di commento alla legge istitutiva, Napoli: Jovene, 1972

Sartorius: Verfassungs- und Verwaltungsgesetze der Bundesrepublik, Bd. I, Stand Mai 1975, München

Scerni, Mario: Sulla espulsione dal territorio dello Stato, in: Scritti di diritto internazionale in onore di Tomaso Perassi, Bd. 2, Milano: Giuffrè, 1957, S. 261 ff.

Schickedanz, Erich: Familienschutz im Ausländerrecht, NJW 1972, S. 366 - 371

— Aufenthaltsrecht durch Heirat — Familienschutz bei Ausweisung, NJW 1973, S. 1533 f.

Schiedermair, Rudolf: Handbuch des Ausländerrechts der Bundesrepublik Deutschland, Frankfurt a. M./Berlin: Metzner, 1968

Schiefer, J.: Europäischer Arbeitsmarkt, Freizügigkeit und Mobilität der Arbeitnehmer, Baden-Baden/Bonn: Lutzeyer, 1961

Schill, Erich A.: Das Recht der ausländischen Arbeitnehmer in Deutschland, Baden-Baden 1965

Schmidt, Eberhardt: Die arbeitsrechtliche und sozialversicherungsrechtliche Stellung der europäischen Wanderarbeiter im Rahmen der europäischen Wirtschaftsgemeinschaft, Diss. jur., Würzburg 1964

Schmidt-Bleibtreu, Bruno und Franz *Klein:* Kommentar zum Grundgesetz für die Bundesrepublik Deutschland, 3. Aufl., 1973, Neuwied/Berlin

Schnapp, Friedrich E.: Verfassungswidrigkeit ohne Grundrechtsverletzung?, Zur Verfassungsmäßigkeit von § 8 RuStG, §§ 2 und 7 AuslG, DöV 1973, S. 593 f.

— Anmerkung zu BVerwG, DöV 1974, S. 83 und S. 86, DöV 1974, S. 88 f.

Schneider, Hans: Die Ablehnung eines Einbürgerungsantrages vor den Verwaltungsgerichten, ZaöRV 1958, Bd. 19, S. 449 ff.

Schnitzer, Adolf F.: Fremdenrecht, in: Strupp-Schlochauer, Wörterbuch des Völkerrechts, 2. Aufl., Bd. I, 1960, S. 566

Schober: Nochmals: Zur Auslegung des Begriffs „öffentliche Ordnung" in zwischenstaatlichen Verträgen, GewA 1971, S. 6 f.

Schorn, Hubert: Die Europäische Konvention zum Schutze der Menschenrechte und Grundfreiheiten und ihr Zusatzprotokoll in Einwirkung auf das deutsche Recht, Frankfurt a. M.: Klostermann 1965

Schröer, Friedrich: Die Neuregelung der Abschiebungshaft im Ausländergesetz in rückblickender und rechtsvergleichender Sicht, DVBl. 1966, S. 98 f.

Schüler, Erhard und Peter *Wirtz:* Rechtsprechung zum Ausländerrecht, Entscheidungen zur Ausländerpolizeiverordnung und zum Ausländergesetz, Berlin: Schweitzer, 1971

Schüler, Erhard: Die Ermessensentscheidung der Ausländerbehörde, erörtert anhand der Verwaltungspraxis in Berlin, Duncker & Humblot, Berlin 1974

Schütterle, Peter: Die Inländerbehandlungsklausel in den klassischen Handels- und Niederlassungsverträgen der Bundesrepublik Deutschland, Diss. jur., Heidelberg 1970

— Aufenthaltserlaubnis und zwischenstaatliche Vereinbarungen, DVBl. 1971, S. 345 ff.

Schulz, Claus: Die rechtliche Problematik der Arbeitnehmerwanderungen in der EWG, NJW 1966, S. 2245 ff.

— Freier Arbeitsmarkt und Niederlassungsfreiheit in der Europäischen Wirtschaftsgemeinschaft unter besonderer Berücksichtigung der Grenz- und Gastarbeitnehmer, Diss. jur., Würzburg 1967

Schuster, Martin: Rechtliche Aspekte der Ausweisung von Ausländern aus der BRD, in: Blätter für deutsche und internationale Politik, 1972, S. 1140 ff.

— La natura giuridica del permesso di soggiorno e problemi della sua revoca, Rivista di polizia, 1974, Fasc. II, S. 73 ff.

— Rezension von Schüler, Die Ermessensentscheidung der Ausländerbehörde, Berlin 1974, BArbbl. 1975, S. 418

Schwabe, Jürgen: Das Verbot mit Erlaubnisvorbehalt, JuS 1973, S. 133 ff.

— Mißdeutungen um das „Elfes-Urteil" des BVerfG und ihre Folgen, DöV 1973, S. 623 ff.

— Anmerkung zu BVerfG, NJW 1974, S. 227, NJW 1974, S. 1044 f.

Schwartz, Johannes: Die Ausweisung von Ausländern aus dem Deutschen Reich und aus Preussen, Diss. jur., Jena 1933

Sciascia, Gaetano: Die Rechtsprechung des Verfassungsgerichtshofes der Italienischen Republik, JÖR, NF, Bd. 6, 1957, S. 1 ff.

Selmer, Peter: Die öffentliche Sicherheit und Ordnung als Schranke der Arbeitnehmer-Freizügigkeit gemäß Art. 48 III EWG-Vertrag, DöV 1967, S. 328 ff.

Sharma, Vishnu und F. *Wooldridge:* Some legal questions arising from the expulsion of the Ugandan asians, in: The International and Comparative Law Quarterly, Vol. 23, Part 2, 1974, S. 397

Sibert: Traité de droit international public, Bd. I, 1951

Siletti, Duilio: La libera circolazione della manodopera fra gli stati membri della Comunità Economica Europea, Milano: Giuffrè, 1962

Sinha, S. Prakash: New nations and the law of nations, Leyden 1967

Skriver, Ansgar: Kein Schutz für Ehen mit Ausländern?, in: Vorgänge 1969, S. 122 f.

Société des Nations: Conférence Internationale sur le Traitement des Étrangers, Documents préparatoires, Genève 1929

Stadtentwicklungsreferat München: Kommunalpolitische Aspekte des wachsenden ausländischen Bevölkerungsanteils in München — Problemstudie —, München April 1972

Stange, Siegfried: Zum Aufenthaltsrecht des mit einem deutschen Ehepartner verheirateten Ausländers, ZRP 1971, S. 172 f.

— Die aufenthaltsrechtliche Stellung der Fremden in der Bundesrepublik Deutschland unter besonderer Berücksichtigung von Ehe und Familie, Frankfurt 1973

Stein, Walter: Die rechtliche Wirkung von Rechtsbehelfen gegen die Versagung der Aufenthaltserlaubnis, die Ausweisung, die Ausreisepflicht und die Abschiebung im Ausländerrecht, MDR 1968, S. 189 f.

Stoerk, Felix: Staatsuntertanen und Fremde, in: Handbuch des Völkerrechts, hrsg. von Franz v. Holtzendorff, Bd. II, Hamburg 1887, S. 587 ff.

Strupp: Die Rechtsstellung der Staatsangehörigen und der Staatsfremden, HDStR I, 1932, S. 274

Suy, Eric: De toelating en uitwijzing vreemdelingen in internationaal en europees recht, in: Revue belge de droit international 1970 - 2, Vol. VI, S. 484 - 497

Swift, Richard N.: International Law — Current and Classic, New York/London/Sydney/Toronto 1969

Le Tallec, Georges: Die Ausländerpolizei in den Mitgliedstaaten der Europäischen Wirtschaftsgemeinschaft und der EWG-Vertrag, in: AWD des BB, 1964, S. 274 ff.

Telchini, Italo: Il diritto dei lavoratori comunitari a rimanere nello Stato in cui hanno occupato un impiego, in: Rivista di diritto internazionale privato e processuale, Anno VI, 1970, Padova, S. 790 - 808

Thieme, Hans-Werner: Die Rechtsstellung des Ausländers nach dem Bonner Grundgesetz. Ein Beitrag zur Auslegung des Gleichheitssatzes, Diss. jur., Göttingen 1951

Thomsen, Klaus: Die politische Betätigung von Ausländern nach deutschem Verfassungs- und Verwaltungsrecht, Diss., Bonn 1968

Tieves, Hans Peter: Freizügigkeit nach allgemeinem Völkerrecht als Voraussetzung für die Arbeit von Ausländern in der Bundesrepublik Deutschland, Diss. jur., Köln 1959

Tomasi, Albert: La Convention franco-allemande d'établissement du 27 octobre 1956, in: Journal du Droit International 1960, Paris, S. 94 ff.

Tomuschat, Christian: Zur politischen Betätigung des Ausländers in der Bundesrepublik Deutschland, Bad Homburg vdH/Berlin/Zürich: Gehlen, 1968

— Deutsche Rechtsprechung in völkerrechtlichen Fragen 1958 - 1965, Teil A: Allgemeines Friedensvölkerrecht, ZaöRV 1968, Bd. 28, S. 48 ff.

— Von den Gefahren, einen Ausländer zu heiraten, Arch. öffentl. Recht, Bd. 97, 1972, S. 140 f.

Tomuschat, Christian: Rezension von Schiedermair, Handbuch des Ausländerrechts der Bundesrepublik Deutschland, 1968, in: ZaöRVR 1973 (33), S. 395 ff.

— Rezension von Grabitz, Europäisches Bürgerrecht zwischen Marktbürgerschaft und Staatsbürgerschaft, 1970, in: ZaöRVR 1973, S. 379 f.

— Repressalie und Retorsion — Zu einigen Aspekten ihrer innerstaatlichen Durchführung, in: ZaöRVR, Bd. 33, Nr. 1, März 1973, S. 179 ff.

— Die politischen Rechte der Gastarbeiter, in: Ansay / Gessner: Gastarbeiter in Gesellschaft und Recht, München 1974, S. 80 ff.

— Freizügigkeit nach deutschem Recht und Völkerrecht, DöV 1974, 757 ff.

Udina, Manlio: L'asilo politico territoriale nel diritto internazionale e secondo la Costituzione Italiana, in: Diritto internazionale, 1967, Vol. XXI, Milano, S. 258 - 272

Verdross, Alfred: Les règles internationales concernant le traitement des étrangers, in: Recueil des Cours 37, 1931, III, S. 322 ff.

— Völkerrecht, 5. Auf., Wien: Springer, 1964

Vinck, François: Freizügigkeit — Grundrecht für EWG-Arbeitnehmer, in: Auslandskurier, 1970, S. 26

Virga, Pietro: Il diritto di soggiorno degli stranieri, in: Rivista di polizia 1952, S. 542 ff.

— La tutela giurisdizionale nei confronti della pubblica amministrazione, Ristampa con aggiornamento in appendice i ricorsi amministrativi, Milano: Giuffrè, 1971

— I ricorsi amministrativi, Appendice di aggiornamento a: la tutela giurisdizionale nei confronti della pubblica amministrazione, Milano: Giuffrè, 1972

— I tribunali amministrativi regionali, Appendice di aggiornamento a: la tutela giurisdizionale nei confronti della pubblica amministrazione, Milano: Giuffrè, 1972

Vogel, Werner: Das Ausländerrecht als Instrument der Ausländerpolitik, in: Evang. Stadtakademie Düsseldorf: Kalte Schulter für Fremde?, Düsseldorf 1971, S. 5 ff.

Walter, Hannfried: Die Europäische Menschenrechtsordnung, Individualrechte, Staatenverpflichtungen und ordre public nach der Europäischen Menschenrechtskonvention, Köln/Berlin: Heymanns, 1970

Weidenbörner, Wilhelm: Beschäftigung ausländischer Arbeitnehmer in der Bundesrepublik Deutschland, BArbbl. 1970, S. 226 ff.

Weissmann, Günter: Das neue Ausländergesetz, in: Die Polizei, 1965, S. 304 f.

— Ausländergesetz, Berlin 1966

— Alternativentwurf zum Ausländergesetz, in: Die Polizei, 1970, S. 289 f.

— Vortrag zur Arbeitstagung „Kalte Schulter für Fremde?" am 2./3. November 1971, Evang. Stadtakademie Düsseldorf 1971, S. 35 ff.

Westphalen, Friedrich Carl Graf von: Die Rechtsstellung des Ausländers im heutigen Staats- und Verwaltungsrecht, Diss. jur., Köln 1922

McWhinney, Edward: The „new" countries and the „new" international law: The United Nations special conference on friendly relations and cooperation among States, in: A. J. 1966 (Bd. 60), S. 1 ff.

Wirtz, Peter: Brauchen wir ein neues Ausländerrecht?, Anmerkungen zum „Alternativentwurf '70", ZRP 1970, S. 247 ff.

— Anmerkung zu VGH München vom 4. 6. 1969 — Nr. 1 VIII 68 (in: NJW 1970, S. 1012), NJW 1970, S. 2177 f.

Wolff, Hans J.: Verwaltungsrecht Bd. I, 8. Aufl., München: Beck, 1971

Woltereck, Frank: Die Rechtsstellung ausländischer Arbeitnehmer in der Bundesrepublik, in: Der Betrieb, 1965, S. 1909 ff.

Woolsey, Theodore D.: Introduction to the study of International Law, New York, 5. Aufl., 1878

Zanobini, Luciano: Codice delle leggi amministrative, Vol. I und II, 7. Aufl., Milano: Giuffrè, 1972

Zieris, Ernst: So wohnen unsere ausländischen Mitbürger — Bericht zur Wohnsituation ausländischer Arbeitnehmerfamilien in Nordrhein-Westfalen, Hrsg.: Minister für Arbeit, Gesundheit und Soziales des Landes NRW, 3. Aufl., 1972, Düsseldorf

Zöllner, Horst: Die Freizügigkeit der Arbeitnehmer im Rahmen der europäischen Wirtschaftsgemeinschaft — wirtschaftliche und soziale Probleme —, in: Ausländische Arbeitnehmer, Schriften des deutschen Vereins für öffentliche und private Fürsorge Nr. 247, Frankfurt 1970, S. 3 ff.

Zuleeg, Manfred: Zur staatsrechtlichen Stellung der Ausländer in der Bundesrepublik Deutschland — Menschen zweiter Klasse?, DöV 1973, S. 361 ff.

— Grundrechte für Ausländer: Bewährungsprobe des Verfassungsrechts, DVBl. 1974, S. 341 ff.

FSC
www.fsc.org
MIX
Papier | Fördert
gute Waldnutzung
FSC® C083411

Kolibri 360 GmbH
Ferdinand-Jühlke-Straße 7
99095 Erfurt, Deutschland
produktsicherheit@kolibri360.de

Druck:
CPI Druckdienstleistungen GmbH
im Auftrag der
Kolibri 360 GmbH
Ferdinand-Jühlke-Str. 7
99095 Erfurt